Cameron Crowe

HAT ES SPASS GEMACHT, MR. WILDER?

Gespräche mit Billy Wilder

Aus dem amerikanischen Englisch
von Rolf Thissen

Kampa

Die Originalausgabe erschien 1999 unter dem Titel
Conversations with Wilder im Verlag Alfred A. Knopf, New York.
Die deutsche Erstausgabe erschien 2000 im Diana Verlag, München.

Für den Blick hinter die Verlagskulissen:
www.kampaverlag.ch/newsletter

www.kampaverlag.ch
Satz: Tristan Walkhoefer, Leipzig
Gesetzt aus der Stempel Garamond LT / 230220
Druck und Bindung: GGP Media GmbH, Pößneck
Auch als E-Book erhältlich
ISBN 978 3 311 14008 5

für Buddy

INHALT

EINLEITUNG

»Haben Sie ein gutes Ende für dieses Ding?«, fragt Billy Wilder, der größte lebende Filmautor und -regisseur.

Im Frühjahr 1998 macht man viel Aufhebens über den heftigen Regen, den El Niño mit sich bringt, also brauchen wir nicht über den sintflutartigen Wolkenbruch zu sprechen, der an diesem nassen Nachmittag über Kalifornien niedergeht. Wir haben uns gerade vor seinem Büro getroffen, das versteckt in einer Seitenstraße in Beverly Hills liegt, und sind zu dem Raum hinaufgegangen, der ihm als ruhiges Arbeitszimmer dient. Er klappert mit den Schlüsseln, findet den richtigen und blickt hinunter auf seinen linken Schuh, dessen Schnürsenkel sich gelöst hat. Ein weiterer Schritt könnte zu einem Sturz führen, also bleibt er wie angewurzelt im Flur stehen. Er ist 91 Jahre alt, und sich im Stehen hinunterzubeugen ist ihm schon seit Jahren physisch nicht mehr möglich. Er schaut nicht zu mir herüber, und ich nicht zu ihm. Die Situation ist uns beiden ein wenig peinlich, daher bücke ich mich schnell, um den Schnürsenkel zu binden. Wir betreten sein Büro und setzen uns hin zu unserem letzten Gespräch. Die Serie von Interviews hat sich über einen Zeitraum von mehr als einem Jahr erstreckt.

Stellen Sie sich einen Moment lang eine Party vor, eine einigermaßen elegante Veranstaltung, bei der nur Figuren aus Billy-Wilder-Filmen anwesend sind.

Dort drüben am Piano, mit einem Drink in der Hand, steht der dem Untergang geweihte Walter Neff aus *Frau ohne Gewissen*. Er versucht, nicht dauernd zu der aufbrausenden Sugar aus *Manche mögen's heiß* hinüberzublicken. Fran Kubelik und C.C. Baxter aus *Das Appartement* tanzen zu einem postmodernen Jazzstück eng umschlungen in einem anderen Zimmer, während Norma Desmond aus *Boulevard der Dämmerung* die große Freitreppe herunterschreitet, um sich zu dem hartherzigen und ambitionierten Chuck Tatum aus *Reporter des Satans* zu gesellen. Und draußen in dieser Vollmondnacht, in einem Baum versteckt, hockt die liebeskranke Sabrina und beobachtet jede Bewegung in diesem Haus voller illustrer Charaktere in der Hoffnung, einen Blick auf David Larrabee zu erhaschen.

Was für ein Abend würde das sein! Und doch wäre die Chance gering, dass der Gastgeber sich blicken ließe, um Huldigungen entgegenzunehmen. Billy Wilder, der Meister der Leinwandgeschichten, gehört nicht zu denen, die gern Komplimente entgegennehmen. In den letzten zehn Jahren seines Lebens hatte er viel damit zu tun, pflichtbewusst Preise und Anerkennungen entgegenzunehmen, doch die Wahrheit ist noch viel »wilderesker«. All die Größen der Filmindustrie, die ihn ehrten, hätten ihre Zeit lieber dazu verwenden sollen, den großen Wilder für die Inszenierung neuer Filme zu engagieren. Was seine körperliche Kondition anbetrifft, so bewegt sich Wilder heute zwar vorsichtig, und manchmal nimmt er einen Stock zu Hilfe; dennoch erscheint er fast täglich in seinem Büro in Beverly Hills, liest, hält seine Kontakte zur Welt der Kunst aufrecht und informiert sich über die manchmal aufgeblasene zeitgenössische Filmware, der es traurigerweise oft an ausgeprägten Charakteren mangelt.

Billy Wilders Werk ist wie eine Schatztruhe voller Individuen aus Fleisch und Blut, die alle wunderbar lebendig sind. Sein Werk besteht aus einem bunten Kaleidoskop von Komödien, bei denen man vor Lachen vom Sitz fallen kann, treffenden Charakterstudien, sozialen Satiren, durch und durch spannenden Filmen und schmerzlichen Romanzen. Die besten Dinge des Lebens, das Traurige und das Lustige, das Ironische und das Höllische halten sich in seinen Filmen die Waage. Der große Ernst Lubitsch machte ihn mit dem Regiehandwerk vertraut, wobei Wilder auf seine Erfahrungen als Journalist zurückgreifen konnte, denn er wusste, wie eine Sache sich anhören musste und auszusehen hatte, die er jemandem vermitteln wollte. Wie kein anderer besaß Billy Wilder die Gabe, in seinen Filmen unvergessliche, mit allen menschlichen Stärken und Schwächen behaftete, glaubhafte Charaktere zu schaffen. Als 1997 ein Symposium der Directors Guild of America stattfand, an dem die von dem Regieverband für einen Preis nominierten Mitglieder teilnahmen, wurden die vier Nominierten gebeten, die Namen derjenigen zu nennen, die ihre Kreativität beflügelt hatten. Alle nannten nur einen Namen: Wilder.

Hier einige Details aus einem erfüllten, kosmopolitischen Leben: Wilder wurde am 22. Juni 1906 in der polnischen Stadt Sucha geboren, die damals zu Österreich gehörte. Sein Name war Samuel, aber seine Mutter nannte ihn nur Billie. Sein älterer Bruder Wilhelm, genannt Willie, war 1904 geboren worden. Einige Jahre später zogen die Wilders nach Wien. Was danach geschah, wurde oft übertrieben oder beschönigt, erklärt sich aber am besten mit dem, was Wilder selbst in den Gesprächen dazu sagt. »Vieles, was da geschrieben wurde, ist falsch«, sagt er heute. »Damals haben sie [die Presse- und Public-Relations-Abteilungen der Studios; Anm. d. Ü.] solche Sachen erfunden.«

Unbestritten aber ist, dass Wilders kreatives Leben begann, als er in Wien als Zeitungsreporter arbeitete. Er ging auf in dieser Rolle und bekam schnell den Ruf, seine Ziele hartnäckig anzugehen. Im Juni 1926 reiste Wilder nach

Berlin und begann dort als Ghostwriter für den deutschen Film zu arbeiten. Bald aber schon erschien sein Name auch in den Titeln, und seine Arbeit gewann mehr an Profil, als sich der Krieg abzeichnete. Wilder floh erst nach Paris und dann nach Amerika. In Los Angeles lernte er Flüchtlinge aus Europa kennen, die bald die Filmgeschichte erheblich beeinflussen sollten. Einer von ihnen war Ernst Lubitsch, der sich dort bereits eingelebt hatte und mit dem sich Wilder schon nach kurzer Zeit zusammentat, um 1938 als Co-Autor *Blaubarts achte Frau* und ein Jahr später die einflussreiche *Ninotschka* zu verfassen. Sein Regiedebüt gab Wilder 1942 mit *Der Major und das Mädchen*; das Drehbuch hatte er mit seinem ersten langjährigen Mitarbeiter, Charles Brackett, geschrieben. Sein jüngster Film ist *Buddy Buddy* aus dem Jahr 1981, den er zusammen mit seinem anderen langjährigen Mitarbeiter, I. A. L. Diamond, geschrieben hatte.

Wilders Talent, die dunklen Seiten der Menschen mit Humor zu betrachten, entwickelte sich frühzeitig. »Zu Hause wurde ich geschlagen«, verkündet er nüchtern und charakteristischerweise ohne Larmoyanz. Aber sonstige Details aus seiner Kindheit bleiben in den Interviews Randbemerkungen. Bei gezielten Fragen konnte Wilder zurückhaltend und wortkarg sein. Er war dann schnell mit einem Scherz oder einem anderen Thema zur Hand.

1928 starb Wilders Vater in Berlin, wo er Billy bei einem Zwischenstopp nach einer Amerikareise besuchte. Wilders Mutter starb im Konzentrationslager Auschwitz. Er bekämpfte diese furchtbare Erinnerung, indem er seine Karriere mit beispielloser Intelligenz und Zielstrebigkeit verfolgte. Wilder blühte auf in Hollywood, dieser Weltmetropole eines erbarmungslosen Geschäfts, machte Filme und genoss alsbald den Ruf eines kreativen Genies, eines meisterhaften Regisseurs und eines Weltklassehumoristen, an dem andere immer gemessen werden. Er hat ein mächtiges Ego, das schwer zu knacken ist. Es hat Zeiten gegeben, in denen man ihn vulgär nannte, und Jahre, in denen man seine späteren Arbeiten niedergemacht hat. Diese Achterbahnfahrt muss jeder Neuerer mitmachen, der im Licht der Öffentlichkeit steht. Er kultiviert unsentimental Romantizismus und Eleganz. Sein Werk hat überlebt, weil er sich nie irgendwelchen Trends anbiederte und erhobene Zeigefinger fehlten. Als Künstler ist er relevant, weil er Sentimentalität nicht kennt. Sein eigenes Werk beurteilt er klarsichtig und zuweilen unbarmherzig. Er hat jeden Preis erhalten und jede Anerkennung bekommen. Und er ist immer noch sehr lebendig. Ein prächtiges Leben, perfekt geschrieben und gespielt, und man kommt nicht umhin, sich zu fragen, ob die beste Figur, die der junge Billie Wilder geschaffen hat, nicht vielleicht Billy Wilder selbst ist.

1995 hatte ich gerade zwei Filme hinter mich gebracht und lange Jahre der Inspiration durch Billy Wilders Werk. Wie viele andere aufstrebende Regisseure unternahm auch ich die Pilgertour zu seinem Büro. Er kannte meine Arbeiten nicht und ich erwartete dies auch nicht von ihm. Ich brachte ein Plakat von *Das Appartement* mit und den Kopf voller Fragen. Ich hatte um ein Treffen mit ihm hart kämpfen müssen, das von meinem Agenten, Robert Bookman von CAA, der Wilder flüchtig kannte, arrangiert worden war. Ich kam einige Minuten zu früh vor dem Büro an, das in einem unscheinbaren Gebäude über einem Geschenkeladen auf dem Brighton Way in Beverly Hills lag. Drinnen rührte sich nichts. Ich blickte durch den Postschlitz und sah zwei dunkle Räume, die nicht mit Memorabilien vollgestopft waren, in denen nur einige Bücher standen und ein Schreibtisch voller Papiere.

Um die Zeit totzuschlagen, spazierte ich die nächsten zwei Stunden um den Block. Zwischendurch rief ich von der Telefonzelle an der Ecke seinen Anrufbeantworter an. Als ich mich gerade entschlossen hatte aufzugeben und mit dem Autoschlüssel in der Hand den ersten Schritt auf meinen Wagen zu machte, erschien Wilder auf der gegenüberliegenden Straßenseite. Er sah absolut wie Wilder aus, ein untersetzter Mann, in einem Tweed-Jackett elegant gekleidet und mit Mütze, und er kam direkt auf mich zu. Ich näherte mich ihm zögernd, mit der formellen Höflichkeit eines Menschen, der keine Freunde oder engen Verwandten besitzt, die ein so hohes Alter erreicht hatten. Ich stellte mich vor. Er zeigte nicht die geringste Reaktion, kein Erkennen. Er schüttelte mir höflich, routinemäßig die Hand und griff nach dem großen Umschlag, den ich in der Hand hatte. Er hielt mich für einen Boten.

Ich erwähnte, dass wir für elf Uhr verabredet waren, und Wilder war überrascht. Er entschuldigte sich sofort. Er wisse nichts von einer Verabredung, sagte er und bat mich die Treppe hinauf. »Kommen Sie mit, und ich signiere das Ding.«

Während wir die Stufen hinaufstiegen, ging er im Kopf die Termine der Woche durch. Nein, kein geplantes Treffen mit einem Cameron Crowe. Er schloss das Büro auf und bat mich hinein. Ein Foto von Marlene Dietrich hing an einem Pinboard, an der Wand eine Fotocollage von David Hockney, die Wilder und seine Frau Audrey zeigte. Ein Eisenstein-Porträt; ein gerahmtes Foto mit Wilder neben Akira Kurosawa und Federico Fellini. Und über der Tür das berühmte Schild, von dem ich gelesen hatte, das von Saul Steinberg stammte: WIE HÄTTE LUBITSCH ES GEMACHT?

Er hörte sich die Nachrichten auf seinem Anrufbeantworter an, während ich mich ihm gegenüber hinsetzte. Er war noch nicht bis zu meinen Botschaften vorgedrungen. Er hörte gerade dem Anruf eines Redakteurs der *Los Ange-*

les Times zu, der mit schneller und tonloser Stimme erklärte, er hätte eine Frage zum Thema Oscar und seine Deadline sei *jetzt*. Dann ratterte der Anrufer seine Telefonnummer herunter, die Wilder zunächst brav aufzuschreiben versuchte. Nach drei Ziffern gab er auf und legte den Federhalter hin. »Dich werde ich nicht zurückrufen«, erklärte er dem Anrufbeantworter. Dann wandte er sich mir zu. »Was kann ich für Sie tun?«

Wilder hörte geduldig zu, als ich ihm von meiner Wertschätzung für sein Werk erzählte. Zuerst beantwortete er meine Fragen routiniert, dann brüsk, dann etwas munterer und schließlich vergnügt. Er erzählte Geschichten, die wie Geheimnisse klangen, auch wenn sie keine waren, und verbrachte fast eine Stunde damit, über seine Regie- und Besetzungsmethoden zu sprechen. Wilder betonte, wie wichtig die Besetzung ist, und führte als Beispiel Cary Grant an – sein Lieblingsfall einer verpassten Gelegenheit. Er hatte Grant in *Sabrina* und später in *Ariane – Liebe am Nachmittag* besetzen wollen, aber es war ihm nicht gelungen, ihn zu verpflichten. Schließlich nahm Wilder den Federhalter, um mein Plakat zu signieren. Wilder betrachtete es wie einen alten Freund. *»Das Appartement«*, sagte er. »Guter Film.«

»Mein Lieblingsfilm«, sagte ich.

»Meiner auch«, sagte er, und es klang, als sei die Entscheidung jetzt endgültig. »Wir hatten die richtigen Schauspieler. Es funktionierte.« Er machte eine Pause. »Mir fällt nichts Lustiges ein, was ich auf Ihr Plakat schreiben könnte.« Er signierte mit seinem Namen und dem Datum. Als er mich zur Tür brachte, erklärte ich ihm, es würde mich freuen, wenn er in meinem dritten Film, *Jerry Maguire,* dessen Drehbuch gerade fertig geworden war, eine kleine Rolle übernehmen würde. Er schlug vor, ich solle ihn kurz vor Drehbeginn anrufen, und erinnerte daran, dass er kein Schauspieler sei. »Es ist nur eine kleine Rolle«, sagte ich,

»aber sie ist wichtig. Es geht um Jerry Maguires Mentor, den Sportagenten Dicky Fox.«

»Nur eine kleine Rolle?«, wiederholte er. »Dann mache ich es *keinesfalls*!«

Er ging zur Toilette am Ende des Flurs, und als ich aufbrach, erwähnte er noch einmal, ich sollte ihn wegen der Rolle anrufen. Als er in der Tür zur Toilette stand, sagte er: »Cameron. Das ist ein guter Name. In Deutschland gibt's nur zwei Namen. Hans … und *Helmut*. Guten Tag.« Ein amüsanter Scherz, stilvoll angebracht. Er verschwand in der Toilette. Ich ging – und hing jetzt fest an einer kreativen Rakete.

Monatelang erzählte ich Freunden, ich hätte mit Billy Wilder Verhandlungen über eine Rolle in meinem Film aufgenommen. Ich hatte ihn sogar für die erste Szene am ersten Drehtag eingeplant. Wilder sollte mir Glück bringen.

Es gab nur ein Problem – ich konnte ihn nicht erreichen. Ich rief seinen Agenten an, der sich tatsächlich daran zu erinnern schien, dass Wilder das Rollenangebot erwähnt hatte. Aber ansonsten hatte er von Wilder nichts mehr darüber gehört. Als der Drehbeginn näher rückte, postierte ich einen Assistenten vor dem Gebäude, in dem sein Büro lag. Er sollte sofort anrufen, wenn er den Meister erspähte.

Gegen Ende 1995 begannen die Proben mit Tom Cruise, Cuba Gooding jr. und Bonnie Hunt, die jetzt alle für *Jerry Maguire* besetzt waren. Der Anruf kam. Wilder war in seinem Büro. Ich rief an und er nahm gleich den Hörer ab.

»Mr. Wilder, hier ist Cameron Crowe. Wir haben darüber gesprochen, dass Sie in meinem Film eine Rolle übernehmen.«

»Lassen Sie mich in Ruhe!«, schnauzte er. »Ich bin ein alter Mann. Ich bin kein Schauspieler, und ich werde nicht in Ihrem Film auftreten.« Der große Billy Wilder hängte ein.

Nur Minuten später tapste ich mit Tom Cruise über die

regennassen Straßen von Beverly Hills. Unsere Mission bestand darin, Wilder persönlich aufzusuchen. Bewaffnet mit dem Star meines Films, wollte ich das Angebot wiederholen.

Wilder öffnete die Tür zu seinem Büro und äußerte seine Bestürzung darüber, dass wir unverabredet gekommen waren. Dennoch bat er uns herein. Nach fast einer Stunde, in der wir unseren Fall vorgetragen und über den Film gesprochen hatten, sagte er immer noch Nein. (»Ich weiß, was ich kann, und ich weiß, was ich nicht kann … Ich würde Ihren Film bloß ruinieren. Es würde ganz einfach schlecht sein. Suchen Sie jemand anderen. Ich wäre linkisch, ich wäre nicht ich selbst.«) Cruise beugte sich vor, ließ seinen Charme spielen und erklärte Wilder, seine Mitwirkung sei essenziell. Er sagte immer noch Nein. Ich erinnerte ihn an seine eigene Enttäuschung mit Cary Grant und erklärte, ich könne meinen Traum von der Idealbesetzung dieser Rolle nicht aufgeben. Wilder sah mich an – genauer gesagt, durch mich hindurch. Ich fühlte mich wie ein Heuchler und Schmeichler. Das Traurige daran war, dass ich jedes Wort ernst meinte.

Er plauderte mit Cruise über *Sabrina, Ninotschka* und *Boulevard der Dämmerung,* nahm mit mathematischer Präzision die Handlung unseres Films auseinander und wandte sich schließlich an mich, um mir eine persönliche Frage zu stellen.

»Ist dies Ihr erster Film?«

»Der dritte.«

»Haben Sie je daran gedacht, aufzugeben?«

»Ja«, sagte ich, zutiefst aufrichtig angesichts der persönlichen Frage.

Er nickte. Ich hatte falsch geantwortet, natürlich, und ich wusste es sofort. Ich war beim Ein-Fragen-Test für Regisseure durchgefallen. Vielleicht war es auch eine elegante Beleidigung. Moment mal, wir sind bei Billy Wilder, es muss *beides* sein! Er blinzelte mich an, als ob er sagen wollte: »Regieführen ist ein hartes Geschäft ... Hamlet gehört auf eine Bühne, um Himmels willen!« Danach sah er mir nicht mehr ins Gesicht. Unbeweglich und charmant, hart, aber nicht aalglatt. Hart, *tough*, das war das Schlüsselwort zur Beschreibung dieses Gentleman, der sich nicht daran erinnerte, mich zuvor getroffen zu haben, und der jetzt keine Gewissensbisse verspürte, mir und dem zukünftigen *Jerry Maguire* ein schnödes Nein entgegenzuwerfen.

Schließlich standen wir auf, um zu gehen.

»Es war eine Freude, Sie kennenzulernen, und Sie auch«, sagte er mit förmlicher Höflichkeit. Sein Blick wanderte über mich hinweg zu Tom Cruise. »*Besonders* Sie.«

Ich verließ das Büro und setzte mich mit Cruise ins Auto. Ich hatte gerade einen der größten Stars der Welt mit etwas bekannt gemacht, mit dem er nicht sonderlich vertraut war: Misserfolg. Das war ganz und gar nicht das, was ich mir für den ersten Probentag vorgestellt hatte. Wir fuhren schweigend zurück, setzten die Proben fort, drehten den Film und erwähnten Wilder alle zwei Wochen einmal. Seine Ablehnung hing noch Monate später in der Luft, als bitterer Scherz zwischen Cruise und mir. Hin und wieder zitierte ich den bissig-witzigen, wilderesken Abschied nach dem gescheiterten Treffen. »Es war eine Freude, Sie kennenzulernen, und Sie auch. *Besonders* Sie.« Wir lachten jedes Mal. Gequält.

Im Februar 1997 lief *Jerry Maguire* schon seit einigen Monaten in den Kinos. *Rolling Stone* hatte ein Tagebuch über die Entstehung des Films veröffentlicht, das auch die Episode mit Wilder enthielt. Dann landete ein Fax von Karen Lerner in meinem Büro. Sie war eine langjährige Freundin von Billy und Audrey Wilder. Karen war den Wilders zum ersten Mal in den frühen Sechzigerjahren begegnet, als sie für *Newsweek* arbeitete. Später heiratete sie Alan Jay Lerner. Karens Beziehung zu Billy und Audrey war über die ganzen Jahre hinweg sehr eng geworden. Sie war regelmäßig zu Gast zum Essen und ein Wilder-Aficionado. Sie hatte mein Tagebuch im *Rolling Stone* gelesen. Ob ich daran interessiert sei, eine Reihe von neuen Interviews mit Billy Wilder in Buchform zu machen, so ähnlich wie das Buch *Hitchcock* von François Truffaut? Selbstverständlich erschien mir die Idee verlockend, aber ich rief sie an und erklärte ihr, worin meiner Meinung nach das Problem liegen würde. Bei Wilder und mir hatte die Chemie nicht gerade gestimmt. Ich wollte das nicht vertiefen. Von Helden sollte man Abstand halten. Sie sollten in einem Bücherregal stehen oder in einer Plattensammlung. In heroischer Distanz. Ich wollte die Züchtigung nicht weiter betreiben.

Lerner gab so schnell nicht auf, erzählte mir, dass Wilder das Tagebuch auch gelesen und es ihm Spaß gemacht hatte. Wilder bot an, ein Zeitschrifteninterview mit mir zu machen – er gab zu dieser Zeit kaum Interviews –, und Karen schlug vor auszuprobieren, ob es mit der Chemie klappte. Wenn ja, dann könnte man die Interviews in Buchform herausbringen. Ich sollte mit ihm am Ort meines ersten Misserfolgs zusammentreffen, und wir könnten damit anfangen, über zwei Filme zu sprechen, an die Wilder sich gern erinnerte – *Frau ohne Gewissen* und *Das Appartement*. Alles sah nach einer Übung in Sachen Masochismus aus. Ich musste mit einem neuen Drehbuch beginnen. Ich hatte keine Zeit. Es wäre wohl das Beste, ich würde dies unter der Rubrik »seltsame Ereignisse« ablegen und als einen ironischen Dreh verbuchen, als eine Laune des Meisters, auf die ich klugerweise nicht eingehen sollte.

Ich unternahm sofort alles, um mich mit ihm zu verabreden.

»Sie scheinen größer geworden zu sein«, sagte er, als er die Tür zu seinem Büro öffnete. »Sie sind mit dem Erfolg gewachsen.« Wilder trug einen Anzug mit Hosenträgern und bequeme Schuhe. Er bat mich in das Zimmer, in dem unsere erste Begegnung stattgefunden hatte. Schon kurz nach der Begrüßung plauderte er über die bevorstehende Oscar-Verleihung. Er vertrat die Ansicht, dass die fünf Nominierungen für *Jerry Maguire* einschließlich der für den Besten Film, besonders aber die für Tom Cruise als Bester Hauptdarsteller ein Segen seien für die Anerkennung von Filmkomödien und Komödiendarstellern. »Außerdem mochte ich den Typ, der meine Rolle gespielt hat«, fügte er hinzu.

Ich fummelte an meinem Aufnahmegerät herum, testete das Mikrofon, aber Wilder war schon munter bei der Sache. Er war neunzig damals, und ich hatte Mühe, mit seinem Tempo mitzuhalten. Und doch gab es, wie in Wilders besten Werken, gleich am Anfang des ersten Akts ein Hindernis. Wie ich bald feststellen sollte, war der Weg zu diesem Interviewbuch mit den Opfern gepflastert, die es vor mir versucht hatten.

Wilder wollte kein weiteres Buch über sich veröffentlicht sehen. Mit früheren Büchern war er unzufrieden – er hielt sie für ungenau und, was noch schlimmer war, für langweilig. Kürzlich hatte ein Versuch mit einem deutschen Autor damit geendet, dass das Buch nur in Deutschland herauskam. Wilder betrachtete es als uninteressant für amerikanische Leser. Frühere Anfragen zu einem Frage-und-Antwort-Buch waren jahrelang abgelehnt worden, und überhaupt war es nur wenigen Journalisten gelungen, seine Worte gedruckt zu veröffentlichen – diese komplexe Mischung aus mitteleuropäischem Ausdruck, amerikanischem Slang und einem tödlich trockenen Humor. Es gibt kaum etwas Lustigeres als Wilders Pokerface. Er selbst lacht selten über seine eigenen Scherze, aber er beobachtet *dein* Lachen mit dem Blick eines zufriedenen Handwerkers. Und doch war der neunzigjährige Wilder nicht daran interessiert, »mich als Vorbild hinzustellen«. Wieder und wieder betonte er, unser erstes Interview sei ein Versuch, unsere Beziehung freundlich und mit einer hilfreichen Geste enden zu lassen. »Das ist für Ihre Zeitschrift«, sagte er, »für Ihre Kolumne.«

Kolumne? Ich schrieb keine Kolumne.

Er griff in eine Schublade, setzte eine andere Brille auf. Vorsichtig, mit langen eleganten Fingern, von denen einer sich wegen seiner Arthritis zur Seite bog, rückte er eine durchsichtige Dose Tic Tac vor sich zurecht. Der Schreibtisch war voller Papier – Briefe aus aller Welt, Einladungen zu Filmfestivals, Telefonnummern – und an der Seite der Anrufbeantworter sowie ein Telefon, das er benutzte, wenn er im Büro war.

Bei unserem ersten Interview hatte ich nach einer halben Stunde ein Déjà-vu-Erlebnis. Ich hatte alle Bücher über Wilder gelesen und auch viele Interviews. Aber bei diesem Gespräch gab es einen schönen Unterton, schimmerte eine Lebensperspektive durch, die seinen ohnehin genauen und witzigen Beobachtungen eine neue Dimension hinzufügte. Die geschätzte Anwesenheit von Karen Lerner bei unserer ersten Runde von Interviews trug dazu bei, die Atmosphäre aufzulockern. Am Anfang unserer Gespräche standen viele Anekdoten, von denen mir einige bekannt waren, aber mein journalistischer Ehrgeiz hielt mich dazu an, tiefer zu graben, weiter zu gehen – das Interview zu bekommen, das Wilder nie gegeben hatte. Das war der wildereske Aspekt dieses Nachmittags. Während ich zu Hause sein sollte, um mein neues Drehbuch zu schreiben, hatte ich mir jetzt zum Ziel gesetzt, Wilder zu einem Projekt zu überreden, das er hartnäckig ablehnte.

Ich saß an diesem sonnigen Nachmittag Billy Wilder gegenüber, und wir sprachen über einige der größten Gestalten des zwanzigsten Jahrhunderts – Gestalten, die im Herzen und im Kopf von Billy Wilder entstanden waren –, und ich betrachtete unser Gespräch als wichtig für die Zukunft.

Von seinen Zeitgenossen aus der ersten Hälfte des Jahrhunderts ist Billy Wilder der einzige, der noch lebt. Sein Gedächtnis ist einwandfrei, und nur selten benutzte er in unseren Gesprächen die Entschuldigung, sich nicht erinnern zu können. Er denkt immer noch über seine Filme nach, trauert immer noch über vermasselte Dialoge und verpasste Gelegenheiten. Das ist bemerkenswert, und es macht klar, was dieser Job wirklich bedeutet. Werde Regisseur, und auch du wirst – im besten Fall – dich noch nach sechzig Jahren über Kleinigkeiten aufregen. Er ist obendrein ein nüchterner Betrachter von Filmen und des Filmgeschäfts – obwohl er selten das Wort *film* oder *cinema* benutzt. Er schaut sich viele der neuen Filme an, meist im privaten Vorführraum seiner Freunde Richard und Barbara Cohen. *Pictures* lautet das Wort, das Wilder gewählt hat für die Erzählungen auf Zelluloid, mit denen er sich die meiste Zeit seines Berufslebens befasst hat. Dass Wilder sich selbst nicht wichtig nimmt, kommt so gut wie gar nicht vor in diesen Multimedia- / Event- / Hier-komme-ich-Zeiten.

Ich sah zu, wie er die weißen Tic Tac aß und höflich und manchmal behutsam auf meine vielen detaillierten Fragen reagierte. Ich wusste, es würde nicht einfach werden. Er gestattet sich keinerlei Gefühlsduselei. Nicht immer verstand er meinen Slang, und ich verlor manchmal den Faden, weil er von einer Ära zur anderen sprang, fast durch ein ganzes Jahrhundert Arbeit. Schließlich war er ja einmal Tänzer gewesen. Und dann neigte er immer wieder dazu, sich in die berühmten Anekdoten zu flüchten, die über Jahre hinweg zurechtgeschliffen worden waren, während er sie seinen Dinnergästen erzählte und sie damit bezauberte. Einige Fragen mussten mehrmals wiederholt werden; es machte Wilder immer wieder von neuem Spaß, ihnen auf geschickte Weise auszuweichen. Ehe man sich's versieht, hat er eine ernste Frage in einen Scherz verwandelt. Und wenn ein scharfer Verstand deine beste Waffe ist, warum soll man sie dann nicht oft benutzen? Wilder selbst ist die stärkste Figur, die er erfunden hat. Was war wirklich dazu nötig, eine solche Figur zu schreiben und zu *leben*? Es sah nach einem Fulltime-Job aus, zu versuchen, von dem neunzigjährigen Billy Wilder Antworten auf diese Fragen zu bekommen. Und ich stand gerade erst am Anfang.

26. Mai 1998
Cameron Crowe

HAT ES SPASS GEMACHT, MR. WILDER?

TEIL 1

Cameron Crowe: Im Laufe der Jahre haben Sie so viele hervorragende weibliche Charaktere geschaffen. Sie hatten keine Schwestern. Gibt es in irgendeinem der Filme eine Figur, die Ihrer Mutter ähnelt?

Billy Wilder: Nein. Meine Mutter war anders. Also, Sie müssen wissen, wir waren keine Familie von Lesern, Sammlern oder Theatergängern. Mein Vater war jemand, der auf vielen Hochzeiten tanzte. Ihm gehörte eine Kette von Bahnhofsrestaurants. In jenen Tagen gab es noch kein Fast Food, ich spreche hier von der Zeit der österreichisch-ungarischen Monarchie. Er betrieb Restaurants in verschiedenen Bahnhöfen. Da kam ein Typ mit einer Klingel: »Wir halten hier für fünfundvierzig Minuten.« Die Reisenden steckten fest. Die Speisekarten waren schon gedruckt. Also aßen sie dort.

Hatten Sie jemals das Bedürfnis, einen autobiographischen Film über Ihre Kindheit zu drehen?

Nein. Ich habe die schlechteste Schule von Wien besucht. Die Schüler waren entweder zurückgeblieben oder verrückte Genies. Das Traurige an der Sache ist, dass ich, als ich vor drei Jahren das letzte Mal in Wien war, den Zeitungsleuten sagte: »*Bitte* schreibt, dass *jeder,* der mit mir zur Schule gegangen ist, sich bei mir melden soll. Ich wohne im Hotel Bristol.« Nicht ein Einziger hat sich gemeldet. Fünf Jahre zuvor war ich auch in Wien. Ich hatte ein umfangreiches Mittagessen zu mir genommen und sagte dem Concierge: »Falls jemand nach mir fragt, ich bin nicht da. Ich lege mich jetzt hin.« Eine Viertelstunde später klingelt das Telefon, und der Concierge sagt: »Es tut mir sehr leid, Mr. Wilder, aber hier ist ein Mann, der mit Ihnen zur Schule gegangen ist – sein Name ist Martini.« Und ich sagte: »Martini, ja klar! Martini! Schicken Sie ihn rauf!« Dann kam der Typ. Verbeugte sich. Kahlköpfig. »Guten Tag, Mr. Wilder.« Und ich sage: »Martini! Erinnerst du dich an diesen Kerl, diesen Lehrer? ... Erinnerst du dich an all die Sachen?« [*Leise*] Und er schaut mich an und sagt: »Ich glaube, Sie meinen meinen Vater. Er ist vor vier Jahren gestorben.« Sein Sohn sah ihm sehr ähnlich. Die Jungs leben nicht mehr, verstehen Sie.

Ich bin jetzt neunzig Jahre alt. Wenn jemand zu mir gekommen wäre, als ich zwanzig war, und gesagt hätte, »Wie würde es Ihnen gefallen, siebzig Jahre alt zu werden?«, hätte ich gesagt: »Ist in Ordnung! Siebzig!« Jetzt bin ich zwanzig Jahre älter, und keiner würde mehr eine Wette mit mir abschließen. [*Er lacht.*]

»Ich habe die schlechteste Schule von Wien besucht. Die Schüler waren entweder zurückgeblieben oder verrückte Genies.«

Hatten Sie das Gefühl, dass Sie ein langes Leben haben würden?

Überhaupt nicht, nein. In meinem Leben sind so viele verrückte Dinge passiert. Aber es hätte nie mit einem Selbstmord geendet. Ich wäre auch nie mit der Frau eines anderen erwischt worden oder etwas in der Art. Dazu bin ich zu clever. Dazu habe ich zu oft solche Sachen geschrieben.

Das ist interessant, denn als ich meinen ersten Film als Regisseur machte, sagte mir jemand: »Also weißt du, deine Lebenserwartung ist gerade gesunken, denn das Durchschnittsalter eines Regisseurs liegt bei achtundfünfzig Jahren.«

Sagen Sie bitte keinem, wie alt ich bin. Pssst!

Aber manchmal sage ich mir, ich könnte auch Zahnarzt sein und zwanzig Jahre länger leben.

Das glaube ich. Ein Regisseur – ein ernsthafter Regisseur, nicht einer, der Fernsehen macht oder so – wird von innen aufgefressen. Man muss so viel runterschlucken. Und man muss für andere Leute den Kopf hinhalten. Die Formel ist ganz, ganz einfach. Man *muss* mit ihnen leben, wenn man einmal angefangen hat, mit ihnen zu arbeiten. Wenn ein Film halb fertig ist und etwas nicht stimmt, werden sie *mich* feuern, nicht einen der Schauspieler.

Daran musste ich denken, als Tom Cruise den Vertrag für *Jerry Maguire* unterschrieb. Mein erster Gedanke war: Wenn es ein ernsthaftes Problem geben würde, wäre ich weg vom Fenster, er aber immer noch dabei. Ich würde auf einer einsamen Insel aufwachen, jemand würde mir einen Drink mit einem Schirmchen drin reichen, und ich würde sagen: »Entschuldigung, führte ich nicht gestern noch Regie bei einem Film mit Tom Cruise?« [*Wir lachen.*]

Aber das ist ja nicht geschehen. Er ist ein Schauspieler, der mitdenkt. Er lässt alles so leicht aussehen. *Rain Man* zum Beispiel. Es hat einige Jahre gedauert, bis man gemerkt hat, dass die Rollen hätten getauscht werden können. Das wäre ein Film, den ich gerne sehen würde – der verrückte Typ ist der *Gutaussehende*. Tom Cruise hat auch die schwersten Rollen mit einer solchen Leichtigkeit bewältigt. Er ist wie Cary Grant. Er schafft es, die schweren Sachen mühelos einfach aussehen zu lassen. Auf der Leinwand konnte Cary Grant in ein Zimmer kommen und »Tennis, jemand?« sagen wie sonst niemand. Man schätzt diese Fähigkeit nicht, bis man einen weniger fähigen Schauspieler sieht, der dasselbe versucht. Reines Gold.

»Ich renne flink wie ein Wiesel vor unerfreulichen Leuten davon.«

Es gibt eine Geschichte über einen großen König, der lange Jahre regiert hatte. Als er im Sterben lag, fragte man ihn, wie viele Tage reinen Glücks er in den Jahren seiner Regentschaft wirklich erlebt hatte. Und der König antwortete: »Vielleicht einen.« Vielleicht einen Tag reinen Glücks.

Ja. Das ist es. Und das erfährt man, wenn man am Tag nach einer verheerenden Vorabvorführung ins Studio zurückkommt. Der Pförtner kennt einen nicht mehr. Er schaut in die andere Richtung. Man bekommt das Gefühl, dass man nicht mehr dazugehört.

War Glück jemals ein Ziel? Waren Sie glücklich in all den Jahren großer Aktivität?

Ja, ich meine, im Vergleich zum Leben anderer Menschen schon. Ja, ich hatte ein gutes Leben. Ja. Ein sehr gutes Leben. Ich bin mehr als vierzig Jahre mit einer Frau verheiratet, die ich liebe. Ich hatte eine gute Karriere. Irgendwie … Ich weiß, dass es irgendwann ein Ende haben wird. Mir geht es immer noch gut. Ich habe immer noch gute Einfälle. Und nein, keine schlimmen Erinnerungen, und keine Leute, die ich hasse. [*Er macht eine Pause, als hätte er gerade das Geheimnis verraten, wie man in Hollywood seinen Lebensabend in Frieden verbringen kann.*] Die kommen nicht in meine Nähe, weil ich flink wie ein Wiesel vor unerfreulichen Leuten davonrenne. Und ich bin gesund. Neunzig ist ziemlich gut. Ich hätte gerne einige dieser ganz großen Filme gemacht, die andere gemacht haben … Es gibt einige sehr wunderbare Filme, und da wünschte ich mir, ich hätte sie gemacht. Aber was soll's. Ich bin nun mal ehrgeizig, ich würde nichts anfassen, was nicht gut riecht, selbst wenn man mir das Zehnfache bezahlen würde. Das würde ich nicht tun. Ich meine es gut. Ich wünsche allen meinen Co-Regisseuren, sowohl denen, die vor mir Erfolg hatten, als auch denen, die heute erfolgreich sind, alles Gute und applaudiere ihnen. Wenn man das mit neunzig sagen kann, dann hatte man ein gutes Leben.

Ich möchte auf einige Gerüchte zu sprechen kommen, die Sie bestätigen oder dementieren können. Hier ist eines. Man sagt, in Ihrer Zeit als »Gigolo« in Berlin hätten Sie mehr getan, als nur mit Ihren Partnerinnen zu tanzen.

Nein, nein.

Also endete der Abend beim Essen?

Absolut, denn die Damen kamen mit ihren Ehemännern. Sicher. Und es waren korpulente Damen, ältere Damen. Ich war nicht gerade der beste Tänzer, aber ich führte die besten *Gespräche* mit den Damen, mit denen ich tanzte. Nachmittags trug ich einen dunklen Anzug, abends einen Smoking. Es wurde zum Cocktail getanzt zwischen fünf und sieben, und abends nach halb neun. Ich erinnere mich daran, dass ich mich eines Tages beschwerte, wie sehr meine Schuhe zu leiden hatten. Als ich am nächsten Tag kam, gab mir der Concierge ein Paket mit zwölf Paar alten Schuhen des Ehemanns der Dame. [*Er lächelt.*] Aber sie waren viel zu groß für mich. Ich habe mich allerdings gefragt, ob ich es auch getan hätte, wenn ich kein Zeitungsmann gewesen wäre, der vorhatte, darüber eine Artikelserie zu schreiben. Ich weiß es nicht, aber jedenfalls war das ganz neu damals. Ich hatte eine Freundin, eine Amerikanerin, und die brachte mir einen neuen Tanz bei, den man Charleston nannte. Das war in den Zwanzigerjahren, wissen Sie, und danach gab ich Charleston-Unterricht.

Lassen Sie uns über einen Ihrer Lieblingsschauspieler sprechen, jemanden, der Ihre Dialoge und Ihren Stil zum Leben erweckte – Jack Lemmon. Wie sind Sie auf ihn gekommen?

Ich wusste, dass er da war. Er hatte Mr. Pulver in *Keine Zeit für Heldentum* gespielt [1955] und dafür einen Oscar bekommen. Er war zum Schreien komisch und er war ganz neu. Er stand bei Columbia unter Vertrag, machte drei oder vier Filme im Jahr, und ich mochte ihn. Mir gefiel seine Qualität. Als er zum ersten Mal im Studio vor der Kamera stand [*Die unglaubliche Geschichte der Gladis Glover,*

1954] unter der Regie von George Cukor, lief er auf Hochtouren. Er rattert eine halbe Seite Dialog herunter, *ratatatatat,* dann kommt das »Cut« und er sieht zu Cukor hinüber. Cukor geht zu ihm hin und sagt: »Es war ganz wunderbar, Sie werden ein großer Star sein. Aber … bei dieser großen Rede, bitte, bitte, ein kleines bisschen weniger, etwas weniger. Wissen Sie, im Theater gibt es nur die Totale, und da müssen Sie sich reinhängen. Aber beim Film schneiden wir auf eine *Großaufnahme,* und da können Sie nicht so *stark* sein.« Also macht er es wieder, nimmt sich zurück. Und wieder sagt Cukor: »Wunderbar! Ganz phantastisch, und jetzt machen wir's noch mal, und bitte etwas weniger.« Nach dem zehnten oder elften Mal, nachdem Mr. Cukor ihn ermahnte, »etwas weniger« zu geben, sagt Mr. Lemmon: »Mr. Cukor, um Himmels willen, Sie wissen, wenn das so weitergeht, *werde ich gar nicht mehr schauspielern.*« Und Cukor sagt: »Jetzt begreifen Sie's langsam.« [*Lachen*]

Es macht einem viel Spaß, die Details in Ihren Filmen zu studieren. Zum Beispiel die Namen der Figuren. Wie viel Zeit haben Sie darauf verwendet, die Namen zu finden?

[*Er lächelt.*] Es gab einen Namen für einen Mann, den ich in drei oder vier Filmen verwendet habe. Ich mochte diesen Namen. Der Name war Sheldrake. Er hat so kleine Vibrationen. Er hat *Profil.* Das klingt nicht wie Mr. Jones oder Mr. Weber oder so – deswegen war Mr. Lloyd Webber wohl so clever, zwei b zu nehmen. Wir haben immer kleine Scherze mit den Namen gemacht. Marilyn Monroe zum Beispiel nannten wir in *Manche mögen's heiß* Sugar Kane [wörtlich: Zuckerstange]. Kubelik – das war Shirley MacLaine in *Das Appartement* [1960]. Fran Kubelik. Jan Kubelik war zu meiner Zeit, als ich noch zur Schule ging, ein sehr berühmter Geiger. Auf C. C. Baxter kamen wir wegen meines ersten Regieassistenten, C. C. Coleman – »Buddy« Coleman nannten wir ihn. Mir fielen eben Namen wirklicher Leute ein. Sheldrake war auch eine reale Person. Er war Basketballspieler an der Universität von Los Angeles.

»Alles ist lustig – außer das Schreiben des Drehbuchs.«

Der Name klingt auch lustig. War das auch wichtig?

Ja, ein guter Name besitzt eine gewisse Kraft. Namen sind lustig. Alles ist lustig – außer das Schreiben des Drehbuchs. Alles davor und danach macht Spaß. Beim Schreiben sagt man sich die ganze Zeit: »Dafür finden wir später eine Lösung.« Aber ich kann nicht mit einer neuen Szene anfangen, bis alles klar ist.

Das ist nicht einfach. Sprache und Rhythmus Ihrer Drehbücher sind so spezifisch. Haben Sie den Schauspielern oft Dialoge vorgesprochen?

Wir saßen im Kreis und lasen die Dialoge. Meinen Sie das?

Nein. Sagen wir mal, ein Satz wurde nicht richtig gesprochen, klang nicht so, wie Sie ihn in Ihrem Kopf gehört hatten. Haben Sie dem Schauspieler den Satz dann so vorgesprochen, wie Sie ihn hören wollten?

Ja, aber ich bin kein Strasberg-Mann. Ich bin kein Schauspieler. Ich bin nicht mal der geborene Regisseur. Ich bin Regisseur geworden, weil man so viele meiner Drehbücher versaut hat.

Das Arrangement war so, dass wir [Wilder und sein Mitarbeiter Brackett] einen Vertrag mit Paramount hatten und an jedem Donnerstag elf Seiten abliefern mussten, auf gelbem Papier. Elf Seiten. Warum gerade elf, weiß ich nicht. Und dann das Drehbuch. Wir durften bei den Dreharbeiten nicht dabei sein. Wir sollten im vierten Stock am nächsten Drehbuch arbeiten. Sie scheuchten uns weg, und Leisen war der Schlimmste. Mitch Leisen.

Ich erinnere mich besonders an eine Episode. Leisen inszenierte *Das goldene Tor* [1941]. Wir arbeiteten bereits am nächsten Drehbuch, und wir durften den Set nicht betreten. Polizisten! Es waren Polizisten im Studio, die »Nein, nein, nein!« sagten. So war die Situation damals. Wenn man Stücke für das Theater schreibt und man dann während der Proben mit dem Geldgeber oder sonst jemandem im Theater sitzt, und der Regisseur ist auf der Bühne, und ein Schauspieler sagt »Ich mag das ›Guten Tag‹ hier nicht, können wir das ändern in ›Hey, Alter‹«, dann sagt der Regisseur: »Gut, fragen wir den Autor.« Und er geht zum Autor und fragt ihn: »Wären Sie mit ›Hey, Alter‹ einverstanden?« – »Auf keinen Fall«, sagt der Autor. Und dann wurde es nicht geändert. Beim Film ließen sie dich damals nicht einmal sehen, was du geschrieben hattest.

Für *Das goldene Tor* hatten wir eine Szene geschrieben, in der der Held – der in Wirklichkeit ein Gigolo ist –, Charles Boyer, in diesem dreckigen Hotel Esperanza jenseits der Grenze liegt. Im ersten Drittel des Films ist er in Mexiko gestrandet. Er hat keine Papiere, um in die USA zu kommen, möchte aber dringend dorthin. Er liegt angezogen auf dem Bett, und da kriecht eine *Kakerlake* die Wand hoch und versucht, auf den schmutzigen, gesprungenen Spiegel zu klettern. Und Boyer sollte einen Grenzbeamten imitieren, mit einem Stock in der Hand, und zu der Kakerlake sagen: [*autoritär*] »Hey, wohin gehst du? Was tust du da? Hast du ein Visum? … Was? Kein Visum! Wie kannst du ohne Pass reisen? Das geht nicht!« Das war die Szene. Sie drehten den Film, und Brackett und ich gingen zum Lunch zu Lucy's – das war ein Restaurant gegenüber von Paramount. Nachdem wir gegessen hatten, kamen wir am Tisch von Mr. Boyer vorbei, der ein nettes französisches Mittagessen samt einem Rotwein zu sich nahm. »Hallo, Charles, wie geht's?« – »Wie geht's euch, Jungs?« – »Was dreht ihr heute?« – »Wir drehen die Szene mit der Kakerlake.« – »Ah ja, das ist eine gute Szene, nicht?« Er sagt: »Wir haben sie ein bisschen *geändert.*« [*Wilder macht große Augen.*] »Was soll das heißen, ein bisschen geändert?« Er sagt: »Wir haben es geändert, weil es idiotisch ist – warum soll ich mit einer Kakerlake *reden,* wenn eine Kakerlake mir doch nicht antworten kann?« Ich sage: »Ja, ja, ja, aber wir möchten trotzdem, dass ihr es so macht.« – »Nein, nein, nein«, sagt Boyer. »Ich habe mit Mr. Leisen darüber gesprochen und ihn davon überzeugt, dass ich nicht mit einer Kakerlake rede.« Ohne den Monolog war die Szene nichts, ganz flach.

Dann saßen wir im vierten Stock und schrieben das Ende des Films, *Das goldene Tor,* die letzten zehn Seiten. Ich sage zu Brackett: »Wenn dieser Hurensohn nicht mit einer Kakerlake sprechen will, dann spricht er mit niemandem! Streich seine Dialoge! [*Er lacht.*] Also haben wir gewonnen … ein wenig. Sie hätten das komplette Drehbuch verfilmen sollen … Aber wovon sprachen wir?«

Über das Vorsprechen von Dialogen.

Ah ja. Das passiert ganz selbstverständlich, wenn man die Dialoge gemeinsam liest. Manchmal trifft jemand eine

Nuance, die so wunderbar ist, dass man es gar nicht fassen kann, nicht selbst darauf gekommen zu sein. Manchmal muss man auf einer bestimmten Betonung bestehen. Dann nahm ich den Schauspieler zur Seite und sagte: »Könntest du diesen einen Satz noch mal machen?« Vielleicht als Extraschuss, den ich später dazwischenschneiden konnte. Aber es ist keine Sünde, einem Schauspieler einen Satz vorzusprechen … Die Nerven versagen mitunter einfach. Und dann sagte ich nur: »Es muss so sein, *da-da-da-da*.« Das konnte ich nicht sehr gut, da Englisch nicht meine Muttersprache ist. Einen *Blick* kann ich vormachen. Aber ich bin mit Schauspielern sehr, sehr gut zurechtgekommen, außer wenn ich mit Hurensöhnen wie Mr. [Humphrey] Bogart gearbeitet habe. Bogart war eigentlich bei Warner Bros, unter Vertrag. Aber plötzlich stand er zur Verfügung, er suchte nach einem Film, und ich hatte einen. Das war *Sabrina* [1954]. Ich wollte aber Cary Grant haben. Ich habe dauernd gesagt: »Lasst uns versuchen, Cary Grant zu bekommen!«

Ich hatte Cary Grant für vier meiner Filme haben wollen. Er war einer meiner Freunde. Ich mochte ihn enorm gern, und er mochte mich auch. Aber er war zurückhaltend, er wollte sich nicht in neue Hände begeben. Er hat ja fast immer dieselbe Rolle gespielt. Das musste er auch, wissen Sie … Als Clark Gable nicht *Clark Gable* war und diesen irisch-republikanischen Film *Feuer über Irland* [1937] machte, wollte das niemand sehen. Da haben wir's! Sie wussten nicht einmal, dass es diesen Film gibt. Gable musste immer Gable sein. Nur die Situationen [in den Filmen] waren unterschiedlich, die Charaktere waren allenfalls ein bisschen verschieden. Dasselbe gilt für Cary Grant, der mir immer wieder durch die Lappen gegangen ist.

Also sagte ich [nachdem Grant abgelehnt hatte]: »Okay, lasst uns jemanden nehmen, der älter ist als [William] Holden und nicht so gut aussieht.« Von den beiden ist er der Geschäftsmann, für seinen Bruder hat er nichts übrig, weil der ein Trunkenbold ist und alle Frauen bekommt einschließlich Audrey Hepburn, die Tochter des Chauffeurs. Gut, ich sagte: »Es wäre schön, wenn wir jemanden fänden, der absolut der falsche Typ dafür ist – denn *er* verliebt sich auch.« Sam Cohn, der Agent, der Bogart den Vorschlag machte, sagte: »In diesem Film gibt es eine schöne Rolle neben Audrey Hepburn.« Aber Bogart war daran gewöhnt, dass die meisten seiner Filme von [John] Huston inszeniert wurden, und sie tranken auch immer zusammen. Er mochte mich nicht, denn gleich am Anfang der Dreharbeiten nahmen wir nach Drehschluss ein paar Drinks, zwei oder drei Martinis, in Holdens Garderobe. Ich hatte vergessen, ihn dazu einzuladen. Er saß allein in seiner Garderobe mit der Maskenbildnerin, die sich um sein Haarteil kümmerte. Er gehörte nicht dazu. Schließlich ging ich zu ihm, um die Einladung nachzuholen, und er sagte: »Nein, vielen Dank.« Ich habe die Rolle für ihn umgeschrieben. Wenn ich einige Seiten fertig hatte, brachte ich sie ihm. Einmal schaute er sich den Text an und sagte: »Wie alt ist Ihre Tochter?« Ich sagte: »Meine Tochter wird bald sieben.« – »Hat *sie* das geschrieben?« Sehr laut, verstehen Sie. Er hoffte auf einen großen Lacher. Er war neu bei Paramount. Ich war da ein alter Hase. Er bekam seinen Lacher nicht, denn alle waren auf meiner Seite. Er war ein Scheißkerl. Weil er wusste, dass ich Cary Grant hatte haben wollen. Und auch, weil ich nicht mit einer großen Flasche Gin zu ihm kam und ihn einlud. Vielleicht wäre er gar nicht gekommen, wenn ich ihn gefragt hätte, aber dass ich das nicht getan habe, hat er mir nie vergessen.

Also, Mr. Bogart. Am Ende der Dreharbeiten hatten wir eine kleine Party. Er kam nicht. Dann hörte ich, dass er Krebs hat, und dann hörte ich von seiner Ehefrau Lauren Bacall, dass er mich sehen wollte. Ich eilte zu ihm, und er war wundervoll, absolut wundervoll, und er bat mich um Verzeihung. Und ich sagte: »Vergessen Sie's, es geht hier nicht um britische Hofzeremonien. Ich streite mich mit einer Menge Leute.« Das ist nicht wahr [*er zuckt mit den Schultern und lacht*], aber ich sagte es ihm. Sein Krebs war unheilbar, und es ging schnell mit ihm zu Ende. Die letzte Erinnerung an Bogart, die ich habe, ist die eines wundervollen Menschen, denn das war er, als ich ihn das letzte Mal sah. Er war sehr gut, besser, als er meinte. Er spielte gern den Helden, und am Ende war er schließlich einer.

Ich erinnere mich noch gut daran, dass der Kameramann mich auf die Seite nahm und sagte: »Sie sollten was mit dem Licht machen, denn Bogart spuckt, wenn er spricht. Sie sollten die Scheinwerfer da hinten wegnehmen. Das Licht von hinten ist fürchterlich für ihn.« Also warnte ich die Garderobiere, die sich um Audrey Hepburn kümmerte, und bat sie, jederzeit ein Handtuch bereitzuhalten. Es aber diskret zu tun.

Ich habe eine Frage zu Ihrem Freund Cary Grant. In den Büchern über Sie, die ich gelesen habe, steht wiederholt, dass Sie richtig *kämpfen* konnten, wenn Sie einen bestimmten Schauspieler haben wollten. Zum Beispiel Fred MacMurray –

Der war auch ein Ersatzmann, aber das erzähle ich Ihnen später.

Gut. Aber Cary Grant war der Richtige für Ihre Stoffe. Warum haben Sie nicht härter gekämpft, um ihn zu bekommen?

Im Grunde genommen war Bogart die bessere Besetzung als Cary Grant, denn ein junger Cary Grant hätte die Rolle von Bill Holden spielen können. Bogart war der Geschäftsmann. Man glaubte nicht, dass er sich nur ums Geschäft kümmerte, aber das tat er.

Ja, Cary Grant. Ich wollte schon immer mit ihm arbeiten. Es begann bei einem Film, bei dem ich nur der Autor war. Nur der Autor?! [*Er lacht über sich selbst.*] Ich war sehr stolz darauf. *Ninotschka* [1939]. Wir wollten Cary Grant haben. Wir wollten, dass Cary Grant die Rolle von Melvyn Douglas spielte.

»Cary Grant war absolut großartig. Aber er war ein sehr, sehr seltsamer Mann, und er war sehr geizig.«

Es wäre großartig gewesen, Cary Grant in den Szenen mit Greta Garbo zu sehen.

Nein, dieses Glück hatten wir nicht. Ich hätte ihn auch gern gehabt für die Rolle, die Gary Cooper in *Ariane – Liebe am Nachmittag* [1957] gespielt hat. Das wäre wundervoll gewesen, nicht? »Kann's nicht machen … bitte nicht. Besteh nicht drauf. Pass auf, ich mag dich, Wilder, aber ich kann's nicht erklären. Es ist … die falschen Signale sind in mir hochgekommen.«

Hatten Sie das Gefühl, er mochte Ihre Filme?

Ja. Er liebte meine Filme. Er rief mich an, nachdem er *Manche mögen's heiß* gesehen hatte, und gratulierte mir, dass Curtis eine so wundervolle Imitation geliefert hatte. Nein, er war sehr nett. Er war absolut großartig. Aber er war ein sehr, sehr seltsamer Mann, und er war sehr geizig. Ein Geizkragen, Mr. Cary Grant. Ich gab eine Dinnerparty in meiner Wohnung, und hinterher gingen wir in mein Zimmer, wo mein Radio und mein Fernseher standen. Ich spielte ihm eine Platte mit dem Stück eines deutschen Komponisten vor, eine mittelalterliche Hymne mit Instrumenten und Stimmen. Orff hieß der Komponist. [Es war *Carmina Burana.*] Das ist ein starkes Stück, und ich spielte es sehr laut. Er sitzt da und fragt: »Was haben die Lautsprecher gekostet? Was hat der Plattenspieler gekostet?« Da ich wusste, wie geizig er ist, sagte ich: »Einhundertundelf Dollar.« Also ruft er seine Frau: »Barbara! Dieser Apparat hier! Wir sind verrückt, wir sind verrückt. Wir haben zweihundertfünfzehn bezahlt.« [*Gelächter*]

Ich möchte hier noch mal nachhaken. Warum haben Sie nicht härter gekämpft? Sie mussten doch sehr enttäuscht gewesen sein, als Cary Grant ablehnte.

Als Cary Grant ablehnte? Nein, überhaupt nicht. Er war ein sehr guter Freund. Meine Enttäuschung war professioneller Art, nicht persönlicher. Ich hatte es eh erwartet. Die ersten zwei oder drei Male, als ich ihm Drehbücher schickte, funktionierte es nicht. Viele Schauspieler wussten das, und sie standen Schlange.

Aber lassen Sie mich die Geschichte mit dem Plattenspieler zu Ende erzählen. Er sagt: »Jetzt erkläre mir, diese beiden Lautsprecher, sind die in den einhundertundelf Dollar mit drin?« Und ich sage: »Nein, die kosteten extra.« Er fragt: »Wie viel?« – »Fünfundsechzig das Stück.« – *»Barbara!!! Barbara!!!«* [*Gelächter*] Er war absolut ... [*Er schüttelt ungläubig den Kopf.*] Ich habe es nie gesehen, aber es hieß, er habe im Keller einen Raum voller goldener Zigarettendosen. Er kaufte sie und stapelte sie da unten. Ein Goldschatz. Aber ansonsten war er ein sehr, sehr netter Mensch.

Hatten Sie das Gefühl, Cary Grant gut zu kennen?

Sehr gut kannte ich ihn nicht, aber ich sah ihn oft. Wir gehörten beide zum Aufsichtsrat des Pasadena-Museums von Mr. Norton Simon. Wir gingen dorthin zu Sitzungen mit anschließendem Mittagessen. Er kam nur wegen des Mittagessens. Mr. Simon ging die verschiedenen Punkte durch, die er auf die Tagesordnung gesetzt hatte, *bla-bla-bla.* »Alle dafür? Gut.« Keiner von uns hätte Zeit gehabt, Nein zu sagen oder eine Frage zu stellen. Dann gab es ein wunderbares Mittagessen, und er brauchte dafür nicht zu bezahlen. [*Er lacht.*] Das war in Ordnung. Es passte zu ihm, zu seinem Charakter. Wenn er auch noch großzügig gewesen wäre, hätte mich das irgendwie verstört. Er wäre zu perfekt gewesen.

Er wird heute generell als der König der leichten Komödie betrachtet. Stimmen Sie dem zu?

Er war sehr, sehr gut. Er beherrschte jeden Trick, verstehen Sie? Hat aber nie den Oscar bekommen. Er bekam den »Spezial«-Oscar … Aber sehen Sie, das ist so dumm, denn diese Typen, die Hauptdarsteller, die Oscars bekommen, müssen beim Gehen ein Bein nachziehen oder geistig zurückgeblieben erscheinen. Man beachtet denjenigen nicht, der harte Arbeit leistet, um alles ganz mühelos aussehen zu lassen. Er reicht nicht, eine Schublade elegant zu öffnen, eine Krawatte herauszunehmen und ein Jackett anzuziehen. Man muss mindestens nach einer Pistole greifen! Man muss leidend sein. Dann wird man beachtet. Das sind die Maßstäbe, die die viertausendfünfhundert Mitglieder

der Academy [die die Oscars vergibt] anlegen. Man weiß genau, dass Mr. [Dustin] Hoffman den Oscar bekommt, wenn er einen Autisten spielt in *Rain Man* [1988]. Er hat so viel geschwitzt, so hart gearbeitet, so viele Dinge beachtet. Bullshit.

Ich meine, es ist viel schwieriger, die delikate Balance zu erkennen, die Lemmon in *Das Appartement* hält. Ein paar Zentimeter zu viel nach rechts oder links, und der Film wäre im Pathos oder Kitsch untergegangen.

Das stimmt. Deshalb wurde er für *Die Tage des Weins und der Rosen* [1962] für den Oscar nominiert ... weil er einen Alkoholiker spielte.

»Jeder, der einen Buckligen spielt,
hat bessere Chancen bei den Oscars
als ein gut aussehender Hauptdarsteller.«

Also war es schon immer so.

Klar. Mr. Ray Milland, der bestimmt kein Oscar-würdiger Darsteller ist, gewann den Oscar für *Das verlorene Wochenende* [1945]. Er ist tot, deswegen darf ich das jetzt sagen. Also, ja, Oscars ... *Uff.* [*Er lacht.*] Jeder, der einen Buckligen spielt, hat bessere Chancen als ein gut aussehender Hauptdarsteller. Das ist die Rache der Stimmberechtigten, wissen Sie, weil sie keine Chance haben, an die Mädchen ranzukommen.

Ich möchte Ihnen einige Fotos zeigen. Hier ist eins von *Das Appartement.* Sieht aus wie die Studiokantine, in der Sie mit Jack Lemmon, Shirley MacLaine und I. A. L. Diamond sitzen. Ein großartiges Team, und alle sehen so aus, als ob sie viel Spaß hätten. War das der Fall während der Dreharbeiten?

Nicht bei allen. Das war ein glücklicher und fröhlicher Film, *Das Appartement.* Eines Tages, etwa in der Mitte, kam Aud, meine Frau, an den Set. Das tat sie sonst nie, aber diesmal kam sie, und Shirley MacLaine nahm sie zur Seite und fragte: »Glaubt Billy wirklich, dass der Film gut wird?« Sie war sich anfangs nicht sicher. [*Er lacht und nimmt ein anderes Foto.*]

*»Egal wie schrecklich ein Film ist,
wie sehr er stinkt, da muss man noch
den letzten Dollar strecken.
Der Film muss in die Kinos!«*

Hier ist ein Foto von James Cagney in *Eins, Zwei, Drei.* Cagney und ich, wir kamen einfach nicht miteinander klar. Es gab keine bösen Worte, keine Demütigungen, keine Probleme mit dem Drehbuch. Aber er war ein sehr, sehr seltsamer Mann. Er war Republikaner, ziemlich rechts. Er besaß eine Farm irgendwo in Neuengland. Wunderbarer Schauspieler, wunderbarer Schauspieler. Er tanzte sehr schön, hatte so etwas wie einen eigenen Stil – man hatte dauernd das Gefühl, er würde gleich auf die Nase fallen. Er stand immer so da [*er hält seine Hand in einem Winkel von fünfundvierzig Grad*]. Ich lud ihn in Berlin oder München, wo immer wir gerade waren, ins Restaurant ein. Nein, er würde lieber bei seiner Frau bleiben. Woraufhin ich sagte: »Ihre Frau ist auch eingeladen.« Aber er sagte *bla-bla-bla*. Wir verabschiedeten uns in gutem Einvernehmen. Aber zwischen uns lag eine große Kluft, was die Denkweise anbetrifft. Wir waren nicht füreinander geschaffen. Wir hatten keine soziale Beziehung, aber das war ja auch nicht der Sinn unserer gemeinsamen Zeit. [*Er wendet sich wieder dem vorhergehenden Foto zu.*]

Hat es Spaß gemacht, *Das Appartement* zu drehen?

Es hat immer Spaß gemacht. Den meisten Spaß hatte ich bei der ersten Hälfte des Films. Auch wenn mich manchmal das Gefühl überkam, er würde nicht funktionieren, musste ich ihn dennoch fertig machen. Trotzdem wurde es – nicht traurig … aber ich musste ihm eben mit einigen Witzen oder irgendetwas anderem auf die Sprünge helfen. Am besten aber geht es diesen Hurensöhnen von Theaterautoren. Sie können a) während der Proben im Theater dabei sein. Sie können jede Veränderung ablehnen, die ein Darsteller haben möchte. Stellen Sie sich vor, das gäbe es beim Film! [*Er lacht.*] Gott sei Dank war ich dann auch mein eigener Produzent. Und wenn man b) ein Stück schreibt, dann probiert man es irgendwo in Neuengland aus, und wenn es nicht funktioniert, dann schreibt man es die ganze Nacht lang um und geht damit an ein anderes Theater … in Pittsburgh vielleicht, aber es funktioniert immer noch nicht. Wenn es das dritte Mal auch nicht funktioniert, dann ist nichts zu machen, dann ist es das Beste, du begräbst und vergisst es. Es wird niemals nach New York kommen.

Aber egal wie schrecklich ein Film ist, wie sehr er stinkt, da muss man noch den letzten Dollar strecken. Der Film muss in die Kinos! [*Er lacht.*] Und egal ob man das mag oder nicht, der Film ist für alle Zeiten zu sehen. Man lebt für immer und ewig mit der Schande! Es gibt einige Filme, bei denen ich sage: »O bitte, bitte, *zeigt ihn nicht*! Ich möchte bitte gern mit den Leuten reden, die ihn fürs Fernsehen kaufen.« Das ist der große Unterschied beim Film. [George] Kaufman und [Moss] Hart haben zehn oder fünfzehn Theaterstücke begraben. Das ist wie das Töten eines hässlichen Kindes. [*Er lacht.*] Niemand weiß etwas davon. Die Polizei ist nicht da. Sie haben es gut, die Theaterautoren.

[*Es ist inzwischen fast Mittag, und Wilder wirft einen Blick auf mein Aufnahmegerät.*] Wir können beim Essen weiterreden, aber ohne das Ding. Hier muss nichts unsterblich sein. Noch ein paar Fragen, dann gehen wir etwas essen.

Okay. Wer hat den letzten Satz in *Das Appartement* geschrieben – »Shut up and deal [Halt die Klappe und gib!]« – Sie oder I. A. L. Diamond?

[*Wilder ist bekannt dafür, übervorsichtig zu sein, wenn es darum geht, welcher Mitarbeiter welche Texte geschrieben hat; er sieht mich ruhig an.*] »Shut up and deal?« Das weiß ich nicht mehr. Könnte Iz gewesen sein. Könnte ich gewesen sein. [*Er macht eine Pause.*] Es gab dieses Gin-Spiel in der Story – als sie sich von ihrem Selbstmordversuch erholt, spielten sie Gin, und das Spiel ist noch nicht beendet. Wir wollten keinen Kuss, wir wollten nichts zu Süßliches. Aber wir hatten einen guten Ausgangspunkt für die letzte Szene. Wir hatten irgendwo erwähnt, dass er einen Selbstmordversuch hinter sich hatte, mit einer Pistole, aber er konnte damit nicht richtig umgehen und schoss sich ins Knie. Wir wussten also, dass er eine Pistole hat. Wir hatten auch erklärt, dass sie bei den Sachen war, die er zusammenpackte, weil er zurück nach Cincinnati gehen wollte oder wohin auch immer. Wir hatten außerdem klargemacht, dass Dr. Dreyfuss ihm eine Flasche Champagner gebracht hat. Und dann hatten wir *dieses Ding,* Sie erinnern sich, es war Mitternacht und alle Lichter gehen aus. Es ist Silvester. Mr. Fred MacMurray ist jetzt geschieden. Er hat Shirley MacLaine endlich, endlich, endlich die Frage gestellt. Aber wenn die Lichter wieder angehen, ist sie fort. Wir haben diesen Trick benutzt, dass um Mitternacht alle Lichter ausgehen. Und jetzt rennt und rennt und rennt sie zum Apartment. Und wir wissen ... das könnte das Ende sein, richtig?

Richtig.

Er könnte am Fenster stehen und ihr zuwinken, oder er öffnet die Tür und sie küsst ihn. Aber dieses Ende wollten wir nicht, das Kussende. Dann kam uns die gute Idee, sie rennt, und dann hört sie einen *Schuss.* Und jetzt, wir wissen es noch nicht, aber sie denkt: »Mein Gott, er wollte wegen eines anderen Mädchens Selbstmord begehen, und vielleicht trifft er diesmal nicht nur sein Knie!« Also beeilt sie sich noch mehr, schneller, schneller, kommt an seine Tür, klopft. Er öffnet und hat diese Champagnerflasche in der Hand, die überschäumt. [*Er grinst.*] Das tun sie ja immer, wenn man sie schüttelt. Also: »Gott sei Dank!«, aber immer noch kein Kuss. Er aber will wissen: »Was ist los?« – »Nichts, lass uns das Spiel zu Ende machen.« Die Karten liegen noch immer auf dem Tisch. Und er sagt ihr etwas Amouröses.

Er sagt: »Ich liebe dich, Fran Kubelik.«

»Ich liebe dich.« Und dann sagt sie: »Shut up and deal.« Und er gibt das ganze Blatt aus, nicht nur zehn Karten.

Der Kuss wäre zu romantisch gewesen, zu kitschig.

Ja. Es ist kein Ende wie »Nobody's perfect«. Schließlich ist kein Ende perfekt. Aber es war keineswegs zu schmalzig.

Das mit dem überschäumenden Champagner hatte schon einmal funktioniert, in *Ninotschka.* Als Melvyn Douglas den Korken knallen lässt, bricht sie hinter seinem Rücken zusammen, als ob man auf sie geschossen hätte.

Ja, sie hat die Augen verbunden. Wir haben zu dritt am Drehbuch gearbeitet [Wilder, Brackett und Walter Reisch]. Und Lubitsch war der Vierte. Er hat dafür keinen Titel gewollt, aber er hat einige wunderbare Sachen geschrieben und Vorschläge gemacht. Für diese Art von Filmen war er der absolut Beste. In Deutschland hat er keine Komödien gedreht. In Deutschland hat er große, teure, historische Filme gemacht. Nur große Filme, richtige Zugpferde, Ausstattungsfilme wie *Madame Dubarry* [1919] ... Er selbst spielte komische Rollen in Kurzfilmen. *Schuhpalast Pinkus* [1916] war einer davon ... Es ging um ein großes Schuhgeschäft, wo er einer der Verkäufer war. Das war alles sehr lustig und sehr solide. Es kam ihm nie in den Sinn, das Inszenieren von Komödien könnte eine Goldmine sein, weil er in Berlin keine ausgesprochen eleganten Komödien machte. Er kam in den frühen Zwanzigerjahren nach Hollywood. Er brachte einen ganzen Schwung europäischer Schauspieler und Regisseure mit. Sie kamen, weil Mr. Louis B. Mayer sie ausgesucht hatte, als er nach Europa gegangen war, um nach Talenten zu suchen. Ich dagegen kam, weil ich nicht in einem Ofen enden wollte. Ich kam mit nichts in den Händen.

Lubitsch machte dann seinen ersten amerikanischen

Film. Er war sich nicht im Klaren darüber, was sie von ihm erwarteten. Und in seiner konfusen Situation drehte er *Rosita* [1923], einen Film mit Mary Pickford. Ein ernster Film, nicht besonders gut, und deshalb verließ er Hollywood gleich wieder. Er hatte einen Vertrag mit Warner Bros., glaube ich. In dieser Zeit sah er einen Film von Mauritz Stiller, einem schwedischen Regisseur, und dieser Film verhalf ihm zu seinem Stil. Lubitsch erkannte, dass seine Zukunft in der Komödie liege, das galt auch für den Stummfilm. Der Ton kam erst später. Er drehte dann das erste oder zweite Musical, das es gab, *Liebesparade* [1929]. Nebenher war er auf der Suche nach komischen Stoffen. Und er verfilmte sie glorios. Es wurde ihm klar, dass man, wenn man dem Publikum zwei und zwei sagte, ihm nicht auch noch vier sagen musste. Das entdeckt das Publikum schon selbst; lass es den Witz selber finden. Es gab immer versteckte Andeutungen, während Situationen aufgebaut wurden, und man wurde mit dem Gelächter der Leute belohnt, die zwei und zwei zusammenzählen konnten. Und das war eine ganz neue Technik, die auch der schwedische Film benutzt hatte. Mauritz Stiller machte das. Und genau das war es, was Lubitsch zu Lubitsch machte. Dadurch entdeckte er den »Lubitsch-Touch«. Er war völlig erstaunt und dachte: »Mein Gott, was man mit Anspielungen alles machen kann!« Diese Erkenntnis veränderte sein Leben. Der »Lubitsch-Touch« war geboren. In seinem nächsten Film [nach *Rosita*] – *Die Ehe im Kreise* [1924] – war das deutlich zu sehen, und von nun an wurden die Emotionen in seinen Filmen stärker und stärker.

Eine Lubitsch-Komödie folgte auf die andere, falls man *Rendezvous nach Ladenschluss* [1940] eine Komödie nennen kann, aber ich denke schon. Sein Lieblingsfilm war *Ärger im Paradies* [1932]. Das hat er mir mal gesagt. Der Star ist [Herbert] Marshall als Dieb. Er tut so, als sei er Arzt, bedeckt den Mund seiner Patienten mit einem [chemisch behandelten] Tuch, das sie bewusstlos werden lässt. Und dann begehen er und seine Freundin die Diebstähle. Ich erinnere mich daran, dass Marshall im dritten Akt auf eine Party geht. Dort entdeckt er Edward Everett Horton, den er einmal ausgeraubt hat, und versucht sich daran zu erinnern, wo er diesem Mann schon einmal begegnet ist. Jedes Mal, wenn er an ihm vorbeigeht, schaut er ihn an. Schließlich raucht er eine Zigarette und benutzt einen Aschenbecher in Form einer metallenen Gondel. Und nun erinnert er sich, denn es geschah in Venedig. Der Lubitsch-Touch. Es war sein Lieblingsfilm, er mochte ihn mehr als alle anderen, die er gedreht hatte, *Ninotschka* eingeschlossen. Der erste Impuls war ausgegangen von dem Film von Mauritz Stiller. Ich habe ihn weder gesehen noch kann ich mich an den Titel erinnern. Ich war damals noch ein Schuljunge. Etwas in diesem Film schuf den Lubitsch-Touch.

Dazu muss ich noch sagen, dass Mauritz Stiller ein sehr, sehr guter Regisseur war. Schwedische Filme waren damals nicht so populär wie amerikanische. Aber es machte nicht viel Unterschied, ob es um schwedische, französische, polnische oder argentinische Filme ging … Es waren Stummfilme, man musste nur die Zwischentitel übersetzen, das war alles. Lubitsch. Er hat einen bombastischen Film über Iwan den Schrecklichen gedreht [*Der Patriot,* 1928], einen Stummfilm mit Emil Jannings und Lewis Stone, der einen Arzt im Grandhotel spielte.

[*Das Entzücken des Filmliebhabers setzt ein, und er macht eine Pause.*] Also, Sie sehen, ich bin ein großer Bewunderer von Lubitsch. Ich habe den Mann wirklich geliebt, als Mensch und als Künstler. Er war seiner Zeit weit voraus. Aber, Sie wissen ja, ich habe mich überall getummelt – habe jede Art von Filmen gemacht, gute, schlechte, mittelmäßige. Ich hätte nicht wie Hitchcock einen Hitchcock-Film nach dem anderen machen können. Aber er war sehr smart. Er brachte den Ehemann dazu, der Frau und den Kindern zu erzählen: »Hey, es gibt einen neuen Hitchcock-Film – und das heißt, da gibt es Spannung, da gibt es eine Leiche oder mehrere Leichen, und dann eine Superlösung. Lasst uns dahin gehen!« Das hat er sehr gut hinbekommen. Aber inzwischen brauche ich mir um Mr. Hitchcock keine Gedanken mehr zu machen.

Ich wollte aber auch einmal einen Hitchcock-Film machen, also drehte ich *Zeugin der Anklage* [1958]. Danach langweilte mich das, also machte ich etwas anderes. Im Grunde genommen entscheide ich mich immer dann für eine Komödie, wenn ich mich miserabel fühle. Aber wenn ich guter Dinge bin, mache ich einen ernsten Film. Ich drehe einen ernsten Film, einen *film noir,* aber dann langweilt mich das, und ich drehe wieder eine Komödie.

Hat *Der Malteser Falke* [1941] *Frau ohne Gewissen* [1944] inspiriert?

Nein. Gibt es da Ähnlichkeiten?

Das Genre. *Film noir.*

Innerhalb des Genres, ja, ist der Film sehr, sehr gut. Es war ein wundervoller Film, ich liebte ihn. Was kann ich Ihnen sonst noch sagen, das von Interesse für Sie ist?

Man hat bei vielen großen Autoren die Beobachtung gemacht, dass sich bestimmte Themen wiederholen. Sehr oft handelt es sich um ein zentrales Ereignis oder Thema in ihrem Leben, mit dem sie sich immer wieder beschäftigen, das sie überarbeiten und untersuchen. Gilt das auch für Sie?

[*Er rückt seinen Stuhl herum.*] Nein. Vielleicht eine ähnliche Situation, oder der Anfang einer Situation, die ich dann im Film entwickelt habe.

»Meine einzige Ambition bestand darin, zu unterhalten, mich nicht zu wiederholen und so wenig Fehler zu machen wie möglich.«

Ich habe mich nur gefragt, ob es ein Schlüsselerlebnis in Ihrem Leben gab, das Sie dauerhaft inspiriert hat.

Etwas beim nächsten Mal besser zu machen. [*Er macht eine Pause.*] Aber mein Leben war sozusagen … Außer der Tatsache, dass drei Viertel meiner Familie in Auschwitz ausgelöscht wurde, glaube ich nicht wirklich, dass …

[*Wilder denkt über die erste unausweichlich persönliche Frage unseres Gesprächs nach. Er entscheidet sich, sie nicht zu nahe an sich heranzulassen.*]

Oh, es gab viele Vorfälle, die ich dramatisiert habe, sowohl in den Stoffen, die ich mit I. A. L. Diamond gemacht habe als auch in denen mit Brackett, aber nein … Sie meinen ein Ereignis, das lustig war, oder ein Ereignis, das tragisch war? Ja, vielleicht gab es da etwas, aber unbewusst habe ich … [*Er schüttelt den Kopf.*] Nein. Meine einzige Ambition bestand darin, zu unterhalten, so oder so. Zu unterhalten und mich nicht zu wiederholen und so wenig Fehler zu machen wie möglich. Es unterlaufen einem so viele Fehler. Ich erinnere mich daran, dass ich in 704 Beverly Drive wohnte, und die Fahrt zum Studio, zu Paramount, dauert etwa fünfzehn oder achtzehn Minuten. Später habe ich festgestellt, dass ich mir auf dem Rückweg immer an der Ecke La Cienega und Melrose Boulevard auf den Schenkel geklopft und gesagt habe: »Verdammt, so hättest du es machen sollen!« Aber meistens ist es dann zu spät. Zu spät, weil der Film geschnitten ist und der Hauptdarsteller in Jugoslawien, und die Dekorationen sind abgebaut. George Stevens hat den berühmten Film *Ein Platz an der Sonne* [1951] gedreht. In diesem Film gibt es einen Staatsanwalt, der hinkt. Ich sprach mit jemandem und sagte: »Es ist ein guter Film, aber er hätte die Justiz nicht hinken lassen müssen.« Das war zu allegorisch. Das war nicht gut. Weil es ansonsten ein wunderbarer Film war. Und ich sagte: »Wenn das am Theater gewesen wäre, dann ginge man hinter die Bühne und sagte dem Schauspieler, der den Staatsanwalt spielt: ›Heute nimmst du keine Krücke.‹« Bei einem Film aber geht das nicht, man hätte achtzig Prozent neu drehen müssen!

Ich wollte mit Ihnen über *Schindlers Liste* [1993] sprechen. Ich habe gelesen, dass Sie diesen Film als Ihren letzten machen wollten, Spielberg aber bereits die Rechte besaß.

Ja, deswegen hat er's gemacht. [*Er lacht.*] Ich wollte den Film machen. Wir haben darüber gesprochen. Er ist ein Gentlemen, und wir respektierten gegenseitig unser starkes Bedürfnis. Letztendlich konnte er das Projekt nicht aufgeben. Er musste es machen. Ich hätte es anders gemacht – aber nicht unbedingt besser. Spielberg war von Anfang an ein hervorragender Regisseur. Schon als er zwölf Jahre alt war [und mit einer geschenkten Amateurkamera filmte; Anm. d. Ü.], war er ein wunderbarer Regisseur. Besonders bei Filmen für Kinder. In *E. T.* waren eine Menge lustige Sachen, besonders wenn sich E. T. betrinkt. Aber *Schindlers Liste* – der hätte mir aus dem Herzen gesprochen, verstehen Sie?

»Schindlers Liste – *der hätte mir aus dem Herzen gesprochen, verstehen Sie?*«

Ihr persönlichster Film?

Ja.

Sie haben nie viel über Ihre Familie gesprochen, besonders nicht über Ihre Mutter. Wie gut erinnern Sie sich an Ihre Mutter?

Ich erinnere mich sehr gut an meine Mutter. Ich sah sie 1936, als ich nach Europa zurückging. Ich traf meine Mutter dort, und dann ging ich zurück [nach Amerika], und sie heiratete. Ich weiß nichts darüber [wie sie ins Lager kam]. Ich weiß nur, dass es Auschwitz war, denn alle, die in Wien lebten, kamen dorthin. Ich wusste nicht, dass die Nazis Konzentrationslager hatten. Verstehen Sie, das wurde geheim gehalten. Roosevelt hat uns davon nichts gesagt. Roosevelt war der sehr, sehr merkwürdige Fall eines Karrieremannes. Es gab ein Schiff, ein deutsches Schiff voller Juden, die fliehen wollten. Das Schiff brachte sie nach Kuba. Sie hatten keine Pässe, keine Visa. Dann unterrichtete man Washington – »Bitte!«. Es gibt ein Buch über diese Ereignisse, ich habe es gelesen. [Es gibt auch einen Film darüber, *Reise der Verdammten*, 1976.] Mrs. Roosevelt lag auf den Knien und bat ihren Mann zu helfen. Ein Wort, und sie hätten landen dürfen. Keine Chance, denn die Wahlen standen vor der Tür. Keine Chance. Also nahm die Geschichte ein sehr, sehr trauriges Ende. Der deutsche Kapitän brachte das Schiff nach Antwerpen. Einige Passagiere blieben in Belgien, einige gingen nach Frankreich und Holland. Aber diese Länder fielen bald in die Hände der Nazis, und die Hälfte der Passagiere landete in den Lagern.

Ich wäre mit *Schindlers Liste* sehr, sehr sorgfältig umgegangen. Das bloß umzusetzen wäre zu simpel gewesen. Der Film hatte sehr viel Tiefgang. Es ist ein ausgezeichneter Film geworden. Davor ziehe ich meinen Hut. Aber zehn verschiedene Regisseure hätten zehn verschiedene Filme gemacht. Ich mochte das Ende, das in Farbe gedreht wurde, als sie die Steine aufstellen – ein sehr bewegender Moment. Ich bin in die erste Vorstellung dieses Films gegangen. Das war in einem Kino auf dem Wilshire Boulevard. Es war halb voll, die Anzeigen waren gerade erst erschienen. Ich blieb nach der Vorstellung vor dem Kino stehen und beobachtete die Leute, die herauskamen. Fast alle weinten, hatten Tränen in den Augen, auch Jugendliche, denen man gar nicht zutrauen würde, dass sie sich solche Filme anschauen. Nach *Saturday Night Fever* [1977] hatte sich das jugendliche Publikum meiner Meinung nach verändert. Sie wollten andere Filme sehen. Aber dann kamen sie aus *Schindlers Liste*, mit Tränen in den Augen. Ein sehr wichtiger Film.

Wilder, Karen Lerner und ich machen uns auf zum Lunch, auf der anderen Straßenseite, zum Restaurant über dem Armani-Laden in Beverly Hills. Für Wilder gehört das Mittagessen zu den Dingen, die nicht verschoben oder vernachlässigt werden dürfen. Es ist der Scheitelpunkt seines Tages, und er wählt seine Begleiter sorgfältig aus. Er bewegt sich vorsichtig mit seinem Stock, als er das Büro verlässt, und je mehr es auf das Essen zugeht, desto lockerer wird er.

Wir kommen im Restaurant an. Die junge Empfangsdame geleitet ihren berühmten Gast zu einem Tisch in der Ecke neben der Bar, wo es ruhiger ist. Er ist jetzt richtig fröhlicher Stimmung, und mir geht es darum, das Gespräch fortzusetzen, denn der Rekorder läuft natürlich immer noch.

Ich sitze hier. Sie sitzen dort, auf der Seite ist mein gutes Ohr.

Ich spreche über die kürzliche Vergabe der Preise der Directors Guild of America, des Regieverbands. Der diesjährige Gewinner des renommierten D. W. Griffith Award, den Wilder 1986 bekam, war Stanley Kubrick. Kubrick schickte eine Filmaufzeichnung aus England herüber, wo er Eyes Wide Shut *drehte. Es war sein letztes öffentliches Statement vor seinem Tod im März 1999. In dieser Aufzeichnung erinnerte Kubrick an das Schicksal von Griffith selbst, der in den letzten Jahren seines Lebens gemieden wurde, nachdem er sich an verschiedenen ambitionierten, aber kommerziell aussichtslosen Projekten versucht hatte. Kubrick verband dies mit einer Rekapitulierung des Ikarusmythos, der zu nahe an die Sonne heranflog, sodass das Wachs seiner Flügel schmolz …*

Und er sagte, wie Ikarus sei Griffith sehr hoch geflogen, und seine Flügel seien geschmolzen. Aber was, so fragte Kubrick, ist die Moral des Ikarus-Mythos? Heißt sie: »Fliege nicht zu nahe an die Sonne«? Oder heißt sie, wofür Kubrick sich entschied: »Baue bessere Flügel«? Dann sagte er Dankeschön und Gute Nacht.

[*Nach einem respektvollen Schweigen, das ein Geschichtenerzähler einem anderen Geschichtenerzähler zollt*] Das ist gut. Das ist sehr gut.

Ich war einmal bei ihm zu Hause. Ein netter Mensch. Aber sehr merkwürdig. Er wollte nicht fliegen. *Shining* [1980] – sehr elegant … und dieses Labyrinth! Ich liebe all seine Filme. Kubrick war ein hervorragender Regisseur, aber manchmal ... Zum Beispiel habe ich nie verstanden – und ich kann mit niemandem darüber sprechen, weil keiner diesen Film gesehen hat, diesen historischen Film, *Barry Lyndon* [1975] ...

Was ist damit?

Er arbeitete etwa sechs Monate daran, eine Methode zu finden, wie man bei Kerzenlicht filmen kann, ohne künstliches Licht. Aber jedem ist es egal, ob es Kerzenlicht ist oder nicht. Wo ist der Punkt? Um was geht es? Ich mochte es nicht, gar nicht. Das ist der einzige Kubrick-Film, den ich nicht mochte, aber sagen Sie mir, wie hieß der letzte Film, den er gemacht hat?

***Full Metal Jacket* [1987].**

Die erste Hälfte von *Full Metal Jacket* gehört zum Besten, was ich je gesehen habe. Wie der Typ auf der Toilette sitzt und sich das Hirn rauspustet – phantastisch! Dann verlor er sich in der Geschichte mit dem Guerillamädchen. In der zweiten Hälfte lässt er etwas nach. Aber es ist nach wie vor ein herrlicher Film. Wissen Sie, wenn er etwas macht, dann macht er es *richtig*. Aber es ist eine interessante Karriere. Mit jedem Film hat er sich selbst übertroffen. Da geht es um Filme, auf die jeder Regisseur stolz wäre, wenn er damit zu tun gehabt hätte oder wenn er sie gar gemacht hätte. Wenn man einen Film wie *Fahrraddiebe* [1947] sieht, vergisst man, dass man denselben Beruf hat. Man verliert sich in dem Film.

»Wenn Stanley Kubrick etwas macht, dann macht er es richtig. Mit jedem Film hat er sich selbst übertroffen.«

Was halten Sie von *Dr. Seltsam* [1964]?

Oh, den liebe ich. Er ist einer meiner Lieblingsfilme, *Dr. Seltsam.* Ich war verwirrt, aber dann habe ich etwas Ordnung hineingebracht, indem ich drüber nachgedacht habe und ihn noch mal angesehen habe. Es war ein ausgezeichneter Film, aber das war *Lolita* [1962] auch. Sie war ein wenig zu alt. Er musste da ein kleines Zugeständnis machen. Ich habe gehört, dass man ihn neu verfilmt hat und dass das Alter der Charaktere mehr dem Roman entsprach. [*Er macht eine Pause.*] Ich bin einundneunzig – ich habe das richtige Alter. [*Er lacht.*] Aber außer *Spartacus* [1960] hat er gute Sachen gemacht.

[*Er schüttelt den Kopf eingedenk der Magie dieser Filme. Wilder isst bedächtig, betrachtet und bewertet die Mahlzeit erst einmal, ehe er anfängt. Wenn er isst, genießt er jeden Bissen.*]

Wie liefen die ersten Previews [Testvorführungen] für *Das Appartement*? Wie war das, den Film zum ersten Mal einem Publikum zu zeigen? Heute hat man diese langen Fragebögen, die man den Zuschauern gibt: Mochten Sie diese Figur? *Wie sehr* mochten Sie diese Figur? Gab's das damals auch schon?

[*Pause*] Ich erzähle Ihnen die beste Geschichte, die ich im Zusammenhang mit Previews kenne. Es gab eine Testvorführung von *Ninotschka* in Long Beach, und Lubitsch nahm die Autoren mit. Und draußen im Foyer gibt es einen Stapel Zettel, auf denen die Zuschauer ihre Beurteilungen aufschreiben sollten. Der Film läuft, und er läuft sehr gut. Am Ende nimmt Lubitsch die ganzen Zettel, lässt sie niemanden sehen. Wir setzen uns in die große MGM-Limousine. Wir schalten die Innenbeleuchtung ein. Er nimmt die Zettel und beginnt zu lesen. »Sehr gut ... brillant ...« Zwanzig Zettel. Als er zum einundzwanzigsten kommt, fängt er so heftig an zu lachen, wie ich es bei ihm nie zuvor erlebt habe, und wir fragen: »Was ist los?« Er hält den Zettel an sich gedrückt, lässt keinen einen Blick darauf werfen. Schließlich beruhigt er sich ein bisschen und liest ihn vor. Das stand auf dem Zettel, ich habe ihn: »Der lustigste Film, den ich je gesehen habe. So lustig, dass ich in die Hand meiner Freundin gepinkelt habe.« [*Er lacht.*]

Wie sahen die Fragebögen damals aus?

Nur ein Zettel. Aus leichtem Karton. Halbe Seite, nur: »Hat Ihnen der Film gefallen? Ja/Nein.« Und dann: »Gibt es einen Vorschlag, den Sie uns machen wollen?«

Heute nutzt man beide Seiten des Zettels und analysiert jeden Aspekt des Films, und so bestimmen die meisten Studios den endgültigen Schnitt des Films.

Na ja, wenn man sie lässt.

Haben Sie viel aus den Previews Ihrer Filme gelernt?

Nicht so sehr. Ich verließ mich mehr auf mein eigenes Ohr. Ich höre es am Lachen, ob etwas ankommt oder nicht. Außerdem wusste ich, jemand würde einschreiten, wenn der Film zu langsam war oder etwas nicht stimmte. Es saß immer ein Besserwisser im Publikum.

*»Es gibt eine unumstößliche Wahrheit.
Wenn man keinen Film macht, kann er
kein Misserfolg werden.«*

***Pulp Fiction* [1994] war einer der wichtigeren Filme der letzten Jahre. Haben Sie ihn gesehen?**

[*Schlicht*] Ja. Ich habe ihn gesehen.

[*Soufflierend*] Quentin Tarantino ...

Ich habe es vergessen, was hat dieser Mann seitdem gemacht?

Er produziert und schreibt, und kürzlich hat er eine Episode des Vier-Episoden-Films *Four Rooms* [1995] inszeniert.

Es gibt eine unumstößliche Wahrheit. Wenn man keinen Film macht, kann er kein Misserfolg werden.

Wenn jemand Ihr Gesamtwerk betrachtet, welche Filme wären die persönlicheren? Gibt es einen, der herausragt, der Ihnen am meisten am Herzen liegt?

Ich drehe einen Film, und dann vergesse ich ihn. Ich habe

keine Kopie, ich habe keine Kassette. Ich habe ein Drehbuch im Büro, falls ich da mal reinschauen möchte. Was ist der beste Film, den ich je gesehen habe? Meine Antwort lautet immer: *Panzerkreuzer Potemkin* [1925] von Eisenstein.

Und der beste Ihrer Filme?

Früher habe ich immer gesagt: der Nächste. [*Er lacht.*] Das tue ich jetzt nicht mehr.

[*Nachhakend*] **Aber ich habe mich ernsthaft gefragt, welcher Film das sein könnte. Sie haben eben gesagt, *Schindlers Liste* wäre ein sehr persönlicher Film geworden. Aber welchen Film, den Sie gemacht haben, finden Sie am gelungensten? Welcher entspricht Ihnen am meisten?**

Der Film, der vielleicht die wenigsten Fehler, die wenigsten erkennbaren Fehler hat, ist *Das Appartement.* Aber ich mag auch das Endergebnis von *Manche mögen's heiß.* Es war ein sehr erfolgreicher Film. Vielleicht auch noch *Boulevard der Dämmerung.* Der hat die Leute überrascht. Niemand hat einen solchen Film erwartet. Und es ist sehr schwer, in Hollywood einen Film über Hollywood zu machen. Weil sie dich wirklich unter die Lupe nehmen.

Vor einiger Zeit habe ich gehört, dass Sie ein neues Drehbuch geschrieben haben.

Nein. Ich habe viele Versuche an der Schreibmaschine unternommen, aber es ist alles im Sande verlaufen. Seit Diamonds Tod hat es nicht wirklich etwas gegeben, das der Rede wert wäre. Ich bin an das alte Studiosystem gewöhnt. Ich habe nie etwas ohne Auftrag geschrieben. Ich verpflichte mich, zwei oder drei Filme zu machen, und dann habe ich die Peitsche im Nacken. Es ist eine neue Welt, eine neue Welt ohne Studiobosse. Jeder konnte über Mr. Goldwyn lachen, aber da war etwas. Selznick, Thalberg … Thalbergs Name erschien nie auf der Leinwand.

Abgesehen davon, dass diese Gentlemen erfolgreiche Geschäftsleute waren – wer von Ihnen hatte ein wirkliches Gefühl für Filme?

Mr. Goldwyn, der sich nicht gepflegt ausdrücken konnte oder viel Bildung besaß, wusste genau, was funktionierte und was nicht funktionierte … Zwei-, dreimal in seinem Leben verpfändete er die Juwelen seiner Frau, um eine Szene neu zu drehen, weil er meinte, das müsste sein. Er konnte nicht erklären, was er wollte; erst wenn er es sah, wusste er es. Selznick war ein ganz anderer Produzent, viel versierter und artikulierter. Wenn er einen Film zu drehen begann, nachdem er Gott weiß wie viele Memos an die Autoren geschrieben hatte, hin und her, hin und her, ließ er zwei oder drei oder manchmal vier Regisseure an dem Film arbeiten. Dann holte er jemand ganz anderen, der den Film fertig machte, sodass es nie der Film eines bestimmten Regisseurs war. Es war immer ein Selznick-Film.

Lassen Sie uns einige der Wilder-Mythen angehen. Sie können einfach Ja oder Nein dazu sagen. Ich habe neulich gehört, dass Sie ein Projekt über den berühmten »Furzer« vorbereiteten – *Le Pétomane*.

Le Pétomane [*etwas peinlich berührt*]. Nein … Damit habe ich nur herumgespielt. Es hätte entweder ein Riesenhit werden können oder ein totales Desaster. [*Er lächelt.*] Ja. Ich habe mit *Le Pétomane* herumgespielt. Er war ein sehr eleganter Mann. Er trug Seide, er konnte die französische Nationalhymne furzen. Einen Schauspieler für *Le Pétomane* zu finden? Können Sie sich die Vorsprechtermine vorstellen? [*Er lacht.*] Ja, lesen Sie mir diesen Dialog vor! Es braucht einen kleinen Schubs … damit ich schreiben kann.

Hat Sie ein Schauspieler je zu Tränen gerührt beim Drehen? Während Sie einer Szene zusahen? Mir ist das ein paar Mal bei *Jerry Maguire* passiert – jemand agierte so überraschend, dass es mich gefangen nahm und ich weinen musste.

Ich weiß nicht, ob es zu Tränen kam, aber manchmal berührte es mich. Aber ich war beispielsweise verblüfft über den größten Schauspieler, der je gelebt hat, Mr. Charles Laughton.

Wieso Charles Laughton?

In der Szene im Old Bailey, als er seine Theorien vortrug in *Zeugin der Anklage* … Schreiend, dann ganz leise, eineinhalb Seiten, eine Aufnahme. Ich wollte das noch mal hören. Und bekam es zu hören. Und [Edward G.] Robinson ist ein wunderbarer Schauspieler.

»Ich kann es mir als Regisseur nicht leisten, dass ich bei einem Schauspieler weine, wenn all die anderen Schauspieler auch anwesend sind. Nein. Dann heißt es: ›Bei mir *hat er nie geweint, der Hurensohn!‹«*

Ja.

Aber ich kann es mir als Regisseur nicht leisten, dass ich bei einem Schauspieler weine, wenn all die anderen Schauspieler auch anwesend sind. Nein. Dann heißt es: »Bei *mir* hat er nie geweint, der Hurensohn!«

Da ist was dran.

Laughton verkörperte alles, wovon man nur träumen konnte. Wir hörten um sechs Uhr auf zu drehen, und dann gingen wir in mein Büro, um uns auf den Dreh am nächsten Tag vorzubereiten. Es gab zwanzig verschiedene Arten, auf die er eine Szene spielen konnte, und ich sagte: »Diese ist es! Genau!« Und am nächsten Tag kam er an den Drehort und sagte: »Ich habe mir etwas anderes ausgedacht.« Das war Version Nummer einundzwanzig. Jedes Mal besser. Er hatte eine ungeheure Präsenz; eine unglaubliche Präsenz und ein wundervolles Instrument, seine Stimme. Wenn er zu den Zuschauern sprach, waren sie äußerst aufmerksam, weil sie wussten, dass er nicht nur sprach, sondern *etwas sagte.* Seine Leistungen waren immer großartig. Er hat nur einen Oscar bekommen für *Das Privatleben Heinrichs VIII.* [1933]. Er war ein absolutes Juwel.

Dann hatte ich einen weiteren Film für ihn. Ich wollte ihn den Barkeeper in *Das Mädchen Irma La Douce* [1963] spielen lassen, und er sagte: »Pass auf, ich habe Krebs, aber mir wird es bald besser gehen. Statt im April anzufangen, könntest du vielleicht im Spätsommer beginnen.« Es wurde Spätsommer, und ich bekam einen Anruf: »Komm zu mir nach Hause, und ich zeige dir, wie gut es mir geht.« Ich ging hin. Er wohnte in einer der Nebenstraßen vom Hollywood Boulevard, westlich, zwischen La Brea und Fairfax. Dort lebten die Stars damals. Dort wohnte er mit seiner

Frau. Er rief mich gegen Mitternacht an. Es gibt eine bestimmte Blume, die um Mitternacht aufblüht, und er sagte: »Kommt, zieht euch an und kommt rüber, sofort!« Ich zog mich an, [meine Frau] Aud auch, und wir fuhren gleich hinüber, denn die Blume blühte. Und er sagte: »Also, ich habe alles getan, was die Ärzte mir gesagt haben, und ich habe Pfleger, die die ganze Zeit bei mir sind, und ich werde bereit sein, bereit im September.«

Also fuhren wir mit dem Auto hinüber, und er saß am Pool, angezogen und ein wenig geschminkt, und ein Pfleger saß neben ihm. Und er sagte: »Jetzt schaut mir zu!« Und er stand auf und ging um den Pool herum, aber er schaffte es kaum – die letzten paar Schritte waren sehr schwer für ihn … Er hatte ungefähr dreißig Kilo verloren. Ich sah also, dass es ihm nicht gut ging. Aber ich sagte: »Sehr gut, mach weiter so. Im September legen wir los!« Eine Woche später war er tot. Aber er war … [*Er schüttelt den Kopf und beendet den Satz nicht.*]

Eines Sommers, nach *Zeugin der Anklage*, machten Tyrone Power, Laughton und ich – meine Frau blieb zu Hause – eine Reise nach Europa. Wir fuhren nach Paris, nach Wien, wir fuhren in bekannte Kurorte wie Bad Gastein, wir wanderten durch die Wälder, alles war phantastisch, es gab sehr, sehr erfolgreiche Previews, aber ich fragte mich die ganze Zeit: Wird er versuchen, sich an Tyrone Power heranzumachen? Er tat's nicht. [*Er lacht.*] Er war ein wunderbarer, wunderbarer, sehr gebildeter Mann. Egal ob es um Shakespeare ging oder um Bordeauxweine … Wir sind nach Burgund gefahren und haben die Weine probiert, wir hatten eine großartige Zeit. Und dann starb Tyrone Power, jung wie er war, an einem Herzanfall. In Madrid, wo er gerade einen Film drehte. Und dann starb Laughton. Es war sehr, sehr traurig. Es war so wunderbar, mit diesen Menschen zu arbeiten.

»The Masked Marvel« war eine weitere Rolle, für die Sie Laughton ins Auge gefasst hatten.

»The Masked Marvel«. Ja. Das war ein Ringer in der Provinz, nicht weit entfernt von dem Ort, wo er lebte. Er trug immer eine Maske, wenn er als Ringer auftrat – er war ein englischer Lord. Aber er machte das jede Woche, kassierte dreihundert Dollar und fuhr davon … In Wirklichkeit war er Pfarrer, und Insekten fraßen das Kirchengestühl auf. Er brauchte das Geld, um die Kirche in Schuss zu halten. In diesem Teil seines Lebens trug er keine Maske.

Ist jemals ein Drehbuch daraus geworden?

Nein. Es wurde nie ein Drehbuch daraus.

»Wir leben dafür, seltsame Fragen zu beantworten, oder um uns zu entziehen und zu sagen: ›Bitte nehmen Sie das zurück.‹«

Trotzdem eine gute Idee.

Ja. Es war eine gute Idee, die erste, über die ich mit ihm gesprochen habe. Laughton sollte einen englischen Lord darstellen, der sein Vermögen verloren hatte. Einige seiner Kämpfe waren abgekartet, einige gewann er. Sein Ringer-Name war »The Lord«, so nannten ihn die Leute, ohne zu ahnen, dass er tatsächlich für den »Lord« [im Sinne von Herrgott] rang. Er mochte die Idee, aber dann kam ich mit *Zeugin der Anklage* zu ihm, und das haben wir dann zusammen gemacht.

Jetzt kommt eine etwas seltsame Frage –

Wir leben dafür, seltsame Fragen zu beantworten, oder um uns zu entziehen und zu sagen: »Bitte nehmen Sie das zurück.«

Sie haben in Ihren Zuschauern mit Sicherheit viele romantische Gefühle ausgelöst. Viele Leute werden am Beginn einer Beziehung Filme wie *Sabrina* oder *Ariane – Liebe am Nachmittag* zusammen gesehen haben. Sie beflügeln Romanzen. Aber ich frage mich – auch das ist eine romantische Anwandlung –, wenn Sie so über Laughton oder Izzy Diamond sprechen, ob Sie je daran gedacht haben, diese Menschen in irgendeiner Art und Weise wiederzusehen?

[*Wilder beäugt mich wieder, sich voll und ganz bewusst, dass ich mich erneut auf persönliches Terrain begebe.*] Das kann ich nicht, weil ich nur noch eine sehr kurze Zeit zu leben habe. Ich bin neunzig. Diese Beziehungen entwickeln sich über Jahre hinweg.

Ich meine das metaphysisch. Vielleicht gehen Ihre romantischen Neigungen nicht so weit. Ich frage mich nur, wenn ich Ihnen zuhöre, wie Sie über Laughton oder Izzy Diamond sprechen, ob Sie glauben, dass es ein Jenseits gibt, wo Sie sie wiedertreffen könnten?

Ich hoffe nicht, ich habe so viele Scheißkerle in meinem Leben getroffen, die ich nie wiedersehen möchte. [*Er lacht.*] Ja, elendes Gesocks. Und ich sage mir, allmächtiger Gott, bin ich froh, dass ich diesen Typen nie wieder begegnen muss!

Andere haben das schon oft zu analysieren versucht, aber was ist der »Lubitsch-Touch« für Sie?

Es war der elegante Einsatz des Superwitzes. Man hatte einen Witz, man war zufrieden, und dann gab er noch einen oben drauf. Den Witz, den man nicht erwartete. Das war der Lubitsch-Touch. So zu denken wie er, ist ein erstrebenswertes Ziel. Wenn man mit ihm zusammenarbeitete, hatte er immer viele Fragen. »Was machen wir mit diesem Punkt der Geschichte? Lasst uns einen Weg finden, das anders zu erzählen.«

Wie kann man den Lubitsch-Touch in die Gegenwart verpflanzen?

Finde einen neuen Weg, deine Geschichte zu erzählen. Darin bestand die Magie Lubitschs. Er war und ist essenziell für mich.

»Finde einen neuen Weg, deine Geschichte zu erzählen. Darin bestand die Magie Lubitschs. Er war und ist essenziell für mich.«

Es gibt eine großartige Geschichte, die Sie einmal erzählt haben, in der es um die Art der Zusammenarbeit geht. Ich habe gehört, dass Sie und Brackett, als Sie *Ninotschka* geschrieben haben, feststeckten mit dem Problem, wie man ihre eventuelle Liebesaffäre mit dem Kapitalismus hinbekommen konnte. Sie hatten Seite um Seite geschrieben –

Ja, viele Seiten. Wir brauchten etwas, das kurz und knapp klar machte, dass auch sie in den Bann des Kapitalismus gerät, dass auch sie anfällig ist.

Und Sie steckten an dieser Stelle fest. Lubitsch gefiel nichts, was Sie geschrieben hatten. Dann geht Lubitsch auf die Toilette, kommt nach einer Minute zurück und sagt: »Es ist der Hut.«

»Der Hut.« Und wir sagen: »Welcher Hut?« Er sagt: »Wir bauen den Hut am Anfang ein!« Brackett und ich sahen uns an – das ist Lubitsch. Die Geschichte des Huts hat drei Akte. Ninotschka sieht ihn zum ersten Mal in einem Schaufenster, als sie mit ihren drei bolschewistischen Komplizen das Hotel Ritz betritt. Dieser absolut verrückte Hut ist für sie das Symbol des Kapitalismus. Sie schaut ihn verächtlich an und sagt: »Wie kann eine Zivilisation überleben, die es Frauen erlaubt, so etwas auf dem Kopf zu tragen?« Beim zweiten Mal geht sie an dem Hut vorbei und macht ein Geräusch – *tch-tch-tch.* Beim dritten Mal – sie ist endlich allein, hat sich ihrer bolschewistischen Komplizen entledigt – öffnet sie eine Schublade und holt ihn heraus. Und dann trägt sie ihn. Wenn man mit Lubitsch arbeitete, lagen solche Ideen in der Luft.

Liebte Brackett Lubitsch ebenso sehr wie Sie?

Ich weiß nicht, ob er ihn mochte, aber er bewunderte ihn auf jeden Fall sehr. Ein erstklassiger Mann, der auch ein erstklassiger Autor war, der aber nicht Autor sein wollte. Er sagte: »Ich bleibe Regisseur und Produzent.« Er war immer so dankbar, wenn man ihm etwas brachte, das war lustig. Es war hart, aber es war lustig. Es war hart, weil wir tagelang versucht hatten, einen Weg zu finden, wie man zeigen konnte, dass sie für den Kapitalismus dahinzuschmelzen beginnt. Und er – er sagt es einfach so, er brachte die Lösung. Eine andere Lubitsch-Lösung war das Schild an der Tür – »American understood« [Man spricht Amerikanisch]. Nur ein kleiner Scherz, aber ein wichtiger, der das Publikum in die richtige Stimmung versetzt.

Wie sah Lubitschs Körpersprache aus, wenn er eine gute Idee hatte? Sagte er bloß »Das ist es!« oder freute er sich über seine Ideen?

Er war zufrieden. Je besser die Idee, desto zufriedener war er. Aber er hüpfte nicht in der Gegend herum. Nein, er sprang nicht aufs Sofa, tanzte nicht auf dem Tisch: »O Gott, wir haben's, wir haben's!« Nein. Er hoffte nur, dass es funktionierte. Und wenn es funktionierte, dann war's gut.

Hat Brackett Sie in Ihrer Funktion als Regisseur unterstützt? Oder bedeutete Ihr Erfolg als Regisseur, dass er Sie als Partner beim Schreiben verlor?

Er wollte, dass ich Regisseur wurde, weil er das wollte, was ich wollte.

Wie hörte die Zusammenarbeit mit Brackett auf?

Ich habe immer gesagt, dass die Reibfläche der Zündholzschachtel abgenutzt war. Wir diskutierten eines Tages etwas im Auto, das auf dem Studiogelände geparkt war. Es hatte nichts mit Filmen zu tun – es war eine persönliche Diskussion über seinen Enkel, glaube ich. Das brachte die Wende. Er drehte irgendwie durch. Er … [*er macht eine Pause, gibt dann nachdenklich zu:*] Ich habe ihn irgendwie dazu gebracht, mich fortzuschicken. So endete es. Dann kam er wieder, aber ich arbeitete bereits mit jemand anderem zusammen. Aber es endete mit einem Streit in meinem Auto, bei dem es sehr laut wurde. Wir haben danach noch miteinander gesprochen, denn wir waren Freunde. Er wollte immer zurückkommen. Dann war er krank – er hatte einen Infarkt – und wir kamen nie wieder zusammen. Es endete also mit einem Streit über etwas Persönliches.

Sie wollten Ihre Schauspieler nicht wirklich kennenlernen, etwas über die Menschen in ihrem Leben erfahren und über das, was sie so durchmachten. Es galt, die Arbeit zu tun. Wir kennen uns so lange, wie wir drehen, und das war's dann. So mochten Sie es am liebsten.

Ja, so mochte ich es am liebsten. Es gibt nur wenige Schauspieler, mit denen ich persönlich befreundet war. Und – ich weiß nicht, Schauspieler in meinem Leben? Jack Lemmon, denn wir waren Nachbarn, als ich das Haus am Strand hatte, und wir trafen uns oft. Heute dreht er zwölf Filme pro Jahr, kleine Rollen, große Rollen. Ich liebe ihn, wie auch Walter Matthau. Sie gehören zu der Handvoll großer Schauspieler. Er hat es sogar geschafft, bei [Kenneth Branaghs] *Hamlet* [1996] mitzumachen.

»Es gibt nur wenige Schauspieler, mit denen ich persönlich befreundet war.«

Lachen Sie manchmal über die großartigen Legenden, die man sich über Leute erzählt, die Sie kennen?

Eine Menge Sachen werden falsch herum erzählt.

»Wenn die Legende interessanter ist als die Wahrheit, drucke die Legende.«

Wie wahr.

Während meiner Zeit als Musikjournalist, bevor ich Regisseur wurde, ist mir etwas aufgefallen ... Ich habe über viele Rockmusiker geschrieben. Einige von ihnen sind gestorben und zu monolithischen Legenden geworden. Und die Legenden sind ganz anders als die Menschen, die ich kannte und über die ich geschrieben habe. Da fragt man sich manchmal, wie viel von dem, was als Geschichte gilt, bloß Legende ist.

Das wollen die Leute.

Haben Sie das Gefühl, Sie müssten die Legende bewahren, im Fall von Monroe zum Beispiel?

Nein, aber es ist sehr schwierig, ernsthaft über Monroe zu reden, weil sie so *glitzy* war, verstehen Sie? Sie ist der Ernsthaftigkeit irgendwie entgangen, sie wechselte einfach das Thema. Es war allerdings sehr schwierig, mit ihr zu arbeiten. Aber wenn man das, was man bekam, so oder so, auf der Leinwand sah, war es immer erstaunlich. Erstaunlich – die Ausstrahlung, die herüberkam. Und sie war, glauben Sie's oder nicht, eine exzellente Dialogschauspielerin. Sie wusste, wo der Lacher lag. Sie wusste das. Aber dann, wir haben dreihundert Komparsen, Miss Monroe soll um neun Uhr da sein, und sie erscheint am Nachmittag um fünf. Und dann stand sie da und sagte: »Es tut mir leid, aber ich habe mich auf dem Weg zum Studio verirrt.« Sie war seit *sieben Jahren* unter Vertrag! Cruise dagegen, da bin ich mir sicher, ist ein sehr, sehr ernsthafter Schauspieler. Er kommt pünktlich und ist vorbereitet.

Als Erster da, und oft der Letzte, der geht. Sehr, sehr professionell, und er inspiriert die anderen Schauspieler.

Gut.

Aber ich verstehe auch, dass es andersherum laufen kann. Wenn der Hauptdarsteller oder die Hauptdarstellerin nicht vor Mittag erscheint, fragen sich die anderen Darsteller: »Warum soll ich so früh kommen?«

Ja, ja.

Erinnern Sie sich an Ihr letztes Gespräch mit Monroe?

Immer wenn ich sie traf, habe ich ihr vergeben. Als ich sie das letzte Mal sah, war sie schwanger und trennte sich gerade von [Arthur] Miller. Sie war mit Yves Montand zusammen. Sie kam nach einer Vorführung von *Das Appartement* ins Restaurant Romanoff's. Sie drehte gerade einen Film mit George Cukor [*Machen wir's in Liebe*, 1960], ein sehr netter Mann. Aber Monroe und ich hatten nie eine enge persönliche Beziehung. Ich habe ihren Launen nie nachgegeben. Ich war da. Ich war da und sie war *nicht* da. Ich schickte jemanden, um an ihre Garderobentür zu klopfen, den *zweiten* Regieassistenten: »Miss Monroe, wir sind so weit.« – »Ach, verpiss dich!« [*Er lacht.*] Ich wollte meinen ersten Regieassistenten nicht in Verlegenheit bringen, und mich selbst auch nicht. Sie war … Ich weiß nicht, sie war ein endloses Rätsel ohne jede Lösung.

Nach *Das verflixte siebente Jahr* [1955] sagte ich: »Ich

werde nie wieder mit ihr arbeiten.« Aber dann freute es mich, als ich hörte, dass sie das Drehbuch von *Manche mögen's heiß* gelesen hatte und es machen wollte. Ich wollte Mitzi Gaynor oder jemand in der Art haben. Es war wunderbar, dass Monroe die Rolle spielen wollte. Wir hatten da eine große Bombe in der Kanone und wir konnten sie abfeuern. Und, wissen Sie, das sind die komischen Dinge, die passieren, wenn etwas anders läuft, als man es sich gedacht hat.

Und dadurch funktioniert der Film.

Dann ist man sehr, sehr stolz auf sich, das war die Situation. Da gab es zum Beispiel die Szene, in der Tony Curtis einem Typ die Kleidung stiehlt, und dann spielt er Mr. Shell. Die Shell-Familie, erinnern Sie sich? Und er bekommt auch das Schiff von Mr. Joe E. Brown, der irgendwo mit Mr. Lemmon tanzt. Da liefen zwei Dinge parallel ab. Wenn Joe E. Brown den Tango mit Lemmon tanzt, würde das gut werden, das wusste ich. Wir hatten die Erkältung, die Rose zwischen den Zähnen, und so weiter.

»Marilyn Monroe war ein endloses Rätsel ohne jede Lösung.«

Haben Sie diese Szene zuvor beim Schreiben mit Izzy gespielt?

[*Er schüttelt sofort den Kopf.*] Nein, wir wussten es einfach. Als wir das schrieben, hatten wir eine sehr gute Idee für einen wichtigen Teil des Films. Die Idee besteht darin, dass Curtis Monroe auf das Schiff von Mr. Shell einlädt. Alles ist arrangiert, sie sind allein. Und es wird Sex geben, richtig? Ich bin mitten in der Nacht aufgewacht und dachte, das ist nicht gut, das ist so vorhersehbar. Aber was wäre, wenn [*seine Augen blitzen*] er auf *impotent* machen würde? Und *sie* will Sex haben. Und sie legt *ihn* flach – das *muss* besser sein. Es *muss* besser sein, von Marilyn Monroe verführt und geliebt zu werden – was könnte besser sein? Also haben wir die Sache umgedreht. Und wir hatten eine gute Szene, oder nicht? An dem Morgen, als wir das drehten, kam ich ins Studio und sagte: »Passt auf – wir haben jetzt die Situation, wo er sie mit aufs Schiff nimmt. Nichts Neues also. Aber wie wäre es *damit*?«

Dann haben wir es gedreht, und es war, als ob man reife Früchte pflückt. Jetzt können wir erklären, dass seine Familie ein Vermögen ausgegeben hat, um ihn zu *heilen*. »Wir haben es mit javanesischen Tänzerinnen versucht, die Glöckchen tragen, wir haben alles Mögliche versucht, jeden Arzt konsultiert – es hat nicht geholfen.« [*Er lacht.*] Und sie sagt: »Darf ich es versuchen?« Und dann versuchen sie es. Und man erkennt seine wahren Gefühle daran, was mit seinem Bein passiert – es kommt hoch, als sie ihn küsst. »Wie war das?«, fragt sie. »Ich weiß nicht«, sagt er, und das Bein kommt hoch. Sie sagt: »Lass es mich noch mal versuchen, nur noch ein Mal.« Dann entfernen wir uns, und wir wissen, was geschieht. Diese Idee hat die Szene gerettet. Sonst wäre sie sehr flach gewesen. [*Wilder freut sich immer noch darüber.*] Sie küsst ihn, und Curtis liegt da auf dem Sofa. Sie küsst ihn, die Kamera ist *hier*, und nun sieht man, wie das Bein hochkommt, hinter ihr. Wunderbar!

»Ich rede gern, aber ich sehe das nicht gern gedruckt in einem Buch.«

Das Bein ist sehr wichtig, es gibt der Szene den letzten Schliff.

Ja, absolut.

Das Bein bringt's. Wurde das bei den Proben entwickelt oder gehörte es zur Idee?

Das entstand beim Schreiben. Es war leicht. Es ergab sich so. Was werden Sie mit diesem seitenlangen Gebrabbel von mir machen?

Es kommt zu einem längeren Gespräch darüber, dass ich das Interview zur Buchform ausweiten möchte.

Ein Buch? Ich rede gern, aber ich sehe das nicht gern gedruckt in einem Buch. Ich hatte gehofft, dass es nicht dazu kommen würde. Sie können es in einer Zeitschrift drucken. [*Gegenüber vom Restaurant winkt ein Mann hartnäckig Wilder zu.*]

Ist das ein Freund von Ihnen?

Nein. Ich habe keine Freunde, die solche Hemden tragen.

Ich bringe das Gespräch darauf, dass eine neue Generation von Filmemachern gerade dabei ist, seine Filme zu entdecken. Er unterbricht mich.

[*Er nickt.*] Das ist wunderbar. Ziemlich bald werde ich nur noch kriechen. Ich werde in einem Rollstuhl sitzen. Wissen Sie, es ist sehr schwierig. Aber es hat mich mit Freude erfüllt, dass die vier Regisseure beim DGA [Symposium der Directors Guild of America] mich erwähnt haben … Vielleicht dachten Sie, dass damals die Filmgeschichte angefangen hat und es vorher niemanden gab. [*Er lacht.*]

Ich hasse es, junge Leute zu treffen, die von mir gehört haben und die erwarten, dass jedes Mal Perlen aus meinem Mund kullern, wenn ich ihn aufmache. Aber wissen Sie, es kommen Leute zu mir und sagen: »Mr. Wilder? Ich möchte Ihnen die Hand schütteln …« Oder: »Sie haben meine Woche gerettet … Ich sehe mir diesen Film an oder jenen …« Das ist sehr nett, es tut gut, das zu hören. Das machte es einem leichter, morgens aufzustehen. Aber ich will nicht … [*Er schüttelt den Kopf zuckert seinen Kaffee.*] Ich will keinen Zucker. Was ist los mit mir? Ich bin nervös.

[*Lachend*] Ich erinnere mich daran, wie ich zum ersten Mal in Ihr Büro kam. Ich habe Ihnen ein Poster zum Signieren gegeben, Sie haben eine Pause gemacht und gesagt: »Ich werde nichts Lustiges schreiben.« Und Sie haben geschrieben: »Alles Gute, Billy Wilder.« Und mir fiel auf, dass der Druck auf Sie sich manchmal wilderesk anfühlen muss.

Ja, aber es gibt nichts Wildereskes. Nur so … Sachen. [*Doch dann schaut er auf den Espresso, der Karen Lerner serviert worden ist, und macht eine Bemerkung, die man nur wilderesk nennen kann.*] Sie haben einen Espresso bestellt und ihn *expressly* [schnell] bekommen.

Was können Sie mir über Diamond sagen?

[*Er lacht.*] Ich habe mit Iz Diamond zwanzig, fünfundzwanzig Jahre lang zusammengearbeitet. Wir haben nie über persönliche Dinge gesprochen. Das war das Schöne daran. Ich kam morgens, er kam morgens. Er nahm sich den *Hollywood Reporter*, ich nahm mir *Variety.* Dann haben wir die Branchenblätter ausgetauscht, und dann sagten wir: »Also, wo waren wir? Ach ja …« Und dann ging es los. Er war ein einzigartiger Mann, ganz einzigartig.

Es war eine andere Zusammenarbeit als mit Brackett, der mir erzählt hat, wer sein Zahnarzt ist, und lauter Dinge, die mit der Arbeit nichts zu tun hatten. Iz Diamond war dagegen ein verschlossener Mann, mein Partner. Es war wunderbar, mit ihm über Dialoge oder Strukturen zu sprechen. Er war immer mit mir bei den Dreharbeiten.

Und das mochten Sie?

Ich mochte das, weil … Wissen Sie, ich mochte Iz Diamond wie einen jüngeren Bruder. Das Besondere an ihm war seine Diskretion. Er war ein sehr, sehr korrekter Mann. Ich bin ein Akkumulator, ich bin ein Sammler. Ich kann keinen Tag in London oder Paris sein zum Beispiel, ohne irgendetwas zu kaufen, sei es eine kleine Antiquität oder ein Paar Schuhe. Also wenn ich dann durch die Burlington-Arkaden ging, brauchte ich ihn gar nicht mehr zu fragen: »Ich gehe hier für eine Minute hinein, kommst du mit?« Er würde sagen: »Nein, nein, nein, ich warte hier draußen.« [*Er lacht.*] Natürlich dauert es nicht eine Minute, sondern eine Stunde. Und er wartete draußen. Dann kam ich mit zwei Tüten voller Zeugs heraus. Und er hat nie gefragt: »Was hast du gekauft?« Niemals. [*Er lacht.*] Hat mich nie gefragt. [*Er grinst, weil er sich immer noch wundert.*] Das war wundervoll.

Wie würden Sie Ihren ersten Drehbuchpartner beschreiben, Charles Brackett?

Brackett war ein sehr beredter Mann. Er war wie ein Mitglied des Algonquin-Zirkels. Das war sein Milieu. Erstens war er Republikaner, ein fanatischer Republikaner. Zweitens stand er in der vordersten Reihe von Schriftstellern wie Hemingway und Scott Fitzgerald – das waren die Leute, die er kannte. Er lernte sehr schnell, denn er hatte einige Kurzgeschichten für die *Saturday Evening Post* geschrieben, und so kam er zum Film. Und er hing bei Paramount herum und hatte nicht den blassesten Schimmer, was zum Teufel er tun sollte.

Manny Wolf, der Chef der Drehbuchabteilung, brachte uns beide zusammen. Er stellte uns vor und sagte: »Jetzt geht ihr zwei zu Mr. Lubitsch und schaut, ob er euch leiden kann.« Also redeten wir miteinander und gingen dann zu Lubitsch, und ungefähr eine halbe Stunde später hatten wir den Job für *Blaubarts achte Frau.* Es wurde kein besonders guter Film, aber er war irgendwie in Ordnung. Und dann wollte er uns wieder für *Ninotschka* haben.

Aber was Brackett anbetrifft ... Das Einzige, was wir gemeinsam hatten, war das Schreiben. Außerdem erzählte er mir viele Geschichten, und ich erzählte ihm viele Geschichten. Es war nicht wie mit Mr. Raymond Chandler. Wir kamen miteinander aus. Wir haben uns bloß nie, oder nur sehr selten, nach den Dreharbeiten oder nach dem Schreiben zum Essen getroffen.

Ihre veröffentlichten Drehbücher sind extrem lebendig und gut lesbar, und obwohl Sie immer mit einem Co-Autor gearbeitet haben, sprechen die Drehbücher mit einer einzigen, idiosynkratischen Stimme. Zum Beispiel lautet der letzte Satz der Erzählung im Drehbuch von

***Manche mögen's heiß*: »Und das ist das Ende der Story, beziehungsweise dessen, was das Publikum sehen kann.« Im Drehbuch zu *Das Appartement* heißt der letzte Satz: »Und das war's. Was die Story anbetrifft.«**

Ja.

Haben Sie das Izzy Diamond diktiert? Oder schrieb Diamond die Erzählung?

[*Schnell*] Das weiß ich nicht. Ich weiß nur, dass ich da stand, wie ein Dirigent, verstehen Sie? Ich habe meinen gelben Block und ich schreibe, und er tippt. Und wir vergleichen es. Dann einigen wir uns auf etwas, und so geht es hin und her. Das meiste haben wir in einem Zimmer im Goldwyn-Büro geschrieben, ein großartiger Platz. Ich lebte dort. Ich hatte eine Küche, ein Bett, eine Dusche und eine Toilette. Iz zeigte mir Seiten und ich korrigierte sie, wir bearbeiteten sie zusammen. Und dann gingen sie raus.

Die meiste Zeit haben wir am dritten Akt gearbeitet. Die letzte Hälfte des dritten Akts stand zwar schon auf dem Papier, aber wir rückten sie noch nicht raus. Wir schrieben immer noch daran und feilten, denn die Darsteller entsprechen oft nicht dem Geschriebenen. Ein Satz passte gut zu einem Schauspieler, ein anderer Satz nicht. Oder der Darsteller rannte anstatt zu gehen. Also korrigierten wir diese Dinge, während wir weiterschrieben.

Die letzte Szene von *Manche mögen's heiß* schrieben wir an einem Wochenende im Studio. Es stimmte noch nicht. Die Jungs entkamen, sprangen ins Motorboot von Mr. Joe E. Brown. Und es gab einen kleinen Dialog zwischen Marilyn Monroe und Tony Curtis. Und dann kamen wir zur Demaskierung, wenn Jack Lemmon sagt: »Verstehst du, ich kann dich nicht heiraten, weil ich … *rauche*.«

Schließlich nimmt er die Perücke ab und sagt: »Ich bin ein *Mann.*« Jetzt brauchten wir eine Antwort von Joe E. Brown und fanden keine. Aber irgendwann am Anfang unserer Diskussion hatte Iz Diamond gesagt: » Nobody's perfect [Niemand ist vollkommen].« Und ich sagte: »Also pass auf, wir nehmen deinen Satz ›Nobody's perfect‹. Wir schicken es zum Kopieren, damit sie was haben, und dann setzen wir uns *ernsthaft* hin und denken uns einen *wirklich* lustigen letzten Satz aus.«

Den Satz haben wir nie gefunden, also beließen wir es bei »Nobody's perfect«. Bei der Preview in Westwood explodierte das Publikum förmlich. Das ist ganz lustig, wie man Filme macht. Wir haben es am Sonntag geschrieben und am Montag gedreht.

Niemand hatte an Joe E. Brown gedacht. Ich hatte ihn in einigen Stummfilmen gesehen, aber ich wusste nicht, dass es ihn noch gab, als wir mit der Besetzung begannen. Und Aud [Wilders Frau Audrey] und ich und Iz und seine Frau waren zur Saisoneröffnung bei den L. A. Dodgers im Coliseum eingeladen. Da war ein Lautsprecher auf dem Spielfeld vor der Anzeigetafel, und Leute hielten Reden, und dann kommt der nächste Redner und es ist Joe E. Brown. Ich sagte: »Das ist unser Mann!« Niemand hatte je an ihn gedacht.

Also fragte ich ihn: »Möchten Sie zum Vorsprechen kommen?« – »Ob ich möchte? Natürlich möchte ich!« Er spielte die Rolle, und kurz danach ist er gestorben. Er war für viele Leute eine Überraschung, besonders für junge Leute, weil sie ihn nie gesehen hatten. Er hatte den breitesten Mund der *Welt.* Er war ein ungeheuer netter Kerl.

Man muss auf der Hut sein, verstehen Sie? Man muss sich immer fragen: »Gebe ich mein Bestes?« Es fällt mir immer schwer, zu sagen, »das war von mir und das war von ihm«, mit Ausnahme der Tatsache, dass ich ihm den *credit* für »Nobody's perfect« geben muss. Darauf fliegen die Leute, und ich sagte: »Das war ein vorläufiger Satz, den Mr. Diamond vorgeschlagen hat.« Und daraus wurde unser lustigster letzter Satz. Viele Leute haben mich gefragt: »Was wird denn jetzt? Was wird jetzt aus Lemmon, was wird aus dem Ehemann?« Und ich habe immer gesagt: »Ich weiß es nicht. Niemand ist vollkommen.« Belass es bei dem, was auf der Leinwand ist. Das ist nicht zu schlagen.

Es klingt wie eine einzige Stimme und vielleicht war das das Schöne an Ihrer Zusammenarbeit.

Immer wenn ich mit jemandem zusammengearbeitet habe, und ich habe immer mit jemandem zusammengearbeitet, weil mein Englisch nur ... Falls Sie meinen, ich spreche heute ein lausiges Englisch, dann hätten Sie mich *damals* hören müssen. Ich brauchte einen Co-Autor [wegen der Sprache]. Und auch, weil ich bestimmte Zeiten einhalten möchte, und man trägt eine Verantwortung, wenn man einen Co-Autor hat. Aber immer wenn ich mit einem Co-Autor nur ein einziges Mal zusammengearbeitet habe, dann hieß das, dass ich ihn nicht leiden konnte. [*Er lacht.*] Edwin Blum zum Beispiel, der jetzt tot ist. Mit ihm habe ich am Drehbuch für einen sehr guten Film gearbeitet, *Stalag 17* [1953], aber dann nie wieder, weil er einfach nichts beitrug. Es war eine sehr schwierige Situation.

Immer wenn ich mit jemandem mehr als einmal zusammengearbeitet habe, dann bedeutete das etwas. Mit Brackett habe ich zwanzig Jahre gearbeitet, mit Diamond zwanzig, fünfundzwanzig – es war alles sehr friedlich. Es gab kein Herumhüpfen auf Sofas oder Tischen: »Hahahahaha, das ist großartig! Sie werden sich krümmen vor Lachen!« Nein. Es ging sehr ruhig zu. [*Er macht eine Pause.*] Manchmal verließ ich das Büro verärgert, aber am nächsten Morgen war alles vergessen. Wenn Diamond sagte, »Ich gehe jetzt in die Bibliothek«, dann wusste ich, dass ihn etwas aufregte, denn dann ging er immer in die Bibliothek in Beverly Hills. Er war ein feiner Mann, ein absolutes Juwel. Er war ein Gentleman.

Waren Ihre besten Beziehungen so ähnlich? Einschließlich die zu Ihrer Frau Audrey?

O ja. Aber zu meiner Frau habe ich keine Beziehung. Sie ist meine Sklavin.

Also gibts auch da kein Gehüpfe und Geschreie …

Nein, kein Gehüpfe. Weder auf die Möbel noch aufeinander. [*Er lächelt.*] Nein, nein, nein, ich führe ein absolut bürgerliches Leben. Am unteren Level der Bourgeoisie. [*Er lacht.*] Sie ist ein sehr feines Mädchen. [*Er lächelt.*] Sie ist großartig.

TEIL 2

Ist *Boulevard der Dämmerung* eine schwarze Komödie?

Nein. Nur ein Film.

Was hat Sie ursprünglich zu *Boulevard der Dämmerung* inspiriert?

Ich wollte mir das Leben ein wenig schwerer machen, ich wollte genau das machen, was nie richtig funktioniert – einen Film über Hollywood. Ursprünglich war es eine Komödie, vielleicht für Mae West. Dann wurde eine Geschichte um einen Stummfilmstar und einen Drehbuchautor daraus. Und wir konnten niemand finden, der den großen Stummfilmstar spielen sollte. Mae West wollte es nicht machen. Mary Pickford auch nicht. Wir waren kurz davor, Pola Negri für den Film zu engagieren. Dann verfielen wir auf die Idee, Gloria Swanson zu nehmen. Es könnte George Cukor gewesen sein, der sie zuerst vorschlug. Man hatte sie bereits abgeschrieben, sie war wie eine Totenglocke – sie hatte viel Geld auf dem Paramount-Gelände verloren. Aber ich bestand darauf, sie zu nehmen. Es war eine wundervolle Idee, die den großen Vorteil hatte, dass sie *wirklich* ein Stummfilmstar gewesen war und dass sie einen Film mit Erich von Stroheim gemacht hatte, *Queen Kelly* [1928], den wir in ihrem privaten Vorführraum in ihrem Haus einsetzen konnten. Wir machten Probeaufnahmen, sie sprach ein paar Dialogsätze – jene Szene, in der sie wütend darauf besteht, dass sie immer noch die Größte ist. Jetzt hatten wir einen Film. Sie bekam nur eine kleine Gage, 150 000 Dollar, weniger als Holden. Und es war eine wunderbare Sache, dass auch Stroheim mitmachte. Er hatte zwei Ideen für den Film, eine davon habe ich genommen – dass er die Briefe der Fans selbst schreibt. Die zweite bestand darin, dass er gezeigt werden wollte, wie er ihre Unterwäsche wäscht. [*Er demonstriert, wie Stroheim liebevoll ihre Dessous wäscht.*] Stroheim!

Montgomery Clift sollte den Drehbuchautor spielen. Drei Tage vor Drehbeginn wollte er nicht mehr.

> *»Ich wollte genau das machen, was nie richtig funktioniert – einen Film über Hollywood.«*

Wie haben Sie das erfahren? Hat Clift Sie angerufen?

Eine Agentin hat mich angerufen. Zu dieser Zeit war Brackett der Produzent. Also sprach sie mit Brackett. Wie die Dinge lagen, hatte Mr. Clift eine Affäre mit einer älteren Frau in New York [Libby Holman]. Und er wollte nicht seine erste Hauptrolle in einem großen Film spielen, der die Geschichte eines Mannes erzählte, der von einer sehr reichen Frau, die doppelt so alt war wie er, ausgehalten wurde. Er wollte keinen Klatsch in Hollywood provozieren. Er war ein New Yorker Schauspieler und er wollte seine Karriere nicht so beginnen lassen.

Waren Sie wütend?

Was heißt schon wütend? Das bringt nichts, verstehen Sie? Es ging bloß um eines: »Wen nehmen wir?« Alle Hauptdarsteller standen damals bei den Studios unter Vertrag. Und am Montag fange ich an zu drehen, richtig? Also ging ich die Liste von Schauspielern durch, die zu dieser Zeit bei Paramount waren. Und da gab es einen jungen Schauspieler namens William Holden. Beedle war sein richtiger Name, aber er hatte ihn geändert. Er hatte einen Film gedreht, der mir gefallen hatte, *Golden Boy* [1939]. Um ein Uhr mittags gab ich Holden das Drehbuch, und um drei Uhr nachmittags kam er zu mir. Er sagte: »Absolut, ich möchte das machen.« Die Leute haben ihn unterschätzt, wissen Sie, er war sehr gut. Er war ein sehr guter Schauspieler. Ich habe weitere Filme mit ihm gemacht, *Stalag 17* und *Sabrina*. Es war mit ihm ein wenig so wie später mit Lemmon.

Dann ist er leider gestorben. Er war Trinker. Wir waren mit ihm in seinem neuen Haus in Palm Springs verabredet. Wir sollten am Sonntagmorgen dahin fahren, wir waren bereit, und dann riefen wir dort an, und jemand sagte uns, er habe sich nicht sehen lassen. Andere Leute fragten sich auch, was los sei. Man öffnete die Tür zu seinem Apartment, Pacific Boulevard oder so. Er war betrunken, furchtbar betrunken, und er fiel hin und er schlug mit dem Kopf an die Ecke des Tischs. Niemand war da, und er ist verblutet. Nachdem das geschehen war und mir dann jemand sagte, Holden ist tot, dachte ich, das könnte nur zwei Gründe haben: Entweder war er mit einem Hubschrauber in Hongkong abgestürzt, wo er ein Apartment hatte, oder er war in Afrika von einem Rhinozeros zu Tode getrampelt worden, denn dort hatte er auch ein Haus. Aber wer hätte gedacht, dass er an einer so banalen Sache sterben würde?

Als ich *Frau ohne Gewissen* vorbereitete, habe ich jeden männlichen Star in der Stadt angesprochen. Ich bin sogar so tief gesunken, George Raft zu fragen. Und das heißt, ganz schön tief unten zu sein. [*Er lacht.*] Er ließ sich das Drehbuch vorlesen, weil er nicht lesen konnte. Er konnte weder lesen noch schreiben. Jemand las ihm also das Drehbuch vor, und nachdem sie zur Hälfte durch waren, kam er rüber ins Studio und sagte: »Ich bin zur Hälfte durch das Drehbuch, und wann kommt das Revers?« Ich sagte: »Was für ein Revers?« – »Sie wissen, was ich meine – wann zeigt es sich, dass er ein FBI-Agent ist? Das Revers!« [*Er demonstriert, wie jemand das Revers seines Mantels umdreht und ein FBI-Abzeichen zeigt.*] »Es gibt kein Revers«, erkläre ich ihm. »Ich bin *wirklich* ein Mörder? So etwas täte ich nie! So eine Rolle spiele ich nicht, um Himmels willen!« Aber Stanwyck erkannte, dass es ein guter Stoff war, und griff sofort zu.

Können Sie sich daran erinnern, welche Regieanweisungen Sie Barbara Stanwyck bei *Frau ohne Gewissen* gegeben haben zu dieser stummen Aufnahme ihres Gesichts, während der Mord auf dem Autorücksitz geschieht? Ihr Ausdruck hat beinahe etwas Sexuelles, da ist so ein Glanz in ihren Augen.

Als er ihren Ehemann auf dem Rücksitz erschießt, ja. Miss Stanwyck war eine hochintelligente Schauspielerin. Ich hatte zunächst Probleme mit der Perücke, aber es war in Ordnung, weil diese Perücke als Perücke deutlich erkennbar war. Und die Fußkette – die Ausrüstung einer Frau, die mit einem solchen Mann verheiratet ist. Das schreit doch nach Mord.

Ja, natürlich haben wir diese Szene geprobt. Ich habe mit ihr aber nur ein oder zwei Proben gemacht, und was dabei herauskam, unterschied sich nicht sehr von dem, was sie ohnehin gemacht hätte. Sie war einfach eine außergewöhnliche Frau. Sie las das Drehbuch, mochte es von Anfang an und schickte nicht ihren Agenten vorbei, um ihn sagen zu lassen: »Passen Sie auf, sie spielt hier eine Mörderin, und deswegen muss sie mehr Geld bekommen, weil sie danach niemand mehr beschäftigen wird.« Mit Stanwyck hatte ich überhaupt keine Probleme. Sie kannte das Drehbuch in- und auswendig, auch die Dialoge der anderen. Man hätte sie mitten in der Nacht wecken können, und sie hätte die Szene spielen können. Keine Versprecher, keine Fehler – sie hatte ein ausgezeichnetes Gedächtnis.

Haben Sie die Rolle für Barbara Stanwyck geschrieben?

Ja. Und dann gab es bei Paramount einen Schauspieler namens Fred MacMurray, der in Komödien spielte. Kleine dramatische Rollen und große komische. Ich ließ ihn das Drehbuch lesen und er sagte: »Das kann ich nicht machen.« Und ich fragte: »Warum können Sie das nicht machen?« Er sagte: »Da muss man ja schauspielern!« [*Er lacht.*] Ich sagte: »Also, Sie machen jetzt Komödien, und Sie sind an einem gewissen Punkt angekommen, wo Sie entweder aufhören oder über Ihren Schatten springen müssen, um etwas Neues anzufangen.« Er fragte: »Werden Sie mir sagen, wenn ich schlecht bin?« [*Er nickt; der Beginn einer Partnerschaft.*] Und er war wunderbar, denn das war eine schräge Besetzung für die Rolle.

Dasselbe geschah bei *Das Appartement*. Alle Rollen waren besetzt, einschließlich des Chefs der Versicherungsgesellschaft. Der Chef, der dann selbst den Schlüssel nimmt, Sheldrake, war Paul Douglas. Er wäre die perfekte Besetzung gewesen. Aber Paul Douglas starb, beim Frühstück, kurz bevor er das Flugzeug oder den Zug nehmen wollte, um zu den Dreharbeiten zu kommen. Und ich sprach Fred MacMurray an. Er sagte: »Nein, nein, nein, lassen Sie mich in Ruhe, bitte. Ich stehe jetzt unter Vertrag, lebenslänglich, bei Disney [wo er Filme wie *Der unheimliche Zotti* [1959] drehte]. Für die Kids, verstehen Sie? Wenn man herausfindet, dass ich eine Affäre mit meinem Telefonfräulein habe, bin ich unten durch. Ich kann das nicht machen. *Auf keinen Fall.*« Am Montagmorgen war er am Drehort.

Ich liebe den »hippen« Dialog, den Sie in beiden Filmen Fred MacMurray gelegentlich in den Mund gelegt haben. Besonders in *Das Appartement*, als er den Schlüssel haben will, und Baxter erklärt: »Es dauert nur dreißig Sekunden, dann stehen Sie wieder auf der Straße ... *you dig*?« Das ist ein richtiger Beatnik-Moment. [Die *Beat Generation* benutzte den Ausdruck *dig* für Dinge, die man schätzte. »Can you dig it?« würde man heute übersetzen mit: »Kapierst du das?«]

Damals, ja. Vor fünfunddreißig Jahren. [*Er lächelt.*]

Ich erzähle Ihnen eine lustige Geschichte über ihn, die letzte Geschichte, die ich Ihnen über Mr. Fred MacMurray erzähle, der ein sehr geiziger Mann war. Mir gefiel das. Ich liebte diesen Mann und ich liebte auch seinen Geiz. Es amüsierte mich. Es gibt in *Das Appartement* eine Szene kurz bevor er ins Büro kommt. Er lässt sich von einem Schwarzen die Schuhe putzen, holt dann aus einem Anzug einen Quarter [eine Vierteldollarmünze] und wirft ihn dem Schuhputzer hin. Wir drehen und drehen das, und er kriegt's nicht hin. Und ich sage: »Kein Problem, die Münze ist zu klein, wir nehmen eine Fünfzigcentmünze, die ist größer.« Und MacMurray sagt: »Ich würde ihm niemals fünfzig Cent geben – das kann ich nicht spielen.« [*Er lacht.*]

[*Die Restaurant-Rechnung kommt.*] Geben Sie sie mir, bitte.

Nein. Es wäre mir eine Ehre. Sie können das nächste Mal zahlen.

Das nächste Mal?

»Wenn die Kamera nicht lief,
war sie bloß eine Schauspielerin.
Wenn die Kameras liefen,
wurde sie zu Miss Audrey Hepburn.«

Ich habe einmal folgenden Rat gehört: Wenn man eine Romanze inszeniert oder eine romantische Komödie, muss der Regisseur sich in seine Hauptdarstellerin verlieben – durch das Objektiv der Kamera. Denn wenn *er* sich nicht in sie verliebt, wird es auch sonst niemand tun. Wie war das mit Audrey Hepburn? Haben Sie sich durch das Kameraobjektiv in sie verliebt?

Natürlich. Da kam so viel von innen, ein Fühlen, das sie mitteilte. Aber war sie auch »sexy«? Wenn die Kamera nicht lief, war sie bloß eine Schauspielerin. Sie war sehr dünn, eine gute Person, aber am Drehort konnte man sie schon mal übersehen. Aber sie hatte so etwas Liebenswertes, so etwas absolut Bewundernswertes. Man vertraute dieser winzigen Person. Wenn die Kameras liefen, wurde sie zu Miss Audrey Hepburn. Und sie konnte ihren Sex-Appeal ausspielen. In *Sabrina* zum Beispiel in der Szene, in der sie mit diesem Kleid aus Paris zurückkam.

Es gab Szenen aus purem Gold in diesem Film. Zum Beispiel die Figur des Vaters, der rauchte und trank und das im

Schrank tun muss, damit seine Frau ihn nicht sieht. Oder die Szene, in der Sabrina, Audrey Hepburn, sich in den blonden, gut aussehenden Mr. Holden verliebt hat, aber genau weiß, dass es nichts werden wird. Da ist die Garage mit einem Dutzend Autos, und sie beschließt, Selbstmord zu begehen. Sie lässt alle Motoren an und sitzt da und wartet. Und dann kommt der Bruder, Mr. Bogart, der sie aufweckt und hochnimmt und hinausträgt. Das ist eine sehr gute Szene, mit den zwölf laufenden Autos, das Mädchen sitzt in der Mitte, und die giftigen Gase kommen. Ich habe den sehr talentierten Regisseur Mr. Sydney Pollack gefragt, warum die Szene nicht in der Neuverfilmung ist. Er sagte: »Der Film war zu lang.« Wie kann er zu lang sein? *Der Film ist der Film.* [*Er lacht.*]

Jedes Jahr, so scheint es, wird irgendjemand als die neue Audrey Hepburn angekündigt. Jede unbekannte junge Schauspielerin wird die »nächste« Audrey Hepburn genannt.

Das ist das Element X, das Leute entweder haben oder nicht haben. Man kann jemanden treffen und bezaubert sein, und dann filmt man sie und es ist nichts mehr da. Aber sie hatte es. Und es wird keine andere geben. Sie existiert ewig, in ihrer Zeit. Man kann sie nicht duplizieren oder aus ihrer Ära herausholen. Wenn man das Element X destillieren könnte, könnte man so viele Monroes erschaffen, wie man wollte, oder Hepburns … wie das Schaf, das man geklont hat. Aber das kann man nicht. Auf der Leinwand war sie ganz anders als im wirklichen Leben. Nicht, dass sie vulgär gewesen wäre, das war sie nicht. Aber sie hat etwas Neues mitgebracht, sie hatte Klasse. Sie, und auch die andere Hepburn, Katharine, zu verschiedenen Zeiten. Sie war absolut wundervoll. Heute gibt es Julia Roberts. Sie ist fähig, sehr lustig ... Ich mochte sie auf der Stelle in *Pretty Woman* [1990]. Aber man sollte von keiner Schauspielerin erwarten, Audrey Hepburn zu sein. Jenes Kleid von Mr. Givenchy konnte nur sie tragen.

Sabrina war schwierig für mich. Dieser Film wurde immer noch geschrieben und geformt, während wir schon drehten. Es gab schlaflose Nächte. Mein Rücken machte mir Probleme. Das Drehbuch war überhaupt noch nicht fertig und wir kamen mit dem Schreiben nicht nach. Es gab eine große Szene mit Bogart, in der sie ihn im Konferenzzimmer besucht und er ihr sagt, sie solle nach Paris gehen, aber die Szene funktionierte nicht. Ich kam im Studio an und hatte nur eineinhalb Seiten Drehbuch für den ganzen Tag. Ich kann nicht ins Chefbüro gehen und sagen: »Also, es ist so, wir sind mit dem Drehbuch noch nicht so weit.« Es war Freitag; Samstag und Sonntag konnten wir schreiben. Wir mussten Zeit schinden. Also ging ich zu ihr und erklärte ihr das Problem. »Sehen Sie, es wäre schön, wenn Sie über eine Dialogzeile stolpern könnten. Es tut mir schrecklich leid, aber Sie müssen mir helfen, wir können heute nicht mehr als eineinhalb Seiten drehen. Darum geht's.« Und sie sagte: »Ich mach das schon.« Und sie machte es.

Sie sagte: »Oh, ich habe so *schreckliche* Kopfschmerzen, erlauben Sie mir, mich ein wenig hinzulegen.« Und dann war sie fünfzehn Minuten verschwunden, eine Stunde. So schaffte ich es, die eineinhalb Seiten bis sechs Uhr zu strecken. Am Samstag und Sonntag haben wir das Ding umgeschrieben. Dann war ich bereit. Sie hat mir da sehr geholfen. Das war wunderbar. Sie hätte ja auch Schwierigkeiten machen können, weil sie nicht den Ruf bekommen wollte, Löcher im Hirn zu haben. Aber das machte ihr nichts aus. Sie half mir einfach.

Gehen wir jetzt? Sonst sitzen wir noch zum Abendessen hier!

Wir setzen unser Gespräch einige Tage später in Wilders Büro fort. Karen Lerner begleitet mich wieder. Der Regisseur hat einer neuen Sitzung zur Klärung einiger Dinge zugestimmt, doch ob aus dem Ganzen ein Interviewbuch wird, ist immer noch sehr zweifelhaft.

Ich habe eine Frage zum Aussehen und zur Ausstattung Ihrer Filme. Unter der Oberfläche der Handlung und der Darstellung finden sich viele visuelle Details. Wenn Sie Filme wie *Das Appartement* oder *Frau ohne Gewissen* in Angriff nehmen, lassen Sie sich dann vom Werk eines bestimmten Malers inspirieren? Über welche spezifische Vision sprechen Sie mit Ihrem Produktionsdesigner?

[*Erwärmt sich sofort für das Thema*] Kein Maler, aber manchmal Häuser. Zum Beispiel bei *Frau ohne Gewissen.* Ich musste ein Haus finden, das für jemanden wie den Ehemann von Barbara Stanwyck typisch ist. Ich brauchte zwei Stockwerke, denn ich wollte sie filmen, wie sie mit der Fußkette die Treppe herunterkommt. Der Ausstatter lebte in einem solchen Haus, und was mir vorschwebte und was ich mit meinem Kameramann besprach, John Seitz – er war ein alter Mann. [*Er lächelt.*] Sehr alt! Er war erst einundfünfzig damals! Hatte schon Filme mit Valentino gedreht –, was ich also wollte, war eine sehr spezielle Sache. Ich erklärte ihm, wenn man in ein solches Haus hineinging, wenn man die Tür öffnete und die Sonne hineinschien, dann war immer Staub in der Luft. Weil sie nie den Staub wegmachten. Und ich fragte ihn: »Können Sie diesen Effekt herstellen?« Er konnte es.

Wie sind Sie auf den visuellen Stil des Films gekommen?

Wir mussten realistisch sein. Man musste der Situation und

den Darstellern glauben oder alles wäre verloren gewesen. Ich bestand natürlich auf Schwarz-Weiß, und beim Inszenieren von Operetten hatte ich gelernt, dass manchmal eine technische Szene den Film zerstören konnte. Man könnte sagen, *Frau ohne Gewissen* basierte auf dem Prinzip von *M* [1931, Regie Fritz Lang], diesem hervorragenden Film mit Peter Lorre. Irgendwie spukte mir *M* im Kopf herum, ich hatte so ein Gefühl. Ich versuchte einen sehr realistischen Film zu drehen – mit ein paar Tricks, aber nicht zu vielen. Der Film sah aus wie eine Wochenschau. Es fiel einem nicht auf, dass er inszeniert war. Aber wie bei einer Wochenschau ging es darum, einen Moment der Wahrheit einzufangen und zu erforschen.

»Fritz Lang hatte mir am Anfang meiner Karriere gesagt: ›Suche nach den guten Kameraleuten.‹ Er hatte recht, und ich hatte Glück.«

Die Lichtsetzung war aber manchmal sehr dramatisch. Wurden Sie beeinflusst von den expressionistischen deutschen Filmen?

Nein. Es gab *etwas* dramatisches Licht, ja, aber das war Wochenschau-Licht. Das war das Ideal. Ich sage nicht, dass jede Aufnahme ein Meisterwerk war, aber selbst in einer Wochenschau sieht man manchmal einen meisterhaften Schuss. Das war die Methode. Keine gekünstelten Arrangements. Ich hatte ein paar Einstellungen im Kopf zwischen MacMurray und Edward G. Robinson, und die finden am

Anfang und am Ende statt, wenn sie beide in einem Zimmer sind. Das war's. Alles andere sollte den Realismus der Geschichte unterstreichen. Ich hatte mit dem Kameramann schon gearbeitet und vertraute ihm. Wir haben ein wenig *Mezzo*-Licht benutzt in der Szene, in der Stanwyck MacMurray in seinem Apartment aufsucht – das ist die Szene, in der er sich entschließt, den Mord zu begehen. Das ist's. Ich hatte immer eine freundschaftliche Beziehung zu meinen Kameraleuten. Fritz Lang hatte mir am Anfang meiner Karriere gesagt: »Suche nach den guten Kameraleuten, da gibt es einige ganz besondere.« Er hatte recht, und ich hatte Glück. Sie waren gut, es hat Spaß gemacht. Sie machten das, worum man sie bat. Manchmal wollten sie ein bisschen mehr machen … und hielten sich zurück. [*Er lächelt.*]

Die Bildkompositionen in *Sabrina* sind besonders kunstvoll, wie gemalt. War das ein Bestandteil des ursprünglichen Plans?

Nein. Wir gingen vor wie üblich. Ich meine, ich wurde ja nicht plötzlich zum Idioten. Die Dekors waren schon sehr, sehr gut und sehr wahr. Das Apartment zum Beispiel [im gleichnamigen Film] war einfach da, neben dem des Arztes. Einfach und wahr. *Sabrina* war der einzige Film, in dem ich etwas Üppiges gemacht habe. Weil ich ein wenig zeigen wollte, dass die Familie Geld hat. Das einzige andere Mal war *Ich küsse Ihre Hand, Madame* [1948] – aber über den Film möchte ich nicht reden. Also sagen wir, das einzige Mal, wo ich mit Geld gearbeitet habe, war bei *Sabrina*. Es hat gut funktioniert und es gefiel mir.

Auch in *Boulevard der Dämmerung* waren die Sets sehr gut. Ich habe dem Architekten, der sie entworfen hat, nur eine einzige Anweisung gegeben: »Früher Wallace Beery!« Es war ein Haus im spanischen Stil, mit einer großen

Treppe. Ziemlich prächtig, aber nicht zu sehr. Haben Sie das Ding auf der Bühne gesehen [in der Musicalversion von Andrew Lloyd Webber]? Es sah aus wie ein *Palast*. Das ist in Ordnung. Im Film war das Ding nur so breit wie das Wohnzimmer.

Als wir damals [1944] den Film machten, gab es nur wenige moderne Häuser, also suchten wir im Stadtteil Los Feliz und fanden dort ein Haus mit so einer Ecke, in der Kinder Ball spielen konnten, die sich also für ein bisschen Action ganz gut eignete. Ich weiß jetzt nicht mehr, ob das in der neuen Fassung oder in der alten ist. John Seitz jedenfalls nahm etwas Magnesium, zerkleinerte es und blies es in die Dekoration, und dann drehten wir, bevor es zu Boden sank. Und so bekamen wir den Staubeffekt.

Aber wissen Sie, wenn ich ein Drehbuch schreibe, geht es darum, dem Leser einen Eindruck zu vermitteln, ohne in Details zu gehen. Nur wenn es nötig ist. Ich habe neulich noch mal ins Drehbuch von *Boulevard der Dämmerung* geschaut. Das Haus war dort nicht so beschrieben, wie es nachher im Studio gebaut wurde. Im Studio war es eine Art Palast mit großer Treppe. Er [der Architekt] hat den Taj Mahal gebaut, er musste schließlich eine große Halle füllen. In Wirklichkeit gab es so etwas damals nicht. Im Drehbuch stand nur, das Haus solle im »frühen Wallace-Beery-Stil« sein. Wir mieteten das Haus von einer früheren Frau von Paul Getty. Sie unterhielt dort eine Schauspielschule, sie wohnte nicht da. Es stand an der Ecke Irving und Wilshire Boulevard. Wir brauchten einen Swimmingpool, und wir erklärten, wir würden das Ganze mieten und den Swimmingpool bauen. Während wir den Swimmingpool bauten, erklärte sie, dass sie kein Wasser haben wollte. Wenn wir fertig wären, sollten wir ihn wieder mit Erde füllen – idiotisch. Inzwischen ist das Haus abgerissen worden, denn die Tidewater Oil Company, die auch Mr. Getty gehörte, kam an die Stelle dieses zweistöckigen Hauses. Ich hing oft herum, während wir die Einzelheiten bauten, und überprüfte die Pläne. Schade, dass es verschwunden ist. Ich hätte das Haus gerne etwas kleiner gehabt, kompakter, kitschiger. Aber wir mussten Platz schaffen für all die Fotos.

Als wir *Das Appartement* machten, habe ich mir am Central Park West verschiedene Apartments angeschaut. Wir entschieden uns dann für eine Art Kombination. Mit einer Ausnahme: Ich hatte gerade begonnen, Thonet-Möbel zu sammeln. Sie stammten von einer österreichischen Firma, die sich auf gebogenes Holz spezialisiert hatte. Dieser Mr. Thonet und seine Brüder hatten herausgefunden, dass man das Holz einer bestimmten Baumart biegen und in eine Presse stecken kann, wo es dann eine Woche oder so blieb, und wenn man es herausnahm, behielt es die gebogene Form. Das da zum Beispiel ist gebogenes Holz, sie haben es mir geschenkt, als Scherz. [*Er zeigt stolz auf einen der Stühle in seinem Büro. Eines der Stuhlbeine ist um sich selbst zu einem Knoten gebogen.*] Die ganzen Möbel im Apartment waren aus gebogenem Holz – sogar das Bett.

Also haben sogar die Räume ihre eigene Geschichte. Der Effekt ist sublim, aber ein Film saugt all diese prächtigen Details einfach auf. Ich habe in *Das Appartement* immer herauszufinden versucht, was auf dem Bild ist, das hinten an der Wand in Baxters Apartment hängt.

Das war ein Druck aus dem Museum of Modern Art. Er hat's da irgendwie befestigt.

Richtig, das hat Sinn. Er hat einen Junggesellengeschmack. Er kauft einen Druck, und es ist niemand da, der ihm sagen würde: »Vielleicht solltest du es in einen Rahmen tun.«

Ja, es war genau so, wie ein Typ wie Baxter das machen würde. Was sollte er mit sich anfangen, wenn das Apartment besetzt war? Besonders an freien Tagen würden sie ihn fragen, und so ging das die ganze Zeit … Also würde er ins Museum gehen und sich die Gemälde ansehen und einige Poster kaufen. [*Er lacht.*] Und so sah dann sein Apartment aus.

Die Idee eines kleinen Mannes in einem großen Büro ist durchdringend. War das der Zweck der verspielt kafkaesken Einstellungen von Baxter in der Versicherungsgesellschaft?

Ja, die habe ich mit meinem Freund [und Produktionsdesigner] Alexander Trauner entworfen, der ungarisch-französischer Abstammung war. Der Mann war ein Genie. Wir haben dieses Dekor mit all den Schreibtischen in der Halle Nummer vier der Goldwyn-Studios gebaut. Das ist keine große Halle, aber wir haben die erste Reihe Schreibtische dort hineingestellt, die zweite, die dritte. Dann haben wir kleinere und kleinere Schreibtische verwendet und kleinere und kleinere Komparsen darangesetzt, und zum Schluss haben wir Fotos genommen mit Leuten, die so klein waren. [*Er zeigt die Winzigkeit mit seinen Händen.*] Und draußen fuhren kleine Modellautos vorbei, so als ob man sie aus großer Höhe sehen würde.

Das also ist das Geheimnis. Durch die veränderte Perspektive und die Modelle konnten Sie den Raum auch noch »moderner« aussehen lassen.

Perspektive, ja. Wir haben noch die Beleuchtungseinrichtungen hinzugefügt, und das war's. Wir haben's einfach *gemacht*, das ganze Dekor, und in einem oder eineinhalb

Tagen waren wir fertig. Es ging nur darum, die Perspektive zu erfinden. Trauner bekam den Oscar dafür, aber es war nichts Bombastisches. Es sah nur richtig aus.

»Ich versuchte nur, gut zu sein und darauf zu achten, dass das eine zum anderen führt.«

Die Art und Weise, wie Sie *Das Appartement* gedreht haben, erscheint etwas ungewöhnlich – viele Halbtotalen und *masters.* [In einem *master shot* filmt man die ganze Szene mit allen beteiligten Darstellern; Anm. d. Ü.]. Bestand darin das visuelle Konzept?

Ja. Beim Drehen geht es darum, alles, was geschrieben wurde, auf die Leinwand zu bekommen. Alles klarzumachen. Ich habe ein Gesicht nicht so und dann noch *so* aufgenommen, und dann noch mal aus einem anderen Blickwinkel. Nein, ich habe es nur einmal gefilmt. Und das vor mehr als vierzig Jahren. Ich habe nicht endlos versucht, einen ganz besonderen Blickwinkel zu finden. Ich versuchte nur, gut zu sein und darauf zu achten, dass das eine zum anderen führt. Eine Großaufnahme hier, eine andere da … Nie zu viele, nur wenn es nötig war. Und wenn ich mit einem Film fertig bin, dann liegen auf dem Boden des Schneideraums nur ein paar hundert Meter Film. Wir haben *Das Appartement* in fünfzig Tagen gedreht und in weniger als einer Woche geschnitten. Es bleiben nur wenige Meter unbenutzter Film übrig. Das war gut.

Die Geschichte war gut, unsere Ideen funktionierten.

Zum Beispiel hatten wir da diese Dame, die mit Lemmon ins Apartment geht. Er tanzt herum, macht Scherze, und plötzlich bemerkt er, dass das Mädchen, Shirley MacLaine, in seinem Bett liegt. Aber er kann sie nicht aufwecken. Darum, wegen der Struktur, haben wir den Arzt erfunden, der nebenan wohnt, Dr. Dreyfuss.

Dieser so menschliche Doktor, der hilft, sie zu retten, und der Baxter dazu bringt, ein besseres Leben zu führen.

Ja. Wir betreten nie das Apartment [des Arztes]. Keine Zeit dafür. Wir kommen immer nur bis zu seiner Tür.

Wir hatten viel Spaß bei diesem Film, weil alle früh ins Studio kamen. Shirley MacLaine verspätete sich schon mal ein wenig, und manchmal konnte sie einen Dialogsatz nicht, aber alle anderen waren absolute Profis. Das war mein zweiter Film mit Lemmon, und es lief gut, sehr gut.

Sie haben oft Spiegel benutzt, um bestimmte Aspekte der Story zu enthüllen, aber der stärkste Moment in dieser Hinsicht ist der zerbrochene Taschenspiegel in *Das Appartement.*

Ja. Baxter sieht sich selbst in diesem Spiegel und zählt zwei und zwei zusammen. Er hatte ihn dem Präsidenten der Versicherungsgesellschaft [MacMurray] gegeben, dem großen Boss, und jetzt weiß er, was wir wissen. Und wir erkennen das an seinem Gesicht in dem zerbrochenen Spiegel. Das war eine sehr elegante Weise, das klarzumachen. Das war besser, als wenn ein Dritter ihm von der Affäre erzählt hätte. Das wollten wir nicht. Hier haben wir alles in einer einzigen Einstellung. Manche Ideen kommen einem schnell, wie diese. Es war gut, die Idee kam schnell. Darum war sie gut.

Ich vermute einmal, dass die Idee mit der Szene in *Das Appartement,* in der die Spaghetti auf einem Tennisschläger abgegossen werden, mit einer unschuldigen Bemerkung von Izzy Diamond begann: »Frauen lieben es, einen Mann zu sehen, der sich in der Küche versucht.«

Ja.

Und dann haben Sie beide versucht, die perfekte Situation zu finden, die zeigt –

– wie ein Mann mit dem Problem eines fehlenden Küchengeräts fertig wird. Es war klar, dass dies sein Apartment war – er kochte halt nie. Er kaufte sich vielleicht ein Sandwich auf dem Nachhauseweg. Es war also kein Sieb da. Ich weiß nicht mehr, ob es Diamond war oder ich, aber die Lösung kam ziemlich spontan. Für Makkaroni oder Spaghetti braucht man ein Sieb. Also sagte ich: »Lass uns einen Tennisschläger nehmen.«

Shirley MacLaine hat einmal gesagt, *Das Appartement* sei während der Dreharbeiten noch geschrieben worden. Sie hätte am Anfang nur vierzig Seiten Drehbuch gehabt.

Das war alles, was wir ihr gegeben haben. Aber Sie können versichert sein, dass wir fast das ganze Drehbuch hatten. Wir wussten immer, in welche Richtung wir gingen. Immer. Manchmal lässt man etwas offen, weil man erst sehen möchte, wie die Darsteller es spielen, um sich an das anpassen zu können, was bei den Proben und den Dreharbeiten auftaucht. Das Ziel war uns aber immer klar.

Shirley MacLaine strahlt so wunderbar, als sie am Ende

des Films zu Lemmon läuft. Das richtige Objektiv, das richtige Licht … Sie hat so ein schönes, vollkommenes Strahlen …

Ja. Ich hatte nur drei Häuser als Hintergrund zur Verfügung, also musste ich die in verschiedenen Einstellungen immer wieder zeigen. Ich habe das mehrfach gedreht, damit ich es verlängern konnte. Sie ist dreimal an denselben Häusern vorbeigerannt.

Also gab es kein besonderes Licht für Shirley MacLaine?

Nein. Nur hin und wieder habe ich etwas Besonderes mit ihr gemacht.

»Schwarz-Weiß-Filme sind viel schwieriger als Farbfilme.«

Joseph LaShelle, der Kameramann des Films, war einer Ihrer langjährigen Mitarbeiter. Sie haben ihn etliche Jahre eingesetzt, bevor Sie dann für *Das Privatleben des Sherlock Holmes* [1970] einen anderen nahmen. Brauchten Ihre Filme ein neues Aussehen?

Nein. Aber er war ein älterer Mann, verstehen Sie? Er war dabei, in den Ruhestand zu gehen. Er war kein junger Mann, er war ein *erfahrener* Mann. Damals, wissen Sie, drehte ich die meisten Filme in Schwarz-Weiß. Ich mag Schwarz-Weiß sehr gern. Aber Schwarz-Weiß-Filme sind viel schwieriger als Farbfilme, weil einem die Intensität der

Farben fehlt. Man muss das mit einer Menge Licht künstlich herstellen, vor allem die Schatten. Man kann es ein wenig dunkler zeichnen oder ein wenig heller.

Als Marilyn Monroe nach dem ersten Drehtag die Muster von *Manche mögen's heiß* sah, sagte sie: »Ich bin enttäuscht. Ich dachte, der Film ist in Farbe. In Farbe sehe ich am besten aus.« Und ich sagte ihr: »Nun, wir haben mit der Idee gespielt und wir haben es getestet.« Das war gelogen. »Aber wenn wir die Männer als Frauen schminken, brauchen wir viel mehr Make-up und viel mehr Puder, damit man die nachwachsenden Barthaare nicht sieht, während wir drehen, und deshalb müssen wir es in Schwarz-Weiß machen.«

Hat sie Ihnen das abgenommen?

Das hat sie. [*Er lacht.*]

Aber warum haben Sie *wirklich* in Schwarz-Weiß gedreht?

Weil ich den Film in Schwarz-Weiß mochte. Damals war ich einer der letzten Regisseure, die das immer noch machten.

Aber wenn ich dann Leute traf und sie sagten, »Ich habe *Manche mögen's heiß* gesehen, ein wundervoller Film«, dann fragte ich, um sie zu testen: »Wie hat Ihnen die Farbe gefallen?« Sie sagten: »Die war großartig, absolut großartig.« Die Leute vergessen so etwas, sie erinnern sich nicht daran. Es ist weniger wichtig als der Inhalt. Nach fünf Minuten haben sie's vergessen.

Benutzten Sie eine spezielle Technik, um Marlene Dietrich aufzunehmen? Ihre Großaufnahmen haben so ein Strahlen – sie scheint aus der Leinwand herauszutreten.

Ich machte immer einen Scherz mit ihr. Ich sagte ihr immer: »*Du* richtest das Licht für diese Szene ein, *du* beleuchtest sie.« Aufgrund ihrer Beziehung zu [Josef] von Sternberg hielt sie sich für einen großen Kameramann. Sie hat viele Filme mit Sternberg gemacht; der erste war *Der blaue Engel* [1930]. Sie sagte: »Mein Gott, die sind so blöd, die haben das Hauptlicht nicht auf mir.« Aber sie stand immer im Hauptlicht. Nein, ich habe sie einfach gefilmt. Sie war weder gut noch schlecht – sie war Dietrich. Und im Film hat es funktioniert, als sie zum Beispiel in *Eine auswärtige Affäre* eine Nazi-Anhängerin spielte.

»Sie war weder gut noch schlecht –
sie war Dietrich.«

Also haben Sie für die Dietrich Ihren Beleuchtungsstil nicht geändert?

Nein, ich habe ihn nicht geändert. Ich habe ihr gesagt, sie sollte ihr Licht selber setzen. Und sie setzte es selber.

Das Telefon klingelt, und Wilder beugt sich hinunter, um den Anruf entgegenzunehmen. Sein Gesicht bleibt nahe an der Gabel, denn die Schnur ist verzwirbelt; er scheint immer kurz davor zu sein, einzuhängen. Er sei gerade beschäftigt, sagt er, aber der Anrufer besteht darauf, eine Verabredung mit ihm zu treffen. »Ja … Ja, selbstverständlich, ich habe es noch nicht bekommen, aber ich werde es unterzeichnen … Okay, ich unterzeichne es sofort, wenn ich es bekomme … Nicht so gut, ich werde alt. Ich bin ein alter Mann und ich kann nicht mehr pinkeln, und ich habe den Arzt gefragt, und der Arzt hat mich gefragt, wie alt ich bin, und ich sagte neunzig, und er sagte: ›Sie haben genug gepinkelt.‹« Wilder *macht eine kurze Pause, um dem Lachen seines Anrufers zu lauschen, und fährt dann munter fort. »Ja, okay … Okay, ich rufe Sie an … Eine Woche? Ich hoffe, ich lebe noch so lange! Ich werde es unterzeichnen, und ich werde Sie über meine Probleme beim Pinkeln auf dem Laufenden halten. Auf Wiederhören.«*

Einige Tage später, nachdem er eine längere Zeremonie über sich hatte ergehen lassen, als ihm die Producers Guild of America [der amerikanische Produzentenverband] den Lifetime Achievement Award [eine Auszeichnung für sein Lebenswerk] überreicht, hält Wilder nicht seine vorbereitete Rede, sondern er macht nur einen Scherz. Die Gäste krümmen sich vor Lachen. Dieser Moment, in dem Wilder verspricht, dies sei sein letzter öffentlicher Auftritt, wurde auf Video festgehalten und in den Film über seine Karriere in der Reihe »American Masters« aufgenommen: »Ich kann nicht mehr an solchen Veranstaltungen teilnehmen«, sagt er. »Sie sind lächerlich und viel zu lang. Aber ich freue mich über alle Auszeichnungen, die man mir nach Hause schickt.«

Haben Sie manchmal das Gefühl, nachdem Sie all diese Filme gemacht haben, eine Party für andere gegeben zu haben, an der Sie selbst nicht teilnehmen konnten? Waren Sie in der Lage, sich an Ihren Filmen so zu erfreuen wie alle anderen?

Ich glaube nicht. Ich habe eine Preview gemacht. Dann eine zweite. Dann habe ich mir den Film noch mal angeschaut, mir eine Kassette besorgt und sie ins Regal gestellt. Ich mag es nicht, mir meine alten Filme anzusehen. Aber ich weiß es – ich fühlte mich nicht als Teil des Ereignisses. Ich dachte nur immer, *ich* wäre das Ereignis.

Sie haben über lange Jahre hinweg beständig gearbeitet, fast jedes Jahr einen Film gemacht. Hin und wieder haben Sie sich ein Jahr freigenommen. 1957 haben Sie drei Filme gedreht, eine erstaunliche Leistung. Dann kam 1960 *Das Appartement*, 1961 *Eins, Zwei, Drei* und dann haben Sie eine kleine Pause gemacht. Hätten Sie je Moss Hart zugestimmt, der Ihnen zuflüsterte, als er Ihnen den zweiten von drei Oscars für *Das Appartement* überreichte, »Es ist an der Zeit –«

– aufzuhören? [*Wilder denkt über das Wort lange nach.*]

»Ich mag es nicht, mir meine alten Filme anzusehen.«

Wenn Sie zurückblicken, haben Sie das Gefühl, jemals wieder den kreativen Höhepunkt von *Das Appartement* erreicht zu haben?

[*Nüchtern*] Nein, das ist mir nie gelungen. Ich habe es versucht, aber ich bin gescheitert. Es war ein tiefer Fall, der mich sehr verwirrt hat. Nach ein oder zwei Misserfolgen … wollte ich ihnen – United Artists, der Mirisch Company – einen Film geben, der ihnen etwas Geld gebracht hätte.

Ich weiß nicht, warum, aber meine Darsteller wurden dauernd krank. Wie Peter Sellers – er hatte einen Herzinfarkt nach der ersten Drehwoche von *Küss mich, Dumm-*

kopf! [1964]. Auf Matthau mussten wir in der Mitte von *Der Glückspilz* [1966] drei Monate warten. Er hatte auch einen Herzinfarkt. Ich wartete auf ihn. Auf Sellers konnte ich nicht warten. Ich hatte mit ihm erst eine Woche gedreht. Aber ich mochte Matthau. Der Film war zur Hälfte abgedreht, die Figur stimmte, also wartete ich auf ihn. Bei einem anderen Film [*Buddy Buddy,* 1981] sprang Mr. Matthau aus einem Fenster, ohne jeden Grund, aus dem ersten Stock, und landete auf dem Asphalt. Ich hatte ihm gesagt: »Pass auf, ihr müsst da runter, aber ich habe zwei Sportler, die das machen werden, und da unten liegt ein Berg von Matratzen, und wir haben Stuntleute«, aber dann drehe ich mich um und höre einen Schrei. Er ist einfach aus dem Fenster gesprungen – ich habe nicht die geringste Ahnung, warum. Und ich musste wieder zwei Monate länger warten. Es war einfach unglaublich.

Schauen Sie jemals MTV?

Nein, davon habe ich nie was gehört.

Wenn Sie zu Hause durch die Kanäle zappen, das ist der mit den Rockbands.

Das hasse ich. [*Gelächter*] Ich hasse die Rapper, ich hasse all diese Sachen. Wenn man jung ist, ist das in Ordnung. Für mich hat es nicht genug Geist.

Haben Sie jemals Elvis Presley getroffen, während Sie in den Studios gearbeitet haben?

Presley, nein. Presley drehte damals, glaube ich, einen Film bei Paramount, aber ich mochte Presley nicht. Heutzutage jedoch sehe ich mich gezwungen, mich an diese große

Ikone zu erinnern. [*Ein Ausdruck komischer Resignation erscheint auf seinem Gesicht.*]

Gehörten Sie zu den Regisseuren, die von allen Mitgliedern des Teams die Namen kannten?

Ja, immer. Mein erster Regieassistent bei vielen Filmen war C. C. Coleman. Das C. C. habe ich mir bei ihm für Baxter ausgeliehen. Er ist vom Dach eines Hauses gefallen, das er in Lake Arrowhead baute oder renovierte, und kam dabei um. [*Mit großer Zuneigung*] Er war ein richtiger, richtiger Idiot. In seinem Beruf war er sehr, sehr gut, aber ansonsten war er ein Idiot. Lange Jahre war er der Regieassistent von [Frank] Capra und dann kam er zu Paramount. Er war völlig ungebildet. Wir fuhren nach Europa, um dort einen Film zu drehen, in Paris glaube ich, und wir waren auf einem Schiff. Ich lag da in einem dieser Liegestühle an Deck, und er liegt neben mir, und um Ihnen eine Vorstellung zu geben, er dreht sich zu mir und sagt: »Gibt verdammt viel Wasser auf dieser Welt«. Und ich sage: »Ja, ja.« Nach einer kleinen Pause sagt er: »Und wir sehen nur die Oberfläche.« Das war ein Buddy-Coleman-Satz. Alles irgendwie rückwärts. Aber er war ein sehr, sehr guter Assistent.

Ich habe einmal in einem Interview mit François Truffaut etwas sehr Hilfreiches gelesen. Er hatte das Gefühl, dass ein Drehbuch bei der Verfilmung immer ernster wird, als es geschrieben ist. Wenn man aber in das Drehbuch etwas mehr Komödie einbringt, als man im Grunde möchte, dann wird man beim Film die richtige Mischung aus Komödie und Drama bekommen.

[*Zustimmend*] Weil sie über manche Sachen nicht lachen werden.

Haben Sie also auch die Erfahrung gemacht, dass das stimmt?

Nun, ja … Ich mache einen Scherz, wenn er zur ganzen Geschichte passt, zum Film. Und nicht, wenn ich ihn mit einem Schuhanzieher hineinzwängen müsste. Das mache ich nicht. Ich überschätze das Publikum nie, aber ich *unterschätze* es auch nicht. Ich habe eine sehr rationale Vorstellung davon, mit wem wir es zu tun haben. Wir machen keinen Film für Jurastudenten in Harvard, wir machen einen Film für Leute aus der Mittelklasse, für Leute, die man in der U-Bahn trifft oder im Restaurant. Normale Leute eben. Und ich hoffe, sie werden den Film mögen. Wenn man eine gute Szene hat, eine gute Situation für die Figuren, dann spielt man damit herum und erkundet es. Darin liegt der Spaß. Weil es so viele Versionen gibt, die man drehen könnte. Man findet das Thema der Situation, man findet den Scherz, man findet den Höhepunkt und man lässt die Szene auf diesem Höhepunkt enden. Ich lasse sie dann nicht weiterlaufen.

Nehmen wir zum Beispiel einen der großen Lacher aus *Manche mögen's heiß.* Es gibt eine Szene, die drei oder vier Minuten dauert. Das ist sehr lang. Das ist die Szene, in der Mr. Tony Curtis die Rückseite des Hotels hochklettert, ins Zimmer geht, und da ist Jack Lemmon mit den Rasseln. Er singt immer noch das Lied [von seinem Abend mit Joe E. Brown] und die Rasseln sind sehr wichtig. Sie waren deswegen wichtig, weil ich mit ihrer Hilfe die Witze *timen* konnte. Mit anderen Worten, einer sagt was, der andere sagt was, und jetzt brauchte ich irgendeine *Aktion,* mit deren Hilfe ich den Witz timen konnte. Zum Beispiel: Tony Curtis kommt herein. Er sagt: »Was gibt's Neues hier?« [*Er imitiert Lemmon.*] »Nun, du wirst überrascht sein, es gibt Neuigkeiten hier. Ich habe mich verlobt.« *Ja-dup-pap-*

pap-pap [*Er schüttelt imaginäre Rasseln.*] Und jetzt wusste ich, wenn ich zurückschneide, wie lang der Lacher sein würde … Dann konnte ich den nächsten ernsten Satz anbringen, dann kommt der nächste Witz. Aber ich habe das Timing so gemacht, dass kein Satz verloren ging. Manchmal hat man einen ernsten Satz und der kriegt den Lacher. Jetzt ist der Witz dahin, denn sie hören die Pointe nicht. Sie haben bei dem ernsten Satz gelacht. Und dann hören sie schon den Höhepunkt des nächsten Witzes, ohne die Vorbereitung verstanden zu haben. Dann ist der Rhythmus dahin. Man muss da sehr, sehr vorsichtig sein.

Das war das ganze Geheimnis der Marx Brothers: Sie testeten ihre Sachen am Theater. »Lasst uns warten, bis das Lachen aufhört.« Man macht irgendwas, zündet eine Zigarette an … Man macht irgendetwas, während man darauf wartet, dass das Lachen nachlässt, und dann kann man den nächsten Witz aufbauen. Aber wie macht man das beim Film? [Irving] Thalberg hat sich das ausgedacht – er war ein sehr erfindungsreicher Mann. Er nahm drei Szenen aus, sagen wir mal, *Die Marx Brothers* [1937] oder *Skandal in der Oper* [1935], gab sie den Jungs und schickte sie auf Tour als Vaudevilletruppe. Thalberg wusste, dass das Problem mit den Marx Brothers darin lag, dass sie mit einem Witz anfingen. Dann gab es großes Gelächter, dann kommt ein ernster Satz. Aber was machen wir in dem Fall, wenn das Gelächter ausbleibt? Oder wenn das Lachen doppelt so lange dauert, als wir gedacht hatten? Dann würde man den vorbereitenden Satz nicht hören und der nächste Witz wäre ruiniert. Also schickte er die Marx Brothers durch Vaudevilletheater in ganz Amerika. Und testete die Lacher und deren Dauer. Sie testeten es in etwa zwanzig Theatern. Dann wussten sie, was sie hatten. Ich habe das geklaut, diese Methode, die Lacher zu timen. So machten sie das, mit einer Stoppuhr.

Das ist brillant.

So ging nichts verloren. In der Stummfilmzeit war das natürlich hervorragend. Das war eine ganz wunderbare Sache, denn bei Chaplin und Buster Keaton hieß es, je mehr Lacher, desto besser. Bei den Tonfilmen muss man einen guten Mittelweg finden. Von hundert Witzen gehen dreißig verloren.

Hat es Sie, nach der ganzen Arbeit, die Sie in ein Drehbuch gesteckt haben, nicht manchmal innerlich zerrissen, wenn Dialoge von den Schauspielern, die Sie engagiert hatten, ruiniert wurden?

[*Schnell*] Ja, das kommt vor. Als ich noch ein junger Regisseur war, bestand eine größere Chance, dass mir etwas die Eingeweide herausriss, aber man gewöhnt sich dran, wird ruhiger und sagt sich: »Gut, das hat funktioniert, das hat nicht so gut funktioniert.« Manche Filme funktionieren ausgezeichnet in einem Raum mit acht Leuten. Das war nicht mein Ziel. Ich wollte die Massen erreichen. Ich wollte den großen Effekt. [*Er lacht.*]

Ich möchte gerne über ein paar Filme reden, über die wir noch nicht gesprochen haben.

Das war Absicht. Weil sie nichts taugen.

Aber es ist interessant, dass Sie in der Regel über die Filme sprechen, die von den meisten Menschen geliebt werden.

Ja, sicher. Warum über etwas reden, das nichts geworden ist? [*Er macht eine Pause.*] Ich werde reden, ich werde reden.

»Raymond Chandler konnte wunderbare Sätze schreiben. ›Nichts ist leerer als ein leerer Swimmingpool.‹«

Gut, denn ich glaube, die Lieblingsfilme einiger Leute gehören zu –

– meinen Misserfolgen. [*Er lacht.*] Sicher, sicher. Natürlich. Legen Sie los. Jetzt kommt der schmerzhafte Teil. Okay …

Teilen Sie mir nur Ihr grundlegendes Gefühl mit, was Ihnen gerade in den Sinn kommt. Lassen Sie uns über *Ich küsse Ihre Hand, Madame* [1948] sprechen und über Bing Crosby.

Ich habe das gemacht, als ich nach dem Krieg aus Deutschland zurückkam, wo ich in Frankfurt stationiert war. Das war 1946, richtig?

1948.

Er kam 48 heraus. Wir hielten ihn so lange wie möglich zurück. Gedreht haben wir 1946. Weil ich mich daran erinnere, dass wir eine Menge Szenen in den kanadischen Alpen gedreht haben und dort meinen vierzigsten Geburtstag feierten. Ich hatte gerade zwei grimmige Filme gemacht, *Frau ohne Gewissen* und *Das verlorene Wochenende. Frau ohne Gewissen* war so grimmig, dass Brackett sich zurückzog. Er sagte: »Nein, das ist mir zu grimmig.« Und so verfiel ich auf Chandler. Mr. Raymond Chandler, von dem ich gelernt habe, gleich zu Anfang, wissen Sie, was richtiger

Dialog ist. Denn das war alles, was er konnte. Das, und Beschreibungen. »Aus seinen Ohren wuchsen Haare, die lang genug waren, um eine Motte zu fangen.« Oder was mir auch sehr gefiel: »Nichts ist leerer als ein leerer Swimmingpool.« Aber er konnte nichts *konstruieren.* Er war ungefähr sechzig, als wir zusammenarbeiteten. Er war ein Dilettant. Er kam mit der Struktur eines Drehbuchs nicht zurecht, war nicht daran gewöhnt. Er war furchtbar, aber er konnte wunderbare Sätze schreiben. »Nichts ist leerer als ein leerer Swimmingpool.« Das ist ein großartiger Satz, wirklich großartig. Nach einiger Zeit gelang es mir, wie Chandler zu schreiben ... Ich nahm, was er geschrieben hatte, und strukturierte es. Dann bearbeiteten wir es zusammen. Er hasste James Cain. Ich liebte die Geschichte, aber er machte sich nichts aus Cain. Ich hatte versucht, Cain zu bekommen, aber er war damit beschäftigt, einen anderen Film zu machen. Chandler machte sich auch nichts aus Agatha Christie. Aber jeder hatte das, was dem anderen fehlte. Christie kannte sich mit der Struktur aus. Die Handlung war manchmal etwas schülerhaft. Sie beherrschte die Struktur, aber es mangelte ihr an Poesie. Sehr unterschätzt, Christie. Man hat sich nicht genug mit ihr beschäftigt.

Es scheint so, dass Sie im Lauf der Jahre [Mitchell] Leisen und Chandler höher eingeschätzt haben.

Sicher, die Wut lässt nach, verläuft im Sand. Wissen Sie, man vergisst es. Das ist sehr gut so. Es ist genau das Richtige. Sicher. Ich kann nicht Herrn Hitler vergeben, aber ich kann Herrn Leisen oder Herrn Chandler vergeben. Das ist eine ganz andere Geschichte. [*Er macht eine Pause.*] Andererseits ... hatte Chandler eine Menge von Hitler.

[*Lachend*] In welcher Hinsicht?

Was er hinter meinem Rücken über mich erzählte. Und wie er die Zusammenarbeit mit mir beendete und am selben Tag zurückkam. Weil ich ihm gesagt hatte, er solle das Fenster schließen, und ich nicht »bitte« gesagt hatte.

Sie hatten außerdem diesen Stock, richtig? Diese Reitgerte. Und Sie sagten: »Schließen Sie das Fenster!«

Ja, ich hatte den Stock. Ich hatte den Stock und ich hatte drei Martinis vor dem Mittagessen und ich rief Mädels an – sechs Mädels. Mit einer habe ich mindestens eine Viertelstunde telefoniert … und er war außer sich. Er konnte es nicht ertragen. Ich glaube, er war impotent. Und er hatte eine Frau, die viel älter war als er, und er war bei AA, den Anonymen Alkoholikern – eine völlig überflüssige Sache, denn als wir fertig waren, wurde er wieder zum Trunkenbold. [*Wilder zeigt sein Pokerface.*]

Mit anzusehen, wie Sie drei Martinis tranken, muss ihn verrückt gemacht haben.

Ja, und ich trank einen Martini mehr, als mir guttat … nur seinetwegen!

Aber zur Hölle damit. Ich rede schon wieder über die erfolgreichen Filme. Sie hatten mich nach *Ich küsse Ihre Hand, Madame* gefragt. Ich dachte, es wäre ganz lustig, ein Musical zu machen. Ich besitze kein Talent für Musicals, weil ich's nicht in meinen Kopf kriege, dass Leute plötzlich ohne ersichtlichen Grund zu singen anfangen. Aber das haben sie gemacht, und sie machen es noch. Zum Beispiel *Du sollst mein Glücksstern sein* [1952], der wunderbar ist – da half es ihnen, dass sie einen Film drehten [im Film]. Aber ich hatte ein Handicap, ich war nicht in der Lage, ein Musical zu machen. Ich weiß nicht, ich hätte ins Krankenhaus gehen sollen, nachdem ich in Deutschland gewesen war und in London einen eineinhalbstündigen Dokumentarfilm über die Konzentrationslager geschnitten hatte.

»Ich besitze kein Talent für Musicals, weil ich's nicht in meinen Kopf kriege, dass Leute plötzlich ohne ersichtlichen Grund zu singen anfangen.«

Sie haben fast nie über *Die Todesmühlen* [1945] gesprochen. Welche spezifischen Erinnerungen haben Sie an dieses Erlebnis?

Ich habe den Film nicht gemacht, nur geschnitten. Er war in Konzentrationslagern gedreht worden, am Tag nachdem die Truppen eingerückt waren. Das war nur der Schnitt, nur der Schnitt. Es gibt nicht eine einzige Einstellung, die ich gedreht habe. Ich habe es nur geschnitten.

Einige Leute haben geschrieben, Sie hätten den Film inszeniert.

Da gab es nichts zu inszenieren. Sie haben nur das gefilmt, was sie vorgefunden haben. Man kann nicht Leichen aufeinandertürmen, um sie dann zu verbrennen. Nein. Und da gab es diese eine Einstellung, die mir sehr gefiel, die sie in einem Konzentrationslager gedreht haben, entweder in Dachau oder in Auschwitz. Man sah ein Feld voller Leichen, ein *Feld*, aber einer war noch nicht tot. Und er sah in die Kamera, begriff aber nicht, was das war, und er ging zu den Leichen, und er setzte sich schließlich hin, auf die Leichen, und starrte in die Kamera. Das war die Aufnahme. Ich war nicht dabei, als das gefilmt wurde. Aber das war die Aufnahme, und ich habe sie in voller Länge verwendet.

Also, danach lag mir viel daran, etwas Frivoles zu machen. Aber *Ich küsse Ihre Hand, Madame* war einfach nicht gut, es ist nichts draus geworden. Und ich habe nie wieder versucht, ein Musical zu machen. Es macht sowieso keiner mehr Musicals. Seit Fred Astaire und Gene Kelly tot sind, hat's nichts mehr gegeben.

Ist *Ich küsse Ihre Hand, Madame* eine Hommage an Lubitsch?

Wenn es nach einer Hommage aussieht, dann ist das gut. Aber damals habe ich nicht daran gedacht. Ich wollte bloß ein Musical machen.

TEIL 3

Welcher Art sind Ihre Erinnerungen an *Eine auswärtige Affäre* [1948]? Ich halte ihn für einen Ihrer besten Filme, der Ihre ganzen Stärken zeigt. Die Charaktere sind alle sehr stark, und die Dialoge sind durchgängig sehr witzig.

Eine auswärtige Affäre halte ich für einen meiner besseren Filme. Ich hatte einen neuen Hauptdarsteller, John Lund, der meiner Meinung nach sehr gut war. Die Besetzung war gut. Jean Arthur war die Hauptdarstellerin, oder? Sie und Marlene [Dietrich].

Jean Arthur kam mit mir nicht sehr gut aus. Sie brachte ihren Ehemann mit – er hatte auch etwas mit Film zu tun. Sie kamen um Mitternacht zu mir nach Hause. Um Mitternacht klopfte es an meine Tür, ich wache auf, und da stehen Jean Arthur und ihr Ehemann – ich glaube, sein Name war [Frank] Ross –, und er sagt: »Meine Frau hat mir etwas sehr Unerfreuliches erzählt.« Und ich sage: »Was ist los, worum geht es?« Und er sagt: »Sie haben diese Großaufnahme mit ihr gedreht, und sie sah absolut blendend schön aus, ganz hervorragend, und dann habe ich sie im Studio abgeholt, und wir baten darum, die Muster zu sehen, und diese Großaufnahme war verschwunden, also müssen wir jetzt vermuten, dass Sie Miss Dietrich bevorzugen.« Er dachte, wir hätten die schöne Großaufnahme seiner Frau zerstört, um Dietrich nicht auf die Füße zu treten. Ich sage: »Es ist absoluter Irrsinn, anzunehmen, ich würde etwas zerstören.« Sie war sehr unfreundlich, aber dann wurde es etwas besser.

Nachdem die letzte Aufnahme mit ihr gedreht worden war, zeigte sie sogar etwas Humor. »War das meine letzte Einstellung? War ein Fussel in der Kamera?« Ich sagte: »Nein ...« Und dann sagte ich: »In Ordnung. In zwei Wochen sehen wir den Schnitt.« Und sie sagte: »Nein, danke.« Und ging.

Etwa vierzig Jahre später bekomme ich einen Anruf aus Carmel in Nordkalifornien, und es ist Jean Arthur. Ich erkannte ihre Stimme, denn sie hatte eine sehr markante Stimme, und sie sagt: »Billy Wilder, ich habe den Film gesehen.« – »Welchen Film?«, sage ich, und sie antwortet: »Also dieses Ding, in dem ich die Kongressabgeordnete spiele. Ich habe ihn gesehen. Jemand hat ihn mir gezeigt und er ist wunderbar. Es tut mir so leid, dass ich Ihnen damals Probleme bereitet habe.« Zwei Jahre später ist sie gestorben ... weil sie nett zu mir war. [*Er lacht.*]

Ist Ihnen das häufig widerfahren? Dass Sie kämpfen mussten, um die besten Qualitäten der Schauspieler auf die Leinwand zu bekommen?

Nicht oft. Ich weiß nicht, es ist schwer zu sagen, aber sie schien genau die richtige Besetzung zu sein, Miss Jean Arthur.

Ich hatte von einer stärkeren Version geträumt und das mit Brackett besprochen. Ich wollte Captain Pringle nicht nur in der amerikanischen Armee sein lassen, sondern er sollte auch Jude sein. *Das* hätte die Sache richtig *zementiert,* verstehen Sie? Der amerikanische Leutnant, mit dem Dietrich eine Affäre hat und den sie heiraten will, ist jüdisch. »Was? Sie heiratet einen ...!« Diesen Film hätte ich liebend gern gemacht. Aber wir waren zu feige dazu. [*Er lächelt.*] Also ließen wir ihn nur Amerikaner sein. Aber der Trick war gut, er hatte Substanz. Ich glaube nicht, dass es ein Misserfolg war. Die Misserfolge kamen später.

Ich möchte John Lund das Wort reden, der Captain Pringle gespielt hat und der für mich zur Oberliga Ihrer Hauptdarsteller gehört. Er hatte vor *Eine auswärtige Affäre* nur einige wenige Filme gemacht, aber er bringt Ihnen eine Leistung, die ihn mit Lemmon oder Matthau oder Holden auf eine Stufe stellt. Er hat das gewisse Etwas – er schwelgt in Ihren Worten.

Ich stimme Ihnen zu. Er war ein sehr intelligenter Mann. Er hatte die Situation voll im Griff … außer beim Publikum. Ich weiß nicht, ob er nicht gut genug aussah oder woran es lag. Er wurde nie ein populärer Hauptdarsteller. Er hat nicht mehr viel gedreht, nachdem ich mit ihm fertig war. Irgendwie war er in den Filmen anderer Regisseure nicht so stark. Er war ein sehr, sehr lustiger Typ. Er war kein Schauspieler. Er war zu gut, um Schauspieler zu sein. Er erfand auch Dialoge, zum Beispiel in der Szene, wenn er den Kuchen bekommt –

»Man konnte in diesem großen Becken voller Stars fischen, denn sie hatten ›mehr Stars als Sterne am Himmel‹.«

– von »Dusty«, seiner Freundin in Amerika.

Ja. Das Mädchen gibt den Kuchen der Kongressabgeordneten, damit sie ihn mit nach Deutschland nimmt. Jean Arthur übergibt ihn, und er tauscht den Kuchen sofort auf dem Schwarzmarkt gegen eine Matratze, denn er und Dietrich müssen es auf dem blanken Boden treiben. Ich erinnere mich daran, dass sie mit Dialogen herumspielten, während wie probten. Er küsst sie, sie fummeln ein wenig, und plötzlich sagt er: »Sachte, Baby, es ist Muttertag.« Ein großartiger Satz! Es war gar nicht Muttertag.

In der Beziehung zwischen Pringle und Erika von Schlütow [Dietrich] in *Eine auswärtige Affäre* knisterte es. Besonders wenn er – ich nehme an, das ist Soldaten-Slang – Sachen sagt wie: »Ich würge dich ein bisschen, breche dich in zwei Hälften und mache dir Feuer unterm Hintern, du blonde Hexe!« Sie müssen sich hinter der Kamera schief gelacht haben, wenn Sie ihn solche Sätze sprechen hörten.

[*Immer noch beeindruckt*] Ja, sicher. Und er sprach es richtig, aber es war *nicht* richtig. Ich weiß es nicht. Ich hatte gedacht, er würde *Eine auswärtige Affäre* als eine Art Sprungbrett nutzen, um [mit seiner Karriere] weiterzukommen. Aber es gab so viele Hauptdarsteller. Falls man Clark Gable haben wollte, der aber noch mitten in Dreharbeiten steckte, hieß es: »In Ordnung, dann nehmen wir Spencer Tracy.« Man konnte in diesem großen Becken voller Stars fischen, denn sie hatten »mehr Stars als Sterne am Himmel«. William Powell, Spencer Tracy, Franchot Tone – es gab so viele Hauptdarsteller, dass man nur die besten nehmen konnte. Gable ... Spencer Tracy war sehr gut. Oder Fredric March. In einem Studio gab es mehr als heute in ganz Hollywood zusammen. Wir haben Lund genommen, weil er neu bei Paramount war und sie ihn groß herausbringen wollten.

Hätten Sie lieber Gable für die Rolle gehabt?

Ja, aber Gable stand nicht zur Verfügung. Außerdem, manchmal ist ein Star wie Gable zu stark [für die Geschichte]. Er ist

Gable. Er hat diesen Film gemacht, in dem er einen irischen Politiker spielt [*Feuer über Irland*], und niemand wollte das sehen. Niemand glaubte ihm mit einem Bart.

Dietrich wird mit einer starken Szene in den Film eingeführt, ein wenig so wie Marilyn Monroe in *Manche mögen's heiß*. Sie putzt sich im Badezimmer die Zähne, verteilt kräftig die Zahnpasta. Sie schaut Lund an. Dieser Blick sagt alles. Ich habe mich gefragt, ob es schwer war, Dietrich dazu zu überreden, im Film mit einem Mund voller Zahnpasta vorgestellt zu werden?

Sicher, sicher, sicher. Sie hat alles, absolut alles getan, was ich von ihr verlangt habe. Sie bürstet die Zähne, öffnet den Mund voller Zahnpasta. Und dann lässt sie davon etwas heraus. Sie wollten nicht, dass ich das mache. Sie sagten nur: »O mein Gott, eine Frau spuckt, nein.« Aber sie spuckt nicht. Es ist Mundwasser.

Es gibt in *Eine auswärtige Affäre* eine ganze Reihe starker Blicke. Zum Beispiel wenn Lund mit Jean Arthur spricht. Er bekommt diesen Kuchen von Dusty, und er tut so, als ob das sein »Mädchen« zu Hause sei, wo er doch ungefähr fünfzig Freundinnen in Amerika hat. Ich hatte Sie gefragt, ob Sie Dialoge vorsprechen. Haben Sie auch *Blicke* vorgemacht? Sagten Sie einem Schauspieler: »Und jetzt blicken Sie *so*?«

Ja, sicher. Es kommt darauf an, was für einen Blick ich haben will. [*Er offeriert einen verführerischen Blick.*] Das ist der Ich-will-mit-dir-schlafen-Blick. [*Und jetzt das* pièce de résistance: *Seine Augen weiten sich, er sieht wirklich überrascht aus.*] Das ist der Ich-bin-erstaunt-Blick.

Ich mache das automatisch. Aber »der Blick« ist gut, denn

ich schneide zu einer Großaufnahme. Und wenn man auf einen Blick schneidet, muss es ein *Blick* sein. Damit es ankommt.

Ich möchte noch einen anderen Blick erwähnen, auch aus *Eine auswärtige Affäre*: den des Klavierspielers, wenn Dietrich »Black Market« singt.

Ja. Der Komponist, [Frederick] Hollander, spielt das.

Er hat eine Zigarette; er gibt sie Dietrich. Sie gibt ihm die Zigarette zurück. Ich weiß nicht, ob das Ihre Absicht war – ich vermute es –, aber der Blick, den er ihr zuwirft, sagt: »Wir hatten Sex.« Es gab eine Beziehung zwischen den beiden, er ist der Ex-Liebhaber vom letzten Jahr. Aber er ist immer noch da und spielt Klavier für sie. Und ist glücklich.

Ja. Dieser Eindruck sollte entstehen, denke ich. Ich glaube es jedenfalls, aber – [*Er schaut, als wolle er sagen: Soll ich mich jetzt darüber streiten?*]

Das war Frederick Hollander. Er schrieb Texte, er komponierte. Der beste Texter in Deutschland. Er hat die ganze Musik und die ganzen Texte für *Der blaue Engel* [1930] geschrieben. Er war berühmt damals. Er spielte Klavier, und die amerikanischen Soldaten strömten zu ihm.

Haben Sie die Musiknummern schnell gedreht, oder war das mühsam?

Das ging schnell. Wir haben zwei-, dreimal gedreht. Vielleicht auch nur einen Teil des Songs, denn ich wusste, wo ich schneiden wollte. Aber sehen Sie, sie war nicht Maria Callas – aber Dietrich konnte ein Lied sehr gut verkaufen.

Beim Produktionsdesign von *Eine auswärtige Affäre* fällt auf, dass viele Details liebevoll herausgearbeitet sind, besonders in der Szene im Raum mit den Aktenschränken.

Ja, die ist gut. [*Er macht eine Pause.*] Es war kein großer Erfolg, dieser Film.

Aber die Szene im Aktenraum ist umwerfend. Auch das Design der ausgebombten Dietrich-Wohnung war perfekt. In der Sequenz im Aktenraum gehen Sie sehr vorsichtig mit den Großaufnahmen um. Sie geben Lund eine Großaufnahme, in der er sagt: »Während des Krieges konnte es uns nicht schnell genug gehen. Eines Tages war der Krieg vorbei. Aber nicht jeder kann einfach so aufhören. Du knallst gegen eine Wand, leckst deine Wunden und kratzt die schön glänzenden Ideale ab.« Für diese großartige Rede haben Sie ihm eine Großaufnahme gegeben. Wissen Sie grundsätzlich, wann Sie jemandem eine Großaufnahme geben?

Es ist sehr lustig, dass Sie den Film analysieren. Niemand hat je mit mir über diesen Film gesprochen.

Es scheint auch ein wenig autobiografisch zu sein, wenn Sie in einem Monolog über deutsche Frauen schreiben: »Die Deutschen müssen anmutig sein. Sie sind viel zu arm, um nicht anmutig zu sein.« Was für ein wunderbarer Satz. Und wahr, vermute ich.

Ja, sicher.

Haben Sie sich als Drehbuchautor Sorgen darüber gemacht, dass Lund als hemmungsloser Liebhaber sympathisch bleibt?

Ja, ich wollte ihn als Erwachsenen zeigen, mit allen Für und Wider, nicht *goody-goody*. Er ist kein Typ, der *jede* Frau flachlegt, nur ein Mensch. Mit guten und schlechten Seiten.

[*Lachend*] Also schläft er nur mit den Frauen, die er mag. Und nicht mit jeder.

Ja.

Es gibt eine aufschlussreiche Einstellung in *Eine auswärtige Affäre*, direkt vor dem Song »Ioway (That's Where the Tall Corn Grows)«. Die beiden Hauptdarstellerinnen sind zum ersten Mal in einem Bild zusammen zu sehen. Das ist, als ob zwei verschiedene Filme zusammenkämen. Es ist merkwürdig, sie in einem Bild zu sehen, denn sie sind so unterschiedlich. Sie sind wie Magneten. Man kann die Funken zwischen ihnen fliegen sehen.

Es sind nur die beiden Frauen, so wie sie waren, die sich zu einem bestimmten Zeitpunkt treffen. Sie gehören nicht in denselben Film, denn es ist schon seltsam, einen Film über eine Kongressabgeordnete zu machen, die nach Berlin geht. Und Berlin war damals eine gefährliche Stadt, die Leute rauchten Pot. Aber sie ist eine Kongressabgeordnete aus Iowa, und das hatte es zuvor nie gegeben, verstehen Sie? Es ging um eine ganz andere Welt.

Wenn man die Großaufnahmen im Film vergleicht, sieht es so aus, als hätten Sie sich mit denen von Dietrich besondere Mühe gegeben. Vielleicht lag es an ihren [Dietrichs] Kenntnissen über Licht und Kamera, aber es muss doch schwierig gewesen sein, sich nicht in Dietrich zu verlieben – durch das Objektiv der Kamera.

Ich war nicht verliebt. Ich lege meine Stars nicht flach. Das war eine meiner Grundregeln. Weil ich viel zu beschäftigt bin mit dem Film. Weil ich mir so viele Sorgen mache über den Film. Wenn ich es wirklich brauchte … dann habe ich das Lichtdouble gebumst. Ich fuhr ins Valley, wo die Lichtdoubles wohnten.

»Ich lege meine Stars nicht flach.
Das war eine meiner Grundregeln.«

[*Gelächter*] Es kursiert ein Zitat, das Dietrich zugeschrieben wird. Sie soll gesagt haben: »Mit John Lund zu drehen war, wie mit versteinertem Holz zu spielen.«

Das ist mir nicht zu Ohren gekommen. Aber so war er nicht. Er war gut, er war nicht großartig. Er war ein intelligenter, eifriger, gebildeter Mann … Er wollte kein Hauptdarsteller sein, wir haben ihn dazu gedrängt.

Die Leute fragen sich oft, welcher Billy-Wilder-Film für Sie selbst der persönlichste ist. Ich würde sagen: *Eine auswärtige Affäre.*

Ja.

Die Bilder von Berlin am Anfang des Films –

Berlin lag in Schutt und Asche. Ich habe diese Aufnahmen von einem Flugzeug aus gemacht. Trümmer, Trümmer, Trümmer. Alles wieder aufgebaut, aber schlecht.

***Reporter des Satans* [1951]?**

Reporter des Satans war eine sehr seltsame Sache. Ich mochte den Film *sehr* – ich bekam ganz hervorragende Reaktionen von etwas seriöseren Leuten. Aber aus dem einen oder anderen Grund wollten die Leute keinen Film sehen, der so *grimmig* ist, der diesen Mann in der Höhle vorzeigte und den Reporter, Mr. Kirk Douglas. Es war ein sehr düsterer Film. Es war einer meiner düstersten Filme. Und man hat mir nicht geglaubt, dass ein Zeitungsmann zu solch einem Verhalten *fähig* ist.

Sehr seiner Zeit voraus.

[*Er zuckt mit den Schultern.*] Ja.

Angesichts der heutigen Yellow-Press-Unkultur wirkt der Film ganz aktuell. Amüsiert es Sie, wie gut sich der Film gehalten hat?

Ja, das ist sehr lustig, das muss ich sagen. Es war ein totaler Misserfolg. Es war … ich weiß es nicht. Ich denke jetzt anders über das Publikum. Ich glaube, wenn man etwas ganz Gutes macht, dann werden sie den Dingen auf den Grund gehen und herausfinden, worum es wirklich geht. Aber damals haben sie dem Film keine Chance gegeben. In einem Leitartikel in *Life*, glaube ich, schrieb jemand: »Mr. Wilder sollte deportiert werden.« Ich hatte das Gefühl, den Kontakt verloren zu haben. Gegen das Publikum anzuschreiben, gegen die Leute, die damals eineinhalb oder zwei Dollar bezahlten. Sie fühlten sich beraubt. Sie wollten unterhalten werden, ernsthaft unterhalten werden, aber nicht *zu* ernsthaft. Ich weiß es nicht. Andererseits gingen sie in *Frau ohne Gewissen*. Man kann die Reaktion des Publikums nie voraussagen. Man weiß nie, was sie bewegt. Aber über *Reporter des Satans* höre ich viel in letzter Zeit.

Mich hat es nicht überrascht, dass Spike Lee ein Remake machen wollte.

Er wollte ein Remake machen? Spike Lee kam eines Tages in mein Büro. Er brachte einige Fotos zum Signieren. Ich sagte: »Für wen?« Er sagte: »Für Spike Lee«, und ich sagte: »Sie sind Spike Lee?« Ich kannte ihn nicht. Ich habe auch nie einen seiner Film gesehen. Aber ich weiß nicht, ob *ich* mir *Reporter des Satans* angeschaut hätte. Und eines Tages entschied Mr. Y. Frank Freeman, der Chef von Paramount – damals kursierte der Witz »Warum [das Initial Y wird »why« = »warum« ausgesprochen; Anm. d. Ü.] Frank Freeman?« – »Eine Frage, die niemand beantworten kann« –, der Titel des Films sei schlecht. Also gab er ihm einen neuen Titel: *The Big Carnival.* Idiot. Es war ein unerfreulicher Film, das muss ich zugeben.

Bei *Reporter des Satans* haben Sie sich nicht wie sonst meist damit beholfen, einen sympathischen Darsteller zu nehmen, der dann eine Ratte zu spielen hatte. Es sieht so aus, als ob Sie das bei diesem Film nicht wollten. Kirk Douglas ist viel ernsthafter als viele andere Ihrer Hauptdarsteller.

Ja, ein wenig ernsthaft, ja. Aber so war die Geschichte. Und der beste Satz aus dem Film stammt von meiner Frau. Es ist Sonntag in dieser kleinen Stadt in Mexiko, und [Kirk] Douglas fragt die Frau des Mannes, der in der Höhle ist – Jan Sterling, sie war mit Mr. Paul Douglas verheiratet –: »Es ist Sonntag, gehen Sie nicht in die Kirche?« [*Mit der Bewunderung eines Kenners für den gelungenen Dialog*] »Ich gehe nie in die Kirche«, sagt sie, »knien beult meine Nylons aus.« Das war Audreys Satz.

Ich erinnere mich daran, wie ich mit Tom Cruise zu Ihnen kam und wir Sie baten, in *Jerry Maguire* mitzuspielen. Sie fragten nach der Story unseres Films. Wir haben sie Ihnen kurz erzählt, und Sie fragten: »Wie wollen Sie diesen Mann sympathisch machen?« Haben Sie sich diese Frage auch in Bezug auf Ihre eigenen Filme gestellt, besonders bei *Reporter des Satans*?

Ja. Ich habe ihn nicht sympathisch gemacht, ich habe ihn, hoffe ich, interessant gemacht. Ich habe ihn so fesselnd wie möglich gemacht. Sodass man im Labor eines potenziellen Killers war, denn als solcher erweist er sich. Er musste nicht sympathisch sein. Das war jedenfalls der Plan für den Film.

Sie haben gesagt, wenn Sie Regie führen, dann machen Sie das in der Regel gegen Ihre jeweilige Stimmung. Kann man daraus folgern, dass Sie guter Laune waren, als Sie *Reporter des Satans* gemacht haben?

Ich war guter Laune, ja. Und ich nahm Audrey mit. Wir wohnten in Gallup [Texas], und es gab da dieses ganz wunderbare mexikanische Restaurant. Wir haben den Film gemacht, aber er wurde einfach ... vom Publikum nicht angenommen. [*Er macht eine Pause.*] Ich dachte, es würde interessant sein, wenn ich aus ihm einen Killer machte. Nein, keinen Killer, sondern einen aggressiven Zeitungsmann, den man abgewiesen hatte. Der in New York sein Gesicht verloren hatte. Und jetzt wollte er mit einer großen Sache zurückkommen, und er machte sie groß.

***Das verflixte siebente Jahr* [1955]?**

Das verflixte siebente Jahr war nur ein Theaterstück. Ich war wütend damals, man hatte mich an Fox ausgeliehen. Ich war wütend, weil ich nach New York gehen und Probeaufnahmen mit einem vielversprechenden Mann machen wollte. Ich hatte Marilyn Monroe getroffen, aber ich konnte sie für die Probeaufnahmen nicht bekommen. Also nahm ich eine Schauspielerin, die wusste, dass sie die Rolle nicht spielen würde, uns aber helfen wollte: Gena Rowlands. Egal, der Typ, mit dem wir die Probeaufnahmen machten, war absolut großartig, so etwas hatte ich noch nie gesehen. Ich war ganz aufgeregt – und dann kam ich zurück und sie sagten: »Wir wollen auf Nummer Sicher gehen, wir machen es so wie im Stück, und wir nehmen den Darsteller aus dem Stück, Tom Ewell.« Der Typ, mit dem ich Probeaufnahmen gemacht hatte, war *Walter Matthau*. Er wäre hervorragend dafür gewesen, denn er war brandneu, war nie zuvor auf der Leinwand zu sehen gewesen. Und Mr. [Charles] Feldman, der Produzent dieses Dings, und Mr. [Darryl] Zanuck redeten mir das aus. Tom Ewell war nicht richtig für die Rolle. Er war kein schlechter Schauspieler. [*Schlicht*] Er war Tom Ewell. Aber die falsche Besetzung, der falsche Darsteller ... Und ich bekam auch nicht die Szene, die ich unbedingt wollte. Ich brauchte nur eine Haarnadel ... im zweiten oder dritten Akt ... Das Dienstmädchen findet die Haarnadel in Tom Ewells Bett. Dann hätte man gewusst, dass sie den Akt vollzogen haben.

Aber ich dachte, wenn der Film schon zu nichts anderem taugte, war er doch gut wegen der Erfindung dieses Mädchens – dieses Mädchens, dem immer heiß ist, verstehen Sie? Sie hat keine Klimaanlage. Aber sie sagt: »Ich zieh' mir schnell was anderes an. Ich muss rauf zu meinem Kühlschrank.« Er sagt: »Sie müssen *was*? Sie –« – »Ja, ich lege meine Unterwäsche in den Kühlschrank, *warum nicht?*« Darüber ist man wirklich erstaunt, bei Gott. Dann sehen sie sich diesen Film an [*Der Schrecken vom Amazonas*]. Sie gehen nach Hause, und sie steht da über dem Gitter, aus dem der kalte Wind kommt, und ihr Kleid wirbelt hoch. [*Beiläufig*] Es kam zu Kämpfen unter den Technikern, als es darum ging, wer im Schacht unter dem Gitter den Ventilator betätigen sollte.

»Es kam zu Kämpfen unter den Technikern, als es darum ging, wer im Schacht unter dem Gitter den Ventilator betätigen sollte.«

Also wussten Sie zu der Zeit schon, dass es eine berühmte Szene werden würde?

Ja, das wusste ich, in der Tat, und sie funktionierte bestens. Als wir dann nach einem Motiv für die Anzeigen suchten, war ich so blöd, es mir nicht in den Sinn kommen zu lassen, dass es genau das war: wenn sie versucht, das Kleid unten zu halten! Man hat das kopiert. Man hat kleine Figurinen gemacht und sie verkauft. Wir hatten irgendein uninteressantes Motiv in den Anzeigen. [*Er macht eine Pause.*] Aber es war ein Theaterstück. Es war keine große Sache, aber es war auch kein Misserfolg. Die Leute haben sich amüsiert, es war ein Erfolg.

Denken Sie jetzt, Jahre später, dass Arthur Miller etwas daneben war, als er sich so sehr darüber aufregte, wie Sie Marilyn Monroe bei den Dreharbeiten zu *Manche mö-*

***gen's heiß* behandelten? Er hat Ihnen öffentlich vorgeworfen, seine Frau »auszubeuten«.**

Er war ein Idiot. Gegen Ende der Dreharbeiten von *Manche mögen's heiß* kam er eines Tages zu mir. Wir waren im Hotel Coronado. Er nahm mich auf die Seite und sagte: »Marilyn ist schwanger, also bitte, lassen Sie sie, sagen wir einmal, nicht vor elf Uhr morgens arbeiten.« Ich sage: »Vor elf Uhr? Sie ist *nie* vor elf Uhr am Drehort! Ich wünschte, Sie würden Regie führen – Sie würden sich die Haare ausreißen, Sie würden sich die Kehle aufschlitzen, denn sie ist nie da!« Eines Tages, das habe ich Ihnen erzählt, kam sie um fünf Uhr nachmittags, weil sie sich auf dem Weg zum Studio verirrt hatte, wie sie behauptete. Sie war entweder wie besessen oder ganz, ganz sanft und zart, und sie spielte den Drei-Seiten-Dialog am Strand ohne einen einzigen Fehler. »Ich wäre *höchst erfreut*, wenn sie nach dem Mittagessen käme. Jeden Tag nach dem Mittagessen? *Bitte*, ich würde mich freuen, sie dann zu sehen.«

Es gibt eine gute Geschichte über Marilyn Monroe, als sie Arthur Miller heiratete. Sie waren verlobt, und er sagte: »Ich möchte, dass du meine Mutter kennenlernst, sie möchte dich sehen. Also dachte ich, wir fahren zu ihr in ihr kleines Apartment in der Bronx, wir essen mit ihr zu Abend, und sie kann dich kennenlernen.« Und Marilyn sagt: »Wunderbar, ganz wunderbar.« Also gehen sie da hin, in dieses winzige Apartment, in dem es zwischen dem Wohnzimmer und der Toilette nur eine ganz dünne Tür gab. Sie amüsieren sich, sie kommen prächtig miteinander aus, und dann sagt Marilyn, sie müsse auf die Toilette. Und weil die Wände so dünn sind, dreht sie alle Wasserhähne auf, damit man sie im Zimmer nebenan nicht hört. Dann kommt sie heraus, sie verabschieden sich, Küsschen, Küsschen. Am nächsten Tag ruft Arthur Miller seine Mutter an und fragt: »Wie fandest du sie?« Und die Mutter sagt: »Sie ist ein süßes, wundervolles, ganz wundervolles Mädchen, aber sie pisst wie ein Pferd!«

***Das Mädchen Irma La Douce* [1963] war ein großer Erfolg für Sie in Amerika, mit einer hervorragenden Leistung von Shirley MacLaine. Wie ist Ihre Einschätzung?**

Das war ja ein wenig ein historischer Film, der in den Zwanzigerjahren oder so spielte. Das war auch so eine Art Mezzo-Musical. In manchen Szenen war er ein bisschen dick aufgetragen. Sie funktionierten nicht. Es ist immer ein Problem, wenn die Leute nicht die Sprache des Landes sprechen, in dem der Film spielt. Und man konnte einen Lemmon oder eine MacLaine auch nicht ertragen, wenn sie Englisch mit Akzent sprachen. Das ist falsch. Das funktioniert einfach nicht.

Stimmt es, dass MacLaine und Lemmon Pariser Bordelle besuchten, um zu recherchieren?

Ja, sicher. Ich weiß nur nicht, ob sie zusammen gingen oder getrennt, aber sie gingen.

Was ist mit *Eins, Zwei, Drei* [1961]?

Eins, Zwei, Drei mag ich. [*Er lacht.*] Cagney war sehr gut, wunderbar. Es war seine letzte Rolle. Er hat dann noch in *Ragtime* [1981] eine Szene gespielt als Police Commissioner, aber er musste sitzen, er konnte nicht mehr stehen.

***Küss mich, Dummkopf!* [1964]?**

Misserfolg. Ich habe nie analysiert, warum er nicht gut ist. Ich wünschte, ich hätte meine Filme zu Previews in anderen Städten mitnehmen können und sie dann verbrennen, wie man das mit Theaterstücken macht.

Haben Sie die Aufnahmen mit Sellers aufbewahrt, existieren sie noch irgendwo?

Es gab diese eine Szene mit ihm. Eine Szene mit dem eifersüchtigen Ehemann, der seiner Frau nachspioniert. Er denkt, sie treibt's mit dem Milchmann. Das war am Anfang des Films.

***Lindbergh – Mein Flug über den Ozean* [1957]?**

Lindbergh, da habe ich mich reingehängt. Ich habe den Film vorgeschlagen. Aber ich konnte die Lindbergh-Figur nicht vertiefen. Da war eine Mauer. Lindbergh und ich waren Freunde, aber es gab eine Menge Dinge, über die ich nicht mit ihm reden konnte. Es war vereinbart – der Film musste sich an das Buch halten. Das Buch war *makellos*. Der Film sollte nur von dem Flug handeln. Nicht von seiner Familie, seiner Tochter, der Hauptmann-Sache, nicht von dem, was nach dem Flug passierte ... Nur der Flug selbst. [*Vertraulich*] Ich habe von Zeitungsleuten, die auf Long Island waren und auf den Start warteten, eine Geschichte gehört. Sie haben mir eine kleine Episode erzählt, die sich dort abspielte, und das wäre genug gewesen, um daraus einen richtigen Film zu machen.

Die Episode handelt davon, dass Lindbergh darauf wartet, dass sich die Wolken verziehen – das Wetter musste für den Start perfekt sein. Da gab es eine Bedienung in einem kleinen Restaurant dort. Sie war jung und sie war sehr hübsch. Sie gingen zu ihr und sagten: »Pass auf, da ist dieser junge Typ, Lindbergh. Er ist süß, verstehst du, sieht gut aus. Er wird …« – »Ja, ich weiß, er wird über das Meer fliegen.« Und sie sagten: »Das ist ein fliegender Sarg voller Benzin, er wird's nicht schaffen. Wir sind aus folgendem Grund zu dir gekommen. Der Typ war noch nie mit einer Frau zusammen. Tu uns doch bitte den Gefallen … Klopf einfach an seine Tür, denn er kann nicht schlafen …«

Und sie tut es. Und dann, am Ende des Films, bei der Konfettiparade auf der Fifth Avenue mit Hunderttausenden von Menschen, steht das Mädchen da in der Menge. Sie winkt ihm zu. Und er sieht sie nicht. Sie winkt ihm mit der Hand zu, das Konfetti rieselt herab. Er sieht sie nicht. Er ist jetzt ein Gott. Dies allein hätte es für den Film gebracht. Wäre eine gute Szene gewesen. Das stimmt – es wäre eine gute Szene gewesen. Aber ich konnte ihm das nicht einmal *vorschlagen.*

Hätte Ihr Produzent das Thema nicht ansprechen können?

Nein. Auf keinen Fall. Sie hätten das Buch zurückgezogen oder sonst was. »Also, Hollywood, *raus hier*!« Ich weiß es nicht – er war ein knallharter Typ. Ich weiß es, weil ich Witze über ihn gerissen habe. Eines Tages flogen wir nach Washington, Charles Lindbergh und ich, um in der Smithsonian Institution das wirkliche Flugzeug »Spirit of St. Louis« zu sehen, von dem wir ein Duplikat gebaut hatten und das dort von der Decke hängt. Und wir sitzen in diesem Flugzeug auf dem Weg nach Washington, und der Flug ist sehr rau, also drehe ich mich zu ihm und sage: »Charles, wäre das nicht lustig, wenn dieses Flugzeug jetzt abstürzen würde? Siehst du die Schlagzeilen? LUCKY LINDY STÜRZT MIT JÜDISCHEM FREUND AB!« Und er sagt: »O, nein, nein, nein, sag so was nicht!«

Haben Sie jemals daran gedacht, die Figur des Mädchens in einem anderen Film zu verwenden? Die Bedienung vom Anfang?

Sicher, das könnte man machen, aber da hat es gepasst. Nur dieses Mädchen, das wir ganz am Ende wiedersehen. Und dann blenden wir ab. [*Wehmütig*] Das hätte den ganzen Film ausgemacht. Aber es sollte nicht sein, also mussten wir etwas *erfinden* … Denn ich wollte keine Erzählerstimme haben. Ich musste diese Fliege erfinden, die ins Cockpit gerät, und Lindbergh, der von James Stewart gespielt wird, spricht zu der Fliege. Er sagt »Du bringst mir Glück, denn nie hat jemand eine Fliege abstürzen gesehen.«

Als ich den Film neulich sah, dachte ich: »Das ist die Charles-Boyer-Ansprache an die Kakerlake.«

Das ist richtig. Das stimmt. Ich brauchte etwas, denn wir würden in diesem Cockpit viel Zeit verbringen. Also spricht er zu der Fliege! Das ist gut, das haben Sie bemerkt. Damals habe ich nicht daran gedacht.

Haben Sie *Lindbergh* immer als großen Farbfilm gesehen? Für die meisten Regisseure wäre es eine Gelegenheit gewesen, dem Film ihr Siegel aufzudrücken, Sie aber haben damit eines der am wenigsten »wilderesken« Werke gemacht. Dennoch funktioniert der Film als Hollywood-Mainstream.

Ich habe diesen Film immer in Farbe gesehen. Es war das einzige Mal, dass ich für Warner Bros. gearbeitet habe. Ich hätte alles getan, um dem Film zu helfen, aber das ging nicht.

Ich spreche noch einige dieser feinen Filme an.

Ja, das sind die, bei denen es schmerzt. Man hat mir gestern einen Preis verliehen, aber man hat nicht über meine schlechten Filme gesprochen. Wissen Sie, ich habe so viele gemacht. Niemand im Showbusiness kann dauernd Treffer landen.

Wir haben ein wenig über *Ariane – Liebe am Nachmittag* geredet. Lassen Sie uns über die Besetzung von Gary Cooper sprechen. Sie wollten Cary Grant –

Ja, ich wollte Cary Grant haben. Ich konnte ihn aber nicht bekommen, und dann bekam ich Gary Cooper, weil er es liebte, in Paris zu sein. Der große Held, und er ist ein ganz wunderbarer Mann. Und wenn man die Lebensweise der beiden vergleicht, Cary Grant und Gary Cooper, dann war der Typ im Film mehr Cooper als Grant, denn Grant war ziemlich normal. Ich glaube, der Film war ein Erfolg.

»Niemand im Showbusiness kann dauernd Treffer landen.«

Audrey Hepburns Spiel in diesem Film zeigt, dass sie Ihr Drehbuch und Ihre Absichten bestens verstanden hat. Selten findet man eine Schauspielerin und den Regisseur so in Einklang wie Sie beide in *Ariane – Liebe am Nachmittag*.

Ich glaube, es war ein guter Film, ich glaube aber auch, dass wir einen Teil des Publikums verloren haben, weil sie über dem Bild des Casanovas, der Zigeuner aufspielen lässt, während er es mit weiblichen Zwillingen treibt, als Doppelbelichtung einen Sheriff sahen. [*Gelächter*] Sie konnten sich nicht von *Zwölf Uhr mittags* [1952] lösen – der Sheriff mit dem Hut und den Revolvern. Im wirklichen Leben dagegen war er der eleganteste Mann, der je gelebt hat.

Wir sprachen über diesen Film, als wir uns das erste Mal trafen. Sie sagten, Sie hätten nach jemandem Ausschau gehalten, der einen »richtigen Rammler, einen guten Liebhaber« spielen könnte.

O ja, er war so einer. Er lernte alles, als er das erste Mal mit dem Schiff und einer Lady nach Europa fuhr ... Sie war älter als er. Wie hieß sie noch? Sie war eine Aristokratin, gehörte zur feinen Gesellschaft in Hollywood. Dorothy di Frasso. Die »Baronin« di Frasso. Damals kursierte der Witz: »Gary Cooper ist auf der Baronin di Frasso nach Europa gefahren«, als sei es der Name eines Schiffs. [*Gelächter*] Sie brachte ihm bei, wie man sich anzieht, welche Krawatte man zu welchem Hemd trägt ... Er war ein sehr eleganter Mann, extrem elegant. Aber auf eine lässige Weise, absichtlich, verstehen Sie, nicht wie George Hamilton. Aber er war ein Macker, und er hatte einen Trick, wie er Frauen herumbekam. Er ließ sie reden. Hin und wieder ließ er ein »Tatsächlich?« oder »*So* habe ich das noch nie gesehen« einfließen. Er hörte einfach zu. Endlich hatten sie einen Mann gefunden, der ihnen zuhörte. Keinen Mann, dem der Schweiß auf der Stirn stand, weil er sich produzieren und weil er erfolgreich sein musste, also redet und redet und redet er, und sie hört so einem Typ zu und denkt sich: »Wann wird ihm endlich die Puste ausgehen?« Nein, Cooper hörte einfach zu. Und was Cary Grant anbetrifft – das ist Schnee von gestern. Warum sollen wir uns darüber aufregen?

In einigen Biographien steht, Cary Grant habe bereits mit den Proben zu *Sabrina* begonnen, ehe er sich zurückzog. Ist das wahr?

Das ist nicht wahr. So weit kam es nicht.

Ich verstehe einfach nicht, was ihn davon abhielt, diese Rollen zu spielen. Es hätte ihm keine große Mühe gemacht. Wollte er nicht länger den Liebhaber spielen?

Nein, das war eine der Ausreden, aber was war mit den anderen Filmen, für die wir ihn haben wollten? Lubitsch wollte ihn unbedingt für *Ninotschka* haben. Ich weiß nicht, es war seltsam, denn er war ein sehr, sehr liebenswerter Mann. Er kam zu mir nach Hause, wir haben endlos miteinander geredet, aber wenn es darum ging, eine Verpflichtung einzugehen ... [*Er zuckt mit den Schultern.*] Er hat aber auch eine Menge schlechter Filme gemacht.

Gibt es eine Schauspielerin, mit der Sie bedauerlicherweise nie arbeiten konnten?

Es gab eine Schauspielerin, die mit Clark Gable verheiratet war ... Carole Lombard. Mit ihr hätte ich sehr gern einmal gearbeitet. Aber ich habe sie nicht einmal getroffen. Außer vielleicht ein flüchtiges Hallo und Auf Wiedersehen.

Was war mit Clark Gable?

Gable kannte ich nicht. Ich habe ihn nur ein- oder zweimal auf Partys getroffen. Aber wie ich Ihnen schon gesagt habe, wenn man Gable hat, ist man abgelenkt. Wir haben nie einen Hauptdarsteller dieses Alters oder mit dieser Kraft gehabt. Er war ein sehr kraftvoller Mann.

Avanti, avanti! [1972]?

Ja. [*Er imitiert fröhlich einen italienischen Akzent.*] *Avanti, avanti!* [*Mit den Füßen wieder auf dem Boden; er mag den Titel mehr als den Film.*] *Avanti!* hätte besser sein können. Die Vorlage war ein Theaterstück von Samuel Taylor, der auch *Sabrina Fair* geschrieben hat. Das war eine sehr seltsame Sache mit *Sabrina. Sabrina Fair* war ein Theaterstück. Es wurde aber zunächst verfilmt, mit vielen Änderungen, radikalen Änderungen. Das Stück kam ein Jahr *nach* dem Film heraus und war ein kompletter Misserfolg. Es hatte nicht mehr dieselbe Struktur. Es hatte nur die Beziehungen beibehalten – die zwei Söhne eines reichen Industriellen, der Chauffeur und seine Tochter.

Das Remake hat mich überrascht. Ich bekam das Drehbuch von Sydney Pollack, einem talentierten und sehr netten Mann. Ich wollte mit ihm darüber reden, aber sie begannen am Montag darauf mit den Dreharbeiten. Sie gaben mir das Drehbuch zu lesen – »Falls Sie irgendwelche Ideen haben« et cetera. Ich hatte eine gute Idee für das Ding. Die bestand darin, es heute spielen zu lassen, 1996, das Vermögen der Larrabees schwindet, und ihr Imperium befindet sich im Niedergang. Und dann gibt es eine *japanische* Familie, sehr reich … Sie haben eine Tochter, die sich in Holden verliebt, und wenn das funktionieren würde, dann bekämen sie die Japaner als Partner. Also muss jetzt Linus, der ältere Bruder, Sabrina von Holden wegbekommen, damit Holden sich um das japanische Mädchen kümmert. Und er verliebt sich selbst in Sabrina.

Es gab eine exzellente Schauspielerin, Thandie Newton, die beinahe die Rolle der Sabrina bekommen hätte. Das hätte die Sache auch verändert, denn sie ist schwarz.

Für Sabrina? Das wäre eine Veränderung gewesen. Das hätte eine große Chance sein können. Es hätte einige Vorbereitung gebraucht.

Am Anfang von *Sabrina* führen Sie die Hauptfigur auf eine sehr gelungene Weise ein. Es ist eine perfekt komponierte Großaufnahme, wie Audrey Hepburn im Baum sitzt und sich danach sehnt, am Ball der Larrabees teilnehmen zu können. Das schlägt einen für den ganzen Film in den Bann.

Ja, sicher, weil man mit dem Mädchen fühlt. Man verliebt sich sofort in sie, barfuß wie sie ist ... [*Liebevolle Erinnerungen*] Sie kiebitzte, während ihr Vater das Auto wusch. Und sie war verliebt. Das erinnerte einen daran, als man selbst verliebt war. Beim Remake aber saß da ein kalter Fisch im Baum. Sie war nicht richtig, sie war nicht *verliebt.*

Okay, der Nächste: *Buddy Buddy* [1981].

Buddy Buddy versuche ich zu vergessen. Lemmon und Matthau. Ich weiß nicht, es ging irgendwie daneben. Ich besitze die Fähigkeit, das zu vergessen, woran ich mich nicht erinnern möchte.

***Extrablatt* [1974].**

Extrablatt. Danach habe ich mir geschworen, nie wieder ein Remake zu machen. Ich habe das gemacht, weil ich dachte, viele Leute hätten *The Front Page* [1931], das Original, nicht gesehen. Der Film war zu einer Art historischem Hit geworden, einem Meilenstein, und jeder dachte – »Oh, *The Front Page*! Jeder Satz ein Lacher!« Und da lief's schief. Ich übernahm jeden Witz aus dem Original. Aber das Original entsprach nicht den Erinnerungen der Leute. Es gab ein anderes Remake: Da wird Hildy Johnson von einer Frau gespielt, Rosalind Russell, da ist das Ding also umgedreht, und der Chef, die Matthau-Rolle, wurde von Cary Grant gespielt. Howard Hawks hat das gemacht. Es war ein guter Film – *Sein Mädchen für besondere Fälle* [1940].

»Ich besitze die Fähigkeit,
das zu vergessen, woran ich mich
nicht erinnern möchte.«

Ja.

Jetzt ziehen Sie den Dolch aus mir raus!

***Unkraut* [1933] ist einer der ersten Filme, die Sie gemacht haben, in Paris, bevor Sie nach Amerika kamen.**

Unkraut ist ein Film, der in Frankreich entstand [mit Alexander Esway als Co-Regisseur]. Den Film habe ich für 100 000 Dollar gemacht, mit jeder Menge Auto-Verfolgungsjagden, denn er handelte von jungen Autodieben in Paris. Und ich musste alle Verfolgungen auf einem LKW drehen, denn es standen keine Rückprojektionen zur Verfügung. Keine Rückpros – das bringt einen um. Denn bei einer Verfolgungsjagd sollte das Auto 150 Kilometer in der Stunde fahren, und ich musste es von einem Lastwagen aus drehen, der durch Paris fuhr. Der Film wurde ohne Geld gemacht. Ich habe den Film nicht in einem Studio gedreht, sondern in einer Garage.

Der Major und das Mädchen [1942] war Ihr erster Regie-Job in Hollywood. Hatten Sie sich da schon in das Regieführen verliebt, machte es Ihnen Spaß?

Ja, es machte mir Spaß. Es war ein lustiger Film. Die Leute bei Paramount dachten: »Wilder ist ein guter Autor. Wir würden ihn gern als Autor behalten.« Und ich hatte angefangen, mich darüber zu beschweren, dass Mitchell Leisen dieses und jenes geändert hatte und dass ich nicht bei den Dreharbeiten dabei sein konnte, weil ich bereits einen neuen Film mit Brackett schrieb. Ich habe keine Fehler gemacht, wissen Sie. Ich wusste, dass sie sich sagten: »Lassen wir Wilder einen kleinen Film machen, er wird auf die Schnauze fallen und dann geht er wieder in den vierten Stock als Autor.« Ich wusste das, also habe ich einen *kommerziellen* Film gemacht, so kommerziell wie nie wieder. Nur ein sechsundzwanzigjähriges Mädchen, das vorgibt, vierzehn zu sein. Das war ein früher Vorläufer von *Lolita.*

Hatten Sie ein gutes Verhältnis zu Ginger Rogers?

Ja, wunderbar. Ja. Aber später ging sie auf wie ein *Ballon*, es war unglaublich. Schließlich musste sie im Rollstuhl sitzen.

Fünf Gräber bis Kairo [1943].

Das war ein guter Film, den mochte ich. Ich hatte [Erich von] Stroheim, ich hatte Franchot Tone, den ich nicht ausstehen konnte. Und ich hatte Anne Baxter, die ich schätzte. Haben Sie den Film gesehen?

Es war Ihr erster Film mit John Seitz als Kameramann.

John Seitz. Das war der Typ, der Schwarz-Weiß-Filme mit Rudolph Valentino gedreht hat. Er konnte es nicht ertragen, wenn Schauspieler *schauspielerten*. Wenn er mit allem fertig war, hatte er die Angewohnheit, die Beine auszuschütteln und sich hinzusetzen. Er trug immer einen Hut und er setzte sich in eine *Ecke* des Sets. Ich drehte und er setzte sich mit dem Gesicht zur *Wand* und kratzte sich durch den Hut am Kopf. Er konnte Schauspieler nicht ausstehen. Man trifft solche Typen, wissen Sie. Seitz. Und dann, als ich *Fünf Gräber bis Kairo* drehte, sagte ich ihm, es sollte *Nacht* sein, ich wollte es dunkel haben. Ich hatte keine Ahnung, wovon ich sprach, ich wollte es nur sehr dunkel haben. Dann sehen wir die Muster. Alles schwarz, *völlig* schwarz. Ich weiß nicht, ich glaube, er wollte mir eine Lektion erteilen.

***Stalag 17* [1953].**

Stalag 17 ist einer meiner Lieblingsfilme. Ist er nicht schön? Er war sehr gut. Es war ein kommerzieller Erfolg, auch am Broadway, aber ich glaube, ich habe ihn um einhundert Prozent verbessert, wenn ich das sagen darf. Ja. Die Figur Sefton – das war die Figur, die Holden spielte. Die Idee, aus ihm einen Prahlhans zu machen – die Leute halten ihn für einen Lügner, einen Hochstapler –, und dann entdecken wir, dass er wirklich ein *Held* ist. Und er redet mit dem Leutnant am Ende, er steckt seinen Kopf noch einmal durch das Loch, das sie da in den Baracken haben, und sagt: »Sollte ich jemals eine von euch Fratzen wiedersehen, lasst uns so tun, als seien wir uns nie begegnet.« Und weg ist er. Aber er macht's nur, weil die Mutter des Leutnants, der gefangen genommen wurde, eine reiche Frau ist und er zehntausend Dollar bekommt. *Er ist kein Held,* er ist ein Schwarzmarkthändler – eine gute Figur, und von Holden wundervoll gespielt.

Ich habe gehört, dass man bei *Stalag 17* aus politischen Gründen versucht hat, Ihre Dreharbeiten zu stoppen.

Ich kann mich nicht daran erinnern. Ich wurde ins Chefbüro zitiert, weil einige der Gefangenen, die ich zeigte, in schmutziger Unterwäsche herumliefen. Das war ihnen zu dreckig. Sie sagten: »Wir können mit diesem Film nicht weitermachen, wenn die Männer so schmutzig herumlaufen.« Ich sagte: »Zum Teufel damit. Ich höre auf zu drehen, und Sie können sich jemand anderen suchen.« Und ich hab's weiter so schmutzig gemacht. Der Krieg war vorbei, wovor sollten wir Angst haben?

Aber die ganze Idee von *Stalag 17*, zwei Männer, die zusammen tanzen, der Rollentausch, die Masken – das alles sind Elemente, die Teil Ihres Stils wurden.

Ja, als ich das Stück sah, erkannte ich das Potenzial. Und ich habe es geschrieben – umgeschrieben, sollte ich besser sagen. Der Film ist nicht nominiert worden, aber er war doch wie eine Medaille für mich. Vielleicht keine Goldmedaille, aber eine Silbermedaille.

Zu diesem Zeitpunkt waren Sie sehr selbstsicher, was die Regie anbetrifft. Können Sie mit gutem Gewissen sagen, dass Sie zu dieser Zeit das Regieführen genauso liebten wie das Drehbuchschreiben?

Wenn ich schrieb, wünschte ich mir, ich wäre im Studio und hätte es mit lebenden Menschen zu tun, die ich nicht erfinden musste. Ich kann sie besser platzieren, ich kann sie ein wenig eleganter erscheinen lassen, richtig? Wenn ich inszenierte, wünschte ich mir, ich wäre allein mit Diamond in meinem Zimmer. Es ist ruhig, angenehm, niemand macht einem Druck. Es funktionierte genau andersherum. Wenn ich schrieb, hätte ich gern inszeniert. Wenn ich inszenierte, hätte ich gern geschrieben.

> *»Wenn ich schrieb, hätte ich gern inszeniert. Wenn ich inszenierte, hätte ich gern geschrieben.«*

Das Privatleben des Sherlock Holmes [1970].

Sherlock Holmes war ein wundervoller Film, aber zu lang. Ich musste nach Paris, um dort einen Film zu drehen, und ich erklärte dem Cutter – ich hatte das Recht auf den *final cut* [die Endfassung des Films] –, wie ich was geschnitten haben wollte. Als ich zurückkam, entdeckte ich, dass der Schnitt eine komplette Katastrophe war. Der ganze Prolog war nicht mehr vorhanden, eine halbe Sequenz herausgeschnitten. Ich hatte Tränen in den Augen, als ich das sah. Und dann war auch noch das *Negativ* von einigen der herausgeschnittenen Szenen verschwunden. Wir konnten es nicht mehr finden. Viele Leute haben mir gesagt, dass sie den Film in der ursprünglich vorgesehenen Fassung zeigen wollten. Man hat noch einige Rollen mit Dialog gefunden, und einige kleine Rollen ohne Dialog. Es war ein sehr, sehr guter Film. Der eleganteste Film, den ich je gedreht habe. Ich drehe keine eleganten Filme. Mr. Vincente Minnelli dreht elegante Filme.

Ich habe verschiedene Bücher über Sie und viele Interviews mit Ihnen gelesen. Ich frage mich aber, ob es etwas gibt, das alle übersehen haben, wenn sie über Sie schrie-

ben. Etwas, das Ihnen ganz klar ist, das aber niemand sonst bemerkt hat. Etwas, wobei Sie denken: »Warum ist *das* niemand aufgefallen?«

Nein, ich glaube alles, was ich lese. Ich habe mich als preisgekrönter Scherzbold dargestellt, der sich über alles ein wenig lustig macht. Ich weiß nicht. Ich mag keine Interviews, denn dann muss ich über mich selbst nachdenken, und ich möchte nicht über mich nachdenken. Das ist so langweilig.

Sie haben aber so lange und so beständig gearbeitet, dass ich mich frage, ob Sie sich jemals gesagt haben, wenn Sie einen Bauarbeiter auf der Straße sahen: »Das ist ein Typ, der wirklich sein Leben gelebt hat, während ich –«

– Filme gemacht habe. Wissen Sie, wenn ich zurückblicke, sehe ich, dass ich wirklich eine Menge Filme gemacht habe. Und jetzt ... jetzt ... ist es ruhiger geworden. Jetzt schreiben die Leute schnell und spekulativ, aber sie sollten viel langsamer schreiben. Für ein Drehbuch braucht man ein Jahr. Man muss dran feilen, es glätten. Damals schrieb man ein Drehbuch nach dem anderen. Ich kann's leider nicht noch einmal machen. Ich wünschte, ich könnte es. Ich würde weniger Filme machen, bessere Filme.

Hätten Sie sich mehr Freizeit gegönnt, zum Beispiel um zu reisen?

Nein, ich bin gereist. Noch vor einiger Zeit sind wir jedes Jahr nach Europa gefahren. Ich hatte ein gutes Leben, habe gearbeitet und bin herumgekommen, und manchmal war ich sehr erfolgreich. Und hier sitzt jemand, der für den Oscar nominiert ist, und erkundigt sich über mich. Das ist sehr schön.

»Ich glaube nicht, dass ich noch Regie führen könnte. Aber ich kann noch ein bisschen dableiben und die Filme anderer hassen.«

Danke. Und jetzt meine letzte Frage für heute. Nehmen wir einmal an, Sie und Izzy würden ein Drehbuch über Ihr Leben schreiben. Wie würde es aufhören?

Das weiß ich nicht. Vielleicht würde irgendjemand eine Pille oder eine Spritze erfinden, damit ich weitermachen könnte, bis ich 120 bin. Ich weiß es nicht. Manchmal, als ich noch tatkräftiger war, fühlte ich mich sterbenselend nach einem Misserfolg. Weil man Zeit verschwendet hatte. Aber das ist heute nicht mehr so. Mir geht es nicht gut. Ich habe Probleme, die Balance zu halten, und ich muss zu einem Physiotherapeuten gehen. Ich glaube nicht, dass ich noch Regie führen könnte. Wenn meine Beine es mitmachten und sie mir Geld gäben, könnte ich vielleicht noch einen Film machen. Aber das tun sie nicht. Aber ich kann noch ein bisschen dableiben und die Filme anderer hassen.

Ich stelle das Aufnahmegerät ab, und Wilder fragt mich: »Was machen Sie jetzt damit?« Ich erkläre ihm, ich würde ihm eine Kopie zum Gegenlesen schicken, wie er es verlangt hatte.

Ich werde es natürlich lesen, aber ich werde mich nicht als Beispiel hinstellen, dem junge Leute nacheifern sollen.

Nun, wir haben darüber gesprochen, hieraus ein Frage-und-Antwort-Buch zu machen.

Was für ein Buch? Ein Buch wäre Bullshit, denn es würde eine Menge Mist drinstehen.

Ich erwähne Wilder gegenüber die Geschichte mit meinen Regiekollegen, die ihn bei der Preisverleihung des Regieverbandes alle als Beispiel für jemanden angeführt hatten, dessen Werk auch heute noch etwas bedeutet. Einer der nominierten Regisseure, Joel Coen, war nicht anwesend, weil er drehte, aber die anderen vier (Anthony Minghella, Scott Hicks, Mike Leigh und ich) hatten alle gesagt, dass Wilder sie beeinflusst habe.

Der Fünfte muss bestraft werden.

Ich bin sicher, dass Joel Coen dasselbe gesagt hätte.

Das ist sehr nett. Das ist gut. Selbst wenn ich nur einen guten Film gemacht hätte wie Mr. Orson Welles – aber was für einen Film!

Vielen Dank, dass Sie sich die Zeit genommen haben. Zum Schluss möchte ich noch anmerken, dass Sie alles erreicht haben, Ihr ganzes Werk, ohne eine einzige überkomplizierte Einstellung zu drehen.

Wenn es nicht der Geschichte dient, warum dann? Das wäre Masche. Die Masche eines Regisseurs. [*Mit bedeutender, leiser Stimme*] Der *Regisseur*, der *Regisseur* ... Der Regisseur ist auch nur jemand, der dazu beiträgt, einen Film zu machen. Ich habe eine etwas lautere Stimme, ich habe etwas mehr Freiheit, ich habe die Wahl, und es macht mir Spaß.

Ein Film wird von vielen Leuten gemacht. Es macht mir Spaß, Filme zu machen, weil man fünf, zehn oder zwanzig verschiedene Leben lebt. Weil man sich in verschiedenen Geschichten bewegt. Man geht nicht jeden Tag in den Laden und verkauft Hüte. Nein. Ich habe einen Hutladen, ich bin aber auch ein Hirnchirurg, und ... Ich habe viele Leben gelebt. Es kommt darauf an, wie interessant die Geschichten sind. Und die Charaktere. [*Wilder legt stumm beide Hände auf den Schreibtisch. Es ist später Nachmittag und alles ist gesagt.*]

Wilder hat nun alles gelesen, was bis jetzt vorliegt. Eines Nachmittags rufe ich an, um mit ihm zu besprechen, was mit dem Material geschehen soll. Er scheint sich zu freuen, von mir zu hören. »Es ist gut geschrieben«, sagt er. »Aber wer will das lesen?«

Einmal mehr betone ich, dass es Generationen von Billy-Wilder-Fans gibt, die gerne einen Interviewband lesen würden, die ihn noch nie über seine Filme haben sprechen hören.

»Ja«, sagt er ungehalten, »und jetzt schütte ich Eiswasser über Sie und sage Ihnen, dass das niemand interessiert und dass sich das Buch nicht verkaufen wird.«

Wir hadern ein paar Minuten mit diesem Thema. Die Idee, sich für eine Serie von Sitzungen über einen längeren Zeitraum hinweg zu verpflichten, um über die Vergangenheit zu sprechen, erscheint ihm zu mühselig und zu selbstbezogen. »Ich habe zu hohen Blutdruck, ich fühle mich nicht wohl, ich gehe aber immer noch ins Büro und versuche so zu tun, als ob alles in Ordnung sei. Wer will all diese alten Geschichten lesen?«

»Ich, zum einen. Und viele andere, die ich kenne, auch.«

TEIL 4

Elf Uhr vormittags. Wir treffen uns erneut. Als ich ankomme, sieht er frisch aus, erscheint sehr munter und ist, wie immer, elegant gekleidet. Heute begrüßt er uns an der Tür in einem einfachen weißen Hemd und einer Hose, die von Hosenträgern gehalten wird. Er hat seine morgendliche Physiotherapie bereits hinter sich, ist voller Energie und bereit. Er geht zurück zu seinem Schreibtisch, hält die Arme dabei vom Körper weg wie ein Revolverheld in einem Western, und seine Schuhe machen auf dem Boden klickende Geräusche.

»Also, was machen wir heute?«, fragt er forsch; seine Aufmerksamkeit ist jetzt ganz den Besuchern gewidmet. Er nimmt ein weißes Tic Tac. Unser Verhältnis ist vertrauter geworden, fast gegen seinen Willen.

Mein erstes Thema ist Fedora *[1978], den nur wenige gesehen haben und der Wilders letzte kreative Zusammenarbeit mit I. A. L. Diamond darstellt. Sofort verändert sich Wilders Körpersprache, wie so oft, wenn die Rede ist von einem seiner Werke, das nicht so gut angekommen ist. Die Veränderung geht blitzartig vor sich. Plötzlich ist nichts mehr von seinem schelmischen Wesen zu spüren; jetzt macht er eher den Eindruck eines Schuljungen, der zum Direktor zitiert wurde, um sich wegen seines schlechten Benehmens zu verantworten. Er rutscht unbehaglich hin und her.*

Oh, diese *Fedora*-Sache. Unsere grundlegende Idee, wie wir es angehen wollten, ging in dem Moment kaputt [er benutzt im Englischen das deutsche Wort; Anm. d. Ü.], als wir in München mit den Probeaufnahmen begannen. Folgendes passierte: Die Schauspielerin Marthe Keller – sie ist nicht wirklich eine Schauspielerin, aber das ist nicht ihr Fehler; oder vielleicht doch –, Marthe Keller also sollte beide Rollen spielen, die der Mutter und die des jungen Mädchens [der garboesken Schauspielerin Fedora]. Wir machten einen Test mit dem Make-up für die alte Frau, und sie begann zu schreien. Es stellte sich heraus, dass Marthe Keller einen Autounfall gehabt hatte, und sie hatten die Wunden irgendwie so genäht, dass Nerven offen lagen, und das machte es sehr, sehr schwer, ihr die Gummimaske anzuziehen, was wir tun mussten, um sie alt aussehen zu lassen.

Sie haben die Rolle dann nicht neu besetzt?

Wir waren bereits in München, und ich bin ein Company-Mann. Ich versuche die Investition [in die Produktion] zu schützen. Was in diesem Fall jedoch ein Fehler war. Ich sagte: »Also, lasst uns eine andere Schauspielerin nehmen, die die Mutter spielt.« Aber das funktionierte nicht – es funktionierte überhaupt nicht. Ich versuchte … ich wollte das Ganze nach einer Drehwoche abblasen, aber ich konnte es nicht … ich meine, ich hätte es gekonnt, aber es wäre viel Geld verloren gegangen, also habe ich es zu Ende gebracht. Es wurde aber nie eine Art zweiter *Boulevard der Dämmerung*.

Hing das Gespenst von *Boulevard der Dämmerung* über der Produktion?

Ja, das war so, und das war gut so. Weil wir darauf aufbauen konnten, auf einem anderen Hollywood-Film, der aber einen ganz anderen Inhalt hatte. *Fedora* aber funktionierte einfach nicht.

Das Drehbuch hat den Zeiten standgehalten, glaube ich. Bei vielen großartigen Dialogen hat man das deutliche Gefühl, dass Sie und Diamond persönliche Statements darüber abgeben, was Sie zu dieser Zeit, in den späten Siebzigerjahren, von der Filmindustrie hielten. Zum Beispiel wenn die von Holden gespielte Figur sagt: »Heutzutage haben Kinder mit Bärten das Sagen in den Studios.«

Ja. Sie haben recht. Aber die Dialoge waren nicht so gut. Zum Beispiel: »Ich bin ein großer Star, die Filme sind nur kleiner geworden.« In *Boulevard der Dämmerung* ging es vor allem um das Drama der herannahenden Tonfilmära. Das war das Ende von Norma Desmond. Und es war immer da, direkt vor ihnen – sie sahen es kommen, dieses *Ding*. Ton. Das war das Dramatische daran. In *Fedora* hatten wir nichts Vergleichbares. Entweder haben wir das Drehbuch nicht hinbekommen, oder wir haben es hinbekommen, aber es war zu schwach.

In einigen der späteren Filme wie *Fedora* und *Buddy Buddy* gibt es Nacktszenen und unflätige Worte. Damals kam das einigen Leuten, die jene Zeiten vermissten, in denen man sich an den Zensoren vorbeischummeln musste, fast wie Verrat vor. Es ist sehr überraschend, Holden oder Matthau in einem Wilder-Film *fuck* sagen zu hören.

Vielleicht war das ein Fehler, vielleicht hätten wir es nicht machen sollen. Die Figur aber, so glaube ich, würde es sagen. Izzy und ich haben lange darüber diskutiert.

Man kann da ziemlich leicht in eine Falle tappen, wenn man so großartige Werke in den Zeiten der Zensur ge-

schaffen hat. Die Leute haben starke romantische Erinnerungen an Ihre frühen Werke.

Falls sie sich an meinen Namen erinnern.

In *Fedora* gibt es diesen schönen Moment, wenn Fedoras Mutter, von der wir jetzt wissen, dass sie die wirkliche Fedora ist, die Musik bei ihrem eigenen »Begräbnis« ändert. Die Kamera verweilt auf den Musikern, die ihre Sitze verlassen und dann zurückkommen, um ein anderes Stück zu spielen. Man sieht das und denkt sich, hier haben wir einen Regisseur, der Musik liebt und auch die Tatsache, wie komisch Musiker sein können. Das ist derselbe Regisseur, der in *Ariane – Liebe am Nachmittag* ein Streichquartett präsentiert und der in *Sabrina* so delikat mit »La vie en rose« arbeitet ...

Ja. »La vie en rose« war ein großer Hit, aber ich hatte das Gefühl, es steckte immer noch ein wenig Leben darin, und aus diesem Grund verwendete ich es. Aber *Sabrina* war ein Kostümfilm.

»Ich kann nicht pfeifen, nicht singen, nicht Klavier spielen. Ich bin total unmusikalisch. Ich bin aber sehr musikalisch, sobald es um die Musik für einen Film geht.«

Ich wollte Sie ohnehin auf das Thema Musik ansprechen. Sie spielt in vielen Ihrer Filme eine große Rolle und doch

haben Sie im Lauf der Jahre nur sehr wenig über die Musik gesprochen.

Ja. Weil ich nicht pfeifen kann, nicht singen kann, nicht Klavier spielen kann. Ich bin total unmusikalisch. Ich bin aber sehr musikalisch, sobald es um einen Song oder die Musik für einen Film geht. Dann bin ich sehr, sehr knifflig.

Haben Sie viel Zeit im Tonstudio verbracht, wenn die Musik für Ihre Filme aufgenommen wurde?

Ja, immer. Dann mussten sie es mir vorspielen, damit ich mich vergewissern konnte, dass die Musik die Richtige war. Egal, ob das [Frederick] Hollander war oder [Franz] Waxman oder Mr. [André] Previn, der später nichts mehr davon wissen wollte, in Hollywood gearbeitet zu haben. Er wäre verhungert, aber in seinen Memoiren oder in Interviews sagte er, Hollywood habe ihn »verführt«. Aber das ist ja alles vorbei; darüber kann er nicht mehr reden. [*Gelächter*] Man habe ihn gezwungen, man hätte ihm die Knochen gebrochen, wenn er nicht die Filmmusik geschrieben hätte zu … ich weiß nicht, *wie viele* Filme er vertont hat!

Ein anderer wichtiger Aspekt Ihrer Filme sind die großartigen Erzählerstimmen [*voice-over* ist der englische Fachbegriff; Anm. d. Ü.], von Holden in *Boulevard der Dämmerung* bis zu Lemmon in *Das Appartement*. Haben Sie dabei auch Regie geführt?

Ich habe bei allem Regie geführt. Was bei Erzählerstimmen wichtig ist – man muss sehr vorsichtig sein, dass man nicht etwas erklärt, was man bereits sieht. Man muss zu dem, was das Publikum sieht, etwas *hinzufügen*. Ich glaube, man kann innerhalb von Sekunden, wirklich nur Sekunden, all die Dinge vermitteln, die viel besser sind, wenn man sie *hört* statt sie zu sehen, denn als Szene wäre es uninteressant. Meine erste Erzählerstimme habe ich in *Frau ohne Gewissen* eingesetzt. Dann in *Stalag 17*. Und auch in *Boulevard der Dämmerung*, in dem ein Toter sprach – warum nicht? [*Er lacht.*] Warum nicht? Wir haben's einfach gemacht. Niemand ist aufgestanden und hat gesagt: »Moment mal, da spricht ein toter Mann, *bla-bla-bla-bla*, das will ich nicht sehen …« Sie haben zugehört.

Die Erzählerstimme in *Das Appartement* entspricht nicht den Regeln des Drehbuchschreibens, aber sie funktioniert. Die Erzählung am Anfang gibt Lemmons Perspektive wieder, der Film aber wird aus der Sicht eines Allwissenden erzählt.

Wer hat die Regeln geschrieben? Es gibt keine Regeln. Ich neige dazu, zu glauben, dass es in jedem Film etwas gibt, dessen Erklärung im Drehbuch sechs oder zwölf Seiten in Anspruch nehmen würde. Das kann ich aber in sechs oder zwölf Sekunden mit einer Erzählerstimme machen. Deswegen braucht man sich nicht zu schämen.

Nein, vor allem dann nicht, wenn man spezifisch für eine Erzählerstimme gedreht hat. Wie am Anfang von *Ariane – Liebe am Nachmittag*, wo Sie uns auf eine gemütliche Tour durch Paris mitnehmen.

Paris. Und die Leute küssen sich.

Spricht Maurice Chevalier die Erzählung am Anfang?

Nein, das war Louis Jourdan. Er hat das gemacht; er hatte einen leichten französischen Akzent, und das war sehr gut.

Das war in Ordnung, aber später habe ich es dann sein gelassen. Auch am Ende von *Das Appartement* gibt es keine Erzählung mehr.

Ebenso in *Eins, Zwei, Drei.*

Eine Erzählerstimme ist gut, solange man nicht beschreibt, was das Publikum bereits sieht. Man muss ihnen nicht erklären, was sie schon sehen. Zeig's, sag's nicht.

Und in *Sabrina* –

In *Sabrina* haben wir es auch gemacht. Wir haben eine Menge Sachen eingefügt, wo es ging, nur einen Satz manchmal, der etwas abdeckte, das zu drehen Abertausende gekostet hätte. Es ist viel besser, das Interesse des Publikums zum Beispiel mit Sabrinas eigener Stimme zu wecken als eine ganze Sequenz zu inszenieren. Es kostet nichts, und wir brachten kleine *Sachen* in den Erzählungen unter – wie zum Beispiel in *Sabrina,* wo sie selbst in den Film einführt. Sie ist auf Long Island, sie ist die Tochter der Köchin und des Chauffeurs und sie sagt: »Es gab einen Swimmingpool draußen und einen drinnen, *bla-bla-bla* … und wir hatten einen Goldfisch, der George hieß.« Wie hätten wir George einführen können? Dazu möchte man nicht eine ganze Szene haben. Stattdessen sagt sie es einfach. Es ist kein Scherz, kein Scherz. Es versetzte die Leute in die richtige Stimmung. [*Stolz*] Das war der letzte Satz am Anfang des Films: »… einen Goldfisch, der George hieß.«

Bei unserem ersten Gespräch haben Sie erwähnt, dass Sie Jack Lemmons Qualität schätzten. Wie würden Sie sie beschreiben?

Er war mein Jedermann. Er konnte alles, außer in einer Liebesszene bis zum Extrem gehen. Bis zum Küssen und zum Vorspiel, das ja. Denn es war gefährlich, weil die Leute hätten lachen können. Er ist sehr gut. Es ist nicht sein Fehler. Es hat mit seiner Qualität zu tun. Und er erstaunte mich auch manchmal. Er kam am Morgen an den Set, fast schon fertig mit der Maske, um acht Uhr dreißig also kam er ins Studio, in dem ich arbeitete. Er machte sich Gedanken darüber, wie er die Szene spielen sollte. Und dann sagte er: »Gestern Abend sind Felicia [Farr, seine Ehefrau, die auch Schauspielerin ist und in *Küss mich, Dummkopf!* mitwirkte] und ich die Dialoge durchgegangen und wir hatten eine *wunderbare* Idee.« Dann erzählte er mir die Idee, und ich machte so – [*Wilder schüttelt heftig den Kopf: Nein!*]. Und dann sagte er: »Ich mag es auch nicht!« Dann ging er vom Set zurück in die Maske, und später spielte er die Szene wunderschön und kam nie wieder mit dieser Idee an. Er versuchte es nicht durchzusetzen, er bat nicht jeden, sich diese wunderbare Idee anzuhören, die gar nicht so wunderbar war. Ein anderer hätte mit mir zu streiten angefangen, und ich hätte ihm sagen müssen: »Das ist nicht gut, es führt uns in eine falsche Richtung …« Nicht Lemmon. Es steckte etwas Geniales in allem, was er machte.

Welche anderen Filme hätten Sie gern selbst inszeniert außer *Panzerkreuzer Potemkin*, den Sie einmal erwähnt haben? Welche Filme haben Sie in einer Weise berührt, dass Sie gern selbst Regie geführt hätten?

Ich versuche mich zu erinnern. Ich hätte sie *umgeschrieben* und dann inszeniert … [*Gelächter*] Ich weiß nicht. Was ich wirklich mochte … es bedeutet nicht, dass der Film nicht gut war – der Film war gut, ich wünschte nur, ich hätte ihn gemacht.

Sie haben *Die besten Jahre unseres Lebens* [1946] Ihres Freundes William Wyler beschrieben als »den am besten inszenierten Film, den ich je gesehen habe«.

Die besten Jahre unseres Lebens. Sicher. Er war sehr schön inszeniert. Ich hätte es nur schlechter machen können. Viel schlechter. [*Er lacht.*]

»Die besten Jahre unseres Lebens
war sehr schön inszeniert.
Ich hätte es nur schlechter
machen können.«

Was ist mit *Ninotschka*?

[*Wilder rümpft die Nase angesichts dieser Frage, die unterstellt, er könnte das Werk seines Mentors Ernst Lubitsch kritisieren.*] *Ninotschka,* nein.

Wir waren nur Autoren – damals bei MGM – und ich war eines Tages im Studio, als Garbo eine Liebesszene spielte. Sie sprach mit irgendeinem Assistenten, und dann begannen sie, die Szene zu proben, aber mittendrin stellten sie eine schwarze Tafel direkt vor mich hin. Sie hatte Augen im Hinterkopf. Sie sah mich dort. »Schmeißt diesen Mann raus!« Also schmissen sie mich raus. Später traf ich sie auf einer Party bei Salka Viertel, der Großmutter der deutschen Kolonie. Sie war schon seit den Zwanzigerjahren hier. Ich traf Garbo also und lernte sie ein wenig kennen. Dann sah ich sie eines Tages auf dem Rodeo Drive laufen, um sich in Form zu halten. Damals hatte der Rodeo Drive noch einen

Trennstreifen in der Mitte, auf dem man laufen konnte. Da lief sie also, ganz verschwitzt, und ich hielt sie an und sagte: »Hallo, wie geht es Ihnen? Ich bin Billy Wilder.« Und sie sagte [*er imitiert ihre rauchige Stimme*]: »Ja, ich kenne Sie.« – »Möchten Sie vielleicht einen Martini oder etwas anderes zu trinken? Ich wohne direkt hier um die Ecke, Beverly Drive.« Sie sagte: »Ja, gern.« Also nahm ich sie mit nach Hause.

Es war am Nachmittag, sie fiel in einen Sessel und ich sagte: »Ich sage meiner Frau Bescheid, sie ist oben, dass sie runterkommt und uns einen Drink macht.« Und ich rief: »Aud, komm runter, rat mal, wer da ist!« Sie sagte: »Wer ist es? Otto Preminger?« – oder so was in der Art. Und ich sagte: »Nein, Greta Garbo.« Und sie sagte: »Oh, komm schon, verarsch dich selber!« Und ich sagte: »Nein, ehrlich.« Also kam sie herunter, ich stellte sie vor, und dann machte Aud uns einen Martini, einen großen starken, und Garbo trank ihn in einem Zug, und dann noch einen und noch einen. Die trinken sie wie Bier, diese Schweden – Martinis. Sie wohnte im Haus von [Jean] Negulesco am Bedford Drive, gegenüber vom Haus von [MGM-Chef] Joe Cohen. Wir unterhielten uns über Filme, und sie sagte [*er ahmt ihren Akzent nach*]: »Ich möchte einen Film über einen Clown machen.« Ich sagte: »Oh, das ist schön.« – »Ich bin immer der Clown, ich trage eine Maske, und ich nehme die Maske nicht ab. Ich werde in dem Film nur als Clown zu sehen sein.« Sie hat nie wieder einen Film gemacht. Nach *Ninotschka* hat sie noch einen Film gedreht, und das war's dann. Sie wollte also einen Clown spielen und ihr Gesicht nicht zeigen. Einen Clown, der die ganze Zeit grinst. Ich sagte: »Das könnte schwierig werden.«

Sie blieb eine Weile. Dann ging sie. Ich wollte sie fahren, aber sie sagte: »Nein, nein, nein, nein, nein. Ich gehe ein bisschen, um mich abzukühlen.«

Haben Sie über *Ninotschka* gesprochen?

Ich erwähnte *Ninotschka,* aber sie wollte nicht über die alten Filme sprechen. Sie sagte nur: »Ich würde gern noch einen Film machen.« Da spitzte ich die Ohren. Dann sagte sie: »Ich spiele einen Clown. Ich spiele immer einen Clown [im Leben]. Ich werde im Film immer nur ein Clown sein.« Ich habe sie nur dieses eine Mal gesehen, als sie da lief. Und dann sah ich sie Arm in Arm mit Salka Viertel, wie sie eine Straße in Klosters in der Schweiz entlanggingen. Sie war immer da. Sie war eine gute Freundin von Salka Viertel. Also das war meine einzige lange Begegnung mit Garbo, die etwa eine halbe Stunde dauerte. »Ich spiele einen Clown.«

Sie haben des Längeren über Lubitsch gesprochen und was er für Sie bedeutet hat. Was, meinen Sie, hat er von Ihnen gehalten?

Was Lubitsch von mir hielt?

Hat er sich in Ihnen wiedererkannt?

Das glaube ich nicht. Ich habe ihn nicht um seine Meinung über meine Filme gebeten. Er hat einmal, glaube ich, *Frau ohne Gewissen* erwähnt – »Das war gute Arbeit«.

Ich machte zwei Filme gleichzeitig, als wir uns trafen. Er drehte einen Film, zu dem er das Drehbuch zusammen mit Sam Raphaelson [ein Theaterautor und Journalist, einer der bedeutendsten Mitarbeiter Lubitschs] geschrieben hatte, glaube ich. Und er arbeitete an einem anderen Film, *Blaubarts achte Frau* [1938]. Es war nur ein kurzes Treffen. Er wollte nicht mit einem Deutschen arbeiten, weil er nicht in den Ruf kommen wollte, nur mit Deutschen zu arbeiten. Eigentlich wollte er Brackett haben.

Das war zu der Zeit, als Brackett und ich ein Team waren, um ein Drehbuch zu schreiben. Und ich blieb bei Brackett. Wir haben drei, vier, fünf Filme mit [Produzent Arthur] Hornblow gemacht.

In diesem Film, *Blaubarts achte Frau*, geht Gary Cooper in einer Szene eine Straße in Nizza entlang, und er sucht nach einem großen Geschäft, so wie Macy's [in New York]. Im Schaufenster gab es ein Schild, auf dem stand: »Wir sprechen Französisch ... Holländisch ... Italienisch ... Tschechoslowakisch ...« und als Letztes »Englisch«. Solche Schilder findet man in Nizza. Dann stand noch darunter – das war Lubitschs Idee, er fügte das hinzu – »und wir verstehen Amerikanisch«. Das war Lubitsch. [*Er lacht.*] Vorher gab es da keinen Scherz. Er fügte das einfach hinzu und sagte: »Macht weiter und strukturiert den Film, ich drehe, aber ich werde hier und da eine Stunde Zeit für euch haben.« Also schrieben wir den Film. Aber es gibt viele Lubitsch-Ideen in diesem Film und viele Lubitsch-Vorschläge. Mein Beitrag war der Anfang.

Die Sequenz, in der er einen Pyjama kauft.

Ja. Er will nur das Oberteil, nicht das Unterteil, denn obwohl er Millionär ist, ist er sehr geizig. Und er fragt: »Kann ich einen Pyjama haben, aber nur das Oberteil, ohne das Unterteil?« Und der Verkäufer sagt: »Ich glaube nicht«, geht weg und schaut sich um. Findet den Leiter der Abteilung, und der sagt: »Ich glaube nicht.« Und es geht höher und höher. Jetzt ruft man den Besitzer des Geschäfts an, und wir sehen den Mann, er schläft, ein älterer Mann, jetzt wacht er auf und greift zum Telefon. »Er will was? ... Auf keinen Fall! Das ist verrückt! Er schläft nur *damit*? Er ist verrückt.« Dann hängt er auf, die Kamera bleibt auf ihm und man sieht ihn ohne seine Pyjamahose.

Ist es Ihnen gelungen, Lubitsch zum Lachen zu bringen?

Sicher, wir brachten ihn zum Lachen, aber dann korrigierte er mich und erklärte, wie man den Witz richtig erzählt. [*Gelächter*] Ja, er lachte, und dann korrigierte er mich.

Wir haben noch einen Film für ihn geschrieben, *Ninotschka,* und dann hatte er seinen Herzinfarkt. Er ließ Preminger den Film zu Ende drehen, *Die Frau im Hermelin* [1948]. Dann zog ich bei ihm ein, denn ich lebte gerade in Scheidung, und ich sagte nur: »Also, Ernst, soll ich bei dir wohnen? Du musst jetzt zu Hause bleiben und deine Medizin nehmen.« Und er sagte: »Sicher, klar.« Also wohnte ich eine kurze Zeit lang bei ihm, zwei oder drei Wochen. Ich glaubte, er war auf dem Weg der Genesung. Dann ging er zurück zum Studio und arbeitete zwei weitere Jahre, ehe er starb. Er hatte einen zweiten Infarkt, an einem Sonntag, während eines sexuellen Abenteuers. Damals drehten wir noch sechs Tage in der Woche, einschließlich der Samstage. Und Lubitsch, an einem Sonntag – verstehen Sie, es konnte nicht an einem Samstag sein, weil wir drehten –, an einem Sonntag hatte er einen Herzinfarkt, einen postkoitalen Herzinfarkt, wie man das nennt. Er ging ins Badezimmer, um sich zu waschen oder so, und dann starb er. Und die betreffende Dame wurde vom Chauffeur schnell aus dem Haus gebracht, und das war es dann, wie man so sagt. Das war Lubitschs Ende; er war fünfundfünfzig Jahre alt.

Man sagt, Lubitsch sei in den Armen einer Prostituierten gestorben. Ist das wahr?

Nein. Nicht in ihren Armen. Nachdem sie fertig waren. Er hatte es mit der Dame gemacht, und dann ging er ins Badezimmer. Dort passierte es. William Wyler und ich gehörten zu den Sargträgern, und als wir gingen, sagte ich: »Was für eine Schande, kein Lubitsch mehr.« Und dann sagte er etwas Besseres. Er sagte: »Schlimmer noch, keine Lubitsch-*Filme* mehr.«

Wissen Sie, es war ein großer Verlust, denn viele haben versucht, ihn zu imitieren, und viele haben etwas von Lubitsch gelernt – die Art und Weise, wie man einen Witz erzählen sollte, die Art und Weise, wie gute Witze erzählt werden sollten, und die Art und Weise, wie die Geschichte eines ganzen Films erzählt werden sollte. Viele haben es versucht, aber niemandem ist es wirklich gelungen. Lubitsch war niemals plump, verstehen Sie – es wurde einem nichts ins Gesicht geknallt. Es ging um etwas, das man selbst zusammenzählen musste, und dann riss es einen mit. Sehr, sehr gut. Wäre er jetzt noch da, wäre das eine sehr schöne Sache.

Wer hat Sie sonst noch zum Lachen gebracht?

Chaplin hat mich zum Lachen gebracht. Jackie Gleason. Und Steve Martin. Er ist sehr gut.

Was halten Sie von modernen romantischen Komödien?

Ich lache dauernd – wenn es mir gelingt, zwei und zwei zusammenzuzählen. Man macht nicht mehr so viele Komödien, weil die zu viel Dialog haben. Man möchte Action sehen. Manche Komödien sind immer noch sehr gut. Ihre Sachen zum Beispiel sind sehr gut. Aber das ist eine Ausnahme, dass man solche Filme machen kann. Ich mag Robin Williams ... *Schlaflos in Seattle* [1993] war erstklassig. Mein Lieblingsfilm aus den letzten Jahren ist immer noch *Forrest Gump* [1994].

Jetzt erzähle ich Ihnen eine populäre Theorie, warum die moderne romantische Komödie so gelitten hat. In der heutigen Kultur, in der Klassen- und Rassenunterschiede reduziert worden sind, gibt es weniger dramatische Barrieren, die Menschen nicht zueinander kommen lassen. Wie erzeugt man Spannung, wenn einer Romanze weniger Hindernisse im Weg stehen?

»Erklären Sie mir doch mal, wie man einen Dialog mit einem fünf Stockwerke hohen Dinosaurier haben kann!«

Menschen sind Menschen. Es wird immer etwas geben, was Menschen auseinanderhält. Das ... das ist das Schöne am Leben, dass es nicht einfach ist, was ich jetzt jeden Tag erfahren muss. Es gibt immer Mittel und Wege – es braucht nur einen guten, scharfsinnigen Autor mit einem guten, scharfsinnigen Kopf. Man macht Filme, die auf Wahrheit beruhen. Man macht Filme, die auf dem beruhen, was man fühlt. Natürlich lebt die romantische Komödie noch, falls Sie das Bedürfnis verspüren, diese Bezeichnung zu benutzen. Vor vierzig oder fünfzig Jahren gab es so etwas wie eine anzügliche oder eine subtile Komödie nicht, keine »schwarzen« Filme. Wir haben's einfach gemacht. Brackett und ich, oder Diamond und ich – wir haben uns nur gefragt: »Wie würde sich das im Film machen?« Wir haben Filme gemacht, wie sie kamen. Das größere Problem besteht darin, dass es heute so wenige männliche Stars gibt. Es gibt keinen Gable, keinen Spencer Tracy, keinen Gary

Cooper mehr … Früher gab es eine *Liste* mit Stars. Jetzt gibt es nur noch drei oder vier. Für wen schreibt man, außer für Tom Cruise? Für wen schreibt man?

Nach meiner Erfahrung ist es oft schwierig, einen Star dazu zu überreden, die Hauptrolle in einer romantischen Komödie zu spielen. Es ist heutzutage schwer, Schauspieler zu finden, die »Ich liebe dich« im Film sagen wollen. Sie haben Angst davor, sich lächerlich zu machen. Sie haben lieber eine Knarre in der Hand. War das zu Ihren Zeiten auch so?

Es war nicht so. Erstens hatten wir jede Menge Stars, männliche und weibliche, zu Dutzenden. Zweitens dachten wir nicht in den Kategorien »Das ist eine Komödie, das ist ein leichter Film«. Es war bloß ein Film, und man machte eine Menge davon. Das ist heute ganz anders, da gibt es Sachen mit dreitausend Autozusammenstößen, oder Schauspieler, die immer zu dem Dinosaurier aufschauen. Sie schauen die ganze Zeit *nach oben,* diese Schauspieler! [*Er lacht.*] Erklären Sie mir doch mal, wie man einen Dialog mit einem fünf Stockwerke hohen Dinosaurier haben kann! Und man bekommt beide nicht mal in dieselbe Einstellung!

Kommen wir noch einmal auf die globale Wirtschaft, die globale Kultur zurück. Bedeutet dies alles nichts Gutes für die Komödie? Ich meine, es gibt nicht gerade eine Menge spezifischer Kulturen, über die man sich lustig machen könnte.

Ja, ja, ja. Das ist eine gute Frage. Die populären Filme heute sind ein bisschen schwerer, ein bisschen maskuliner. Warum machen wir so viele futuristische Filme? Niemand hat mehr Angst vor Batman! [*Ich lache.*] Jeder schaut Fernsehen. Man verlangt nach größerer Unterhaltung. Es ist fast schon ein Sport geworden, in den großen Film am Startwochenende zu gehen: »Ich habe ihn gesehen! Ich habe ihn gesehen!« Aber es wird sich natürlich alles ändern. Die kleineren Storys werden zurückkommen.

Eine Frage zum körperlichen Stress beim Regieführen. Es ist ein harter Job, und der menschliche Körper scheint darauf auf die merkwürdigsten Weisen zu reagieren. Ich kenne eine Menge Regisseure, die seltsame Schmerzen und Gebrechen während der Dreharbeiten hatten. Wie war das bei Ihnen?

Mein Rücken war ein Problem. Aber ich sage Ihnen, ich bin hauptsächlich Autor. Ich musste eine Menge lernen, bevor ich Regisseur wurde. Die ersten drei oder vier Wochen sind einfach wunderbar. Ich bin sehr glücklich darüber, in einem Studio zu stehen und nicht mit einem Mitarbeiter in einem Raum zu sitzen und schreiben zu müssen ... Wenn ich dann drei oder vier Wochen gedreht habe, fällt mir auf, dass ich dazu verdonnert bin, Regisseur zu sein. Wenn man mit tausend Fragen auf mich einstürmt und ich an dieses und jenes denken muss, und wenn ich den Kameramann bitte, es etwas heller zu machen oder dunkler oder was auch immer ... dann erinnere ich mich daran, dass ich Autor bin. Ich betrachte mich immer noch als Autor. Aber was soll's? Lubitsch ist tot und es gibt keine Leute mehr in meinem Alter.

Ich wollte Sie fragen, wann ein Mädchen zum ersten Mal Ihr Herz gebrochen hat.

Ja.

Wenn ich schreibe, denke ich manchmal, dass man sich an die Mädchen, die Nein gesagt haben, am besten erinnert. Das sind die, an die man denkt, wenn man Kummer beschreibt. Ich frage mich, ob es Ihnen ähnlich ergangen ist, ob die beeindruckende Melancholie Ihrer romantischen Filme beeinflusst worden ist von den Frauen, die Sie abgewiesen oder Ihr Herz gebrochen haben.

Nicht wirklich. Weil es ein anderes Jahrhundert war. Ein Mädchen zu küssen, das war eine große Sache. Heute sind die Schulen koedukativ, ihr geht alle mit Mädchen in eine Klasse, nicht? Das war bei uns nicht so, das gab es damals nicht. Also traf man nur wenig Mädchen. Es war sehr hart; es war sehr, sehr schwierig. Ich erinnere mich, wie ich eines Tages nach Hause kam, das war in der siebten oder achten Klasse – ich war siebzehn Jahre alt, und ein Jahr später würde ich den Schulabschluss haben. Ich hätte dann mein Abitur und könnte auf die Universität gehen oder auf eine technische Hochschule. Falls man Arzt oder Rechtsanwalt werden wollte, ging man auf die Universität, und dann wurde es eine Frage der Struktur, eine Frage der Architektur. Wo konnte man hingehen? Und es gab einen Witz, der besagte, dass man in Türeingängen ficken musste, falls das Wort erlaubt ist. Damit man nicht gesehen wurde. Und sehr oft gab es keine Mädchen, sondern nur die Türeingänge zu ficken. [*Gelächter*]

Also muss Ihr erster Kuss eine aufregende Angelegenheit gewesen sein.

Ja, das war eine aufregende Angelegenheit.

Können Sie sich daran erinnern?

Nein, ich erinnere mich nicht daran. Ich weiß nur, dass ich anfing, mich in Mädchen zu verlieben, als ich zehn oder zwölf war. Aber keine Berührungen. Dann ein paar Berührungen. Dann fing ich an, auf meinen eigenen Beinen zu stehen, und wurde Journalist. Dann war es einfach. Es war einfach, weil ich jünger war als sie. Die Mädchen waren zweiundzwanzig, dreiundzwanzig, vierundzwanzig; ich war achtzehn, neunzehn. Dann wurde das Ganze plötzlich sehr populär, als ich dreißig war – Sex wurde populär.

Aber Mädchen haben mir das Herz gebrochen. Da war eine, sie war zwölf und ich war zehn, nichts passierte, nur etwas sehr Trauriges – sie zog in eine andere Stadt. Das waren die großen Tragödien, verstehen Sie? Sie zog weg, irgendwohin nach Deutschland. Daran kann ich mich gut erinnern.

»Mädchen haben mir das Herz gebrochen.
Da war eine, sie war zwölf und
ich war zehn, nichts passierte,
nur etwas sehr Trauriges –
sie zog in eine andere Stadt.«

Wie hieß sie?

Schreiber. Irka Schreiber. I-r-k-a.

Das war also wahre Liebe?

Das war wahre Liebe, wie Kinder lieben. Wir spielten zusammen im Park, trafen uns. Ich konnte es nie erwarten, sie zu sehen. Das war sehr, sehr, sehr kindisch. Wir spielten Diabolo, ein Spiel, das man mit zwei Stöcken und einer Schnur spielt. [*Er demonstriert es.*] Das nennt man Diabolo.

Können Sie sich noch daran erinnern, wie Sie vorgegangen sind, als Sie begannen, mit Frauen auszugehen und Freundinnen zu haben? Waren Sie ein Typ, der die Frauen zum Lachen brachte, oder machten Sie auf mysteriös?

Nein, den *Mysteriösen* hätte ich nie vortäuschen können. Nein, ich brachte sie zum Lachen, sorgte dafür, dass sie sich amüsierten. Als junger Mann, als Student, war das ganz normal; ich wusste nicht, dass ich besonders witzig war. Hatte nicht die geringste Ahnung, dass ich witzig war. Aber ich war es, sagte man mir.

Ein Schauspieler oder eine Schauspielerin haben stundenlang nichts zu tun. Ein Regisseur ist mit dem Schicksal des Films verknüpft. Wenn der Film abgedreht und geschnitten ist, dann erlaube ich mir etwas mehr Frivolitäten.

Haben Sie sich jemals in eine Ihrer Hauptdarstellerinnen verliebt?

Nie. Niemals. Ich habe immer mit dem Lichtdouble geflirtet. Das war so gut oder noch besser als mit der Hauptdarstellerin, denn die Hauptdarstellerin hätte sich hinterher die Frisur richten lassen müssen. Man hätte im Studio Zeit verloren wegen dieser Frisur. [*Er lacht.*] Ich muss aber auch sagen, dass ich keine Zeit dazu habe, wenn ich Regie führe. Man leidet unter dem, was man dreht, oder man lacht drüber. Ein Schauspieler oder eine Schauspielerin haben stundenlang nichts zu tun. Ein Regisseur ist mit dem Schicksal des Films verknüpft. Wenn der Film abgedreht und geschnitten ist, dann erlaube ich mir etwas mehr Frivolitäten.

»Ein Regisseur ist mit dem Schicksal des Films verknüpft. Wenn der Film abgedreht und geschnitten ist, dann erlaube ich mir etwas mehr Frivolitäten.«

Und doch müssen Sie sich leidenschaftlich mit dem »Look« Ihrer Hauptdarstellerinnen beschäftigt haben. Eines der großartigen Beispiele dafür ist Audrey Hepburn in *Sabrina.* Es gibt nicht viele Ausgaben von *Vogue,* in denen man kein Foto von [Audrey Hepburn als] Sabrina findet als Beispiel für einfache, klassische Eleganz. Wie viel hatte Edith Head [die gefeierte, bebrillte, streng aussehende Chefin des Kostüm-Designs bei Paramount] mit diesem »Look« zu tun?

Nur wenig, muss ich sagen. Sie war ein nettes Mädchen. [*Er lächelt.*] Ich meine, eine nette ältere Dame. Sie hat sich nicht oft verbeugen können. Ich glaube, sie bekam einen Oscar für *Sabrina* und für [sieben] andere Filme. Der Titel hieß »Kostüme von Edith Head«. Aber die fünf oder sechs Outfits, die sie trug, waren alle von Givenchy. Was immer sie sagten, ich fand es okay. Mit einer Ausnahme: Da war zu viel Stoff oder irgendwas ... Aber das ist vergeben und vergessen. Sie war ein sehr gutes Mädchen. Es gab einen großen Witz ... schon wieder sehr vulgär. An die Wand der Toilette im Studio hatte jemand in großen

Lettern geschrieben: EDITH HEAD GIVES GREAT WARDROBE. [Wörtlich: »Edith Head gibt großartige Garderobe«. Der Witz ist unübersetzbar; *to give head* ist ein umgangssprachlicher amerikanischer Ausdruck für Fellatio: »einen blasen«; Anm. d. Ü.]

Kann man Chemie auf der Leinwand »erschaffen«?

Nein. Chemie gibt es nur von Natur aus. Man kann sie nicht herstellen. Wie bei Tony Curtis und Jack Lemmon zum Beispiel. Ich wusste, sie war da. Du bringst sie zusammen und da ist es. Sie waren wie Brüder.

Wie Lemmon und Matthau.

Genau. Matthau war ein aufstrebender Schauspieler in New York. Er war bereits ein etablierter Theaterdarsteller. Ich nahm ihn mit nach Hollywood, und er wurde eine feste Größe. Man konnte sehen, dass die beiden zusammen lustig sein würden. Sie sind Komiker.

Über *Der Glückspilz* [1966], den ersten gemeinsamen Film der beiden, haben wir noch nicht viel gesprochen. Wieder einmal befindet sich Lemmon in einem kleinen Zimmer –

Ja.

– und mir scheint, Lemmon in einem kleinen Zimmer ist viel komischer als Lemmon in einer Totalen draußen. In kleinen Räumen ist er am besten, ein eingesperrter Typ. Und das ist die ultimative Lemmon-in-einem-kleinen-Zimmer-Rolle.

Das kommt bei ihm automatisch, verstehen Sie? *Der Glückspilz* ist der Film, in dem er in einem Rollstuhl sitzt, nicht wahr?

»Ich filme ein Zimmer nicht durch die Flammen im Kamin, denn das wäre die Perspektive des Weihnachtsmanns.«

Ein Footballspieler soll ihn verletzt haben.

Ja, der Footballspieler. Ich weiß nicht, solche Sachen geschehen. Ich mache nichts Gekünsteltes. Ich positioniere die Kamera nicht an einer Stelle, die offensichtlich falsch ist. Ich filme ein Zimmer nicht durch die Flammen im Kamin, denn das wäre die Perspektive des Weihnachtsmanns. Damit habe ich nichts zu schaffen. Mir geht es nur darum, was die Leute miteinander machen, oder wie ich es schaffe, das Publikum glauben zu machen, die Wände seien wirklich. Dass dieses Apartment wirklich existiert.

War *Der Glückspilz* ein Sieg für Sie?

[*Schlicht*] Nein, es war der Anfang meines Abstiegs.

Es überrascht mich, dass Sie das sagen. Der Film wird sehr geschätzt.

Ich sehe, wie Wilder seine Sitzposition verändert. Seine Schultern sinken etwas nach unten. Er versucht der Erinnerung an einen mutmaßlichen Misserfolg zu entkommen, aber es gelingt ihm nicht. Die Fehlschläge enttäuschen ihn immer noch, auch körperlich.

Ich weiß nicht. [*Er zuckt mit den Schultern.*] Er ist kein erinnerungswürdiger Film. Es ist ein Film, den man gemacht hat, weil man unter Vertrag stand. Er entstand einfach so. Ich weiß nicht, vielleicht war ich faul geworden, vielleicht war ich blöd geworden oder sonst was. Es ist traurig, aber ich muss mit diesen dunklen Punkten, dieser Stimmung, leben. Das ist ein weiterer Grund dafür, warum ich nicht mehr Regie führen möchte.

So sind die Stimmungen eines Regisseurs. Ein gescheitertes Projekt wirft selbst über einen Billy Wilder noch Jahre später dunkle Schatten. Nur wenige Momente vorher schwelgten wir beschwingt in den Erinnerungen an Sabrina.

Sie haben vorhin gesagt, Sie seien ein Company-Mann –

Ich bin ein Company-Mann in dem Sinne, dass ich nicht Kosten von einer Million Dollar unter den Teppich kehre *und dann Schwamm drüber.* Dazu bin ich einfach zu stolz. In dieser Hinsicht bin ich ein Company-Mann, aber auch in anderer Hinsicht … Ich und viele andere meines Alters. Mankiewicz ist jetzt tot, aber er war genauso. Seine Filme waren erstklassig, bis er *Cleopatra* [1963] machte. Danach hat er einfach nichts mehr gemacht. Es ging ihm schlecht, aber er konnte sich nicht mehr beweisen, weil er kaum noch Regie führte. Ich glaube, Regieführen kann viel Spaß machen, bis man fünfundsechzig oder siebzig ist, also lassen Sie sich das eine Lehre sein. Wie alt sind Sie?

Neununddreißig. Ich muss noch ein paar Sachen hervorbringen.

Neununddreißig? Das ist älter, als ich dachte. Das ist gut. Je älter sie werden, umso mehr mag ich sie.

KAREN LERNER Sie waren immer an ein Studio gebunden und doch sind Sie ein so unabhängiger Geist. Es ist schwer, diese beiden Dinge unter einen Hut zu bekommen.

Das wussten sie, als sie mich unter Vertrag nahmen. Sie wussten es bei United Artists. Sie wussten es bei Paramount. Aber diese Verträge sind heute nicht mehr die Regel. Heute gibt es keine Autoren mehr, die in den Studios schreiben. Bei Paramount hatten wir einhundertundvier Autoren unter Vertrag. Und die Autoren sagten immer: »Ich habe sieben Jahre, das ist großartig!« Nix sieben Jahre. Sie bekamen *ein* Jahr, und dann hatte das Studio eine Option für sechs weitere Jahre. Sie wussten aber, dass sie einen unabhängigen Mann bekommen würden, und das wollten sie. Sie hatten das Recht, mir zu sagen: »Dieses Ding mögen wir nicht, daraus wollen wir keinen Film machen.« Ich behielt dann das Manuskript und verwendete es später. Die Produzenten diktieren nicht immer, wie ein Film auszusehen hat. Ich bin aber mit ihnen ausgekommen, und als ich selbst Produzent wurde, stand niemand mehr über mir, nur das Studio selbst.

Sie konnten zum Beispiel sagen: »Wir haben das Buch gelesen und wir wollen *Das verlorene Wochenende* nicht machen. Wie kann man einen Film über einen Trinker drehen, der nicht eines Tages aufwacht und sagt: ›Ich werde nicht mehr trinken‹?« Das sagt er übrigens nie im Film. Er sagt nur: »Ich versuche es. Ich versuche die Finger davon zu lassen.« Aber als es dann um die Besetzung ging, sagten sie mir, sie würden mir nur das Geld geben, wenn ich einen attraktiven Mann nehmen würde. Ich wollte, dass José Ferrer den Trinker spielt. Aber ich musste einen Kompromiss eingehen und Mr. Ray Milland nehmen.

Als ich Sie nach Ihrer Mutter fragte, sagten Sie nur: »Sie war anders.«

Meine Mutter starb im Konzentrationslager, ebenso mein Stiefvater, den ich nicht gekannt habe, und auch meine Großmutter. Sie sind alle in Auschwitz gestorben, wie ich herausgefunden habe. Sie hatte eine kurze Zeit lang in Amerika gelebt, bevor ich geboren wurde, bei einem meiner Onkel, als sie ein sehr junges Mädchen war. Sie sprach nur sehr wenig Englisch. Sie war lustig, aber es war sehr schwer, sie zum Lachen zu bringen. Ich meine, sie verstand die Witze, aber ... ich weiß nicht. [*Er tut die Erinnerung mit einem Schulterzucken ab.*] Ich verließ meine Eltern, als ich achtzehn war, als ich die *Matura* gemacht hatte, die Abschlussprüfung am Gymnasium. Mein Vater starb 1928 in Berlin, und sie war allein in Wien. Sie heiratete wieder. Aber ich habe ihren Mann vor dem Krieg nie getroffen.

Sie mochte Amerika aber, oder?

Sie mochte es sehr. Deshalb kam auch mein Bruder hierher; er verließ das Gymnasium in der dritten Klasse. Es waren acht Jahre Gymnasium und vier Jahre Grundschule. Mein Vater war auch einmal in Amerika; er besuchte meinen Bruder, der hierher gekommen war, als er vierzehn Jahre alt war. Er ging erst nach London, und dann von London nach New York. Hat das Gymnasium nicht zu Ende gemacht – eine Schande, nicht wahr? [*Er lacht.*] Er ist tot. Seit zehn Jahren jetzt. Es geht alles so schnell, wissen Sie – plötzlich ist man in den Siebzigern, den Achtzigern, den Neunzigern.

Das Telefon klingelt. Er antwortet, seine Stimme vibriert ein wenig. Es ist Wilders Ehefrau Audrey, die ihm mitteilt, dass seine Verabredung zum Lunch abgesagt worden ist. Er hängt nach einem kurzen Gespräch auf.

Wollen Sie mit mir zum Lunch gehen?

Wilder steht auf. Er greift seinen Stock, der an der Wand lehnt, und eilt zur Tür. Ich nehme das Aufnahmegerät und beeile mich, um mit ihm Schritt zu halten. Wilder schließt das Büro hinter uns ab, benutzt wie immer nicht den Aufzug, und so gehen wir die zwei kurzen Treppen hinunter. Er bewegt sich präzise, aber behutsam. Wir gehen zum Beverly-Hills-Restaurant Prego um die Ecke. Er bewegt sich munter durch den lebhaften Straßenverkehr, geht schneller.

Ich frage Wilder nach seiner großen Kunstversteigerung im Jahr 1989. Seine Gemälde brachten 32,6 Millionen Dollar ein, eine Überraschung für einen Mann, der nur das gesammelt hatte, was ihm selbst gefiel. Die Auktion brachte ihm jenes Vermögen ein, das er mit Filmen nicht machen konnte.

Haben Sie die Spuren der Gemälde verfolgt, die Sie verkauft haben? Was ist mit ihnen geschehen?

Ich habe einen Picasso gesehen, der kürzlich viel niedriger bewertet wurde, ungefähr eine Million niedriger, als die Summe, für die ich ihn verkauft habe.

Man erkennt ihn auf der Straße. Ein großer Herr in einem guten Anzug und mit einer Power-Krawatte erinnert Wilder an Geschäftsverhandlungen, die sie einst geführt haben. Sein cooles Benehmen kann nicht darüber hinwegtäuschen, wie aufgeregt er ist, mit dem Meister plaudern zu können. Aber der Meister ist hungrig, und Wilder hält nicht viel von

Smalltalk. Er schüttelt dem Mann die Hand und geht weiter, ohne uns vorgestellt zu haben.

Ich stelle nie jemanden einem Agenten vor.

Wir erreichen das Restaurant, und alle Tische sind besetzt. Wir warten sieben Minuten, und währenddessen beginnt Wilder, der in der Nähe des Pults der Empfangsdame steht, leise zu singen. Wir bekommen einen Tisch. Wilder interessiert sich für das Brot, das er bald in eine Mischung aus Essig und Öl tunkt. Er bestellt ein Glas Weißwein. Er sitzt mit dem Rücken zum geschäftigchaotischen Treiben des beliebten Lunch-Restaurants, er fragt mich nach meinen Projekten und leiht mir sein gesundes Ohr.

Ich würde gern so produktiv sein wie Sie zwischen 1957 und 1960. Bumms-bumms-bumms-*bumms*! Vier Filme in drei Jahren.

Ja, und wenn ich die Kraft dazu hätte, würde ich es wieder tun. Die habe ich bloß nicht. Seien Sie nicht stur. Das heißt, in einer Sache müssen Sie stur sein; Sie brauchen zuerst ein Drehbuch. In dieser Hinsicht müssen Sie stur sein.

Ich habe noch »Richtig oder falsch«-Fragen. Lassen Sie uns noch ein paar Gerüchte aus der Welt schaffen. Richtig oder falsch: Haben Sie Teile von *Casino Royale* [1967] geschrieben?

Ich habe einige Ideen beigesteuert, aber nichts geschrieben. Ja, es gab fünf oder sechs James Bonds, ich weiß es nicht mehr genau. Das habe ich nie vorgeschlagen. Ich habe nur gekiebitzt. Die endgültige Version des Films mit den sechs oder sieben Bonds, das war nicht meine Idee. Das war die

Idee des Autors, der den Film schließlich geschrieben hat. Ja, nicht gut.

»Kinder erscheinen fast nie in Wilders Filmen, weil Wilder Kinder nicht mag.«

[*Wilder belohnt diese Frage mit längerem Schweigen, während er sein Essen genießt.*] Ich wurde nach sieben Jahren geschieden. Jetzt bin ich fast fünfzig Jahre verheiratet. Wir haben keine Kinder, und ich hatte nie Kinder um mich herum. Es gibt ein Kind aus meiner ersten Ehe, aber sie blieb bei Mama. [Ein Zwillingsbruder des Mädchens starb als Kleinkind.]

Also gab es nichts zu beobachten.

Nein, nichts. Mein einziges Kind ist jetzt schon Großmutter.

Hier kommen noch mehr Beweise für die »Wilder schreibt keine Kinderrollen«-Theorie: In *Eins, Zwei, Drei* gibt es Little Tommy. Aber Cagneys Kind ist wie eine Requisite. Das gilt auch für die Kinder in *Das Appartement*, die man um den Weihnachtsbaum sitzen sieht im Hintergrund des Sheldrakeschen Wohnzimmers.

[*Leicht genervt*] Ja.

Was antworten Sie Leuten, die sagen: »Wilder interessiert sich gar nicht für Kindercharaktere«?

Ja, darin bin ich wirklich nicht gut. Ich mag Kinder, ich mag sie sehr. Sie sind wunderbar, aber sie sind nicht mein ganzes Leben. [*Komische Pause*] Die kleinen Quälgeister.

[Ich lache.] Hunde jedoch sind eine ganze andere Sache. Besonders der Hund in *Ariane – Liebe am Nachmittag*, der einer Rache zum Opfer fällt.

Mit Hunden konnte ich etwas anfangen. Aber Kinder, verstehen Sie ... Ich weiß nicht. [*Er macht eine Pause.*] Ich komme einfach nicht gut mit ihnen aus. Sie machen einen Bogen um mich. Ich habe nie ... ich hatte einige Freunde mit Kindern, die ich mochte. Aber sie machen mich nervös.

Auch Ihre eigenen Urenkel?

Sie leben in Reno in Nevada, und sie kommen immer zu Weihnachten her. Ich weiß genau, so um den 11. oder 12. Dezember herum bekomme ich Postkarten von ihnen, den Kindern. »Setz dich hin und schreib das Ding, sonst kriegst du kein Geschenk. Setz dich hin! Setz dich hin!« Sie sind jetzt schon ein bisschen älter. Ziemlich bald werden sie mich erwischen.

Mochten Sie Renoirs Werke?

Ich habe nicht genug von ihnen gesehen, aber einige waren großartig.

Haben Sie *Die Spielregel* [1939] gesehen?

Die Spielregel und einen anderen, *Charleston Parade* [1927]. *Die Spielregel*, das spielte im Ersten Weltkrieg, nicht? Ja. Sehr guter Regisseur. Aber irgendwie, wegen des französischen Dialogs, wollte ich mehr verstehen. Ich schwor mir, den Film auf Französisch anzuschauen, wenn ich in Frankreich sein würde. [*Er zuckt mit den Schultern.*] Ich mag so viele

Regisseure, zum Beispiel [Luis] Buñuel. Er war kein Franzose, machte in Frankreich aber Karriere. Das Problem liegt darin, wissen Sie, dass man Komödien nicht ernst nimmt. Sie gewinnen nur sehr selten einen Preis. Andere Filme gewinnen Preise, nur weil sie ein ernstes Thema haben.

»Das Problem liegt darin, dass man Komödien nicht ernst nimmt. Sie gewinnen nur sehr selten einen Preis.«

Aber selbst die größten Komödienregisseure sehnen sich in der Regel nach der Gelegenheit, »ernstere« Filme zu machen. Es ist seltsam, wie das Stereotyp sich selbst perpetuiert. Sie nehmen nicht einmal ihre eigenen großen Komödien ernst.

Nein, aber sehen Sie, der beste Film, den Capra je gemacht hat, war *Es geschah in einer Nacht* [1934, fünf Oscars]. [*Er macht eine Pause.*] Er konnte einfach nicht anders. [*Gelächter*] Es war der einzige Oscar, den Gable bekam. Als er in *Vom Winde verweht* mitspielte, bekam jeder einen Oscar außer Gable. [Robert] Donat bekam ihn für *Auf Wiedersehen, Mr. Chips* [1969].

Plötzlich bemerkt Wilder den ungebetenen Gast bei unserem Lunch – mein Aufnahmegerät. Habe ich jetzt genug für meine »Kolumne«? Ich äußere erneut meinen Wunsch, eine längere Version unseres Interviews zu veröffentlichen. Er beschäftigt sich kurz und knapp mit diesem Thema –

Nein! – und beendet die Debatte zugunsten des Essens. Meine Zeit mit ihm ist fast zu Ende.

Ich finde den Mangel an gutem Benehmen von Regisseuren untereinander interessant. Hin und wieder bekommt man einen Brief von einem Kollegen, aber es gibt keine Bruderschaft von Regisseuren, die sich treffen und über ihre Filme sprechen. Ich könnte mir vorstellen, dass es in den Vierzigern und Fünfzigern etwas geselliger zuging.

Ja, das ist wahr.

Als Sie, sagen wir mal, *Das süße Leben* [1960] gesehen hatten, haben Sie Fellini dann angerufen? Oder ihm einen Brief geschrieben?

Ich habe ihm einen Brief geschickt, ja.

Wie schreibt Billy Wilder an Federico Fellini?

Begeistert. Aber ich kannte Fellini und ich bewunderte ihn. Später ist er auf sehr phantasievolle Weise vom Weg abgekommen. Heute ist es einfach unmöglich, in Italien Filme zu machen, mit Ausnahme kleiner Komödien, verstehen Sie, die lokal erfolgreich sind. Ja, sie drehen lokale Filme, aber keine großen. Und es *sollen* lokale Filme sein. Und hin und wieder entdeckt man etwas wie *Der Postmann* [1994, Regie Michael Radford]. Aber Fellini – er starb viel zu früh. Das ist eine sehr, sehr traurige Sache. Ich liebte *Die Nächte der Cabiria* [1957] und *Das süße Leben.* Das waren die einzigen Filme, die für mich einen Sinn hatten. Der von Mastroianni gespielte müde Journalist, das war eine wunderbare Figur. Jede Sequenz des

Films repräsentierte die Phantasie einer Figur. Das war die Struktur, deswegen funktionierte er.

»Ich bin kein ›Fan‹ von ›Prominenten‹. Ich hatte nie allzu viele Freunde aus dem Filmgeschäft. Es macht mir mehr Spaß mit meinem Zahnarzt zum Beispiel. Ich frage ihn nach dem wirklichen Leben, und er fragt mich nach Filmen.«

Mir ist bei unseren Gesprächen aufgefallen, dass Sie sehr freundlich über diejenigen reden, mit denen Sie gearbeitet haben. Hin und wieder, Kleinigkeiten, aber immer voller Respekt. Ich frage mich, ob Sie sich besser fühlen, wenn Sie die Geheimnisse, die Sie von einigen dieser legendären Menschen kannten, für sich behalten.

Von diesen legendären Menschen kenne ich nicht viele. Weil ich kein »Fan« von »Prominenten« bin. Von großen Stars. Ich hatte nie allzu viele Freunde aus dem Filmgeschäft. Es macht mir mehr Spaß mit meinem Zahnarzt zum Beispiel. Ich frage ihn nach dem wirklichen Leben, und er fragt mich nach Filmen.

[*Lachend*] **Großartig. Wenn Sie Schauspieler inszenierten, ist es dann vorgekommen, dass Sie sich täuschen ließen und Aufnahmen für gut hielten, die sich später als schlecht herausstellten? Oder konnten Sie sich generell auf Ihren Instinkt verlassen, was die Darstellung anbetraf und die Aufnahmen, die Sie kopieren ließen?**

Ich habe meinem Bauch getraut. Man sucht in der Regel die gute Aufnahme aus. [*Er macht eine Pause.*] Wissen Sie, was sie eines Tages mit Mr. Cukor angestellt haben, der ein sehr, sehr guter Regisseur war, ein alter Hase bei MGM? Er ließ zum Beispiel bei Großaufnahmen alle Takes kopieren. Er drehte zwölf Einstellungen von einer Großaufnahme mit Garbo und ließ die ersten acht kopieren. So hatte er eine Auswahlmöglichkeit. Dann haben sie ihm diesen Streich gespielt: Sie ließen eine Einstellung acht Mal kopieren. Und dann saß er da und sah sich Take um Take an. Nachdem er alle acht gesehen hat, sagt er: »Ich glaube, Nummer *drei* ist der beste.« Dann sagt der Cutter: »Ich mag Nummer *sieben*.« – »Okay, lasst es uns noch Mal anschauen.« Und danach sagten sie ihm, dass sie einen Take acht Mal kopiert hatten. [*Er lacht.*] Acht Mal.

Mit manchen Leuten dreht man mehr Takes als mit anderen. Bei manchen Leuten muss man den ersten Take kopieren lassen, weil der erste der beste ist. Er hat mehr Leben als die anderen. Bei anderen Leuten kopiert man Take *zwei*. Aber Nummer eins ist sehr oft die beste Einstellung. Also kopiert man Nummer eins und Nummer sieben. Dann verwendet man Nummer eins. Es hängt von der Qualität des jeweiligen menschlichen Wesens ab. Wenn man Druck macht, geben sie bei Take eins alles, und die Takes zwei, zehn oder zwölf sind schwächer. Immer wieder findet man kleine Patzer. Also: Nummer eins kopieren.

Und in der Regel war der Take, der sich beim Drehen am besten anfühlte, auch wirklich der beste.

Absolut. Selbst wenn ein anderer Take ein bisschen glatter ist, ohne einen kleinen Fehltritt der Kameracrew, die einem hilft … Nummer eins ist meist die beste Einstellung.

Mir ist noch nicht ganz klar, wie Sie es geschafft haben, all diese Filme zu schneiden, während Sie doch einen nach dem anderen gedreht haben.

Schnell. Das war die einzige Möglichkeit, sie zu schneiden. Es gibt keine andere. *Das Appartement* wurde in einer Woche geschnitten.

Haben Sie parallel zum Dreh geschnitten? Haben Sie sich abends das geschnittene Material angesehen?

Ja, was fehlte, was nicht nötig war, was neu gemacht werden konnte. Ja, ich sehe mir jeden Tag oder jeden zweiten Tag die Muster an. Das geschnittene Material sichte ich einmal die Woche. Um ihnen eine Vorstellung davon zu geben, was ich haben wollte. Machmal komme ich zurück, schmeiße noch etwas raus, und das war's. Und vielleicht, wenn die Dekoration noch nicht abgerissen ist, drehe ich noch eine zusätzliche Einstellung. Die meiste Zeit aber drehe und schneide ich sehr, sehr schnell. Es sei denn, ein Schauspieler gerät ins Stolpern und sagt mir: »Es war doch nur der erste Take! Bitte kopieren Sie ihn nicht!« Und ich sage: »Ich kopiere nie den ersten Take.« Und dann lasse ich ihn kopieren.

Haben Sie mit jedem Schauspieler mehrere Takes gedreht, um die Emotionen zu variieren?

Ja, sicher. Aber wie viele braucht man? Ich war nur ein schreibender Regisseur – ein Autor, der auch Regie führte. Manchmal probierten wir etwas anderes aus, manchmal ließen wir etwas ganz weg. Aber es lag immer nur ein kleiner Haufen Zelluloid auf dem Boden des Schneideraums, wenn wir mit dem Film fertig waren.

»Es lag immer nur ein kleiner Haufen Zelluloid auf dem Boden des Schneideraums, wenn wir mit dem Film fertig waren.«

War das von Anfang an so?

Von Anfang an. Ich nahm den Cutter oft zum Drehen mit. Er hieß Doane Harrison. [Er wurde später Wilders Associate Producer.] Beim Drehen war er eine große Hilfe, nicht beim Drehbuch. Er machte mich auf überflüssige Einstellungen aufmerksam, oder darauf, noch eine zusätzliche zu drehen.

In einem Buch über Sie steht zu lesen, dass er da war, um Ihnen »Mut zu machen«.

[*Überrascht*] Mut zu machen? Nein, das glaube ich nicht. Am Anfang, bei den ersten Filmen, hat er mir gezeigt, wo ich die Kamera hinstellen sollte. Wo sie hingehörte und wo ich schneiden würde. Und das war sehr, sehr gut. Aber er mischte sich nicht in Drehbuchangelegenheiten ein.

Glauben Sie, es ist gut für einen Regisseur, wenn sein Cutter mit am Drehort ist?

Sehr gut, ja. Ich habe von Anfang an sehr schnell gedreht. Ich machte die Filme in fünfundvierzig, fünfzig Tagen. Vielleicht sechzig Tage bei *Boulevard der Dämmerung*. Aber ich habe keine Szenen aus den Filmen herausgenommen. Bei *Boulevard der Dämmerung* habe ich den Anfang herausgenommen und bei *Frau ohne Gewissen* das Ende. Das waren die beiden größten Operationen, die ich durchführte.

Also waren die Drehbücher sehr knapp.

Sehr knapp. Immer. Keine Anweisungen für die Kamera oder die Positionen der Darsteller, nur wenn es nötig war. Mir war klar, wo sie sich befinden würden, aber ich wies nicht mit dem Finger drauf. Ich erwähnte es allenfalls am Rande.

Wussten Sie am Anfang eines Tages, wie alle Einstellungen aussehen würden? Hatten Sie sich vorbereitet, oder entschieden Sie sich an Ort und Stelle?

Mehr oder weniger. Wir setzten uns aber immer hin, und ich sagte: »Okay, diese Szene.« Wir lasen sie, und ich sagte: »Okay, lasst sie uns spielen.« Die Darsteller spielten die Szene, bis sie sich alle wohlfühlten. Und dann sagte ich: »Nun, wie wäre es, wenn Sie nicht dorthin gehen, sondern da bleiben würden, und dann kommt der andere herein …?« – Dieses und jenes. Dann bestimmten wir, wo die Kamera stehen sollte, und das war's.

Findet die Inszenierung schon in Ihrem Kopf statt, während Sie schreiben?

Ja, falls ich es schreibe. Ich habe nie ein Problem mit einem Abgang, wenn zum Beispiel eine Figur zu jemandem kommt, der an einem Schreibtisch sitzt und dann wieder weggeht. Ich habe immer genug Dialog für einen Abgang. Keine tote Luft. Es gibt in meinen Drehbüchern keine langen Erklärungen. Da ist bloß die Szene, Szene 73, die bei jemandem zu Hause spielt. Mehr ist es nicht. Als Letztes teile ich sie in Einstellungen auf, in Kamerabewegungen. Zuletzt also überlege ich mir, wohin ich die Kamera stelle. Aber erst muss es zu Papier gebracht werden.

Was hielten Sie davon, Augenblicke visueller Poesie oder auch lyrische Elemente hinzuzufügen?

Das habe ich sehr ernst genommen. *So* musste es sein. Die Worte mussten zum Leben erweckt werden.

»Marlene Dietrich war ein großartiger Doktor. Wenn jemand krank war, war sie zur Stelle. Darum nannte ich sie ›Mutter Teresa mit besseren Beinen‹.«

Obwohl die Drehbücher knapp waren, gibt es doch Momente, in denen Sie den Film ein wenig atmen lassen. Zum Beispiel bei der Totale in *Das Appartement*, in der man Lemmon vor dem Kino auf Shirley MacLaine warten sieht, mit der er verabredet ist.

Ja, natürlich. Selbst dieser Moment erzählte noch etwas – dass sie nicht da war, dass sie nicht kam, weil sie bei ihrem Boss war. Ein wenig Poesie. Lemmon musste darauf reagieren, dass sie nicht kam und er allein war. Natürlich bereitete ihm das Kummer, er empfand das Gleiche wie alle menschlichen Wesen in dieser Situation.

Durch dicke Brillengläser starrt mich Wilder jetzt neugierig an. Er blickt auf das Mikrofon, das unschuldig in der Nähe seines Wasserglases steht, und dann wieder hoch zu mir. Wir haben etliche Stunden aufgezeichnet, weit mehr, als er beabsichtigt hatte. Die meisten seiner modernen Biographen werden nicht einmal mit einem Rückruf bedacht. Irgendwie hatte ich mich ins Niemandsland begeben, und das war uns beiden klar. »Was machen Sie mit dem Ganzen«, fragt er gezielt, »jetzt wo Sie's haben?«

Einmal mehr plädiert Karen Lerner für ein Buch. Wilder toleriert das mehr, als dass er zuhört. Ich platze mit der Geschichte meines eigenen Interesses an ihm heraus. Als angehender Regisseur hatte ich Ende der Achtzigerjahre eine starke Affinität für sein Werk entwickelt. Es ist natürlich eine alte Geschichte – ein Autor wird von einem anderen Autor inspiriert –, doch ich entdeckte Wilders Zuneigung zu seinen Figuren und seine Komik zur rechten Zeit, und das versorgte mich sozusagen mit einer Landkarte, um in der sehr risikoreichen Welt des Filmemachens voranzukommen. Wer war dieser Mann, der seine Autorenstimme selbst im Mainstream-Kino so rein und oft so subversiv erhoben hatte? Ich wollte mehr über ihn erfahren, alles, was ich herausfinden konnte. Es war nicht einfach und ist es immer noch nicht. Keines der Bücher über Wilder war damals schon gedruckt. Und jetzt, da wir mit den Interviews begonnen hatten, wurde immer klarer, was all diesen Büchern fehlte: eine Aufzeichnung von Wilders eigener Perspektive, geradeheraus und ungefiltert.

Wilder hört sich das alles an, blinzelt ein wenig, zeigt keine Gefühle. Aber als ich es ganz einfach formuliere, dass ich selbstsüchtig ein Buch schaffen wollte, das ich gern lesen würde, versteht er das auf Anhieb. Das wird mir klar, weil er mit dem Kopf nickt – stumm.

»Nun, die Tatsache, dass Sie das machen, macht es besser«, gibt er zu, »weil Sie ein Profi sind, verstehen Sie?«

Ein Durchbruch, aber nicht ohne Bedingungen. Falls wir

weitermachen, sagt er, muss der Interviewer genug Zeit aufbringen, um gründlich vorzugehen. Viel Zeit müsste investiert werden – Zeit, die meiner eigenen Karriere nicht zur Verfügung stehen würde. Hatte das Sinn für mich, in Hinsicht auf meine Karriere? Außerdem verlangt Wilder, falls wir weitermachten, die Möglichkeit, jedes Thema wieder aufzugreifen, das er meiner Meinung nach nicht klar genug behandelt hatte. Nachdem wir uns gegenseitig unserer Professionalität versichert haben, geht es voran. Wilder stimmt dem Projekt zu. Und liefert gleich eine lustige Anekdote.

Übrigens habe ich einmal einen Witz über Marlene Dietrich gemacht. Sie suchte immer nach kranken Leuten. Als sie einmal einen Elektriker niesen hörte, oben unter dem Studiodach, rannte sie barfuß in den Regen hinaus, um ihm Medikamente zu bringen. So war sie, ihr ganzes Leben. Sie war ein großartiger Doktor, das war sie. Wenn jemand krank war, war sie zur Stelle. Sie suchte nach kranken Leuten. Wenn sie gesund waren, verließ sie sie. [*Er lacht.*] Darum nannte ich sie »Mutter Teresa mit besseren Beinen«.

Es gibt eine Szene in *Fedora,* in der wir Fedora, den jungen Star, in Hollywood einen Film drehen sehen. Sie rauscht aus dem Studio, gefolgt von ihrer Entourage. Das schien mir eine persönliche, authentische Szene zu sein, und ich fragte mich, ob die Atmosphäre um Dietrich oder Monroe so gewesen ist.

Manchmal. Ja. Aber wir müssen an das fertige Produkt denken, und Monroe alles vergeben, wissen Sie. Denn ich habe es ja nur ein- oder zweimal in meinem Leben erlebt. Ich sagte mir: Nie wieder! Aber dann, wissen Sie, kommt der Moment, wo es heißt: »Würden Sie gern Miss Babaloo Babalow für diese Rolle nehmen?« – und das ist der Moment, in dem man denkt: »Erwäge alle Aspekte!«, und dann sagt man: »Nein, ich würde lieber Marilyn Monroe haben.« Darum geht es. Selbst wenn man drei Tage auf eine Aufnahme warten muss. »Ich möchte Miss Monroe haben.« Sind wir fertig?

Ja.

Von jetzt an werden wir uns mit einer Frage pro Tag befassen. Oder Sie sagen »Könnten Sie das besser formulieren?« oder »Das haben Sie mir noch nicht erzählt!« Dann setzen wir uns hin und nehmen uns das noch einmal vor. So sollten wir vorgehen. Gut. Was ist mit Ihrem neuen Drehbuch, haben Sie den ersten Akt fertig? Sind all Ihre Probleme gelöst?

Ich schreibe noch. Es gibt ein Story-Problem.

[*Er nickt.*] Es gibt immer ein großes Problem. Man arbeitet dran und arbeitet dran, und man kann es nicht lösen. Man denkt daran, das Drehbuch aufzugeben. Und dann ... findet man die Lösung und das Drehbuch ist fertig. Es geht am Ende immer um ein großes Problem, das man zu bewältigen hat. Bei *Das Appartement* dachte ich, es müsste noch eine andere Frau geben, mit der Sheldrake eine Affäre hat, und das war die Telefonistin. Dann ruft sie eines Tages die Ehefrau an ... und die sehen wir nie. Das mussten wir klar bekommen.

Warum haben Sie die Ehefrau nicht gezeigt?

Weil man das nicht brauchte. Man brauchte nur die Aktion, nicht die *Reaktion*. Das wissen Sie doch sehr gut. [*Er nimmt seinen Stock und wir gehen.*]

»Man brauchte nur die Aktion, nicht die Reaktion.«

Das Problem scheint meine Pünktlichkeit zu sein. Ich komme ein paar Minuten zu spät zu einem Dinner mit den Wilders in einem ihrer Lieblingsrestaurants, Mr. Chow in Beverly Hills. Ich finde schnell heraus, dass sie schon längst Platz genommen haben. Die Wilders kommen gern etwas zu früh. Ich geselle mich zu Wilder, Audrey und Karen Lerner. Wilder hat für mich wegen seines guten Ohrs den Platz zu seiner Rechten freigehalten. Ich entschuldige mich beiläufig für das, was für mich ein pünktliches Zuspätkommen ist. Er betrachtet mich mit distanzierter Verdrießlichkeit. Ich rede weiter und mache ihm ein Kompliment wegen des gestrigen Interviews.

»Danke«, sagt Wilder scharf und rückt den Behälter mit dem warmen Sake vor sich zurecht. »Ich hatte gehofft, Sie bis Freitag los zu sein.«

Trotz seines bissigen Witzes ist das Dinner ein Reinfall. Audrey und Billy haben vergessen, ihre Hörgeräte mitzunehmen. Alles passiert laut, und etliche Dialoge zwischen diesem eng verbundenen und lange verheirateten Paar werden in unterschiedlicher Lautstärke zwei- oder dreimal wiederholt.

Etwa in der Mitte des Essens kommt das Gespräch auf Marilyn Monroe. Die Wilders halten nichts von einer Verschwörungstheorie in Bezug auf ihren Tod, und sie glauben auch nicht, dass es sich um Selbstmord gehandelt hat. Monroe war nicht die Einzige, die einiges an Chemie konsumierte. Champagner und Pillen gehörten bei vielen femme fatales *in Hollywood zum Alltag, sagt Audrey.*

»Man trinkt und man vergisst die Mixtur.« Es gab andere, die mindestens so viel wie Monroe konsumierten – es gab einen Arzt, der an viele bereitwillig Pillen verteilte –, aber man machte Monroe zu einer Art Aushängeschild für derartiges Verhalten. Die Kämpfe zwischen Wilder und Monroe waren berühmt, manchmal schmutzig, und sie fanden gelegentlich sogar in der Presse statt, aber es fand sich immer ein geheimer Kommunikationskanal, der Marilyns erklärte Überzeugung bekräftigte, Wilder sei jener Regisseur, der sie am besten auf der großen Leinwand zu präsentieren verstand. Ich begann ein zentrales Muster in Wilders Hollywood-Leben zu sehen. Der diplomatische Kanal, in diesen Fällen wie in vielen anderen, lief immer über Audrey Wilder.

»Ich erzähle Ihnen meine beste Marilyn-Monroe-Story«, bot Audrey mir an. »Wir konnten immer miteinander reden, auch wenn sie wütend auf Billy war oder wenn sie gerade miteinander stritten. Einmal rief sie mich von einer Party in New York an, und wir plauderten angeregt miteinander. Billy wurde gar nicht erwähnt. Und dann sagte sie am Ende des Gesprächs« – Audrey imitiert Marilyns Tonfall perfekt – »›Oh, und könntest du Billy sagen, er soll sich ins Knie ficken?‹« Audrey Wilder lacht. Es ist ein ansteckendes, offenherziges und weitgehend lautloses Lachen. Billy grinst seine lebhafte und liebliche Frau an. Erinnerungen. Am Ende des Essens lässt Wilder mich wissen, dass er immer noch an der ganzen Sache Zweifel hat. Ich denke an den Sisyphus-Mythos, als er einen neuen Interviewtermin in einer Woche festsetzt.

10 Uhr vormittags, Wilshire Boulevard. Im zwölften Stock befindet sich die Wohnung der Wilders. Am Abend zuvor hatte ich mit Steven Spielberg über Billy Wilders Werk gesprochen. Spielberg erörterte eloquent einige Aspekte von Wilders Karriere, erwähnte besonders eine Sequenz aus Lindbergh. *Aus dem Gedächtnis beschreibt Spielberg jede Einstellung der Sequenz, in der Stewart im Cockpit einschläft. Ein Sankt-Christopherus-Medaillon, das eine Reporterin ihm gegeben hat und das er am Armaturenbrett befestigt hat, reflektiert im sich drehenden Cockpit das Licht, bis es auf Stewarts Auge fällt und ihn aufweckt. Das zufällige Wunder rettet den Flug und Lindberghs Leben. Im letzten Moment kann Lindbergh das trudelnde Flugzeug auffangen. Beim Erzählen dieser Szene, die sehr viel mit der Magie Spielbergs eigener Filme zu tun hat, beginnt der Regisseur, Franz Waxmans üppige und persönliche Filmmusik zu summen und weist dabei darauf hin, dass Waxman irische Elemente eingearbeitet hat, als Lindbergh Irland überfliegt. Es ist ein bewegendes Zitat aus Wilders Werk vom erfolgreichsten Regisseur dieser Generation, und ich kann es gar nicht erwarten, es Wilder zu erzählen.*

Das heutige Gespräch mit Wilder ist das erste, zu dem ich zu ihm nach Hause eingeladen worden bin. Audrey bittet mich hinein. Die Wohnung steckt voller Kunst, obskurer und lyrischer, schlichter und subtiler. Nur wenig Raum an den Wänden bleibt ungenutzt. Auf dem Weg zu Wilders Arbeitszimmer zeigt Audrey mir die Oscar-Sammlung in einer Vitrine im Wohnzimmer. »Die meisten Leute wollen sie sehen«, erklärt sie aufgeräumt. Ich bin heute Morgen nur ein paar Minuten zu spät dran, aber wer könnte widerstehen, hinter dem Oscar für Das verlorene Wochenende *die für Buch und Regie für* Das Appartement *anzufassen? Ich nicht.*

Ich treffe Wilder in einem weißen Sweater in seinem Arbeitszimmer, die New York Times *in der Hand. »Ich bin mit meiner Lektüre eine Woche im Rückstand«, verkündet er und legt einen Stapel Papier zur Seite, damit ich mich rechts neben ihn setzen kann. In der Nähe stehen Stammesskulpturen herum und frische Rosen in einer Vase. Er ist heute lockerer und entspannter, da ich gleich loslege und ihm erzähle, wie Spielberg die beeindruckende Medaillon-Sequenz aus* Lindbergh *zitierte einschließlich einer notengetreuen Wiedergabe von Waxmans Filmmusik. Wilder hört zu, höchst erfreut. Er genießt diesen Moment, ehe er sich äußert.*

Das ist wunderbar. Ich hatte die Szene vergessen, aber es ist wunderbar. Es war kein guter Film. Wenn ich nur die Geschichte mit dem Mädchen am Anfang, in der Nacht vor seinem Flug, hätte erzählen können.

Haben Sie Lindbergh je nach diesem Ereignis gefragt oder verlangt, es zu verwenden?

Ich habe ihn nie gefragt. Ich wollte ihn nicht herausfordern oder ändern. Ich akzeptierte ihn.

Ich habe eine Frage zu Ihrer Zusammenarbeit mit Diamond. Wie argumentierte er, um Ihnen eine Idee *auszureden*, und tat er das oft?

Wir haben nie über irgendetwas lange diskutiert. Ein Streit kann sich hinziehen, verstehen Sie? Wenn ich etwas sehr Gutes hatte, dann sagte er bloß: »Warum nicht?« Wenn er etwas sehr Gutes hatte, dann machte ich so ein Gesicht. [*Er zeigt ein kurzes, befriedigtes Nicken.*] Wenn wir schrieben, hieß es nie: »Hab ich doch gesagt!« Wenn es um etwas sehr Wichtiges ging, dann bestand ich darauf. Wenn er mit etwas Wichtigem ankam, dann begrüßte ich das und sagte: »Das ist gut.« Aber immer, wenn er etwas mochte, machte er diese wundervolle Bemerkung [*ein kleines Schulterzucken*]: »Warum nicht?«

Ich sprach neulich mit jemandem, der Mr. Diamond kannte. Man sagt, er sei »traurig« gewesen.

Traurig, ja. Ein wahrer Humorist ist immer traurig. Sie werden merken, dass wirklich witzige Leute nie über ihre eigenen Scherze lachen. Sie machen sie, und das war's.

»Es ist gut, einen Zensor zu haben, einen Zensor, der aber auch etwas beisteuert. Es ist sehr gut, einen Mitarbeiter zu haben.«

Also für mich besteht der härteste Teil des Prozesses im Umschreiben. Jim Brooks hat einmal über mich gesagt: »Er vermeidet das Schreiben durch Schreiben.« Ich hasse es, Sachen umzuschreiben. Für mich ist es einfacher, mit einer ganz anderen Idee neu anzufangen. Hatten Sie eine Methode, bei einer Idee zu bleiben und sie nicht aufzugeben?

Ja – indem man sie ausbaute. Indem man etwas tiefer ging. Manchmal haben wir acht oder zehn Seiten auf einmal weggeschmissen. Wir kamen zu dem Schluss: »Das gehört nicht hierhin.« Manchmal ist es nicht *dienlich,* einen Witz einzuführen und dann wieder aus dem Witz herauszukommen – der Film kann ohne ihn leben. Und das ist nicht gut, wenn er ohne ihn leben kann. Finden Sie das nicht auch? Und dann merkt man immer wieder – und wenn Sie allein schreiben, passiert das noch häufiger –, dass man sich *wiederholt.* Man sagt dreimal dasselbe.

Es war Lubitschs Idee, zwei zu sagen, und dann noch mal zwei zu sagen nach einer kleinen Pause ... und das Publikum machte *vier* daraus. Eins und eins und eins und eins macht vier. Oder eins und *drei* macht vier. Wir wiederholen uns so oft. Das sagte er mir, einfach so. Ja. Manchmal schrieben wir zehn Seiten am Tag. Manchmal schrieben wir eine ganze Woche gar nichts, weil wir feststeckten. Irgendetwas roch nicht richtig. Es ist gut, einen Zensor zu haben, einen Zensor, der aber auch etwas beisteuert. Es ist sehr gut, einen Mitarbeiter zu haben.

Wenn ich Sie über Ihre Zusammenarbeit sprechen höre, fühle ich mich sehr einsam, da ich allein schreibe.

Aber Sie bestehen darauf, allein zu schreiben.

Ich habe den perfekten Co-Autor noch nicht gefunden.

Wenn Sie einen finden, lassen Sie es mich wissen. Wann immer Sie einen Film von mir sehen, der einen neuen Mitarbeiter nennt, dann handelt es sich um jemanden, den ich nicht mochte und mit dem ich nicht wieder zusammengearbeitet habe. Ich habe mit zwei Leuten gearbeitet, die ideal waren: Diamond natürlich und Brackett, mit dem ich mich oft gestritten habe, aber es waren konstruktive Kämpfe. Ich wechselte sie, wissen Sie – zu einer gewissen Zeit einmal hatte ich sechs Mitarbeiter. Sie starben entweder, Gott sei Dank, oder sie ... ja, wenn ich mal mit jemandem angefangen hatte, dann brachte ich es auch zu Ende. Ich beschützte sie. Wenn ich dann aber nicht erneut mit ihnen arbeitete, dann hieß das, dass es mir nichts brachte oder nicht *genug* brachte. Wenn mich jemand fragte, warum wir nur einen Film gemacht hatten, sagte ich: »Oh, ich *muss* mit diesem neuen Typ arbeiten – er kam zusammen mit dem Stoff zu mir.«

Gab es bei jedem Film immer ein zentrales Thema? Wenn Sie zum Beispiel mit dem Schreiben eines Films wie *Das Appartement* beschäftigt waren, befanden Izzy und Sie sich dann in der Lage zu sagen: »Das ist ein Film über einen kleinen Mann in einer großen Firma« oder »Es ist die Geschichte eines Niemands, der erst ein Zuhälter und dann ein wirklicher Mann wird …«?

Ja. Das konnten wir. Wir kannten unser Thema. Wenn wir kein zentrales Thema hatten, fingen wir gar nicht erst an zu schreiben. Es wird sehr schwierig, wenn man einen guten Einstieg gefunden hat und ein einigermaßen gutes Ende, man aber keinen Konflikt hat, den man für die Mitte braucht. Dann redeten wir darüber eine Woche lang oder auch zwei. Und dann sagten wir bloß: »Nun, es ist nicht sehr gut, es funktioniert nicht.«

Wie verlief denn die Entstehungsgeschichte von *Das Appartement*?

Die Idee zu *Das Appartement* hatte ich zehn Jahre vorher. Nicht bis ins letzte Detail, aber es gab damals die Zensur. Zehn Jahre vorher war etwa 1950 … Dann kam 1960, es wurde etwas einfacher, und wir machten es. Dennoch kamen immer noch Leute und sagten: »Sie haben ein schmutziges Märchen gemacht« – als ob es so etwas nicht gäbe. [*Er lacht.*] Es gab es nicht? Es kann überall passieren.

Es existieren widersprüchliche Geschichten über den Ursprung des Projekts. Einige behaupten, es habe mit einem Treatment begonnen, das ein Journalist, den Sie kannten, Ihnen gegeben habe. Sidney Skolsky.

Nein, nein. Skolsky? Nein.

»Das Appartement hatte ich lange im Kopf, bevor es aktiviert wurde. ›Wie fühlt sich der Typ, der in das Bett kriecht, nachdem die Liebenden gegangen sind?‹ So hat es wirklich angefangen.«

Und Izzy Diamond erwähnte einmal, es sei von der Sache mit Jennings Lang inspiriert worden. [Im Jahr 1951 wurde Jennings Lang, ein bekannter Hollywood-Agent, von Filmproduzent Walter Wanger angeschossen wegen einer Affäre Langs mit Wangers Frau, der Schauspielerin Joan Bennett. Langs Verabredungen sollen angeblich im Apartment eines Untergebenen stattgefunden haben.]

Nein. Die Idee zu *Das Appartement* kam mir, nachdem ich *Brief Encounter/Begegnung* [1945] gesehen hatte, diesen sehr schönen Film von David Lean. Es ist die Geschichte eines Mannes, der eine Affäre mit einer verheirateten Frau hat und der mit dem Zug nach London kommt. Sie gehen in das Apartment eines seiner Freunde. Ich sah das und dachte: »Was ist mit dem Typ, der in dieses warme Bett kriechen muss …?« Das ist eine interessante Figur. Dann schrieb ist das auf und notierte mir noch ein paar andere Sachen. Der Held dieser Geschichte war der Typ, der das alles ertrug und der durch eine Lüge in die Sache hineingeriet. Ein Mann in seiner Firma musste sich umziehen, sagte er, und benutzte das Apartment … Das war es dann.

Ich nahm es mir wieder vor, als wir mit *Manche mögen's heiß* fertig waren und weil ich Lemmon so mochte. *Manche mögen's heiß* war unsere erste Zusammenarbeit, und ich sagte: »Das ist der Typ. Das ist der Mann, der die Hauptrolle spielt.« Ein kleiner *nebbish,* wie wir sagen, ein Niemand, der einem leidtut. *Das Appartement* hatte ich lange im Kopf, bevor es aktiviert wurde. »Wie fühlt sich der Typ, der in das Bett kriecht, nachdem die Liebenden gegangen sind?« So hat es wirklich angefangen. Ich dachte: »Da wird die Zensur eingreifen.« Aber ich behielt die Idee, und als die Zeiten etwas lockerer geworden waren, machten wir es. Ich benutzte die Perspektive des Versicherungsangestellten, C. C. Baxter. Und ich wollte klarmachen, dass Lemmon ein naiver Typ ist. Sein Vorgesetzter – der Chef der Firma – will in die Oper, und er möchte das Apartment benutzen, um sich umzuziehen. Und Lemmon sagt: »Sie können es haben!« Das ist der Auslöser dafür, dass er zum Diener des Chefs der Versicherungsgesellschaft wird, der ihm daraufhin einen besseren Job verschafft. Damit das funktionierte, musste er deswegen ein wenig verlegen sein. Das war ein wichtiger Aspekt, das war das Problem, das wir lösen mussten – wir mussten eine perfekte Möglichkeit finden, das zu vermitteln. Er macht das alles ganz naiv.

Und Sie haben das sehr clever eingefügt, während Lemmon sich vor MacMurray verteidigt und dabei zunächst nicht bemerkt, dass der auch das Apartment haben will.

Ja, ja, so haben wir es gemacht. Aber dennoch kamen Leute an und nannten es ein schmutziges Märchen, weil es nicht glaubwürdig sei. Und ich sagte: »Was war nicht glaubwürdig?« Es war glaubwürdig. Es hätte überall auf der Welt passieren können, mit einer Ausnahme – Moskau. Warum konnte es nicht in Moskau spielen? Weil der Typ Arrangements mit den sechs Familien hätte treffen müssen, die in dem Apartment leben. [*Gelächter*] Natürlich war es glaubhaft, weil jeder mit einer Frau ins Bett will, und wenn er verheiratet ist, benutzt er ein Apartment, er geht nicht in ein Hotel. Oder wenn er *niemanden* kennt und sehr verschwiegen ist, dann mietet er ein Apartment.

Das war ziemlich einfach zu schreiben. Dasselbe galt für *Manche mögen's heiß,* nachdem wir die Idee hatten, es 1927 spielen zu lassen. Weil wir Gangster hatten und den Valentinstag. Das war ja passiert. Mr. Capone hatte die Exekution angeordnet, und wir sagten: »Das nehmen wir in den Film auf.« Leute fragten mich: »Was machen Sie da? Wissen Sie nicht, dass Komik und Blut nicht zusammenpassen? Sie passen nicht zusammen! Sie können die Leute nicht mehr zum Lachen bringen, wenn sie Blut gesehen haben!« Aber wir brachten sie zum Lachen. Allerdings waren die Gangster auch leicht lächerlich. Das gebe ich zu.

TEIL 5

Sie sind ein Kunstsammler von Ruf. Haben Sie jemals Zeit mit Picasso verbracht?

Nein. Wir waren in Cannes, und er war in Vallauris. Das ist oben in den Bergen. Und ich sagte: »Lasst uns Picasso besuchen.« Wir hatten gemeinsame Freunde. Audrey und ich fuhren also nach Vallauris; die Fahrt dauerte etwa eine Stunde. Auf dem Platz stand die mittelgroße Statue eines Schäfers, der ein Lamm trug. Ich gehe zum Haus, aber meine Hand erstarrt, als ich klingeln will. Und ich sage: »Ich kann's nicht. Ich bin nur ein Mann von der Straße.« Bevor ich ihm überhaupt erklären konnte, dass ich Freunde mit großen Sammlungen habe, die mit ihm reden und ihm Cowboyhüte bringen – er war verrückt nach amerikanischen Cowboys –, habe ich einfach die Nerven verloren. *Lass ihn einfach in Ruhe.* Was soll's. Also drehten wir um und fuhren zurück.

Er erwartete Sie nicht?

Nein. Nichts. Wie sollte ich ihn ans Telefon bekommen? Wie sollte ich seine Telefonnummer herausfinden? Ich sagte nur, was soll's.

Als junger Journalist haben Sie Freud interviewt. Was für eine Atmosphäre herrschte bei ihm?

Ich habe ihn nicht interviewt. Er schmiss mich raus, ehe ich meinen Mund aufmachen konnte. Ich ging in die

Berggasse – Berggasse Nummer 19. Dort lebte er, in einer Mittelklassegegend. Ich ging hin; meine einzige Waffe war meine Visitenkarte: ein Reporter der Zeitung *Die Stunde.* Es sollte ein Artikel für die Weihnachtsausgabe werden: »Was halten Sie von der neuen politischen Bewegung in Italien?« Mussolini. Das war um 1925, 1926 herum. Es war ein neuer Name für mich. Also habe ich einiges über ihn nachgelesen. Freud hasste Zeitungsleute, er verachtete sie; sie machten sich immer über ihn lustig.

»Ich war überrascht, wie klein Freuds Couch war. Seine ganzen Theorien basierten auf der Analyse sehr kleiner Leute.«

Ich habe nie einen Österreicher getroffen, der eine Analyse hinter sich hatte. Ich habe nie *irgendjemanden* getroffen, der eine Analyse gemacht hatte. Es war irgendwie eine geheimnisvolle Sache. Ich klingle, ein Dienstmädchen öffnet die Tür und sagt: »Der Herr Professor isst gerade zu Mittag.« Ich sage: »Ich werde warten.« Also sitze ich da. In Europa, in Mitteleuropa, benutzen Ärzte ihre Wohnungen als Praxis. Es ist eine Art Kombination. Sie haben auch Praxen in Krankenhäusern. Aber bei diesem Professor war der Salon das Empfangszimmer, und durch die Tür, die zu seinem Arbeitszimmer führte, konnte ich die Couch sehen. Es war ein sehr kleines Ding, ungefähr so groß wie das hier. [*Er deutet eine kleine Bank an.*] Mit türkischen Teppichen, vielen türkischen Teppichen, einer auf dem anderen. Er besaß damals, 1925 oder 1926, auch eine Sammlung afrikanischer und präkolumbischer Kunst. Und ich war überrascht, wie klein die Couch war. [*Eine kleine Pause*] Seine ganzen Theorien basierten auf der Analyse sehr kleiner Leute. [*Wilder betrachtet mich zufrieden: ein gut erzählter Witz, ein wohlverdientes Lachen.*]

Er saß dann da in einem Stuhl. Sein Stuhl stand etwas hinter dem Kopfende der Couch. Und ich schaue auf und dort kommt Freud. Ein winzig kleiner Mann. Er hatte eine Serviette umgebunden, so ein weißes Ding, weil er vom Essen aufgestanden war, und er fragt: »Reporter?« Und ich sage: »Ja, ich habe ein paar Fragen.« Er sagt: »Dort ist die Tür!« Er warf mich raus.

Das war der Höhepunkt meiner Karriere. Viele Leute haben mich danach gefragt, haben weite Reisen gemacht, um mich nach jedem Detail zu fragen, wollten alles ganz exakt geschildert haben. Aber das war alles, was passiert ist. Nur »Dort ist die Tür!« Und ich sagte: »Danke.« [*Er zuckt mit den Schultern.*] Egal, immer noch besser als ein Staatsbankett bei Saddam Hussein.

Hat er Ihnen die Hand geschüttelt?

Nichts.

Nichts. Nur – raus.

Nur eine Visitenkarte. »Sie sind Herr Wilder? Von der *Stunde*?« Ich sagte: »Ja.« Und er sagte: »Dort ist die Tür!«

Es ist amüsant, all die Bücher zu lesen, die über Sie geschrieben worden sind. Sie stecken voller Bemerkungen wie Holdens berühmtem Satz: »Billy Wilder hat einen Kopf voller Rasierklingen.« Sie werden dauernd charakterisiert als großer Zyniker.

Ja.

Finden Sie, Ihr Zynismus ist überbewertet worden?

Mein Zynismus? Ja. Aber nicht sehr viel. Vielleicht ist er überbewertet worden, weil ich Dinge ablehne, die nicht wichtig sind, die lausig sind. Ich tue sie mit einem Satz ab und gehe zur Tagesordnung über. Ich bin nie zynisch zu meinen Freunden. Ich weiß nicht, wieso man auf die Idee kommt, ich sei zynisch.

Ironisch vielleicht?

Vielleicht ironisch, ja. Nichts in all meinen Filmen … wissen Sie, da gibt es keinen Zynismus. Vielleicht in *Reporter des Satans.* Das war der einzige. Ich dachte, der Film müsse so sein. Da gab es den Zynismus des Reporters, der von seiner New Yorker Zeitung gefeuert wird und dann auf den Mann stößt, der in diesem Loch in der Falle sitzt. Es ist zynisch, dass er das ausnutzen will, aber dann bezahlt er dafür. Er bezahlt dafür, dass er ihn einen Tag zu lang in dem Loch hat stecken lassen. Er hätte dem Mann helfen können herauszukommen. Aber er machte einen Zirkus daraus.

Aber am selben Tag, als wir eine Testvorführung machten, war ich auf dem Wilshire Boulevard und sah einen Unfall. Es war eine Frau, glaube ich, die eine Ampel übersehen hatte, und sie wurde aus dem Auto geschleudert. Plötzlich sah ich einen Fotografen, der Aufnahmen machte, und ich sagte: »Jemand muss ein Telefon finden und die Polizei und einen Krankenwagen verständigen!« Und der Fotograf sagte: »Ich nicht, ich muss die Aufnahmen machen.« *Das* ist zynisch.

Izzy Diamond, glaube ich, hat die beste Beschreibung für Ihre Arbeit gefunden. Er nannte sie eine Kombination aus »Süßem und Saurem«. Wie das Leben eben.

Ja, wie das Leben. Das ist sehr wahr. Ich bin kein Gutmensch. In bestimmten Momenten bin ich gut, und in anderen schlecht …

Das Telefon klingelt. Nach ein wenig Geplauder fällt Wilder auf, das die Fernsehübertragung eines Tennisspiels bald beginnen wird. Er will unbedingt den jungen Star Martina Hingis spielen sehen. Wilder stellt das Fernsehgerät stumm und gibt mir zu verstehen, dass wir in der Zwischenzeit weitermachen können.

*»Ich bin kein Gutmensch.
In bestimmten Momenten bin ich gut,
und in anderen schlecht …«*

Ich fand es interessant, dass Sie, als wir das erste Mal über dieses Projekt sprachen, gefragt haben: »Für wen soll das sein? Wird es sich verkaufen? Wer ist das Publikum für dieses Projekt?« Sind Sie so auch bei Ihren Filmen vorgegangen? Haben Sie sich immer gefragt: »Für wen ist dieser Film?«

Nein. Es ist immer dasselbe Publikum, mehr oder weniger. Außer vielleicht bei dem Lindbergh-Film. Ich frage mich aber immer: »Mag *ich* den Film?« Und wenn ich ihn mag, werden andere Leute ihn vielleicht auch mögen. Vielleicht bekommt er einige gute Besprechungen und die Leute gehen hinein. Aber ich bin … ich bin nie auf einer Welle geritten, wissen Sie. Gerade sind es Katastrophen, oder? Da gibt es eine Flut oder Autos oder einen Bus. *Bah!* Das ist absolut … und kein Dialog. [*Er macht eine kurze Pause.*] Und einige sind ziemlich gut. Zum Beispiel *Stirb langsam* [1988]. Das war ein guter Film. Den mochte ich. Aber ich glaube, ein Film muss etwas Neues zeigen. Er muss etwas haben, was man nicht jeden Tag sieht, aber als wahr erkennt.

Also ist Wahrheit der Schlüssel.

Lass es wahr sein, lass es wahr erscheinen. Und nimm nichts mit hinein, selbst bei einer Farce wie *Manche mögen's heiß*, was nicht wahr ist. Ich stelle mir vor, es gibt einen Idioten wie Osgood Fielding wirklich. Dass es so einen alten Trottel tatsächlich gibt. Und von da aus mache ich weiter.

Wilder bemerkt jetzt, dass das Tennisspiel anfängt und schaltet den Ton des Fernsehgeräts an. Es wird sehr laut in seinem Arbeitszimmer. Er wendet sich vom Fernseher weg und mir zu, bereit für die nächste Frage. Er ist begeistert davon, an zwei Fronten beschäftigt zu sein.

Ist es wahr, dass Sie *Fedora* vom Studio nicht finanziert bekommen konnten?

Was?

[*Lauter*] Ist es wahr, dass Sie *Fedora* nicht vom Studio finanziert bekommen konnten?

Ja. Ich glaube, die Deutschen haben uns geholfen … Ich weiß es nicht wirklich, ich habe keine Ahnung. Ich weiß nur, dass wir die Finanzierung hinbekommen haben, und dann habe ich es vermasselt.

Was passiert mit Ihrem Privatleben, wenn die Einspielergebnisse eines Films nicht Ihren Erwartungen entsprechen? Wer ist für Sie da? Wer oder was trägt dazu bei, dass Sie sich besser fühlen?

Ich denke darüber nach: »Das ist *gut* … das ist *schlecht.*« Niemand kann mir etwas anderes erzählen, wenn es nicht funktioniert. Hin und wieder kam ich zu dem Schluss, dass ein Film, den sie kastriert haben, es besser verdient hätte oder zumindest *etwas* verdient hätte. Das war der Fall bei *Reporter des Satans.* Das hielt ich wirklich für ungerecht. Aber ich gehe mit meiner traurigen Geschichte nicht hausieren. Audrey kann dazu beitragen, dass ich mich besser fühle, ja, aber ich rede nicht darüber. Ich lasse es einfach ruhen. [*Das Fernsehen röhrt.*] Machen Sie weiter. Ich höre zu.

Welche der von Ihnen geschriebenen Charaktere waren die persönlichsten, bei denen Sie das Gefühl hatten, in diesem Mann oder dieser Frau steckte etwas von Billy Wilder? Sie haben nie die Figur eines jungen Reporters geschrieben –

Ein junger Reporter? Nein. Es ist aber offensichtlich, dass alle Hauptfiguren und manchmal auch die Nebenfiguren so reagieren, wie ich reagieren würde.

Ich war Reporter. Ich habe einige Dinge geschrieben, die nicht sonderlich interessant waren. Aber ich habe in meinen neunzig Jahren eine Menge Erfahrungen gemacht, wissen Sie, und wenn ich über eine Geschichte nachdenke, dann sagt etwas in mir: »Mach's!« oder »Lass es sein!« Auf diese Art und Weise würde *ich* es machen. Auf diese Weise würde ich in die Falle tappen [und den Film machen]. Aber es findet sich nur wenig von mir selbst. Ich schreibe eine Figur und hoffe, dass sie eine gewisse Tiefe hat. Die autobiografischen Details eines Lebens … die taugen immer nur für eine Biographie. Nur gelegentlich beschreibe ich etwas, das ich selbst in meinem Leben gemacht habe. [*Er wendet sich dem Hingis-Spiel zu.*] Okay, haben Sie noch mehr Fragen?

Ein paar. Ich streue sie ein, während Sie zuschauen. Die Picknicksequenz in *Ariane – Liebe am Nachmittag* ist komponiert wie eine Hommage an Renoir. War das der Fall?

Ich machte das Picknick mit der Nackten. Manet.

Welche Ihrer Hauptdarstellerinnen stand Ihrem Herzen am nächsten?

Ich habe gern mit Audrey Hepburn gearbeitet … Es war ein sehr schlechter Film [*Küss mich, Dummkopf!*], wie ich schon erwähnte, aber ich mochte Kim Novak sehr. Ich mochte alle meine Hauptdarstellerinnen, außer vielleicht Marilyn Monroe, aber erst nachdem ich einen ganzen Tag auf sie hatte warten müssen, oder manchmal drei Tage. [*Er macht eine Pause.*] Aber sie meisterte lange Dialogszenen, ohne einen Fehler zu machen. Irgendwie mochte ich, wie sie sich hin und her wiegte. Ich mochte sie. Ich wartete einfach auf sie und schluckte meinen Stolz hinunter.

Und welchen Figuren fühlten Sie sich am nächsten?

Ich mochte William Holden in *Stalag 17.* Perfekt. Ich mochte seine Gesellschaft. Ich wäre vielleicht gern Tony Curtis in *Manche mögen's heiß* gewesen. [*Gelächter*]

Norma Desmond mochte ich sehr. Und Sabrina. [*Er macht eine Pause.*] Ich mochte das. Es ist ein sehr, sehr milder Film im Vergleich zu einigen anderen.

> *»Ich wäre vielleicht gern Tony Curtis in* Manche mögen's heiß *gewesen.«*

In welcher Hinsicht mild?

Mild in den Liebesszenen, wissen Sie, weil ich dachte, dass sie nicht den Eindruck vermittelt, viel sexuelle Erfahrung zu besitzen. Sie war *Miss Audrey Hepburn.* Später stellte sich heraus, dass sie Liebesaffären hatte, heimliche Rendezvous und solche Sachen. Ich hatte *keine Ahnung*. Ich hatte nie das Verlangen, während eines Films eine Affäre mit einer Frau zu haben, weil mich der Film so sehr in Anspruch nahm. Der Film ließ mir keine Zeit. Aber manchmal verändert sich eine Vision. Ich fühlte mich zu Swanson hingezogen. Ich fühlte mich zu Barbara Stanwyck hingezogen. Ja, es gibt solche Sachen. Aber es ist alles auf der Leinwand. Man mag etwas, das es nur auf der Leinwand gibt. Und das bedeutet, dass man einen guten Job macht.

Also existieren die Charaktere, die Sie geschaffen haben, für Sie wirklich?

Ja.

Aber sie existieren nur in den Filmen, Sie romantisieren sie nicht übermäßig.

Nein. Niemals. Nehmen wir zum Beispiel Audrey Hepburn. Sie war die Prinzessin aus *Ein Herz und eine Krone* [1953] … oder die Tochter des Chauffeurs. Ich habe mir bei diesem Film sehr, sehr große Mühe gegeben, nichts Vulgäres zu suggerieren. Ich sagte nur: »So ist sie und so kann sie es spielen.« Niemand sonst kann Audrey Hepburn spielen. Niemand.

Aber in *Ariane – Liebe am Nachmittag* ist sie sehr *risqué*. Da läuft sie davon, um eine Affäre mit Gary Cooper zu haben.

Ja, aber sie hat keine Affäre mit *irgendeinem anderen.*

Stimmt, und das machen Sie dadurch klar, dass sie wüste Geschichten über all die Affären erzählt, die sie gehabt hat. Aber wir wissen, dass die nicht wahr sind.

Nein. Sie hat sie alle im Tagebuch ihres Vaters gelesen.

Es gibt so viele Aspekte in *Ariane – Liebe am Nachmittag,* auf die man hinweisen möchte. Einer ist Audrey Hepburns stummer Tanz mit dem Cello im Flur, der eine Lektion für jeden Regisseur ist, wie man eine Figur durch einen privaten Moment charakterisiert. Ein anderer ist Gary Coopers privates Streichquartett mit diesen wunderbaren ungarischen Zigeunermusikern. Die Szene, in der er sich betrinkt, ist eine meiner Lieblingssequenzen überhaupt. Die meisten Autoren hätten ihn einfach an eine Theke gesetzt und mit dem Barkeeper reden lassen. Sie aber platzieren ihn in seiner Hotelsuite und lassen ihn einem Band mit einer Liste von Hepburns angeblichen Liebhabern zuhören, während er einen Wagen mit den Getränken zwischen den Zimmern hin und her rollt. Die Badewanne läuft über,

die Musik spielt, und *dann* wird ihm klar, dass er sich verliebt hat.

[*Stolz*] Ja, er wartet auf die beiden Frauen, die aber nicht kommen, die schwedischen Zwillinge, also trinkt er. Und dann lässt er die Zigeuner mittrinken, die im Zimmer nebenan spielen. Das war eine gute Idee, die Zigeuner da zu haben, sogar im Türkischen Bad! Es waren wirkliche Musiker, eine ungarische Gruppe. Sie fiedelten weiter, während das Wasser stieg. Das war sehr gut.

Einer ihrer seltenen Spezialeffekte.

Keine Spezialeffekte ... Wir befestigten die Gläser auf der Tischplatte und rollten den Wagen hin und her. Ich setzte sechs Leute ein, um den Champagner mit Strohhalmen aufzusaugen.

Sie gehen kaum auf den Altersunterschied zwischen Gary Cooper und Audrey Hepburn ein. Haben Sie sich darüber Sorgen gemacht? Cooper befindet sich oft im Schatten ...

Ja, sicher, der Altersunterschied machte mir eine Menge Sorgen. Ich habe versucht, ihn so jung wie möglich aussehen zu lassen und gehofft, es würde funktionieren. Er war in den Fünfzigern, mit sechzig ist er gestorben, kurze Zeit später.

Hatte Cooper selbst Probleme mit dem Altersunterschied?

Nein. Er konnte jede Frau ins Bett bekommen, die er haben wollte. So ein Typ war er. Ich hatte mir auch Sorgen wegen Humphrey Bogarts Alter in *Sabrina* gemacht. Mit einer jüngeren Hauptdarstellerin hat man immer ein Problem. In *Ariane – Liebe am Nachmittag* spürt man es noch stärker, weil Audrey Hepburn so jungfräulich wirkt. Vielleicht fällt es einem auf, aber hoffentlich reißt einen die Geschichte mit.

Wie schwierig war die englische Sprache für Sie? Wie kam Ihnen das als junger Mann vor?

Absolut normal. Aber sehr fremd und sehr schwer zu schreiben. Es auf Papier zu bringen. *Though* [obwohl] und *tough* [hart] nicht zu verwechseln. Wissen Sie, es gab viele Fallen. Es ist leicht zu sprechen und schwer zu schreiben.

Waren Sie eingeschüchtert, weil Sie amerikanische Helden erschaffen mussten?

Überhaupt nicht. Ich sagte nur: »Das ist unsere Hauptfigur und sie verhält sich *so*.« Am Anfang brauchte ich natürlich Hilfe bei den Dialogen, weil es eine andere Sprache war. Aber als ich mich dann in den Rhythmus des Englischen einfand, wurde es ziemlich einfach. Zu sprechen, nicht zu schreiben. Es zu schreiben ist sehr schwierig. [*Im Fernsehen läuft eine Werbung für einen elektrischen Rasierapparat.*] Nur Norelco ist gut. Benutzen Sie den?

Nein, ich nehme einen normalen Rasierer.

Ich auch. Wo leben Sie?

[***Die persönliche Frage überrascht mich und ich beantworte sie schnell.***] **Seattle und Los Angeles … Was machen Sie mit einem Schauspieler, der beim Drehen erstarrt? Alle stehen herum und warten …**

Wenn ein Schauspieler erstarrt? Und als Salzsäule da stehen bleibt? Meist bleibt alles ruhig und leise. Ich bin sehr ruhig, ich bin sehr freundlich. Beim zweiten oder dritten Take werde ich nie lauter. Aber wenn es der *fünfzigste* Take ist … [*Er schneidet ein Gesicht.*]

Dazu gibt es eine gute Geschichte. Preminger inszeniert einen Film [*Margin for Error*, 1943], und er hat einen der deutschen Flüchtlinge engagiert, einen alten Mann. Der will seine Sache gut machen, auch wenn es nur eine kleine Rolle mit zwei Sätzen ist. Aber er bekommt es nicht hin. Er kriegt's nicht hin. Und Preminger wird lauter, der Mann fängt an zu schwitzen, und schließlich geht Preminger zu ihm hin und schreit: »ENTSPANNEN!« Und der Mann fällt in Ohnmacht. Später tat ihm der Mann leid und sie haben die Szene doch noch hinbekommen. Eine gute Geschichte. Aber das ist die eine Möglichkeit, mit dem Problem fertig zu werden. Die Decke wäre beinahe eingestürzt!

Haben Sie die Komparsen selbst ausgesucht?

Ja, und zwar auf folgende Art: Sagen wir mal, ich hatte ein Büro im ersten Stock. Dann sagte ich meinem Regieassistenten: »Gehe bitte hinunter und reihe die Komparsen dort an der Wand auf.« Und sie wussten nicht, dass ich [vom Fenster aus] zusah.

Eine großartige Idee.

Ja, denn wenn man vor ihnen steht, dann schauen sie so bittend, dann betteln sie um den Job. Ich wollte nicht nachgeben, weil jemand am Verhungern ist. Oder die Miete nicht bezahlen kann. Nein, nein. Ich mache eben meinen Film, und dann … gab ich ihnen Geld aus meiner eigenen Tasche.

Kannten Sie Frank Sinatra?

Klar.

Sie haben nie mit ihm gearbeitet.

Nein. Er ist kein Schauspieler. Ich mochte ihn als Sänger, obwohl für mich Bing Crosby der große Stilist ist. Crosby war der Künstler. Das hat man heute vergessen, aber er war der Erste.

Mir wurde gesagt, dass Sinatra damals nicht warten wollte, wenn er vor die Kamera trat. Er wollte gleich »Action!« hören.

Es interessierte ihn nicht, wenn Leute [am Drehort] zu ihm kamen und sagten: »Wir brauchen länger, als wir gedacht haben.« Er musste am Donnerstag in Las Vegas sein, und sie sagen: »Wann sollen wir die Szenen drehen?« Und er sagt: »Das ist ganz einfach.« Er nimmt die Drehbuchseiten, die noch nicht gedreht sind, und zerreißt sie. Was fängt man mit so einem Schauspieler an?

Ihr Freund Richard Cohen sagt, Sinatra habe Ihnen einen Picasso für Ihre Sammlung geschenkt.

Er gab mir einen Picasso. Das ist richtig.

Also waren Sie eine Zeit lang mit ihm befreundet.

Ich half dem Autor bei einem seiner Filme. Es war eine Komödie, und sie wollten sie so ähnlich wie *Manche mögen's heiß* machen. Das war *Frankie und seine Spießgesellen* [1960].

Und er schenkte Ihnen den Picasso.

Ja, ein kleines Ding, ein Aquarell. Aber ein Picasso.

Letzte Frage für heute. Der Schuss am Ende von *Boulevard der Dämmerung*, als Norma Desmond zu ihrer letzten Großaufnahme geht …

Ich glaube, das ist mir an Ort und Stelle eingefallen. Das ist eine gute Szene, denn sie war verrückt, richtig? Das ist die einfachste Sache der Welt – jemand wird verrückt. Warum tut er jetzt das? *Weil er verrückt ist!* Aber man versteht, warum Norma Desmond so ist, wie sie ist. Sie war ja schon halb verrückt. Und es ist eine gute Entschuldigung für den Schluss. Sie wird verrückt. Das war die Lösung.

Ich hatte das Gefühl, dass der letzte große Schuss zu einer Großaufnahme führen sollte. Mr. Stroheim führt Regie – »Wir sind bereit für die Großaufnahme.« Und sie kommt [die Treppe] hinunter. Sie hält Mr. Stroheim irrtümlich für Mr. DeMille. Sie denkt, sie ist im Studio, sie denkt, ihr Make-up ist wirklich. Die Leute um sie herum … sie wissen, dass Mr. Stroheim es arrangiert hat; wir haben das nicht gezeigt. Sie hat sich herausgeputzt, sie wird ihre große Szene spielen. »Einen Moment, Mr. DeMille. Ich möchte ein paar Worte sagen.« Ihre Stimme wird lauter, und sie hält ihre Rede: »… all ihr wundervollen Menschen im Dunkeln …«

Am Ende dieser Einstellung geht sie dann auf die Kamera zu, bis in die Unschärfe hinein –

Ja, kleine Tricks, denn sie ist ja ganz durcheinander. Sie weiß nicht, wo sie ist. Und dann – um richtig deutlich zu machen, dass sie glaubt, im Studio zu sein – kommt der Satz: »Ich bin bereit für meine Großaufnahme, Mr. DeMille«, und sie geht in die Großaufnahme hinein.

»Ich weiß nicht, was zum Teufel ich ihnen erzählen soll – dass ich drei meiner Ehefrauen umgebracht habe?«

War das ein optischer Effekt, als sie näher und näher an die Kamera herankommt?

Sie gerät in den Unschärfenbereich. Ich ließ die Kamera laufen. Ich wusste noch nicht, wo ich schneiden würde.

11 Uhr vormittags. Wilder ist bester Laune, als ich an diesem Tag mit Karen Lerner eintreffe. Er sitzt am Sekretärinnenschreibtisch in seinem Zwei-Zimmer-Büro und signiert einige Fotos von sich, um die ihn seine Fans gebeten haben. Seit Jahren beschäftigt er keine ständige Assistentin mehr. Wilder beantwortet die Post jetzt selbst. Dass er überhaupt Fotos signiert, ist ein gutes Vorzeichen für das heutige Gespräch. In seiner Nähe auf dem Schreibtisch liegt ein Stapel vanillefarbener Karten, die er oft an Fans verschickt hat, die ihn um ein Autogramm gebeten haben. Auf den Karten steht schlicht: »Autoren signieren nicht. Autogramme sind etwas für Schauspieler. B. W.« Heute bekommen einige wenige Glückliche nicht diese Karte, sondern stattdessen ein signiertes Foto des Regisseurs. Ich spreche ihn auf seine Fanpost an.

Sie stellen viele Fragen. Da man älter geworden ist, und da jetzt viele Leute alte Filme im Fernsehen anschauen, bin ich bei ihnen sehr populär geworden. Sehr populär bei Leuten, die um ein Autogramm bitten. Ich weiß nicht, was zum Teufel ich ihnen erzählen soll – dass ich drei meiner Ehefrauen umgebracht habe? Es gibt nichts Neues zu erzählen. [*Er deutet auf das Aufnahmegerät.*] Läuft das?

»Eine Großaufnahme ist in erster Linie eine praktische Angelegenheit, weil man mit ihr so viel erzählen kann.«

Ja. Stellen die Fans viele Fragen über die alten Filme?

Über die alten Filme. Sicher. Ich bin mit Stummfilmen aufgewachsen, und ich habe als Co-Autor an ich weiß nicht wie vielen Stummfilmen mitgearbeitet. Ich habe schwarz geschrieben [als Ghostwriter], mein Name erschien nicht auf der Leinwand. Die Drehbücher bestanden in jenen Zeiten nur aus fünfundzwanzig Seiten. Es gab keine Dialoge, nur Action. Fünfundzwanzig Seiten, das war das Drehbuch. Wenn man den ganzen Tag drehte und am Ende, sagen wir mal, fünf Minuten hatte – dann war das hervorragend. Man brauchte keine Schüsse über die Schultern zu drehen, keine Großaufnahmen.

Großaufnahmen, wissen Sie, sind eine seltsame Sache. Alle wollen Großaufnahmen haben, auch die Kleindarsteller und Statisten – alle, die im Film sind. Leute, die nicht einen einzigen Satz zu sagen haben, hätten gern eine Großaufnahme. Also habe ich die Großaufnahmen mit ihnen eingerichtet, aber es war nie Zelluloid in der Kamera.

Sie haben wirklich »Action« gesagt und einen Take gedreht?

Ich sagte »Action«, aber mit einem Zwinkern zum Kameramann, ja. Weil sie sagten: »Mit der haben Sie eine Großaufnahme gedreht, aber nicht mit mir!« [*Er imitiert sich selbst mit schelmischer Begeisterung.*] »Oh, ja, ja, ja! Sie haben ja so recht! Wir drehen eine Großaufnahme!«

Sie müssen im Lauf der Jahre aufregende Momente erlebt haben, als Sie durch das Objektiv schauten und die [echten] Großaufnahmen einrichteten.

Ja, aber es gab gar nicht so viele. Ich habe keine Großaufnahmen gedreht, die nicht erforderlich waren. Sie müssen sich organisch einfügen. Manchmal habe ich sie im Dunkeln gedreht, manchmal gegen das Licht. Das hing von der Stimmung [der Szene] ab. Eine Großaufnahme ist in erster Linie eine praktische Angelegenheit, weil man mit ihr so viel erzählen kann. Wenn man es *kann.* Wenn ich es mit einem Schauspieler, einer Schauspielerin zu tun habe, die mir nichts liefern, dann lasse ich es.

Gestern Abend habe ich mir *Zeugin der Anklage* angesehen. Der Film ist ein großartiges Beispiel für stumme Szenen. In der Mitte des Films befindet sich Vole [Tyrone Power] draußen vor einem Schaufenster, und es geht um den Hut einer Frau, die ermordet werden wird. Es ist ein wundervoller stummer Moment.

Ein stummer Moment, in dem er mit der Frau anbandelt, richtig? Denn das ist es, was er tun will. Es war ein sehr eleganter Moment. Ich arbeitete mit Autos, die sich im Fenster spiegeln, und mir gefiel die Idee, dass er mit ihr anbandelt, indem er ihr Modeberater wird. »Der taugt nichts«, sagt er. [*Er spielt den Moment, macht wegen des Huts ein saures Gesicht.*] »Vielen Dank, junger Mann. Wie heißen Sie?« Und schon läuft die Sache.

Heutzutage drängen einen die Studios dazu, solch stille Momente herauszunehmen. »Schneiden Sie das bloß raus, tun Sie's raus! Der Film muss schneller werden!« Es ist so wunderbar zu sehen, wie stummes Drama und stummer Humor in Ihren Filmen weiterleben.

Ja, und es ist immer mit ein wenig Musik unterlegt. Ja, das war einfach, diese Anbandelszene. Wir brauchten eine Witwe mit Geld und einer Sammlung afrikanischer Kunst, denn das war für ihn das Richtige. Tyrone Power war ein Schauspieler, der diese stummen Momente liebte, wissen Sie, weil sein Vater und sein Großvater auch im Showbusiness tätig gewesen waren. Er wollte gute Rollen haben.

Die Art und Weise, wie Sie *Zeugin der Anklage* gedreht haben, ist so simpel – scheinbar. Sehr verschlagen. Sie haben Charles Laughton in den Vordergrund gerückt, indem Sie ihn oft allein in den Einstellungen platzierten, sodass er die Leinwand füllte und mit seinem Spiel erfüllte.

Und bei Gott, das konnte er. Wie er das konnte!

Ja, und die anderen haben Sie in Gruppen aufgenommen oder Sie ließen sie in Totalen agieren. Laughton aber sticht mächtig hervor. Wie weit hatten Sie diese Einstellungen mit Ihrem Kameramann geplant?

Gar nicht so genau. Ich hatte nur das Drehbuch, das noch nicht ganz fertig war. Wir arbeiteten noch an der letzten Szene, wie meistens. Wir wussten, was der Clou sein würde – sie tötet ihn mit dem beschlagnahmten Messer. Ich habe Ihnen schon erzählt, dass Laughton, wenn wir am nächsten Tag eine große Szene hatten, zu mir in mein Zimmer kam und mir die Szene vorspielte, und er kannte den ganzen Text. Dann spielte er sie mir auf eine andere Art vor, dann wieder auf eine andere. Zwanzigmal. Und er wurde besser und besser und besser. [*Er schüttelt den Kopf, immer noch irgendwie verblüfft vom Talent dieses Schauspielers.*] Ich brauchte es mir nur auszusuchen.

Drehten Sie es auch auf zwanzig verschiedene Arten?

[*Sofort*] Nein. Wir hatten ja den Tag davor geprobt und waren glücklich mit, sagen wir mal, Version zwanzig. Dann kam er am nächsten Morgen ins Studio und sagte, er habe jetzt eine *ganz andere* Idee, wie man auf den letzten Satz hinarbeiten könne. »… oder sind Sie doch ein LÜGNER?!« Er hatte die Idee, ruhig anzufangen und sich dann hineinzusteigern. Und dann drehten wir eine Mischung aus Version zwanzig und einundzwanzig. Wir filmten das ganze Ding in einer Großaufnahme. Man konnte das ganze Auf und Ab sehen, die ganze Bandbreite des Schauspielers …

[*Wilder macht eine Pause. Fast vierzig Jahre später begeistert ihn Laughtons Leistung immer noch. Laughton, so scheint es, repräsentiert die Quintessenz des Wilderschen Schauspielers – kraftvoll, professionell, kreativ, ohne aufdringlich zu sein, und der Figur immer einen Anflug von Humor verleihend. Der Regisseur sucht nach einer Möglichkeit, seinem höchsten Lob Ausdruck zu verleihen. Er entscheidet sich für* understatement *und sagt vier Worte mit dem größten Respekt.*]

Das war sehr gut.

Und seine Frau [Elsa Lanchester] spielte die Krankenschwester. Jetzt sind beide tot, unglücklicherweise. [*Er macht eine Pause.*] Ich hatte verdammt viel Spaß mit diesem Film. Es ging so leicht, vierzig Tage.

Es ist interessant, dass Sie, als er seinen Brandy aus der Thermoskanne trinkt, anscheinend etwas mit dem Hauptlicht für seine Augen gemacht haben, um sie stärker funkeln zu lassen. Es scheint wirklich so, dass er beginnt betrunken zu werden.

Ich habe das mit dem Licht gemacht? Nein. Er wusste genau, wo das Hauptlicht war. Er war sehr gut, ein sehr guter Zuhörer und ein sehr guter Erfinder. Sehr, sehr gut. Er bekam keinen Oscar, obwohl er nominiert wurde [für *Zeugin der Anklage*].

Das Publikum muss ihn aber geliebt haben in diesem Film.

Ja, es mochte den Film. Aber es war sehr, sehr seltsam, denn Leute fragten: »Was zum Teufel werden Sie tun? Lassen Sie den ganzen Film im Old Bailey spielen?« Und ich sagte [*er lächelt verschmitzt, da ihm Laughtons Kraft bewusst ist*]: »Nein, ich habe mir eine Kleinigkeit einfallen lassen für den dritten Akt.«

Ich habe einige Fragen zu *Küss mich, Dummkopf!*, wenn das okay ist.

Es ist nicht okay, aber fragen Sie.

[*Ich lache.*] Martin Scorsese plant eine Filmbiographie

von Dean Martin, die auf der Biographie *Dino* von Nick Tosches basiert. Was sollte in einem Porträt vorkommen, damit deutlich wird, wer er war? Neben Sinatra war er eine Schlüsselfigur des *Rat Pack* [der »Rattenbande«, wie man eine Gruppe von Freunden aus dem Showbusiness nannte, zu denen unter anderem auch Sammy Davis jr. und Peter Lawford gehörten; Anm. d. Ü.].

»Es ist nicht okay, aber fragen Sie.«

Ja, er war der Lustigste, für mich jedenfalls. Dino war ein erstklassiger Typ, ein erstklassiges Talent. Es war kein guter Film, aber er [Dean Martin] war der Beste in seiner Klasse. Zu schade, dass er bei Jerry Lewis das fünfte Rad am Wagen wurde. Er war ein sehr witziger Mann. Ich erinnere mich – es war nach dem Lunch, da waren immer Besucher da, denn man ging zum Lunch in die Kantine, und dann standen sie da – er stand also da, ganz in der Nähe der Besucher, die Hände in den Hosentaschen, und dann suchte er in den Hosentaschen herum und sagte plötzlich: »Pflaumen? Wo habe ich diese Pflaumen her?« [*Er steht auf und demonstriert den Scherz – wie Martin heftig vorne in seiner Hose herumfummelt.*] Das war ein Standardwitz – »Wo habe ich diese Pflaumen her?«

In dem Buch *Dino* gibt Ray Walston ein Interview, in dem er über die Dreharbeiten zu *Küss mich, Dummkopf!* spricht. Er sagt: »Wie es für Wilder und Diamond typisch war, gab es noch kein definitives Ende, als wir mit dem Film anfingen.«

Ja.

»Es wurde am Set viel geschrien und gebrüllt, aber Dino brachte Wilder immer am meisten zum Lachen.«

Ja, das ist wahr. Aber er hatte mehr zu bieten, neunzig Prozent mehr, als nur den Scherzbold. Ja, ich bin ein Fan von Dean Martin. Ich hielt ihn für den witzigsten Mann in Hollywood.

Walston sagt auch noch: »Wilder kam zu mir und sagte: ›Es wird einiges mit Filmen passieren, mehr als man sich je vorgestellt hat; man wird Dinge auf der Leinwand sehen, die man niemals erwartet hat ... Filme werden künftig anders aussehen.‹« Natürlich hatten Sie recht, aber Walston sagt, er sei sich nicht sicher, ob Sie und Diamond diesen Sturm der Entrüstung erwartet hatten, der über *Küss mich, Dummkopf!* hereinbrechen würde.

Nun, das Schäbige daran war, dass die katholische Kirche sagte, sie würden dem Film ihr Okay geben, wenn ich eine Szene schneiden würde. Das war in den alten Zeiten des Films, den *halb*-alten Zeiten. Sie hatten ihre Einwände dargelegt. Ich machte den Schnitt, aber dann hörte die Kirche nicht damit auf, den Film abzulehnen. Sie wollten, dass ich die ganze Szene herausschnitt. Es ging um die komplexe Liebesszene [zwischen Dean Martin und Felicia Farr], darum ging es.

Ich habe mit den Zensoren immer ein faires Spiel gespielt. Es gibt Sex in meinen Filmen, aber entweder ist er dramatisch oder lustig. Nehmen wir zum Beispiel die Szene mit Marilyn Monroe und Tony Curtis auf dem Schiff. Da gibt es einen Lacher nach dem anderen. Deswegen vergaben die Zensoren mir, weil es witzig war. Ich habe einmal einen Film gesehen, in dem gleich am Anfang – und jetzt sage ich Ihnen, wie man die Zensur umgeht – ein Typ sagt: »Du Sohn einer läufigen Hündin!« Das war nicht erlaubt; es wäre erlaubt gewesen, wenn er gesagt hätte: »Wenn du eine Mutter hättest, würde sie bellen.« Wenn man es irgendwie lustig rüberbringt, wissen Sie. Das ließen sie durchgehen. Ich bin sehr, sehr vorsichtig … mit *diesem Ding*, dem Zensurgremium. Ich war fair zu ihnen, und sie waren fair zu mir, mit einer oder zwei Ausnahmen wie *Küss mich, Dummkopf!*.

Schmerzt es Sie bei *Küss mich, Dummkopf!*, dass Sie Sellers nicht richtig umbesetzt haben oder dass der Film nicht verstanden wurde?

Er war nicht sehr gut, glaube ich. Die Vorlage war ein italienisches Kostümstück, und es war ein großer Erfolg. Die Originalidee bestand darin, dass die Hauptfigur ein großer Frauenheld war. Es war eben ein Kostümstück, und das hätte es bleiben sollen. Es hätte in Italien spielen sollen, mit Kostümen.

Sie sprechen von einem Kostümfilm?

Ja. [*Leidenschaftslos*] Ich mochte den Film nie besonders. Ich hätte ihn auch mit Peter Sellers nicht lieber gemocht, denn er war zu *british*. Aber ich hatte Sellers, ich suchte nach einem Stoff und entschied mich dafür. Mit anderen Worten, widmen Sie ihm höchstens eine Seite.

[*Schnell nachhakend*] Sie machen etwas sehr Schönes am Anfang des Films. Die Musik der Klavierstunden, die Walston gibt, wird zum Thema der Filmmusik.

Ja, das war ziemlich gut, das war gut.

War das die Szene, die Sie mit Sellers gedreht haben, der Klavierunterricht?

[*Unwirsch*] Ja, diese Szene habe ich mit Sellers gedreht, und dann kam er am Montag nicht. Er hatte sich etwas Geld von mir geliehen, weil er mit seinen Kindern nach Disneyland wollte. Und er ging nach Disneyland. Das war das letzte Mal, dass ich ihn sah, als ich ihm das Geld lieh, zwei- oder dreihundert Dollar. Und dann war er nicht mehr da. Dann hatte er einen Herzanfall. Es war ein Fehler. Ich ersetzte den englischen Schauspieler. Es hatte in Italien funktioniert. Es war ein italienisches Stück. Es funktionierte nicht in Englisch.

»Jedes Mal, wenn man Marilyn sah, war sie etwas. *Sie hatte eine unbeschreibliche Ausstrahlung auf der Leinwand.«*

Machte Kim Novak den Versuch, so zu spielen wie Marilyn Monroe?

Nein, nicht ein einziges Mal. Ich wüsste auch gar nicht, wie das geht, »Marilyn spielen«. Das wusste ich nie. Ich wusste nie, was Marilyn tun würde, wie sie eine Szene spielen würde. Ich musste es ihr entweder ausreden oder ich musste sie unterstützen und sagen: »Das ist sehr gut« oder »Mach's genau so.« Aber ich kannte keinen, der … außer wenn es um ein Kleid geht, das hochwirbelt, und sie da steht … Ich weiß nicht, warum sie so populär wurde. *Ich habe das nie begriffen.* Sie war wirklich irgendwie … [*Schlicht*] Sie war ein Star. Jedes Mal, wenn man sie sah, war sie *etwas*. Selbst wenn sie wütend war, war sie eine bemerkenswerte Person. Eine bemerkenswerte Persönlichkeit. Sie hatte eine unbeschreibliche Ausstrahlung auf der Leinwand.

Spürten Sie, dass die anderen Schauspieler sie nicht ernst nahmen?

Ob man sie nicht ernst nahm? [*Er setzt einen Ausdruck auf, der genau das Gegenteil besagt.*] Ja, aber da war Monroe, und das nahm einem den Atem. Was immer auch später behauptet wurde, viele sagten damals: »Ich spiele mit Monroe und ich werde *direkt neben ihr* stehen.«

Das war auch so, oder? Wenn man sich Fotos anschaut, stellt man fest, wer auch immer neben ihr steht, hat meist diesen verklärten Blick: *Ich stehe direkt neben Marilyn Monroe.* Und daneben steht Marilyn, die sich immer *präsentiert.*

Und alles, was ihr nicht gefiel, kopierten wir trotzdem, und es war sehr gut. Sie war sehr, sehr gut. Wenn sie mit der Figur klarkam. Letztendlich aber war es immer dieselbe Rolle, die sie spielte. Sie wollte es so.

Ich habe die Bogart-Biographie gelesen, die sein Sohn geschrieben hat. Er zitiert Bogart, der über Audrey Hepburn sagt: »Ja, sie ist großartig, wenn man ihr sechsundzwanzig Takes geben kann.«

[*Überrascht*] Sechsundzwanzig Takes? Audrey Hepburn? Sechsundzwanzig, nein. Das war Marilyn Monroe, ehe wir einen Satz richtig hinbekamen. Nur ein paar Worte wie »Wo ist dieser Bourbon?«. Das kriegte sie nicht hin.

Daraus wurden dann achtzig Takes. Sie müssen bedenken, dass man einen Mann, der einen Satz verbockt, und man es wieder und wieder und wieder drehen muss – dass man ihn dann schließlich ersetzt, weil er nur eine kleine Rolle spielt. Marilyn aber war der Star. Mit ihr mussten wir diese vielen Takes machen, weil der Satz von ihr in den Film musste.

Im fertigen Film aber liegt der Satz »Wo ist dieser Bourbon?« auf Marilyns Monroes Rücken, also im Off. Haben Sie ihn wirklich nicht hinbekommen?

[*Er lacht angesichts der Detailverliebtheit der Frage.*] Vielleicht haben wir beides gedreht. Ich kann mich nur noch daran erinnern, dass wir ungefähr fünfzig Takes drehten und dass wir den ganzen Nachmittag versucht hatten, diesen Satz hinzukriegen, denn sie weinte nach jedem Take, und dann musste das Make-up erneuert werden. Und dann verloren wir den nächsten Morgen, weil sie nicht kam, und wir verloren den Nachmittag, weil sie den Satz vergessen hatte. Und ich musste diesen Satz in dieser Dekoration drehen, denn eine [später gedrehte] Großaufnahme wäre aufgefallen wie ein schwarzes Schaf. Aber später zum Beispiel, in der Szene am Strand mit Tony Curtis, wo er sich als Mitbesitzer von Shell Oil ausgibt, hatte sie drei Seiten Dialog, die wir schnell in den Kasten bekommen mussten, da wir in Zehn-Minuten-Intervallen von Marineflugzeugen überflogen wurden – und sie bekam es gleich beim ersten Mal hin. Das dauerte drei Minuten, und wir hatten die Einstellung. Sie fiel beinahe in Ohnmacht.

Normalerweise aber hätten Sie nicht so viel Zeit auf einen Satz wie »Wo ist dieser Bourbon?« verschwendet, wenn Sie doch wussten, dass Monroe ihn auch mit dem Rücken zur Kamera sagen konnte.

Dann war ich vielleicht blöd. Ich war von diesem Satz sehr beeindruckt, oder total davon überzeugt, dass ich ihn von vorn haben oder ihn in ihr Hirn reinkriegen musste. Ich weiß es wirklich nicht, aber man *muss* so genau sein, denn das war nicht der einzige Satz, den sie in den zwei Filmen verpatzte. Wir haben einige Takes gebraucht, um »It's me, Sugar« [»Ich bin's, Sugar«] zu bekommen. Ich ließ Schilder an die Tür hängen: IT'S. ME. SUGAR. Ich sagte »Action« und sie sagte »It's Sugar, me.« Nach dem fünfzigsten Take nahm ich sie zur Seite und sagte: »Mach dir keine Sorgen darüber.« Und sie sagte: »Sorgen worüber?« [*Er schüttelt den Kopf.*] Das war der fünfzigste Take, und dann kam der einundfünfzigste, und der zweiundfünfzigste ... Wie ich bereits erwähnte, habe ich in Wien eine alte Tante, die jeden Satz perfekt hinbekommen würde. Aber wer würde einen Film mit meiner alten Tante sehen wollen? [*Er lacht.*] Monroe verpatzte eine Menge Sätze, aber dann, wenn wir einen Drei-Seiten-Dialog hatten – *zack*!

»Ich habe in Wien eine alte Tante, die jeden Satz perfekt hinbekommen würde. Aber wer würde einen Film mit meiner alten Tante sehen wollen? Monroe verpatzte eine Menge Sätze, aber dann, wenn wir einen Drei-Seiten-Dialog hatten – zack*!«*

Es ist schon eine seltsame Angelegenheit, wie Sie erfahren haben, dass sie gestorben war. Sie flogen von New York nach Europa. Die Reporter sagten es Ihnen, als Sie ausstiegen –

– in Paris. Wir stiegen aus dem Flugzeug, und da war diese erstaunliche Horde von Reportern, die auf mich losstürzten und mich alles Mögliche über sie fragten. Und ich fragte mich: »Warum zum Teufel sind sie am Flughafen, was ist so dringend?« Und dann, auf dem Weg vom Flughafen zum Hotel Lancaster, in dem wir wohnten, da sah ich die Nachmittagszeitungen, die Extrablätter: MARILYN MONROE IST TOT! Dann sagte ich: »Warum um Himmels willen hatten diese Scheißkerle nicht den Anstand, mir das zu sagen?!« Das ist lächerlich, wissen Sie, weil man sein Herz ausschüttet, und man sagt manche Sachen, die man vielleicht nicht gesagt hätte, wenn man gewusst hätte, dass sie tot ist. Monroe ist nicht so schlecht. Ich fragte: »Was hat sie jetzt angestellt?« Und sie sagten: »Sie hat gar nichts angestellt.« Sie haben mir nicht gesagt, dass sie tot war …

Es ist so seltsam, wissen Sie, dass sie gerade im Moment des größten Aufruhrs in ihrem Leben sterben musste. Besonders diese Sache mit Kennedy. Sie trieb es mit Kennedy … Sie trieb es mit *allen*. Sie ging nach New York und sie sang »Happy Birthday« in ihrer Interpretation … die Strasberg-Interpretation von »Happy Birthday«. [*Mit weit aufgerissenen Augen und in einen imaginären Scheinwerfer blinzelnd, macht Wilder nach, wie Marilyn »Happy Birthday« singt.*] Und dann brachte sie sich um.

Fünfunddreißig Jahre nach ihrem Tod ist jetzt ganz klar, dass Marilyn Monroe von allen Schauspielern, die in Wilders Filmen einzigartige Leistungen erbracht haben, am meisten dazu beigetragen hat, die Wilder-Legende zu prägen. Wilders Erinnerungen an sie sind von Melancholie durchdrungen, aber immer ist eine fast spöttische Art von Respekt zu spüren, als ob ihn der Blitz wirklich zweimal getroffen hätte.

Wie verlief die Entstehungsgeschichte von *Manche mögen's heiß*?

Die Basis für die Idee war ein sehr billiger, drittklassiger deutscher Film [*Fanfaren der Liebe*, 1932], in dem zwei Typen sich als Neger bemalen, um in eine Band zu kommen … Sie schmeißen sich auch in Kleider, um in eine Damenband zu kommen. Aber das war auch das Einzige, was von diesem furchtbaren Film übernommen wurde. Wir mussten, so glaubte ich, den Schlüssel dafür finden, warum sie in diese Band gehen und warum sie dort bleiben. Wenn die Gangster, die sie verfolgen, in ihnen Frauen sehen, nur Frauen, dann … Sobald sie sie als Männer erkennen, sind sie *tot*. Es geht um Leben und Tod. Das löste alles aus. Langsam hatten wir einen Film. Der deutsche Film war absolut furchtbar, absolut furchtbar. Einfach miserabel.

*»Wir waren uns ziemlich sicher,
dass es eine gute Komödie werden würde.
Wir wussten nicht, dass es eine großartige
Komödie werden würde.«*

Hat Sie der Ausgangspunkt eingeschüchtert?

Nicht wirklich. [Der Filmproduzent] Selznick fragte mich, woran ich arbeitete. Ich erzählte ihm, es wäre eine Komödie, die in den Zwanzigerjahren spielte, in der Ära der Prohibition, basierend auf dem Massaker am Sankt-Valentins-Tag. Er sagte: »Du lieber Himmel, Sie machen doch keine Komödie, in der *Morde* vorkommen? Man wird Sie kreuzigen. Die Leute werden *scharenweise* rauslaufen. Es wird *peinlich* werden.« Ich erklärte ihm: »Ich gehe da ein kleines Risiko ein.« Wir würden vorsichtig und delikat damit umgehen, aber … das war der Film. Er war um das Massaker herum aufgebaut, und das war's. Wir fingen mit etwas Komischem an, dann kam der Valentinstag, das Massaker, und sie schluckten es, weil ich sie schon in der Tasche hatte. Die beiden Typen, Lemmon und Curtis, da oben auf der Bühne mit ihren Instrumenten … das brachte die Stimmung, die es uns erlaubte, ein bisschen Blut zu vergießen.

Wir waren uns ziemlich sicher, dass es eine gute Komödie werden würde. Wir wussten nicht, dass es eine großartige Komödie werden würde. Das haben wir nicht vorhergesehen. Aber so ist der Film tatsächlich entstanden. Wir wollten eine Komödie machen, die mit dem Sankt-Valentins-Tag-Massaker anfing. Dann stellte sich die Frage mit Marilyn. Wir wollten irgendein Mädchen, denn es war keine besonders große Rolle. Wir dachten an Mitzi Gaynor. Dann hörten wir, dass Marilyn die Rolle haben wollte. Dann *mussten* wir Marilyn haben und öffneten alle Türen, um Marilyn zu bekommen. Und wir haben sie bekommen.

Wie sahen die ersten Probeaufnahmen für *Manche mögen's heiß* aus? Mussten Sie an Lemmons und Curtis' Aussehen als Frauen viel tun?

Nicht viel. Die ersten Probeaufnahmen … Wir drehten ein oder zwei Tage, gerade genug, um sie als Frauen akzeptieren zu können. Wir arbeiteten mehr an den Unterschieden zwischen den beiden Frauen, damit sie unterschiedliche Persönlichkeiten hatten.

Sie sind berühmt dafür geworden, Jack Lemmon und

Tony Curtis in Fummel gesteckt zu haben. Haben *Sie* jemals Frauenkleider getragen?

[*Er kann die Frage kaum glauben.*] Nie.

Nicht einmal, um Ihren Schauspielern zu zeigen, wie's geht?

Nie! Ich sagte ihnen, was sie zu tun haben, und sie taten es.

Wie sind Sie auf den Titel *Manche mögen's heiß* gekommen?

Aus heiterem Himmel. Diamond kam drauf. Er sagte: »Also, weißt du, der Titel ist schon mal für einen Paramount-Film benutzt worden, *Manche mögen's heiß*, mit Bob Hope [1939].« Und er sagt: »Da wir den Film ja für Paramount machen, lass ihn uns *Manche mögen's heiß* nennen.« Es klang gut. Es klingt gut, oder? Und dann änderten wir den Dialog, sodass wir ihn für den Titel benutzen konnten: »Nun, du weißt, wie es ist, *manche mögen's heiß*.«

War die Kussszene auf dem Schiff einfach zu drehen?

Das ging sehr, sehr leicht. Dazu brauchten wir nicht mehr als zwei oder drei Takes – das war eine gute, solide Sache. Aber bei anderen Szenen lief es nicht so gut. Ich weiß nicht, irgendetwas blockierte sie ... oder es erinnerte sie an etwas. Sie konnte ihren Denkapparat nicht kontrollieren. Dann brauchten wir viele, viele Takes, immer über die Schulter der Jungs [Lemmon und Curtis], und sie mussten da mit diesen hohen Absätzen stehen. Das tut weh, wenn man es nicht gewöhnt ist.

Bei Außenaufnahmen mit Marilyn Monroe erschienen

immer Horden von Fans. Wie viele Fans hatten sich eingefunden, als Sie die Szene über dem U-Bahn-Gitter für *Das verflixte siebente Jahr* drehten?

Tausende. Tausende von Menschen, und es war eine sehr delikate Situation, weil auch Walter Winchell und Joe DiMaggio in der Menge standen. Ich konnte an Joe DiMaggios Gesicht ablesen, wie schlecht es um die Ehe stand. Mir war von Anfang an klar, dass diese Ehe nicht funktionieren konnte. Besonders aber während dieser einen Szene vor dem Theater. Jedes Mal, wenn ihr Kleid hochflog, wandte er sich ab. Ich drehte den Rest der Szene im Studio, mit ihr allein nah im Bild, und mit ein paar Dialogsätzen. Das konnten wir in der Lexington Avenue nicht machen. Es war zu laut.

Haben Sie je mit DiMaggio über diese Szene gesprochen?

Nein, wir haben nicht darüber gesprochen. Wir sprachen über Baseball.

DiMaggio hat öffentlich seinem Unmut über die Szene Ausdruck gegeben. Wie aber verhielt es sich mit Marilyn?

Sie war begeistert. Sie war absolut begeistert. Die Szene war stumm, richtig? Sie kamen aus dem Kino, erinnere ich mich, und dann kam *das Ding*, kam die kalte Luft hoch. Das war absolut getürkt. Die Luft, die da wirklich hochkommt, ist heiß. Viel heißer. Total getürkt, aber die Leute glaubten es. Es ist allen egal. Aber dann wurde eine richtig große Sache daraus … es verkaufte den Film.

Marilyn spielte eine Szene immer so, wie sie es sich vorstellte, und dann musste ich ihr das ausreden. Dann probten wir, und dann kam dieser Moment, *blah*, wissen Sie, wo Ihr weiblicher Star einen Dialogsatz verpatzt. »Das ist in Ordnung, mach's noch mal. Wir haben genug Zelluloid hier.« Monroe aber fing an zu weinen, und das heißt, ein umfangreiches Make-up musste neu gemacht werden, wissen Sie, wenn es die ersten drei oder vier Takes nicht funktioniert. Dann ist man plötzlich beim vierzigsten Take und hat immer das Problem mit dem Make-up. Und dann wird sie wütend auf sich selbst. Ja, sie war schon etwas Besonderes. Und ich schwor mir, nach *Das verflixte siebente Jahr* nie wieder einen Film mit ihr zu machen. Weil es zu anstrengend war, und sie war damals noch nicht einmal ein großer Star, noch nicht der Star, der sie später wurde. Aber dann kam die Rolle des Mädchens in *Manche mögen's heiß*. Ich war bereit, Mitzi Gaynor zu nehmen; es war keine große Rolle. Die großen Rollen waren die beiden Männer, die sich als Frauen verkleiden, und darauf verließen wir uns. Aber dann kamen diese zusätzlichen Überlegungen. »Marilyn Monroe geht es gut, und sie ist bereit, diese Rolle zu übernehmen.« Mir war klar, dass es Momente geben würde, in denen ich verrückt werden würde. Und es gab diese Momente, ein halbes Dutzend dieser Momente. Nun, man sagt sich dann immer: »Ich bin nicht mit ihr verheiratet, richtig?« [*Er lacht.*] Und dann kommt man nach Hause, vergisst das Abendessen, nimmt eine Schlaftablette, und am Morgen wacht man auf und fängt wieder an.

War es leichter, mit Monroe bei *Manche mögen's heiß* zu arbeiten als bei *Das verflixte siebente Jahr*?

Sie hatte mehr Lebenserfahrung hinter sich, deswegen war es leichter. Aber nicht *so* leicht. Es ging immer darum, sie in die richtige Stimmung zu versetzen. Damit man nicht gegen eine Wand lief.

Sie besaß so etwas wie elegante Vulgarität. Das war,

glaube ich, ganz wichtig. Und sie verstand automatisch, wo der Witz lag. Darüber sprach sie nicht. Sie kam zur ersten Probe und sie war absolut perfekt, wenn sie sich an den Dialog erinnerte. Sie konnte einen Drei-Seiten-Dialog perfekt hinbekommen und dann blieb sie bei einem Satz wie »It's me, Sugar« stecken. Es hat mich aber ein wenig aufgeregt – nein, es hat mich *sehr* aufgeregt, wenn sie nicht auftauchte. Aber wenn sie auftauchte, machte sie ihre Sache gut, selbst wenn es achtzig Takes brauchte, und ich konnte mit achtzig Takes leben, denn der einundachtzigste war sehr gut.

»Mir war klar, dass es Momente mit Marilyn geben würde, in denen ich verrückt werden würde. Und es gab diese Momente, ein halbes Dutzend dieser Momente.«

Ich habe eine interessante Bemerkung von Ihnen in einem früheren Interview gelesen. Sie erwähnten, dass Monroe Angst vor der Kamera hatte.

Sie hatte ein Gefühl für die Kamera und Angst vor der Kamera. Lampenfieber. Sie fürchtete sich vor der Kamera und darum, glaube ich, verpatzte sie manche Dialoge, Gott weiß wie oft. Sie liebte die Kamera aber auch. Was immer sie tat, wo immer sie stand, kam stets *dieses Etwas* zum Vorschein. Sie war sich dessen gar nicht bewusst.

Was können Sie zu den Musiknummern in *Manche mögen's heiß* sagen? »I Wanna Be Loved by You«?

Das mit dem Orchester, ja, das ging ganz einfach. Sie sangen ein bisschen, Marilyn, die Mädchen … Musik der Zwanzigerjahre.

Marilyn scheint bei den Musiknummern sehr entspannt zu sein. Es sieht nicht so aus, als ob sie bei diesen Szenen neunzig Takes drehen mussten.

Nein, nein, nein, nein. Alles, was Rhythmus hatte, riss sie mit. Sie trägt den Rhythmus nicht, der Rhythmus trägt sie. Dabei verpatzte sie keine Texte. Aber sie sang Play-back. Sie machte nur die Mundbewegungen.

»Es gab eine Liebesaffäre zwischen Marilyn und der Kamera. Und sie war einmalig.«

Die letzte Sache noch für heute zu Monroe. Manche Leute sagen, das Geheimnis des Schimmers, das ihr Gesicht auf der Leinwand hatte – der *flesh impact* [etwa: die fleischliche Kraft, Wucht], wie Sie es genannt haben –

Ja.

– hätte an ihrem feinen Gesichtshaar gelegen, einer Art Flaum, in dem sich das Licht brach.

Könnte sein. Weiß ich nicht. Ich bin nie in ihre Garderobe gegangen und habe zugeschaut, während sie ihr Make-up bekam. Es gab eine Liebesaffäre zwischen ihr und der Kamera. Und sie war einmalig.

Und wusste sie das?

Sie wusste es. Es gab ein anderes Mädchen in der Band [in *Manche mögen's heiß*], die blondes Haar hatte. Und sie [Marilyn] sagte zu mir: »Keine andere Blonde. Ich bin die einzige Blonde.«

***Eins, Zwei, Drei* ist insofern einmalig, was Ihre Komödien anbetrifft, weil die Witze nonstop fließen.**

Wir wussten, wir würden eine Komödie machen, und wir warteten nicht auf die Lacher. Wir mussten uns aber an Cagney halten, denn Cagney war der Film. Er trug den Rhythmus, und das war sehr gut. Es war nicht lustig. Aber allein schon das *Tempo* war lustig. Das Tempo war sehr gut, so wie Cagney es sich ausgedacht hatte. Die Grundidee war: Lasst uns den schnellsten Film der Welt machen, und lasst uns den Schauspielern, damit es noch schneller aussieht, auch einige langsamere Szenen geben. Und das funktionierte sehr, sehr gut. Ich glaube, der Film ist punktuell gut. Alles in allem war er ein Pluspunkt. Besonders in Deutschland, nachdem die Mauer weg war, viele Jahre später. Sie brachten ihn neu heraus.

Es finden sich dort visionäre Dinge. Coca-Cola trägt dazu bei, dass die Mauer fällt. Es ist alles so gekommen, wie Sie es im Film vorhergesagt haben. Ich wollte Sie auch fragen, woher all diese Witze über Europa oder die Europäer und das Leben hinter dem Eisernen Vorhang kamen. Ich kann mir vorstellen, wie Sie und Cagney da im Studio standen, in halsbrecherischem

Tempo arbeiteten und durch all diese Witze schlitterten: »Los, los!«

Ja, wir gingen sehr, sehr flott mit dem Drehbuch um. Und ja, dieses eine Mal stoppten wir nicht für die großen Lacher. Wir marschierten *durch* die großen Lacher. Viele Sätze hätten ein Sprungbrett gebraucht, aber wir liefen einfach *über* das Sprungbrett. Wir machten's einfach – *brrrrrp.* Wir machten's einfach, neun Seiten am Stück, und er patzte kein einziges Mal. Cagney machte nie einen Fehler.

Er bestimmte also den Rhythmus des Films.

Er war ein Schauspieler, der für diese Rolle geboren war. Es gab einen guten deutschen Schauspieler, der die Rolle im Originalstück spielte. Das Stück war ganz anders, aber der Schauspieler, der die Rolle von Cagney spielte, war der beste deutsche Schauspieler aller Zeiten. Er hieß Max Pallenberg und er war verrückt nach Pferderennen. Einmal flog er nach Prag zu einem Pferderennen – das war nach dem Krieg – und er starb bei einem Flugzeugabsturz. Er war absolut sensationell, und wenn er Englisch gesprochen hätte – oder, um genauer zu sein, wenn er noch gelebt hätte –, wäre er absolut phänomenal gewesen. Es war ein guter Film. Gut. Eine Sieben plus auf einer Skala von Zehn, oder eine Acht minus.

Einer der großartigen Sätze aus *Eins, Zwei, Drei* stammt von Cagney, als er den Russen beschreibt, wer er ist: »Ich bin keiner dieser Vorstadtscherzbolde.« Das klingt ein wenig autobiographisch. Sollte das so sein?

Nein, es war bloß ein Satz. Cagney erklärt, wer er ist. Schien der richtige Satz zu sein. Es war keine Vorstadtkomödie.

Haben Sie Cagney je gesagt, dass er schreit? Er ist so *laut* manchmal.

Ich habe ihm gar nichts gesagt. Wir haben eine Szene einmal geprobt und dann sagt er: »Okay, wann machen wir's?« Und wenn es ein langer Dialog ist, sage ich: »Dafür werden wir einen Tag brauchen, eineinhalb Tage, zwei Tage.« Und er sagt: »Nein. Warum denn? Sag mir bloß nicht, wie lang das dauert. Ich hab's im Kopf. Lass es uns machen.« Und dann machte er es. Das war wie bei der langen Rede von Edward G. Robinson in *Frau ohne Gewissen,* als er die Selbstmordmöglichkeiten in einem Zug beschreibt. Sie machen's einfach.

Es gibt aber Szenen im Film, in denen Cagney förmlich *brüllt.* Man kann fast den Speichel aus seinem Mund spritzen sehen, so laut ist er.

Ich weiß nicht ... ist er wirklich sehr laut? Oder lag es am Vorführer?

[*Ich lache.*] Vielleicht. Es gibt viele Witze in *Eins, Zwei, Drei,* die sich auf Filme beziehen – Witze über Preminger, *Das süße Leben,* Sinatra, *Panzerkreuzer Potemkin,* sogar Cagney mit der Grapefruit. Darüber hinaus finden sich in all Ihren Filmen Verweise auf moderne Filme. Haben Sie sich nie Sorgen gemacht –

– dass mich jemand verklagen würde?

Das ist vielleicht die bessere Frage als die, die ich stellen wollte. Haben Sie nicht befürchtet, dass all die Filmverweise Ihre Filme altern lassen könnten?

Nein. Es ging um sehr bekannte Filme, die man nicht so leicht vergessen würde. Es handelte sich um Dinge, die den Charakteren auffielen. Sie sprachen nicht über Regieassistenten.

Am Anfang von *Eins, Zwei, Drei* gibt es diese schöne Sequenz mit den Luftballons. Als ich das sah, dachte ich mir: »Das ist sehr stimmungsvoll.« Fast wie der Anfang eines Kunstfilms, und ich dachte mir: »Ich habe keine vergleichbare Einstellung in den anderen Wilder-Filmen gesehen …«

Wir haben das nicht als künstlerischen Schuss betrachtet. Nur ein Schuss, der da hingehörte. Vielleicht fällt er heute auf.

Und dann sah ich, dass da ein Ballon mit der Aufschrift »YANKEE GO HOME« aufstieg, und ich dachte: »Er erzählt seine Story.«

Story.

Es geht also immer um die Story.

Ja, aber das war keine Sache, auf die ich sehr stolz bin. Es war zu komplex – wissen Sie, »Go Home, Russkies«. Es war aber ein guter Film, wenn man Berlin kannte und wenn man Coca-Cola kannte. [*Er zeigt auf ein kleines Plakat aus Deutschland, die Titel für* Eins, Zwei, Drei *in Form einer Colaflasche.*] Wir konnten das nicht als Werbung verwenden, da die Form der Flasche patentiert ist. Wir haben in Berlin gedreht. Wir haben nur das Ende in Hollywood gedreht, die Flughafenszene. Das hat zwei Tage gedauert, das war das Ende des Films. Weil Mr. [Horst] Buchholz sich betrank und in München einen Autounfall hatte. Er lag im Krankenhaus, er hätte sterben können, und wir haben ihm die besten Chirurgen besorgt. Wir packten in Berlin alles zusammen und brachten alle Schauspieler, die wir brauchten, dorthin. Ein Fall für die Versicherung. Und das Letzte, was wir drehten … wir drehten hier in einem Hangar. Das war das Einzige. Und der Witz am Schluss bestand darin, dass er an eine Coca-Cola-Maschine geht, und die Flasche, die er bekommt, ist eine Pepsi-Cola.

Noch eine Frage zu *Eins, Zwei, Drei.* Sie bringen einige ziemlich gute Witze über Rock-'n'-Roll-Sänger. Der Rockmusiker, Choo Choo, ist der größte Trottel des Films. [*Wilder nickt.*] Gab es irgendeine Art von Rock-'n'-Roll, die Sie mochten?

[*Sofort*] Nein. Ich kann mich nicht einmal an die erste Textzeile moderner Songs erinnern, die den Oscar bekommen haben. Ich weiß nicht, was es da zum Zuhören gibt. Es gibt nichts Vergleichbares zu den Songs, aus denen wir auswählen konnten … Da war Hammerstein … und Ira Gershwin. Ich spreche von lyrischen Komponisten. Sie waren einfach wundervoll.

Jetzt kommen einige Ihrer Statements über das Schreiben, die ich Ihnen zur Kommentierung vorlegen möchte. »Das Publikum ist wankelmütig. Geh ihm an die Kehle und lass den ganzen Film über nicht mehr los.«

Ja, dieser Satz stammt von mir. Man packt sie an der Kehle, ihr Herz schlägt schneller und man lässt nie wieder los. Man drückt fester und fester zu. Dann am Ende, wenn sie erstickt nach Luft schnappen, lässt man los, und der Kreislauf kommt wieder in Gang.

»Je subtiler und eleganter man die Wendepunkte der Story [*plot points*] versteckt, desto besser ist man als Autor.«

Ja. Ich glaube, man muss sehr, sehr behutsam vorgehen, um eine wichtige Aktion oder einen wichtigen Dialog einzuschmuggeln, damit sie [die Zuschauer] nicht merken, dass sie die Prämisse geschluckt haben. Also, verstehen Sie, keine Prämisse. Man packt sie im Kino, man hat sie, und jetzt muss man sie festhalten. Man will nicht, dass Leute aufstehen und sagen: »Diesen Trick kenne ich schon.« Ja, die Struktur ist sehr, sehr wichtig, denn alles, was man im ersten Akt aufgebaut hat, sucht einen im dritten Akt wieder heim. Wenn man etwas einführt, für das es im dritten Akt keine Lösung gibt, dann hat man versagt.

»Ich war nervös, wenn ich ein leeres weißes Blatt Papier vor mir liegen hatte.«

Waren Sie nervös an dem Tag, an dem Sie mit einem neuen Film anfingen?

[*Sofort*] Nein.

Nein?

Ich war nervös, wenn ich ein leeres weißes Blatt Papier vor mir hatte … oder einen Drehplan. Ich war bei Testvorführungen nervös. Für diese Gelegenheiten hatte ich meine Nervosität reserviert.

Wenn Sie Previews machten und Ihre Filme frühzeitig einem Testpublikum zeigten, hatten Sie dann auch das Gefühl, dass das Publikum am Anfang so voller Liebe steckt, dass die Zuschauer wie kleine Kinder sind, dass sie unterhalten werden möchten, dass sie einen lieben. Sie geben einem alles am Anfang, aber wenn man dieses Vertrauen verspielt und es verliert, kommt man an den Punkt, an dem sie umkippen – und dann können sie sehr brutal sein. Dann geben sie einem nichts.

Ja. Selbstverständlich habe ich das erlebt. Wenn man ihnen zum Beispiel in den ersten zehn Minuten zu viel Action bietet, dann wird der Film eine Enttäuschung und nicht das, was sie erwartet haben. Im zweiten Akt mögen sie es dann nicht mehr, und am Ende des zweiten Akts stehen sie auf und gehen raus. Sicher. Man muss wissen, wie man die wichtigen Handlungselemente platziert. An was müssen sie sich erinnern? Was muss im Gedächtnis bleiben, das unzweifelhaft zu der Situation des dritten Akts führt, das sie aber nicht unbedingt als solches erkannt haben? Jetzt aber erkennen sie es. Und dann kann man mit offenen Karten spielen, wenn man es möchte. Denn genau das wollen sie.

Wie haben Sie es geschafft, angesichts dieses ganzen Prozesses nicht zynisch zu werden? Sie scheinen noch immer so voller Begeisterung zu sein, wenn Sie über die Filme sprechen, und so voller Liebe für die Zuschauer, die Ihre Arbeit schätzen. Wie haben Sie es vermieden, einer jener Regisseure zu werden, die sich von ihrem Publikum entfremdet haben und sagen: »Ich mache Filme für mich selbst, und basta. Wenn keiner kommt, ist mir das egal.«

Alles in allem, glaube ich, ist das Publikum ziemlich smart. Manchmal ist es ein bisschen grausam, manchmal ist es zu nett zu einem. Sobald man aber sagt »Es schert mich einen Dreck, ob sie diesen Film sehen wollen oder nicht, was ist der nächste Film?« – dann gibt es keinen nächsten Film mehr. Wenn man etwas macht, das völlig gekünstelt ist, das unglaubwürdig ist, dann mag das gut für die Handlung sein, aber wer will schon »Handlungen« sehen? Man will sehen, wie sich Geschichten *entwickeln.* Alles in allem, glaube ich, sind die Zuschauer smarter als das, was sie bekommen.

»Wer will schon ›Handlungen‹ sehen? Man will sehen, wie sich Geschichten entwickeln. *Alles in allem, glaube ich, sind die Zuschauer smarter als das, was sie bekommen.«*

Ein weiteres Ihrer Zitate über das Drehbuchschreiben: »Der Vorhang des zweiten Akts leitet das Ende des Films ein.«

Ja, aber nicht nur das Ende. Man sollte im dritten Akt noch eine weitere Wendung haben – wie in *Zeugin der Anklage.* Da gibt es ein zweites Ende, verstehen Sie? Man erwartet, dass alles vorbei ist. Nein. Jetzt kommt das *Ende.* In *Frau ohne Gewissen* habe ich alles sehr logisch aufgebaut. Da hatte ich gar keine andere Möglichkeit. Es war keine Detektivgeschichte, bei der man den Detektiv begleitet und alles erfährt, was er erfährt. Ich habe mit offenen Karten gespielt. In *Zeugin der Anklage* haben wir eine komplette Wendung gemacht, richtig? Und die Zuschauer akzeptierten es.

In *Zeugin der Anklage* scheint sich Marlene Dietrich richtig in die Rolle hineingekniet zu haben. War das tatsächlich der Fall, oder war es nur eine Rolle unter vielen für sie?

Nein, sie wollte diese Rolle spielen. Der Film wurde von Eddie Small mit Arthur Hornblow als Produzent gemacht. Als sie an Marlene herantraten – ich gehörte nicht zu ihrer Firma, ich arbeitete frei –, sagte sie, sie wolle es machen, sie müssten mich aber als Regisseur holen. Ich weiß nicht, warum. Also holten sie mich. Ich kannte sie natürlich. Sie hatte in einem anderen meiner Filme mitgespielt, *Eine auswärtige Affäre* [1948]. Das lag lange Zeit zurück. Sie hatte große Angst davor, eine Nazi-Anhängerin zu spielen, aber sie hat es gut hinbekommen. [*Er zuckt mit den Schultern und sagt mit der für ihn typischen Untertreibung*] Sie war immer Marlene. Sie war eine gute Schauspielerin. Aber ja, man will talentierte Schauspieler haben. Und dann gab es Marilyn. Sie machte es automatisch, wissen Sie.

Die Figur, die Marlene in *Zeugin der Anklage* spielt, ist eine der unsympathischsten Frauenrollen, die man sich denken kann – außer am Ende. Es muss einiges an Überzeugungskraft gekostet haben, eine Schauspielerin dazu zu bringen, das zu spielen.

Ja, das stimmt, aber sie mochte es. Sie mochte es, eine Mörderin zu spielen, sie mochte alles, was Action war. Es war ihr allerdings etwas peinlich, glaube ich, Liebesszenen zu spielen. Ich glaube, es war ihr aus privaten Gründen etwas peinlich, weil sie sich sagte: »Ich würde das nicht tun.« Ich *würde* es tun, aber nicht für andere Leute. Ich weiß nicht, sie war einfach etwas seltsam. Aber sie schlug das Publikum in Bann durch die Art und Weise, wie sie war – die

Art und Weise zum Beispiel, wie sie Kleider trug. Sie hatte schon etwas von einem *Model.* Ich glaube aber nicht, dass sie eine so große Schauspielerin war. Ich glaube aber auch nicht, dass Garbo eine so großartige Schauspielerin war. Sie machte immer dasselbe, immer im Halbschlaf. Niemals wütend. Sie hielt ihren Arm immer so [*er imitiert Garbo*]. Aber sie war *Garbo.* Ich finde, Marlene hat diese Rolle sehr gut gespielt.

»Man spürt es nie, wenn man neben einem Schauspieler steht. Oder nur sehr selten.«

Sie lässt einen nicht vorausahnen, was sie tun wird.

Nein. Wenn sie Amerikanerin gewesen wäre oder wenn es eine andere Schauspielerin gewesen wäre … [*Er schüttelt den Kopf, als wolle er sagen: »Das wäre eine ganz andere Geschichte geworden.«*] Solche Stars gibt es nicht mehr.

Bei Leonard Vole, der Figur, die Tyrone Power spielt, sieht man die Wendung kommen, weil er am Anfang des Films so virtuos ist. Und dennoch ist man schockiert.

Ja, und es ist gut, dass Marlene das richtige Alter hat. Dass sie nicht jünger war.

Sie haben gesagt, dass Audrey Hepburn eine Qualität besaß, die sich direkt auf die Leinwand übertrug, die man aber nicht spürte, wenn man neben ihr stand.

Ja. Man spürt es nie, wenn man neben einem Schauspieler steht. Oder nur sehr selten. Oder er ist ein Langweiler, weil er Schauspieler ist und wie ein Schauspieler redet, wissen Sie. Ein Nichts im Privatleben.

Gab es jemanden, einen Schauspieler oder eine Schauspielerin, der beim Vorsprechen großartig war und bei den Proben auch, aber als Sie dann drehten, war nichts da?

Sicher. Neun von zehn. [*Er lacht.*] Sicher, und dann hat man einen schweren Fehler gemacht. Man hatte einen überschwänglichen Morgen, aus dem einen oder anderen Grund – wir haben gerade Paris zurückerobert oder so –, und man hat diesen Schauspieler engagiert. Dann kommt der Tag, an dem man mit ihm dreht. Im glücklichsten Fall hat man ihn überschätzt. Und jetzt hat man nichts, nur einen gut aussehenden Mann oder eine gut aussehende Frau. Es ist sehr, sehr schwierig, einen Film zu besetzen. Sehr schwierig, es richtig zu machen, das einzufangen, was man an dem Tag gespürt hat, als man den Schauspieler engagierte. Und jetzt befinden wir uns in einer Situation ohne Stars. Besonders ohne weibliche Stars – wir leben in einer Epoche ohne Stars. Audrey Hepburn war etwas Besonderes, weil sie nicht »hübsch« war. Sie war sehr schön. Aber sie war eher durchschnittlich, wenn man sie betrachtete, wenn sie nicht spielte. Und sie war sehr gut. Ihr Tod war ein schwerer Schlag.

Waren Sie mit ihr in Verbindung geblieben?

Sicher, ich habe immer mit ihr gesprochen, die ganze Zeit. Bei unserem letzten Gespräch wusste sie, dass sie Krebs hatte. Sie sollte mit dem Flugzeug in die Schweiz geflogen werden, um dort zu sterben. Sie hatte einen Mechanismus in ihrem Kleid, mit dem sie sich selbst Morphium verabreichen konnte, um durchzuhalten.

Haben Sie sich gebührend von ihr verabschiedet?

Ja, das habe ich. [*Ihre Privatsphäre ist bei Wilder in sicheren Händen.*] Wir haben viele Witze gerissen, sie war lustig. Die Vorgänge in Hollywood betrachtete sie immer mit großen Augen. Sie wusste einfach nicht – sie hielt sich für eine Anfängerin, die mit dem Schauspielern gerade begann. Sie war sehr gut.

Was für Witze haben Sie mit Audrey Hepburn gemacht?

Mit Audrey, einfach ... einfach, was sich so ergab. [*Er schaut mich nachdenklich an.*] Jede Menge gelacht. Sie machte etwas frivole Scherze, wissen Sie. Sie war nicht die Jungfrau Maria. Und wenn das aus *ihrem* Mund kam, war es doppelt so komisch.

War ihre Affäre mit Holden ein offenes Geheimnis?

Ich habe nie etwas davon gehört. Ich habe nie etwas gesehen. Ich las es in einem Buch, und ich sagte nur: »Was zum Teufel ...?« Es ist nicht möglich, nicht möglich. *Das konnte nicht sein.* Sie war noch mit [Mel] Ferrer verheiratet, und ich glaube es immer noch nicht. Glauben Sie es?

Ich habe nie wirklich darüber nachgedacht, bis ich die Bogart-Biographie las. Dort wird Bogart aus der Zeit von *Sabrina* von seinem Sohn zitiert; er soll sich Sorgen darüber gemacht haben, dass die Affäre die Chemie des Films zu seinen Ungunsten beeinträchtigte.

Absolut verrückt. Er war verrückt, Bogart. Er hielt nichts von dem Film. Eigenartigerweise, da ich doch auf seiner Liste von Scheißkerlen stand ... als sich seine Krankheit als Krebs herausstellte und er da lag, wurde er sehr zahm, wurde er sehr nett. Und ich hatte Mitleid mit ihm, zum ersten Mal, denn schließlich war er ein Antisemit, der eine Jüdin geheiratet hatte. Was hätte man Besseres machen können?

Sie haben gesagt, dass er mit der Zeit freundlicher geworden war. Wie sieht es bei Ihnen aus? Was, glauben Sie, denken Leute über Sie, die Sie vor vierzig Jahren kannten und die mit Ihnen gearbeitet haben, wenn sie Sie heute treffen?

Sie sind alle tot. Das ist das Problem, wissen Sie, denn auch die Scheißkerle sterben. Ich habe immer Angst davor, dass ich wieder auf diese Leute treffe. Ich werde die Scheißkerle wiedersehen, sie werden da sein! Sie alle sitzen da droben in diesem Kaffeehaus. Das ist das Einzige, wovor ich Angst habe. Ich glaube nicht an das Jenseits ... aber manchmal mache ich mir vor, dass ich dran glaube. Und dann denke ich: »Worüber soll ich mit ihnen reden? Was soll ich sagen?«

Haben Sie das Gefühl, dass Sie mit der Zeit freundlicher geworden sind?

Ich treffe weniger Leute jetzt. Insofern bin ich freundlicher geworden. Ich treffe weniger Leute. Ich versuche nur die zu sehen, die ich mag. Und ich brauche keine Schauspieler und Schauspielerinnen mehr zu treffen, die ich aus geschäftlichen Gründen traf. Ich bin nicht mehr im Geschäft. Zum Beispiel würde ich mich nicht mit einem Agenten zum

Essen verabreden. Ich gehe nicht mit Leuten essen, die ich nicht brauche und denen ich elegant aus dem Weg gehen kann. [*Wilder betrachtet einen Brief auf seinem Schreibtisch.*]

»Manchmal muss man sich einem Schauspieler gegenüber wie ein Bastard benehmen, weil er wie ein Bastard behandelt werden will.«

Konnten Sie sich einem Darsteller oder einem Teammitglied gegenüber wie ein Bastard benehmen?

Wie ein Bastard, bei einem Schauspieler? Ja, manchmal muss man sich einem Schauspieler gegenüber wie ein Bastard benehmen, weil er wie ein Bastard behandelt werden will. Das lernt man sehr schnell. Man muss verschiedene Verhaltensmuster entwickeln, von Schauspieler zu Schauspieler und zu Schauspielerin im selben Film. Denn wenn der Film vorbei ist, ist er vorbei. Man ist nicht mit ihnen verheiratet, wie ich schon sagte. Manchmal ist da ein Hurensohn, den ich für den Film ausgesucht habe, *weil* er ein Hurensohn ist. Weil ich wollte, dass er einen Hurensohn spielt.

Und sehen Sie, es sollte einem alles in der Welt Wert sein, einen Schauspieler oder eine Schauspielerin oder einen Kameramann oder *irgendjemanden* zu haben, der einem bei dem Film hilft. Eines Tages wird es vorüber sein. Aber während man mit ihnen arbeitet, schluckt man Beleidigungen, oder man schluckt Nettigkeiten, die nicht ernst gemeint sind – man schluckt es, um weiterzumachen. Denn am nächsten Tag steht man wieder im Studio, macht mit dieser Szene weiter oder fängt mit einer neuen an. Man muss ihr Ego hofieren, oder man … Selbst wenn ich gewusst hätte, dass Mr. Bogart Antisemit ist – und ich wusste es –, nahm ich ihn dennoch, weil ich ihn für diesen Film brauchte. Der Film bedeutet eine Menge, bedeutet *sehr viel*, mir jedenfalls. Es ist alles sehr schwierig, aber jemanden zu nehmen, der unerfreulich ist *und* kein Talent hat, *das* ist eine Tragödie.

Also ist die Besetzung das Wichtigste für den Regisseur.

Es ist wichtig. Besonders bei den Rollen, bei denen die Figur nur in drei wichtigen Szenen zu sehen ist. Sie [die Darsteller] müssen einen Eindruck hinterlassen, sie müssen sich reinhängen. Man informiert sich vorher über seinen Werdegang. Dann muss man ihm Vertrauen einflößen. Man muss den Darsteller da haben, bevor die Szene gedreht wird, und man liest sie [mit ihm] und dann noch einmal – und wenn sich dann ein Schwachpunkt bei ihm zeigt, sollte man ihn nicht anschreien: ENTSPANNEN! Man muss das sehr diskret machen, wissen Sie. Der eine zum Beispiel mag es, wenn man ihm in den Arsch kriecht, ein anderer braucht es, angeschrien zu werden. Es gibt einen Regiestuhl – ich habe darin insgesamt vierzig oder fünfzig Jahre gesessen, aber nie länger als drei Minuten, und an manchen Tagen nicht ein einziges Mal.

Haben Sie viel zu bedauern, was Ihr Benehmen am Set betrifft?

Ja, manchmal lege ich ein bisschen zu … ich schreie herum. Ja, manchmal, so bin ich. Ich kann nicht alles vor der Szene erledigen, verstehen Sie? Wenn es sein muss, dann kriege ich das *Ding* schon aus ihm oder ihr raus.

Was kann der Grund dafür sein, dass Sie am Set losbrüllen?

Wenn es im Studio nicht ruhig ist. Wenn während einer Szene Leute in einer Ecke *tch-tch-tch-tch* machen und ich das höre, kann ich sehr unangenehm werden. Aber am Ende eines Films bin ich immer sehr nett. Ich bin sehr nett, weil es vorbei ist und ich sie alle nicht mehr zu sehen brauche. Obwohl das oft anders kam. Drei Filme in zwei Jahren, das war unser Rhythmus.

»Am Ende eines Films bin ich immer sehr nett. Ich bin sehr nett, weil es vorbei ist und ich sie alle nicht mehr zu sehen brauche.«

Noch eine Frage zum Schreiben. Glauben Sie, Ihr bestes Material stammt aus dem wirklichen Leben? Von Dingen, die Sie selbst gesehen und erfahren haben?

Offensichtlich. Ja. Es gibt aber gewisse Dinge, die ich gesehen habe, die ich aber nicht reproduzieren, nicht neu erschaffen kann. Aber ja, ich glaube nicht, dass sich die Leute in meinen Filmen ganz anders benehmen als im Leben.

TEIL 6

Waren Sie in Ihrem Leben oft verliebt?

Nein, eher selten. Mir war meine Situation immer bewusst, wie es war. Mit anderen Worten, hat mich nie eine meiner Liebesaffären mit fortgerissen? Nein, ich war sehr verliebt. Ich war sehr verliebt, als ich jung war und aus Wien in Berlin angekommen war. In Berlin hatte ich zwei oder drei Liebesaffären, die nicht gut waren für einen jungen Zeitungsmann, der vorankommen wollte. Ich wurde sehr oft gefeuert, und dann schrieb ich, dann wurde ich Tänzer. Ich schrieb meine Erfahrungen in Kapiteln, mit Fortsetzungen. Und dann wurde ich wieder ein Zeitungsmann. Ja. Es hat einiges gebraucht, bis ich seriös wurde.

Würden Sie also sagen, dass Audrey Wilder die große Liebe Ihres Lebens ist?

Sie ist gut, sie ist intelligent, ich kann sie nicht belügen. [*Er zeigt ein kleines, verwundertes Lächeln.*] sie ist für mich … sie ist etwa … achtzig Prozent.

[*Ich lache.*] **Gemessen am Hollywood-Standard, wenn nicht gar an jedem Standard, sind Sie ein populäres und dauerhaftes Paar. Sie sind zusammen –**

– seit achtundvierzig Jahren. Ja, sie ist sehr gut. Sie besitzt viele erstklassige Qualitäten. Sie ist sehr großzügig. Sie gibt nur ein bisschen zu viel Geld aus.

Sie haben so viele wundervolle romantische Szenen geschrieben – keine sentimentalen Szenen, sondern Szenen, die auf einem romantischen Realismus basieren. Ich frage mich, ob es eine solche Szene auch in Ihrem eigenen Leben gegeben hat, als Sie wussten, dass Sie sich in Audrey Wilder verliebt hatten.

Dieses Gefühl wuchs in mir. Ich weiß nicht, dann kam einfach der Moment. Ich war geschieden. Und dann kommt der Moment, wo man einfach sagt: »Was hältst du davon, zu heiraten?« [*Er macht eine kurze Pause.*] Und sie sagt: »Lass mich drüber nachdenken.« Nein, das hat sie nicht gesagt. Sie hat drüber nachgedacht, und es war sehr, sehr gut.

Der Satz »Ich liebe dich« kommt so oft in Filmen vor. Er wird vergeudet, glaube ich, in vielen modernen Filmen.

Ja.

Er kommt aber nicht sehr oft in Ihren Filmen vor. Sie haben tiefer gehende, interessantere Möglichkeiten gefunden, »Ich liebe dich« zu sagen. Gilt das auch für Ihr eigenes Leben?

Ja, das tut es. Das erste Mal war ich sieben Jahre lang verheiratet. Aber das war schon nach zwei oder drei Jahren kaputt. [Er benutzt das deutsche Wort; Anm. d. Ü.] Jetzt hat meine Liebe zu Audrey zugenommen. Nein, sie ist absolut … absolut … achtzig Prozent *perfekt.* [*Wir lachen.*] Was mit den anderen zwanzig Prozent ist, kann ich Ihnen nicht sagen.

Welchen Prozentsatz würde sie Ihnen geben?

Das weiß ich nicht. Ich habe sie nie gefragt. Ich bin ja kein Trottel.

*»Ich bin sehr glücklich darüber,
dass ich Audrey geheiratet habe.
Besonders jetzt, da ich einundneunzig bin.
Es hat sich gelohnt.«*

Haben Sie als junger Mann jemals aus romantischen Gründen Dummheiten gemacht? Haben Sie viel Zeit unter einem Balkon verbracht?

Nein, nie. Keine Gitarre, keine Serenaden. Es passierte einfach. Sie hat mir den Glauben an die Ehe wiedergegeben. Ich bin sehr glücklich darüber, dass ich sie geheiratet habe. Besonders jetzt, da ich einundneunzig bin. Es hat sich gelohnt.

Ich muss das fragen, auch wenn Sie es nicht beantworten werden: Können Sie sich daran erinnern, wie Sie Ihre Unschuld verloren haben?

Da sind einige verschwommene Erinnerungen. Das ist siebzig Jahre her, richtig? Oder fünfundsiebzig. Ich war sehr jung. Da ist so ein Mischmasch von Mädchen [in meinem Kopf]. Ich kann mich nicht genau an meine erste handfeste Affäre erinnern, aber ich erinnere mich an bestimmte Mädchen aus meiner Jugend. In Wien, in Berlin, in Paris … Ich weiß nicht. Im Großen und Ganzen halte ich nicht viel von Jungfräulichkeit. [*Er lacht.*] Wie weit ging es? Ich weiß es nicht. Ich habe mich langsam vorgearbeitet, ohne Anleitung, ohne eine ältere Frau, die mir die Dinge beigebracht hätte. [*Stolz*] Ich hab alles selbst rausgefunden.

Ihr erstes möbliertes Zimmer war in Berlin in der Pariser Straße, und Sie verliebten sich in eine Tänzerin namens Olive Victoria. Ist das richtig?

Sie war Tänzerin. Sie zogen von Show zu Show – London, Berlin, Paris und so weiter. Olive Victoria hieß sie, ja … Armes Mädchen. Sie muss jetzt achtzig oder neunzig sein.

Was hielt sie von den Zeitungsartikeln, die Sie über sie geschrieben haben?

Ich schrieb ein Gedicht für sie. Ich weiß nicht. [*Er zuckt mit den Schultern.*] Ich war einfach verliebt in sie und ich verlor drei oder vier Jobs. Ich erschien nicht [zur Arbeit]. Es war irgendwie quälend mit ihr.

Was quälte Sie?

Was mich quälte? Sie sprach sehr gut Englisch. Ich glaube, sie schlief mit Eddie Polo [einem Schauspieler, der 1929 in dem Film *Der Teufelsreporter* mitspielte, der nach dem ersten Drehbuch von Wilder entstand] und nicht mit mir.

Das ist qualvoll.

[*Er lächelt.*] Das ist qualvoll.

Gibt es flüchtige Bilder von Frauen aus Ihrer Vergangenheit, an die Sie oft denken müssen, wie das Mädchen

im weißen Kleid, über das Bernstein in *Citizen Kane* spricht?

Ja. Sicher, sicher. Bilder aus meiner Jugend, klar. Da war dieser Moment, als ich aus Berlin floh, am Tag nach dem Reichstagsbrand, als sie das Parlament auflösten. Da war ein Mädchen, und wir flohen zusammen nach Paris, und wir lebten ewig in diesem Hotel [dem Hotel Ansonia, einem Zufluchtsort für viele Flüchtlinge aus der deutschen Filmindustrie], acht Monate lang oder so. Dann kam ich nach Amerika und schrieb ihr einen Brief, einen Liebesbrief. »Warum kommst du nicht rüber und wir heiraten?« Doch dann brach der Krieg aus, und sie blieb da. Sie kam in ein Konzentrationslager.

»Wir verließen die Stadt. Sie postierten bereits SS-Männer in den Bahnhöfen. Das war genau der Zeitpunkt, an dem ich die Entscheidung traf.«

Und starb sie dort?

Nein, nein, nein. Sie kam hierher zu Besuch, da war ich schon seit zehn Jahren verheiratet. Davor aber war sie meine Liebe. Sie war ein junges Mädchen damals. Hella hieß sie.

Wissen Sie, was mit ihr geschehen ist?

Das letzte Mal habe ich sie in Paris gesehen, vor etwa zwanzig Jahren. Seitdem nicht mehr. Habe sie nicht gesehen, nichts von ihr gehört. Wir hatten keine gemeinsamen Freunde. Die, die wir hatten, sind gestorben.

War Hella eine Ihrer großen Lieben?

Hella war eine gute Liebe. Hella … Hella Hartwig. Sie war Deutsche. Sie kam uns besuchen, mich und Audrey. Gutes Mädchen. Sie lebt noch.

Können Sie sich noch an den Moment erinnern, an dem Sie sich entschlossen, Berlin zu verlassen?

Das kann ich Ihnen genau sagen. Das war 1933. Hitler hatte die Macht übernommen. Ich weiß nicht, bis zu welchem Grad, aber dann kam dieser verrückte Holländer, Holbein oder wie er hieß. [Der mutmaßliche Reichstagsbrandstifter war der Holländer van der Lubbe. Das vollstreckte Todesurteil wurde 1980 als klare Rechtsbeugung gekennzeichnet; Anm. d. Ü.] Hitler ließ ihn in den Reichstag, das Parlament, er legte Feuer und haute ab. Der Reichstag ist also niedergebrannt worden, angeblich von Kommunisten – denn wer sonst würde so etwas tun? Alle Parteien wurden illegal, nur die nationalsozialistische Partei blieb. Das Feuer brannte noch … und in diesem Moment ging ich zum Hotel. Ich packte meine Sachen. Und ging zum Bahnhof mit diesem Mädchen namens Hella. Und wir fuhren nach Paris. Ich konnte nach Paris gehen. Ich hatte keinen deutschen Pass. Wir verließen die Stadt. Sie postierten bereits SS-Männer in den Bahnhöfen. Das war genau der Zeitpunkt, an dem ich die Entscheidung traf.

Sie waren mit Hella zusammen, als Sie die Entscheidung trafen?

Ja.

Sie sprachen mit ihr und sagten: »Wir müssen hier raus!«

Genau so war's. »Wir müssen hier raus!« Denn zu dieser Zeit gab es nur noch eine Partei. Die Nationalsozialisten. Das ist wie Kommunismus – nur eine Partei, andere Parteien sind nicht erlaubt. Also sagte ich: »Jetzt müssen wir gehen. Hier wird es unangenehm.«

»Ich war ein Dilettant,
aber ich führte Regie.«

War die Zugfahrt nach Paris romantisch, erschreckend ...?

Ich hatte meine Möbel verkauft – mein ganzes Geld steckte in meiner kleinen Jackentasche. Einhundert-Dollar-Scheine. Etwa zweitausend Dollar – die steckten wir ein und hauten ab. Als wir in Paris ankamen, gingen wir in ein Hotel, das uns empfohlen worden war, Montparnasse, mit Blick auf den Friedhof. Aber es gefiel uns dort nicht so gut. Man hatte keinen Kontakt zu anderen Leuten. Am nächsten Tag gingen wir durch Paris, durch die ganze verdammte Stadt, und dann fanden wir ein Hotel, das Ansonia. Und dann kamen auch andere Flüchtlinge in dieses Hotel. Es platzte aus allen Nähten.

Und dann wurde daraus eine Party?

Keine Party. Es war traurig. Wir waren traurig. Paris war ziemlich schön, der Sommer kam. Und dann fand ich eines Tages heraus, dass ich ein reicher Mann war, damals jedenfalls. Ich musste nicht arbeiten, denn Hella hatte so ein Dings aus Tuch mitgebracht, einen Geldbeutel mit Goldmünzen drin, die ihr Vater, ein Apotheker in Frankfurt an der Oder, ihr gegeben hatte. Sie und ich verkauften die Münzen dann einzeln. Ich schrieb damals; wir schrieben. Es gab dort zwei oder drei Autoren; wir verkauften eine Geschichte, und ich inszenierte sie [*Unkraut*, 1933]. Mit der Hilfe von Mr. [Alexander] Esway, einem Ungarn, der der geborene Regisseur war. Ich war ein Dilettant, aber ich führte Regie.

Das war nach *Menschen am Sonntag*, richtig?

Jahre danach. *Menschen am Sonntag* entstand 1929 in Berlin. Jetzt ist es fünf Jahre später.

Wie haben Sie sich von Ihren Eltern verabschiedet?

Von den Eltern verabschiedet? Sie waren in Wien geblieben, und als ich Wien verließ, um nach Berlin zu gehen, sagte ich: »Ich werde wahrscheinlich nie mehr zurückkommen, denn ich möchte in Berlin bleiben.« Dann korrespondierte ich mit ihnen. 1928 reiste mein Vater nach Amsterdam, um meinen Bruder Willie zu besuchen, der eine große Firma in New York hatte. Er war dort einige Monate, und dann wollte er nach Wien zurück, um meine Mutter nach Amerika zu holen. Er kam mit dem Schiff zurück und machte Halt in Berlin, um mich zu besuchen. Er starb in Berlin. Er starb an Darmverstopfung, ein Problem, das er ignoriert hatte. Wir waren zusammen, als er einen Anfall hatte. Der Arzt kam und verfrachtete ihn sofort auf eine Bahre. Ich war bei ihm im Krankenwagen, als er starb. Er starb, bevor er meine Mutter nach Amerika holen konnte.

Meine Mutter war eine richtige Mutter und sie war eine gute Köchin. Wir aßen fast immer zu Hause, nur hin und wieder in einem Restaurant. Ich stand meiner Mutter nie so nahe wie meinem Vater. Ihren zweiten Ehemann habe ich nie getroffen. Mr. Seidlisker. Und sie starben alle. Menschen, die damals bei ihr waren. Sie wurde mit ihrer Mutter, meiner Großmutter, und mit ihrem zweiten Mann in ein Konzentrationslager gebracht. Ich habe versucht, mit ihnen in Verbindung zu treten, aber es war nicht möglich. Und niemand hatte eine Ahnung. Als ich 1935 von Europa zurückkam – ich war nach Europa gereist, um meine Mutter zu sehen –, hatte niemand eine Ahnung, dass Hitler, der die Macht übernommen hatte, die Idee einer »Reinigung« kontemplierte und die Idee der Konzentrationslager – um die Juden aus dem Verkehr zu ziehen.

Meine Mutter hat meinen Erfolg nicht mehr erlebt. Mein Vater natürlich auch nicht, denn er starb schon 1928, etwa zu der Zeit, als wir *Menschen am Sonntag* drehten. Sie haben meinen Erfolg nie erlebt. Das bedauere ich sehr, denn sie wären stolz auf mich gewesen. 1935 habe ich meine Mutter zum letzten Mal gesehen.

Ich glaube, wir haben alle bestimmte Bilder von unseren Eltern im Kopf, kleine Momente, an die wir uns erinnern und die wir im Gedächtnis behalten. Welche Bilder kommen Ihnen in den Sinn, wenn ich Ihre Mutter erwähne?

Das Bild einer kleinen, übergewichtigen, Deutsch sprechenden Frau. Sie sprach nicht viel Englisch, obwohl sie als Mädchen, als sie sechzehn oder siebzehn Jahre alt war, nach

Amerika kam, um hier bei meinen Verwandten zu leben. Und dann ging sie nach Wien zurück und heiratete. Sie war aber eine sehr gute Mutter. Sie konnte mich ziemlich hart bestrafen, sie schlug mich, sicher, als ich ein kleiner Junge von acht oder zehn Jahren war. Und dann fasste ich eines Tages einfach ihre Hand. Ich weiß nicht, was für einen Stock sie hatte, aber ich griff nach ihrer Hand und schaute sie an, und sie wusste, dass sie mich nie wieder schlagen konnte.

Erinnern Sie sich an das letzte Gespräch mit ihr?

Nicht genau. Ich sah sie zuletzt 1935 in Wien. Es war ein kurzer Besuch. Ich wohnte nicht zu Hause, ich stieg im Hotel Österreichischer Hof ab. Ein kurzer Besuch, aber es ging ihr gut. Sie war in Ordnung. Ich habe aber nie Mr. Seidlisker getroffen, meinen Stiefvater. Sie heiratete nach meinem Besuch. Sie blieben in Wien.

Welche Atmosphäre herrschte in Wien, als der Krieg eskalierte?

Sie lebten in Panik, wissen Sie – was wird Hitler machen? Aber keiner tat etwas. Österreich hatte nicht um den Anschluss [er benutzt das deutsche Wort; Anm. d. Ü.] gebeten, um die Zusammenführung von Deutschland und Österreich. Die deutsche Armee marschierte ein … und die österreichische Republik wurde gestürzt. Die Deutschen, die nach Österreich zogen, jubilierten. Und die Österreicher schlugen die Juden zusammen, und die deutschen Truppen mussten die Juden von den Österreichern trennen. [*Er schüttelt den Kopf.*] Und jetzt sagen die Österreicher, sie seien das erste Land gewesen, das von Deutschland besetzt worden sei! Sie *bettelten* darum, ins großdeutsche Reich aufgenommen zu werden. Das war 1938, ja. Und kurz danach fiel die Tschechoslowakei, dann das Sudetengebiet. Und der Jubel in Österreich und Wien, als Herr Hitler kam! Er war ja Österreicher. Sie waren sehr stolz auf ihn.

Wie haben Sie erfahren, dass Ihre Mutter gestorben war?

Ich habe es durch Briefe vom Roten Kreuz erfahren. Ich habe nichts Offizielles bekommen, nur Briefe von Leuten, die sie kannten. Sie wussten ein wenig und teilten mir das mit. So erfuhr ich es. Ich habe nie Briefe [von ihr] bekommen. Nur von anderen. So habe ich erfahren, dass sie tot war. Man sagte mir, sie sei in Auschwitz gestorben.

Ist es richtig oder falsch, dass Ihr Spitzname von Buffalo Bill kommt?

Ich weiß es nicht. Meine Mutter machte gern kleine Familienscherze. Vielleicht Buffalo Bill … ich war Billie, und mein Bruder hieß Willie. [*Wilder erhält einen Anruf von seiner Frau.*]

Sie haben *Zeugin der Anklage* als einen Hitchcock-artigen Film beschrieben. Was, glauben Sie, haben Sie gemacht, was Hitchcock *nicht* gemacht hätte?

Nun, ich habe meine Geschichte erzählt. Das war nicht gerade eine Hitchcock-Situation, denn er hatte mit anderen Sachen zu tun. Ich glaube, Hitchcock hätte ein paar Tricks mehr aus dem Ärmel gezogen, was er sehr, sehr gut konnte. Aber es gab da ein Element von Wahrheit, und ich glaube nicht, dass das Hitchcocks Stärke war.

Mir gefällt, dass Sie bei dem Mord mit dem Messer in der Totalen bleiben. Und wenn Laughton während der Ge-

richtsverhandlung mit seinen Pillen spielt, sie aufreiht, oder wenn er trinkt, dann filmen Sie ihn vom oberen Balkon und blicken auf ihn hinab. Sie stoßen die Zuschauer nie mit der Nase drauf.

Ja, ich ging sanft mit ihnen um. Das Ende aber musste gewalttätig sein. Ich wollte das Messer da auf dem Pult, das Messer, mit dem die alte Dame umgebracht wurde. Es liegt da auf dem Pult. Da ist Marlene, da ist Tyrone Power, da ist Laughton. Und als die Wahrheit herauskommt, wollte ich, dass er das Monokel aufsetzt. Und da ist eine *kleine Reflexion* in diesem Monokel. Es gab schon einmal eine Reflexion in seinem Büro, als Marlene kommt und die Vorhänge aufzieht. Aber jetzt, in dem Moment, in dem die Wahrheit herauskommt, wenn Tyrone Power enthüllt, mit welcher Frau er zusammenlebt – da wollte ich, dass Laughton das Messer nimmt, und die Reflexion bringt Marlene dazu, es zu benutzen. Aber das wäre nicht erlaubt gewesen.

Warum nicht?

Weil das heißen würde, ein Vertreter des Gesetzes weist eine Mörderin, die keine Mörderin ist, auf etwas hin, um den Mann zu fassen, den sie mutmaßlich liebt. Was jetzt da ist, kommt der Sache nahe, ist aber sublim.

Ja, Laughton schaut nach unten. Er spielt mit dem Monokel, und die Reflexion ist ein Zufall. War das im Stück?

Nichts war im Stück. Kein Monokel. Es war eine trickreiche Idee, aber es ging auch so. Also, sehe ich Sie morgen?

10 Uhr 56. Ich komme einige Minuten zu früh zu Wilders

Büro am Brighton Way. Er begrüßt mich an der Tür, trägt ein blau-weißes Hemd und eine Hose, die sehr hoch auf den Hüften sitzt, und einen weißen Hut, den er zur Seite geschoben hat. »Hallo, wie geht es Ihnen?«, sagt er. Bereit wie stets, nimmt er hinter seinem Schreibtisch Platz und greift nach einer von mehreren Tic Tac-Dosen. Er trägt einen kleinen Bart, der ihn wie einen gut gekleideten Maler aussehen lässt. Auf dem Schreibtisch häufen sich Papiere von diversen Filmfestivals und von Cineasten mit obskuren Anliegen. Das Licht fällt auf sein bärtiges Gesicht. Er schlitzt Post mit einem Brieföffner auf. Hinter ihm am Fenster hängt ein kleines United-States-of-America-Medaillon aus buntem Glas. Ich schaue auf die Uhr an der Wand. Ich stelle fest, dass sie mehrere Minuten vorgeht und ich nach seinem Begriff gerade noch pünktlich war. Wilder spricht das bisher unausgesprochene Thema jetzt an. Heute ist er fröhlich zänkisch.

Sie waren pünktlich. Sie waren um elf Uhr hier, wie es sein sollte. Was tun wir die nächsten zwei Stunden?

»Es gibt keine dummen Fragen,
nur dumme Antworten.«

Ich hoffe, es Ihnen heute einfach zu machen. Ich habe eine Menge dummer Fragen.

In Ordnung. Sehr gut. Es gibt keine dummen Fragen, nur dumme Antworten.

Eine Reihe von Jahren habe ich verschiedene Umfragen an Universitäten verfolgt, in denen Studenten nach ihrem Traumberuf gefragt werden. Einige Zeit lang stand Präsident zu werden an erster Stelle. Dann Rockstar. Dieses Jahr war der Nummer-eins-Traumberuf zum ersten Mal Filmregisseur.

Ja, sie sehen das fertige Produkt, aber sie wissen nicht, wie viel Schweiß es gekostet hat. Sie wissen nicht, dass ein Regisseur am Ende eines Tages *fix und fertig* ist. Man denkt, man hat einen guten Film, aber wenn man in einem schlechten steckt, dann geht's los ... Sie sehen nur das Wort »Regisseur«. Sie denken, der Typ sitzt in seinem Stuhl und sagt nur: »Kopieren!« Es ist eine seltsame Sache, dass es nur wenige Regisseure gibt, die auch schreiben. Es kommt sehr, sehr selten vor, dass ein Regisseur entscheidet: »Ich will auch schreiben.« Es ist aber sehr plausibel, dass ein Autor auch Regisseur werden will, weil er bereits auf dem Papier inszeniert, sozusagen.

Regisseur zu sein ist ein sehr wichtiger Job, denn man geht eine Verpflichtung ein. Und man muss mit dem leben, was am Ende dabei herauskommt, es sei denn, man hat eintausend Drehtage, dann könnte man alles besser machen, oder? Als Regisseur hat man eine Verpflichtung, aber man hat nicht nur eine Verpflichtung wie der Regisseur eines Theaterstücks, man kann auch nichts mehr ändern, das ist es. Man gibt sein Bestes und steckt es in den Film. Wenn ein junger Mann gern Regisseur werden möchte, dann denkt er nur an den Ruhm. Er denkt nicht an den Ärger, an die Kämpfe, an das, was er alles runterschlucken muss, den ganzen Mist – das ist sehr, sehr ... [*Wilder bietet den Anblick eines Mannes, der gerade einen Schluck Essig getrunken hat.*]

Man fühlt sich sehr, sehr klein.

»Wenn ein junger Mann gern Regisseur werden möchte, dann denkt er nur an den Ruhm. Er denkt nicht an den Ärger, an die Kämpfe.«

Hatten Sie eine gute Beziehung zu Truffaut? Godard? Oder eine zänkische?

Nein. Ich war mit Louis Malle befreundet und ich kannte Truffaut. Ich kannte die ganze Bande. Sie dachten, sie hätten etwas Neues gefunden. Es war nicht ganz so neu, aber es war sehr gut. Zum Beispiel Mr. Truffauts Film *Die amerikanische Nacht* [1973]. Den halte ich für ein richtiges Meisterwerk. Wirklich witzig und wirklich gut. Ich habe es ihm gesagt. Kurz bevor er starb, glücklicherweise. Ich weiß nicht, es war nur eine neue Art, Filme zu machen, aber es war nicht ganz neu, denn einige Filme waren schon *nouvelle vague* vor ihnen. Godard mag ich nicht. Ich glaube, hinter der Maske des Intellektuellen verbirgt sich bloß ein Dilettant.

Betrachteten sie Sie als »Hollywood«?

Als Hollywood, ja. Mit einem gewissen Respekt vor dem Geld, das ausgegeben wurde.

Was halten Sie von Godards *Außer Atem*, den Truffaut geschrieben hat?

Das war der einzige gute Film [von Godard].

Ich bin ein großer Bewunderer von Truffaut. Ich liebe seine Fähigkeit, die Poesie des Alltags einzufangen. [*Wilder nickt.*] Und natürlich Renoir.

Renoir, der alte Renoir? Nicht der Großvater, das war [Pierre] Auguste Renoir, der Maler –

Nein.

– den ich übrigens nicht mag.

Sie besaßen aber einen Renoir.

Nur eine seiner Zeichnungen. Ich mag ihn aber nicht. Zu pink.

Zu *pink*?

Sieht alles aus wie die Verpackung einer Pralinenschachtel, oder nicht?

Ich mag ihn. [*Wilder zuckt mit den Schultern; die Welt ist groß.*] Jean Renoirs Sensibilität und seine Arbeit mit den Schauspielern haben mich sehr beeinflusst. Gefiel Ihnen *Die Spielregel*? Ich frage Sie immer wieder danach, weil es einer meiner Lieblingsfilme ist – er hat einen bestimmten Charme, der mich an Ihr Werk erinnert.

Ja, mir gefiel *Die Spielregel.* Sicher. Ebenso René Clair. Er ist völlig aus der Erinnerung der Leute verschwunden. Er war sehr gut ganz am Anfang, wissen Sie? ... *Unter den Dächern von Paris* [1930]. Aber dann begann er damit, Sachen von oben zu filmen. Manche Leute verstreuen

Gift, und nur die, die ganz oben sind, können überleben. Sie sitzen in einem Elfenbeinturm und können überleben? Quatsch.

Ich möchte Ihnen etwas aus einem Artikel aus dem *World Policy Journal* vorlesen, den Karen Lerner mir gegeben hat. Es ist ein Essay von David Kipen mit dem Titel »Der Tod des amerikanischen Films«.

[*Sofort*] Ah, sehr gut.

Es wird die Theorie entworfen, dass wir in den Filmen unsere nationale und kulturelle Identität verloren haben. Der Autor schaut zurück und schreibt über einige der großen amerikanischen Filmporträts. Er schreibt über das Jahr 1939, das heute betrachtet wird als eines der großartigsten Jahre des amerikanischen Films. Ich zitiere: »Gier ist nichts Neues in Hollywood. Sie betrachteten *Ninotschka* und *Mr. Smith geht nach Washington* als Geschäftsunternehmungen und machten mit ihren Investitionen hübsche Profite. Inzwischen aber waren Lubitsch, Wilder und Capra damit beschäftigt, Amerika zu definieren, sowohl für es selbst als auch für die Welt. Es macht nichts, dass diese quintessenziellen amerikanischen Komödien den Köpfen dreier Typen aus Berlin, Wien und Sizilien entsprangen. Diese Filme zeigten einen gewissen zynischen Optimismus, ein ungestümes Tempo und einen amerikanisch-englischen Jargon, den man weder in Abrede stellen noch ihm widerstehen konnte. Sie versuchten Amerika zu kopieren und erschufen es dabei.«

Ich denke nicht in diesen großen Kategorien, verstehen Sie? »Amerikanischer Film« und so. [*Er wischt es beiseite, macht das Geräusch dazu*] *Schschschsch …*

Ich mache nur einen Film und ich hoffe, er wird gut, er unterhält die Leute und zeigt ihnen etwas, was sie noch nicht gesehen haben. Aber zu denken »Das wird der beste *film noir*« oder »die größte Komödie« oder »Weltweit betrachtet, worin liegt die Bedeutung?« … Es ist gut, es ist sehr gut; es ist nett, dass jemand so etwas schreibt, über uns alte Regisseure … über die abgetretenen Regisseure, die nicht mehr »Action« sagen. Aber man kann eine Sache erst beurteilen, wenn sie fertig ist. Ein Regisseur kann nicht von hochfliegenden Konzepten leben, er muss konkrete Ideen filmen … und sie subtil zeigen, nicht wie Capra. Capra war einmal sehr gut, sage ich Ihnen, sehr gut für seine Zeit, aber dann beschäftigte er sich mehr mit jenseitigen Dingen, und das ist –

– sentimental?

Ja, sentimental. Derb sentimental. Ja. Aber er war ein sehr guter, populärer Regisseur. Sehr, sehr guter Regisseur für die Stoffe, die er verfilmte. Er traf genau den Zeitgeist. Lange Zeit gab es niemanden außer Capra, davor gab es eine Zeit lang DeMille. Die DeMille-Filme. Das waren zwei sehr populäre, sehr mächtige Regisseure. Heute gibt es nur wenig Regisseure, die ihre Zeit überragen – wie Spielberg.

Was ist mit dem Werk von Preston Sturges?

Oh, sehr schön. Er war der erste Autor, der Regisseur wurde. Dann ging er und gründete eine Firma mit Howard Hughes, gegenüber von Paramount. Raleigh Pictures. Danach, ich weiß nicht, hat er nie mehr etwas gemacht, das Sinn hatte. [*Er scheint das nicht ganz zu verstehen.*] Dann verließ er das Land. Er war zweisprachig. Er sprach sehr gut Französisch, denn er war in Frankreich aufgewachsen und hatte ein französisches Kindermädchen gehabt.

»Ich habe einiges von guten Filmen gelernt und von schlechten Filmen. Bei guten Filmen ist es sehr schwer.«

Das letzte Mal, als ich ihn sah, saß er in einem Café gegenüber von Fouquet. Es gab Cafés an jeder Ecke, aber da war sein Stammplatz – im Café Alexandre. Er hielt Ausschau. Das Café lag auf der Avenue George V, und alle Amerikaner stiegen im Hotel George V ab. Sie kamen da immer vorbei, und er schnorrte einen Cognac von ihnen, verstehen Sie? Das war schrecklich, absolut furchtbar. Und er hatte den ersten und einzigen Rolls-Royce-Kombi besessen. Wie und warum, weiß ich nicht. Aber er trank immer diesen Cognac und er starb sehr früh. In seinen besten Zeiten war er sehr gut.

Haben Sie von einem anderen Regisseur schon mal ein Lob über Ihre Arbeit gehört? Was zum Beispiel sagte Ihr Freund Fellini über *Manche mögen's heiß*?

Er war sehr großmütig. Er nannte mich »Maestro«. Er war fünfundsiebzig oder so, als er starb. Aber ich war für ihn der »Maestro«. Aber *Das süße Leben* war ohne Fehl und Tadel! Wenn ich der »Maestro« war, wie sollte ich *ihn* nennen? Ich habe einiges von guten Filmen gelernt und von schlechten Filmen. Bei guten Filmen ist es sehr schwer [etwas zu lernen], denn es gibt so wenig gute Filme, große Filme, erinnerungswürdige Filme. [William] Wyler war ein enger Freund von mir. Er war sehr kritisch. Er sagte: »Ich glaube nicht, dass Audrey Hepburn zu Gary Cooper etwas sagen sollte am Ende von *Ariane* –

Liebe am Nachmittag, wenn er mit dem Zug wegfährt.« Der Zug fuhr los, und sie rattert einmal mehr die Liste ihrer angeblichen Liebhaber herunter. Wyler sagte: »Mach es stumm!« Aber das konnte ich nicht, weil ihre Lippen sich bewegten.

Hätten Sie es ohne Dialog gemacht, wenn Sie gekonnt hätten?

Ja. Ich hätte sie ihm folgen lassen, und dann fuhr er ab, sie lief parallel zum Zug, und dann greift er sie. Aber ich hatte da zu viele Worte.

Ich liebe die Worte da, sie brechen einem das Herz. Für mich hebt es das heraus aus dem üblichen Hinter-einem-Zug-her-rennen-Schluss.

Ja, aber sie hat sich schon von ihm verabschiedet. Sie sollte ihren Mund halten in diesem Moment und einfach rennen, und dann greift er sie.

Erzählen Sie mir mehr über Ihre Beziehung zu Wyler.

Meine Beziehung zu Wyler ... Wyler war ein Phänomen, weil er nie etwas las. Er las nie *irgendetwas*, außer dem Drehbuch zu einem Film, den er machen wollte. Er kiebitzte als Nicht-Schreiber, der Regie führen würde, also hatte er viel Zeit, mit den Jungs herumzuhängen. Er hatte jede Menge Zeit zum Kartenspielen. Aber er hat nie ein gedrucktes Buch angefasst. [*Er ist amüsiert und verblüfft.*] Er las *absolut nichts*. Brauchte nicht zu wissen, was vor sich ging. Er hatte sich aber, das muss ich sagen, im Krieg sehr bewährt. Er besaß ein wundervolles Gefühl für eine Stadt, wissen Sie. Er war ein wenig kitschig, aber sehr gut. Audrey

Hepburn und Gregory Peck in *Ein Herz und eine Krone* – das war ein guter Film.

Also halten Sie nichts von der Anmerkung, dass ein Mann aus Wien kommen musste, um Amerika im Film zu charakterisieren?

Doch. Filme in Europa über Europa zu machen war problematisch. Obwohl ich mit Jimmy Cagney einen Film in Berlin gedreht habe. Das habe ich ganz gut hingeschummelt. Aber ich mag keine Filme in einer fremden Sprache. Zum Beispiel mochte ich *Das Mädchen Irma La Douce* nicht, weil Lemmon kein französischer Polizist ist. [*Er lacht.*] Das ganze Ding war viel zu amerikanisch, um glaubwürdig zu sein. Ich glaubte es nicht … und sie auch nicht. Der Film war ein Flop in Paris, in Frankreich. Aber er war ein großer Hit hier. In Deutschland mochten sie ihn, weil sie glaubten, die Franzosen besser zu verstehen. [*Wir lachen.*]

Hat Howard Hawks Sie als Regisseur in besonderer Weise beeinflusst?

[*Wie aus der Pistole geschossen*] Nein. Hawks war sehr gut bei den Sachen, die er machte. Aber er hat mich nicht beeinflusst.

»Viele Jahre hatte ich dieses
Schild an der Wand:
WIE HÄTTE LUBITSCH ES GEMACHT?
Ich habe immer *draufgeschaut,*
wenn ich an einem Drehbuch schrieb
oder einen Film plante.«

Wer hat Sie beeinflusst?

Lubitsch. Viele Jahre hatte ich dieses Schild an der Wand: WIE HÄTTE LUBITSCH ES GEMACHT? Ich habe *immer* draufgeschaut, wenn ich an einem Drehbuch schrieb oder einen Film plante. »Welchen Weg würde Lubitsch einschlagen? Wie würde er es aussehen lassen, damit es natürlich aussieht?« Lubitsch hat mich als Regisseur beeinflusst.

Lassen Sie mich etwas aus einem Buch zitieren, das Peter Bogdanovich geschrieben hat, *Who the Devil Made It?* [wörtlich: »Wer zum Teufel hat das gemacht?«, oder auch, falls es übertragen gemeint ist: »Wer zum Teufel hat es geschafft?«] Das ist aus einem Interview mit Howard Hawks, und er sagt: »Sam Goldwyn bat mich zu sich, und Brackett und Billy Wilder erzählten mir die Geschichte von *Die merkwürdige Zähmung der Gangsterbraut Sugarpuss,* und ich sagte: ›Okay, ich mache es.‹ Dann ging ich drei Wochen mit Hemingway fischen, und als ich zurückkam, fragte ich: ›Wie kommt ihr Jungs klar?‹ Und Billy sagte: ›Nicht besonders gut.‹ – ›Warum nicht?‹, fragte ich. ›Nun, wir wissen nicht, worum es geht‹, sagte Billy. ›Also, es ist *Schneewittchen und die sieben Zwerge.*‹ Und Billy sagte: ›In zwei Wochen sind wir fertig.‹ Brackett und Wilder waren beide hervorragende Autoren. Sie bekamen fast alles gut hin.«

Es ist nicht sehr gut. Es war eine kindische Idee, die ich mitgebracht hatte, die ich in Deutschland vor Hitler geschrieben hatte. Ungefähr zwanzig Seiten. Damals arbeiteten wir für Paramount, und Paramount machte einen Deal mit Goldwyn. Goldwyn [der zu der Zeit einen Vertrag mit Cooper hatte] brachte Bob Hope und das Team Brackett/Wilder für einen Film zusammen. Dafür gab er Gary Cooper für den ersten großen Hemingway-Film für Paramount frei, *Wem die Stunde schlägt* [1943]. Das war also ein Tauschhandel, richtig? Goldwyn machte einen Film mit Bob Hope [*They Got Me Covered*, 1943]. Die Goldwyn-Mädels tanzten darin. Schrecklich.

Dann bekam Goldwyn den nächsten Cooper-Film, und das war *Die merkwürdige Zähmung der Gangsterbraut Sugarpuss.* Hawks war einer der größten Lügenbolde der Welt. [*Er lacht.*] Ich erinnere mich genau daran, wir waren im Hotel Prince des Galles, das liegt direkt neben dem George V. Ich saß in der Lobby mit einem Autor, der dort wohnte, und wir tranken einen Martini oder so. Dann kam Howard Hawks aus dem Aufzug. Er schien sehr guter Stimmung zu sein, und wir luden ihn auf einen Drink ein. Und er sagt fröhlich: »Heute sind die Papiere unterzeichnet worden, ich bin jetzt der Generalmanager für Mercedes in Amerika! Zweitens habe ich einen Teil meiner Ölquellen in Mississippi verkauft, das Geld strömt nur so herein, kann ich Ihnen sagen.« Er trinkt den Martini, verabschiedet sich und geht. Wir saßen da, starrten ihm nach. Der Empfangschef des Hotels kommt zu uns und fragt: »Wer ist dieser grauhaarige Herr, den Sie wohl kennen? Er hat seit acht Wochen seine Rechnung nicht bezahlt.«

Das war Howard Hawks. Als wir diesen Film schrieben, *Die merkwürdige Zähmung der Gangsterbraut Sugarpuss*, kam er eines Tages um Viertel vor zwölf, und er hatte einen Stapel gelber Seiten in der Hand. Und er sagte: »Also, Jungs, letzte Nacht konnte ich nicht schlafen. Ich habe hier den ganzen dritten Akt des Films. Es ist großartig, kann ich euch sagen.« Und er legt den Stapel auf den Schreibtisch, und dann sitzt er da, und wir warten darauf, dass er uns erzählt, um was es geht. Dann sagt er: »Ein Pferd von mir läuft in Santa Anita, im ersten Rennen.

Ich wasche mir schnell die Hände, und dann fahren wir dahin und sehen uns das erste Rennen an.« Und dann ging er sich die Hände waschen, wir fuhren zusammen dahin, der Stapel blieb auf dem Schreibtisch liegen. Wir kamen zurück, weil unsere Autos da standen, wir liefen hinauf und sahen uns die Seiten an. Da war nichts, nicht ein einziges Wort. Gar nichts. [*Er grinst, schaut verblüfft in die Gegend.*] Er hatte absolut nichts geschrieben.

Sie haben aber Howard Hawks bei den Dreharbeiten zu *Die merkwürdige Zähmung der Gangsterbraut Sugarpuss* zugeschaut, und das half Ihnen, etwas über Ökonomie beim Filmemachen zu lernen. Richtig oder falsch?

Halb richtig und halb falsch. Ich hörte zu, wie man »Action« und »Cut« und »Nummer sieben kopieren« sagt.

Angeblich hingen Sie unterm Studiodach und sahen zu, wie der Film gedreht wurde.

Ja, sicher, ich war die ganze Zeit da. Es war kein guter Film. Ich mochte ihn nicht. Aber *dennoch* … ich traf Gary Cooper.

Und Stanwyck. Mit beiden haben Sie später gearbeitet.

Barbara Stanwyck, das ist richtig, so traf ich sie.

Waren Sie bei *Die merkwürdige Zähmung der Gangsterbraut Sugarpuss* mit dem fertigen Produkt zufrieden?

Nein … [*Er zuckt mit den Schultern.*] Es war viel besser, als es frisch war, als es neu war, als ich es in Deutschland geschrieben hatte. Ich konnte verschiedene Themen, mit denen sich die Leute befassten, etwas vertiefen. Die Professoren arbeiten zusammen, es ist sehr dumm, sie alle unter einem Dach zu haben, jeder schreibt seine Sachen, Geschichte oder Geographie. Es war alles so dumm und es war alles so glatt. Ich mochte es einfach nicht. Es war nicht sehr gut. Ich habe das in Deutschland geschrieben und hier an Mr. Goldwyn verkauft. Gary Cooper, Barbara Stanwyck.

Stand der »Drum Boogie«, die große Tanznummer, im Drehbuch?

Das haben wir hier erfunden, weil wir [Gene] Krupa hatten. Das ist Krupa [ein legendärer amerikanischer Schlagzeuger; Anm. d. Ü.].

Lassen Sie uns noch einmal über *Menschen am Sonntag* sprechen, Ihren berühmten und berühmt ungewöhnlichen zweiten Film aus Deutschland. Heute ist er eine der wenigen visuellen Aufzeichnungen aus dem Berlin der damaligen Zeit und wird als historisches Dokument studiert. Er ist außerdem die erste Arbeit von Fred Zinnemann und einigen anderen. Hier kommt ein weiteres Zitat aus dem Buch von Peter Bogdanovich, aus einem Interview mit Edgar Ulmer, einem der Regieassistenten des Films –

Ulmer, ja.

»Fred Zinnemann war der Kameraassistent, und Billy Wilder hatte das Drehbuch auf Notizzetteln im Romanischen Café geschrieben.« Ist das korrekt?

Ja.

Fühlen Sie sich als Schöpfer von *Menschen am Sonntag*? Betrachten Sie den Film als eine Ihrer Arbeiten?

Nun … »eine meiner Arbeiten« … Es war ein Stummfilm, fünfundzwanzig Seiten … Robert Siodmak führte Regie, wir alle führten Regie, wir alle setzten das Licht. Offiziell war es von allen der erste Film, außer vom Kameramann [Eugen Schüfftan]. Es war eine einigermaßen wahre Geschichte, fast dokumentarisch. Es war der erste Film, bei dem mein Name als Autor erschien. Ich habe gerade das Drehbuch gefunden, das Sie erwähnt haben, in Deutsch, und ich werde jetzt nach Deutschland schreiben und herausfinden, ob sie es haben wollen. Und dann schicke ich es ihnen. Es war ein Stummfilm, bei dem wir während der Aufnahmen sprachen, wir sagten ihnen [den Darstellern], was sie tun sollten. Ich sage »wir« – ich war der Autor, mit Curt Siodmak. Es war nach einer Idee von Curt Siodmak und das Drehbuch war von mir. Er war auch dabei, jeder war dabei, auch Zinnemann, und wir schleppten die Kamera [*we were schlepping the camera*], wir bekamen keine Gage, wir bekamen – da muss ich rechnen – etwa einhundert Dollar die Woche. Wir machten es einfach, aus Liebe zur Sache. Alle Schauspieler waren neu. Sie haben nicht weiter als Schauspieler gearbeitet. [*Er lacht.*] Der Kameramann war der einzige Profi, der schon Filme gedreht hatte. Der Film war sehr, sehr gut gefilmt, das muss ich sagen. Er hat später Filme in Hollywood gemacht. Sein Name war Schüfftan, und er war der Einzige, der wusste, wo die Kamera hingestellt werden musste und welches Objektiv man benutzen sollte. 1962 hat er den Oscar für *Haie der Großstadt* bekommen. Die Kamera hatten wir ausgeliehen; wir hatten sie nur am Wochenende. Aber unter Wochenende, wissen Sie, verstand man nicht Samstag und Sonntag. Das Wochenende war nur der Sonntag. Es gab kein »Samstags geschlossen« oder »Nur bis mittags geöffnet«. Wir hatten eine Sechs-Tage-Arbeitswoche. Wir haben vier oder fünf Monate gedreht. Immer nur sonntags, wenn jede Menge Leute für den Hintergrund zur Verfügung standen.

Wenn Sie *Menschen am Sonntag* heute sehen könnten, würden Sie ihn sich anschauen?

Ich würde ihn nicht anschauen. Ich weiß nicht – es war eher ein freiberufliches Filmexperiment. Es ging nicht sehr in die Tiefe. Wir zeigten zum Beispiel, wie die Leute ihren Sonntag verbrachten. Unter anderem gab es eine Szene, wo ein Mann ein Mädchen verfolgt, nein, zwei Männer und zwei Mädchen laufen durch den Wald, eine stolpert, der Mann fällt auf sie drauf, und sie tun's.

Aber wie tun sie's? Wir hatten eine Szene von einem Profitennisturnier und den Zuschauern, eine große Tribüne mit tausenden von Menschen – fünftausend Zuschauer. Das haben wir gedreht, die Leute, die dem Ball nachschauen, hunderte von Köpfen, und wir schnitten das mit dem Mann und dem Mädchen im Wald zusammen. [*Wilder ist immer noch stolz darauf.*] Allein durch Schnitte haben wir jede Menge Leute gezeigt, die's tun, auf Wasserfahrrädern, im See, Leute auf Fahrrädern, wir hatten viel Spaß. Leute treffen sich, Leute tun's, Leute essen wie verrückt, treiben Sport, alles Mögliche. Und dann sagen die meisten auf Wiedersehen, und das war's. Das war die Idee. Ich glaube, in Berlin kann man den Film sehen.

»Berlin in den Zwanzigerjahren war
die *Stadt Europas.«*

Haben Sie das Gefühl, das Berlin Ihrer Jugend auf Film gebannt zu haben?

Ja, das habe ich geschafft. Wir drehten Szenen an den überfüllten Seen – es gibt so viele Seen um Berlin herum, tausend Seen, glaube ich –, und wir konzentrierten uns auf einen See und die Leute, die dort kamen und gingen, Autos, Sex, was immer wir filmen wollten, und schnitten dann immer wieder zurück zur Leipziger Straße, eine der Hauptverkehrsstraßen mit der Börse, die absolut leer war, wo höchstens eine Katze über die Straße lief. Alle waren draußen am See, und man wusste, am Montag würden sie alle wieder im Verkehr stecken. Da war viel los, in einer Stadt mit vier Millionen Einwohnern. Aber nicht so sehr viele Autos. Es hat uns Spaß gemacht – für seinen Zweck war es ein guter Film. Heute kommt er einem vor wie eine Wochenschau.

Wie war das Nachtleben in Berlin?

Das war wild, das war verrückt. Es wurde jede Menge *dope* genommen. Berlin in den Zwanzigerjahren war *die* Stadt Europas.

Meinen Sie mit *dope* Marihuana?

Überhaupt Drogen – Haschisch, Opium, alles, Heroin, Morphium. Dann verschwand das ein wenig, ging in den Untergrund. Aber es wurde jede Menge »Gift« genommen. In Kaffeehäusern wie dem Romanischen Café zum Beispiel. Das war das Hauptquartier.

Wie war das, im Romanischen Café zu sitzen?

Es war ein Refugium. Wir lebten dort, besonders die Junggesellen. Es gab Autoren, die dort schrieben, Zeitungsleute, Schachspieler, Kartenspieler. Ob bei Regen oder Sonnenschein, dort fand man Unterschlupf. Wir lebten dort mehr als in unseren Wohnungen. Es war ein zweites Zuhause; eher das erste Zuhause.

Nur junge Leute?

Nein. Auch sehr zivilisierte und sehr alte Leute. Im Winter war es warm dort. Die Winter in Berlin waren lang. Dort kamen wir alle zusammen. Es war einfach enorm, was in diesem einen Kaffeehaus geschah. Ich wollte darüber einen Film machen, bin aber nie dazu gekommen. Dieses Gefühl wurde nie auf Film gebannt. Es war unser Zuhause.

Wann wollten Sie diesen Film machen?

1930, 1931.

Tut es Ihnen leid, dass Sie es nicht gemacht haben?

Sicher tut es mir leid. Es wäre aber ein Dokumentarfilm geworden. Dann kam der Ton, und das pulverisierte unsere Pläne.

Gelingt es *Cabaret* [von Bob Fosse, 1972] einigermaßen, die wirkliche Atmosphäre der Zeit wiederzugeben?

Cabaret war sehr gut, das muss ich schon sagen. Sie kamen zu mir und wollten, dass ich es mache. Damals aber wollte ich mit Deutschland und den Nazis nichts zu tun haben. Ich wollte auch nicht dorthin gehen [nach Deutschland]. Sie sind auch nicht hingegangen, sie haben es hier gedreht. Sehr gut, dennoch. Nach dem Roman von Mr. [Christopher] Isherwood. Gutes Buch; das Drehbuch war besser. Der Film wurde von einem Amerikaner gemacht, und ich ziehe meinen Hut. Bob Fosse war ein guter Regisseur, und er ist viel zu früh von uns gegangen. Ich habe Fosse sehr bewundert. Ein großer Verlust.

Was wäre in Ihrer Version anders gewesen?

Es wäre vielleicht journalistischer geworden.

Haben Sie also in Ihren jungen Jahren in Berlin einen freizügigen Lebensstil gepflegt, haben Sie Hasch geraucht?

Nein, ich habe kein Hasch geraucht. Nein. Ich war zu jung damals … Ich war neunzehn oder zwanzig [als ich ankam]. Ich hatte nicht das Geld, um es mir zu kaufen. Wahrscheinlich hätte ich es ohnehin nicht getan. Ich glaube nicht an Drogen. Finde ich blöd. Ganz einfach idiotisch und für mich völlig unnötig.

Sie haben selten über Ihre frühen Drehbücher gesprochen, die Sie sowohl in Deutschland als auch in Amerika geschrieben haben, ehe Sie Regisseur wurden. *Der Teufelsreporter* [1929] war Ihr erstes Drehbuch. Es handelt von einem Reporter, der seine Seele dem Teufel verkauft. Ernst Laemmle hat den Film inszeniert.

Der Teufelsreporter. Das war ein lausiger Film.

Haben Sie davon noch eine Kopie?

Nein, und ich würde es auch nicht sehen wollen. Ich hatte nur die Idee, und dann habe ich das Drehbuch geschrieben.

Sind Ihre eigenen Erfahrungen als Reporter beim Schreiben eingeflossen?

[*Sofort*] Nein.

Löst *Liebesreigen* [1934], Ihr erstes in Amerika verfilmtes Drehbuch, viele Erinnerungen bei Ihnen aus?

Keine. Das war ganz am Anfang. Aber später erinnerte ich mich an [Gloria] Swanson für *Boulevard der Dämmerung*.

***Blaubarts achte Frau*?**

Ja, das [Drehbuch] war für Lubitsch. Es war das erste, das wir [Brackett und ich] für Lubitsch schrieben. Sehr, sehr witzig. Es war einer der schwächeren Lubitsch-Filme, aber einer meiner stärkeren.

Das ist der Film, der eine der großartigen »ersten Begegnungen« zeigt. Gary Cooper und Claudette Colbert treffen sich beim Kauf eines Pyjamas. Sie nimmt das Oberteil, er das Unterteil, und man stellt sich sofort vor, wie die Charaktere selbst, wie der jeweils andere wohl darin aussieht.

Ja, das stimmt.

Gehen Sie an Ihre Drehbücher heran, indem Sie sich zuerst einige Schlüsselszenen ausdenken – Mann trifft Frau, Mann verliert Frau, und so weiter?

Bei *Blaubarts achte Frau* war das Skelett einer Story vorhanden. Wir wussten, dass die Begegnung ausgearbeitet werden musste und dass wir die Mechanik der guten Szenen, der lustigen Szenen, verstecken mussten. Wir wussten aber immer, in welche Richtung wir gingen. Sonst wäre es sinnlos. Nicht jede Geschichte hat einen dritten Akt. Wir hatten den ersten Akt, den zweiten Akt, den dritten Akt. Und dann verbesserten wir es. Wir schmissen einige Sache raus und holten andere rein. Die Originalstory blieb dabei intakt. Wir wussten, das ist der Film, den wir machen wollen. Wir wussten nur noch nicht, wie.

Das Element »Junge trifft Mädchen« oder »Mann trifft Frau« ist in Ihren Filmen gewöhnlich ein magisches Ereignis.

Ja. Das ist richtig. Der Moment, wo sie sich treffen oder sich zum ersten Mal richtig wahrnehmen.

Diese beiden Schauspieler kamen später zurück, um Ihre Drehbücher gut zu interpretieren, Colbert in *Enthüllung um Mitternacht* [1939] und *Arise, My Love* [1940], Cooper in *Die merkwürdige Zähmung der Gangsterbraut Sugarpuss* [1941] und Ihrem eigenen Film *Ariane – Liebe am Nachmittag* [1957].

Wenn man auf Ihre frühen Filme zurückschaut, die Sie geschrieben, aber nicht inszeniert haben, kann man den Eindruck gewinnen, dass Sie die Leute studiert und sich Notizen im Kopf gemacht haben: »Okay, Gary Cooper geht mit meinem Material gut um – ich werde ihn später einsetzen, wenn ich Regie führe.«

Ja. Aber ich habe in diesen frühen Jahren, als ich schrieb, nicht daran gedacht, dass ich Regisseur werden würde. Erst viel später, als wir den letzten [von einem anderen Regisseur inszenierten] Film bei Paramount schrieben [*Das goldene Tor,* 1941, Regie Mitchell Leisen], wo ich unter Vertrag stand, habe ich daran gedacht. Erst als Regisseure Sachen aus den Drehbüchern vermasselt hatten, begann ich mich dafür zu interessieren, sie selbst zu inszenieren.

Davor hatte ich nie daran gedacht, Karriere als Regisseur zu machen. Als der Regisseur kam, um sich das Drehbuch anzuschauen – als wir es etwa zur Hälfte oder zu zwei Dritteln fertig hatten –, wurde er stets mit Respekt behandelt. Erst später, als sich herausstellte, dass ich Regie führen würde, habe ich mir erlaubt, ein bisschen von meinem Respekt für Mitchell Leisen zu verlieren.

Was war die beste Arbeit, die Mitchell Leisen auf der Basis eines Ihrer Drehbücher ablieferte?

Enthüllung um Mitternacht. Das war ein guter Film. Und der Hauptdarsteller war Don Ameche, ob Sie's glauben oder nicht. Als das American Film Institute dieses Essen zu meinen Ehren veranstaltete, hatten sie alle eingeladen, die in meinen Filmen gespielt hatten, und da war auch Don Ameche. Er sagte: »Ich bin wegen Mr. Wilder eingeladen worden, aber ich bin ihm nie begegnet.« Er wusste nicht, warum er eingeladen war! En passant, als ich an ihm vorbeiging, sagte ich: »Ja, Sie sind mir begegnet mit Mr. [John] Barrymore bei dem Film *Enthüllung um Mitternacht,* der von Leisen inszeniert wurde.« Er glaubte mir nicht wirklich. »Ich hätte mich daran erinnert, wenn ich in diesem Film gespielt hätte«, sagte er. Ich aber konnte mich genau erinnern. Hornblow war der Produzent, und er saß da mit Brackett und mir … und Barrymore kam, um die Kostüme anzuprobieren oder so, und Hornblow sagte: »Mr. Barrymore, kennen Sie Mr. Don Ameche?« Und Barrymore sagte: »Natürlich kennt er mich, wir schlafen miteinander!« Ein kleiner Scherz von Barrymore. Ameche konnte sich nicht erinnern. Er war sehr gut in dem Film, muss ich sagen. Ich habe ihn mir vor drei oder vier Jahren noch einmal angesehen. Er war sehr, sehr gut gemacht. Weil Barrymore zu betrunken war, um seine Szenen selbst zu schreiben. [*Er lacht.*] Leisen war ein sehr guter Regisseur, aber er wollte keinen Autor im Nacken sitzen haben, der dagegen protestierte, wie die Sachen gehandhabt wurden. Als ich beim nächsten Film, nach *Enthüllung um Mitternacht,* ins Studio hinunterging, wurde ich nicht hineingelassen. Da war ein Polizist.

Was war mit Leisens *Arise, My Love*?

Wir wurden hinzugeholt, und man erklärte uns: »Der Film handelt von einem Piloten, der im Gefängnis sitzt. Wir möchten, dass Sie das für Colbert schreiben, denn sie spielt mit.« Das war's. Wir schrieben es. Eine Menge von Leisens Filmen hat überlebt; sie waren ziemlich gut. Aber *Enthüllung um Mitternacht* war ein richtiges Glanzstück. Ich werde immer noch nach dem Film gefragt.

Wie gut ist Claudette Colbert Ihrer Meinung nach mit Ihrem Material umgegangen?

Ich habe mit ihr nur als Autor gearbeitet, auch bei *Blaubarts achte Frau.* Sie war eine gute Schauspielerin, die sich nicht aufregte, wenn sie eine Rolle bekam, sich aber auch nicht aufregte, wenn sie keine bekam. Sie war eine gute, witzige Schauspielerin, ein Profi, und verpatzte nie einen Dialog. Andererseits hatte sie nichts Überraschendes an sich. Monroe war *immer* überraschend. Man wusste nie, was aus ihr herauskommen würde. Monroe besaß ein wunderbares angeborenes Gefühl. »Das ist lustig« oder »Hier fange ich an zu weinen.« Das machte sie sehr schön. Auch wenn es viele Takes brauchte, man wusste, man bekam etwas Überraschendes.

Haben Sie Monroe dieses Kompliment damals gemacht? [*Wilder denkt lange und gründlich über diese Frage nach.*]

Nein. Sie weinte immer.

Sie haben einige denkwürdige amerikanische Helden geschrieben. Verblichene Helden, bittersüß komische Helden ... alle sehr amerikanisch. Wie sehr hat Amerika Ihre Stoffe beeinflusst? Glauben Sie, Ihre Filme hätten genauso viel Biss gehabt, wenn Sie nie in dieses Land gekommen wären?

Ich glaube schon. Zwei oder drei Jahre, nachdem ich nach Amerika gekommen war, hatte ich genug [Englisch] gelernt, um Dinge konstruieren zu können. Und das wurde immer besser. Nur meinen Akzent wurde ich nie los. Man kann ihn verlieren, wenn man als Kind aus Europa hierher kommt und hier zur Schule geht. Aber mit achtundzwanzig Jahren war es einfach zu spät. Es war auch für Lubitsch zu spät, der seit 1923 hier war. Er war ein wenig älter [als ich], als er hier anfing, um die dreißig.

Es ist so oft geschrieben und gesagt worden, dass Sie klarer sehen konnten als viele amerikanische Autoren, weil Ihre Mutter so von Amerika fasziniert war und Sie die amerikanische Kultur als Europäer betrachten konnten.

[*Überschwänglich*] Sollen sie, sollen sie. Es ist wundervoll. Es ist wundervoll.

»Man absorbiert Dinge automatisch. Man wird automatisch zum Amerikaner.*«*

Was haben *Sie* für eine Theorie in dieser Hinsicht?

Es ist unbewusst. Ich weiß es nicht. Hintergrund und Handlung der amerikanischen Filme, die ich geschrieben habe, unterschieden sich von den deutschen Filmen. Die deutschen Filme ... waren zu sentimental. Das war nicht meine Art von Film. Ich schrieb die Filme nur, weil man die Geschichten mochte, die wir erzählten. Wissen Sie, man absorbiert Dinge automatisch. Man wird automatisch zum *Amerikaner*. Also, ich weiß es nicht. Ich habe nie daran gedacht, dass jemand auf eine Szene hinweisen und sagen könnte: »Das ist großartig, sehen Sie, hier kritisiert Wilder Amerika« oder »hier schmeichelt er Amerika«. Nein, nichts. Ich bin nur ein Mensch, der mit Amerikanern zusammenlebt.

In *Rhythm on the River* [1940] spielten Bing Crosby und Mary Martin die Hauptrollen als Ghostwriter von Songs für den von Basil Rathbone gespielten Hit-Macher. Sie haben diese Story mit Jacques Théry geschrieben.

Das war ein Drehbuch oder eher eine Leinwandstory, die ich in Berlin geschrieben habe, bevor ich nach Amerika kam. Es war eine gute Geschichte, und ich verkaufte sie, aber man verwendete nur ein einziges Detail. Und das war's.

Die Geschichte handelte von einem Mann in New York, der eine Art Cole Porter war, die Nummer eins im ganzen Land. Wir blicken jetzt aber hinter die Kulissen und sehen einen jungen Mann, der ihm die Texte bringt. Er ist der Ghostwriter der Songtexte. Dann sehen wir ein Mädchen, das später kommt, ohne den jungen Mann zu kennen. Sie bringt ihm die Noten für die Musik. Mit anderen Worten, die Cole-Porter-Figur hat zwei Ghostwriter, weil er so viel zu tun hat. Der Mann und das Mädchen treffen sich und finden heraus, dass sie im selben Block wohnen. [*Wilder isst ein Pfefferminz.*] Jetzt aber, nachdem sie sich kennengelernt haben, wollen sie zusammenbleiben und sich einen Namen machen: »Auf Wiedersehen, Mr. Porter!« Die beiden heiraten, und sie wird schwanger; sie können aber keine Arbeit finden, weil sie gute Ghostwriter sind und in Bezug auf ihre frühere Arbeit ihren Mund halten. Und jetzt können sie, egal was sie schreiben, nichts verkaufen. Sie klingen zu sehr wie Cole Porter!

Der dritte Akt, den man nicht verwendet hat, handelte von einem großartigen Texter in der Art von Irving Berlin, der die beiden trifft. Sie sind mittellos, der Mann und seine Frau, die Texte und die Musik. Und diese Berlin-Figur zieht seinen Mantel aus, setzt sich hin und arbeitet als Ghostwriter für die beiden. Das war die Geschichte. Daraus hat man *Rhythm on the River* gemacht.

Schwarz-Weiß gegen Farbe?

Es gab eine Periode, in der Farbe einfach zu Eiscreme-artig war. Ein bisschen Himbeersaft, ein bisschen Zitronensaft, es war grauenvoll, verstehen Sie? Deshalb war ich anfangs gegen Farbe. Es ist sehr schwierig, in Schwarz-Weiß zu drehen, weil man seine eigenen Schatten schaffen muss. Man muss etwas erfinden, um einen Effekt zu erzielen. Heute kann man bei einem Farbfilm die Kamera hinstellen und einfach drehen, und es sieht sehr natürlich aus. Sie haben nie einen Schwarz-Weiß-Film gemacht?

»Es gab eine Periode, in der Farbe einfach zu Eiscreme-artig war. Ein bisschen Himbeersaft, ein bisschen Zitronensaft, es war grauenvoll, verstehen Sie? Deshalb war ich anfangs gegen Farbe.«

Ich bin versucht. Es hat eine Art von Struktur, die sich sehr gut zum Geschichten-Erzählen zu eignen scheint.

Ja. Falls einer meiner Filme in Farbe hätte sein sollen, dann wäre das *Manche mögen's heiß*. Er hätte in Farbe gedreht werden sollen. Aber es standen nicht die richtigen Farben zur Verfügung, die Technik war noch nicht so weit.

Das ist interessant; ich stimme bei diesem Film für Schwarz-Weiß.

Heutzutage ist es schwer, sie dazu zu bringen, dass man einen Film in Schwarz-Weiß drehen kann. Das Fernsehen will überhaupt keine Schwarz-Weiß-Filme. Aber wenn man sich ein wenig Mühe gibt, wird es sehr gut.

Was können Sie über Kameramann Charles Lang erzählen, der *Sabrina* und viele andere Ihrer Filme gefilmt hat?

Charles Lang war sehr gut – Charles Lang »junior«. Er ist drei oder vier Jahre älter als ich! Er ist ein sehr guter Mann. Lang lief immer mit dem gleichen Gesichtsausdruck herum. Verstohlen blickend, in Gedanken versunken, als ob es um die Welt ginge und nicht nur um einen Film – welche Blende ist hier nötig? Welche Blende ist für die Welt nötig?

Er gehört zur Spitzenklasse der Kameramänner, wie etwa auch LaShelle. Er war ein wundervoller Mitarbeiter; ich liebte ihn.

Haben Sie einen Rat, falls man heute einen Schwarz-Weiß-Film drehen möchte?

Holen Sie sich einen alternden Meister-Kameramann.

Eine Ihrer großartigsten Einstellungen, eine der gewagtesten Einstellungen in all Ihren Filmen ist die letzte Szene aus *Reporter des Satans.* Kirk Douglas, der mit einer Schere erstochen worden ist, fällt tot auf den Boden in eine Großaufnahme hinein. Spike Lee, der eine Hommage an diese Einstellung in *Malcolm X* gedreht hat, möchte wissen, wie Sie darauf gekommen sind.

[*Er lächelt.*] Ich mag Spike Lee. Es ist ein guter, vitaler Filmemacher. Ich hatte die Einstellung im Kopf, sie stand nicht im Drehbuch. Ich schreibe in die Drehbücher nur selten Regieanweisungen für die Kamera. Wir gruben ein Loch und setzten die Kamera hinein. Wir waren uns im Klaren darüber, dass er selbst in dem Loch [in dem der andere umgekommen ist] sein Ende finden wird. Wir wussten, dass er sterben würde. *Wie* er sterben würde – das fiel uns beim Schreiben ein. Wir haben an diese Einstellung gedacht, als wir das Ende schrieben. Die Kamera steht tief, weil gleich etwas passieren wird. Jetzt kommt der Clou der Geschichte. Und dann fällt Kirk Douglas in die Großaufnahme. Ich wollte hier etwas Kraftvolles haben; es war eines der wenigen Male, dass ich so einen gewagten Schuss drehte. Ich brauchte ihn, aber ich habe nie eine Szene auf einer Einstellung aufgebaut. Keine outrierten Schüsse. Nichts Exotisches. Nichts, um die Leute zu verblüffen.

Hier war es logisch. Dass er in einer Totalen hinfällt und wir dann auf die Großaufnahme schneiden, das wollte ich hier nicht machen.

Kannten Sie sich mit Objektiven gut aus? Wussten Sie, welches Objektiv Sie für welche Szene verwenden wollten?

Ja … ja. Meistens benutzte ich ein Fünfunddreißiger oder Vierziger. Ich sagte nur: »Gib mir ein weitwinkliges Objektiv, denn wir drehen das in einer Totalen.« Ich brauche keinen Bildsucher. Ich brauche keine blauen Gläser. [Beides benutzen Regisseure heutzutage oft beim Einrichten einer Einstellung; Anm. d. Ü.] [*Sanft verächtlich*] Nichts. Brauch ich nicht. Macht mich nicht zu einem besseren Regisseur.

Woran haben Sie sich orientiert, wenn es zu entscheiden galt, einen Film in Breitwand zu drehen? Filme wie *Der Glückspilz* und *Das Appartement* sind in Breitwand.

Wir haben damals noch nicht das extreme Breitwandformat benutzt. Das taugt lediglich für die Liebesgeschichte zwischen zwei Dackeln … aber es war eine große neue Sache. Fox hatte diese Sache – CinemaScope –, und es sollte das Land revolutionieren. Und ich sagte: »Es wird gar nichts revolutionieren.« Denn solange man nicht eine Totale von Tribünen beim Rennen oder so etwas dreht, hat man eine Menge leerer Fläche. Wenn man eine Großaufnahme dreht, kann man das Gesicht nicht immer in der Mitte platzieren. Das ist nichts. Das ist wie die Erfindung der dreieckigen Leinwand oder Smellorama [Riechkino]. Absoluter Unsinn.

»Wir haben damals noch nicht das extreme Breitwandformat benutzt. Das taugt lediglich für die Liebesgeschichte zwischen zwei Dackeln.«

Eine Frage in Sachen Komödie. Warum, glauben Sie, wird die Komödie als Kunstform immer noch unterbewertet? Warum, glauben Sie, wird ein überkandideltes Drama immer noch seriöser eingeschätzt als die größten Komödien?

Weil die Leute bei Komödien immer denken, die Schauspieler treten vor die Kamera und erfinden diese Sachen, die kleinen Scherze. Eine seriöse Sache, wissen Sie, flößt den Zuschauern *Ehrfurcht* ein. Einige Komödien haben Oscars bekommen, zum Beispiel *Es geschah in einer Nacht* [1934, Regie Frank Capra]. Eine Art Ausreißer-Hit. Er gewann alles. Ich weiß es nicht. Lubitsch hat nie einen Oscar gewonnen; er bekam den *Ehren*-Oscar. Ich weiß es nicht. Weil ein seriöser Film mehr Gewicht hat?

Hat dieses Thema Sie militant gemacht? Waren Sie der Ansicht, das müsse man ändern, oder haben Sie es akzeptiert?

Ich habe es akzeptiert. Bei mir änderte sich dauernd alles, ich wollte immer etwas Neues machen. Es war etwas Neues, in *Reporter des Satans* das Zeitungsgeschäft zu zeigen. Wenn sie [die Reporter] eine heiße Story haben, behalten sie das erst mal für sich. Als ich Komödien zu machen begann, wollte ich bloß Komödien machen. Es schien mir viel lohnender zu sein, im Publikum zu sitzen und es lachen zu hören.

Existieren Aufzeichnungen von der Marx-Brothers-Komödie, die Sie und Diamond einmal planten [circa 1960/61], über die Marx Brothers in den Vereinten Nationen?

Nein. Wir haben nichts zu Papier gebracht. Es war nur eine Idee. Wir hatten die Idee, einen Marx-Brothers-Film vor dem Hintergrund der Vereinten Nationen zu machen. Sie waren die vier Vertreter einer Republik. Das ist immer gut, denn die Marx Brothers waren am besten vor einem pompösen Hintergrund. Sie waren sehr, sehr gut in *Skandal in der Oper*, denn die Oper ist etwas Pompöses. Sie waren auch sehr gut auf dem Pferderennplatz in *Die Marx Brothers: Ein Tag beim Rennen.* Aber andere Sachen von ihnen waren nicht so gut, weil es nichts gab, worüber sie sich lustig machen konnten. Ich wollte einen Marx-Brothers-Film machen, aber dann starb Chico, und Harpo war sehr instabil. Groucho aber war ein fabelhafter, absolut fabelhafter Mann. Sie waren bei Metro[-Goldwyn-Mayer]. Im Film hätten wir mindestens sechs ihrer Stars aus den frühen Sechzigern eingesetzt. Zeppo war die Hauptfigur. Er war einfach unglaublich, absolut unglaublich. Wenn man sich *Skandal in der Oper* ansah, war man nicht enttäuscht. Thalberg war sehr smart, wissen Sie; er behandelte es wie einen seriösen Film.

Folgten Sie einer Regel, was die Reaktionen der Filmfiguren auf einen Witz betraf? Mit anderen Worten, auf welche Witze sollten die Filmfiguren reagieren und auf welche das Filmpublikum?

Meistens sollten die Figuren im Film nicht auf die Witze reagieren. Manchmal durften sie es. Solange die Darsteller sich nicht in Bewegung befinden, kann man einen Witz verlängern oder verkürzen. Es ist eine gute Idee, den Darsteller nicht alles in einer Totalen machen zu lassen. Man muss die Möglichkeit haben zu schneiden. Aber Gott helfe einem, wenn man einen Witz lange stehen lässt, weil man mit gewaltigem Gelächter gerechnet hat ... aber im nächsten Kino ist es plötzlich nur noch ein kurzer Lacher, weil nur hundert Leute da sitzen. Ich habe herausgefunden, wie ich das handhaben muss. Es ist eine Sache des Timings und des Schnitts. Es ist aber auch sehr wichtig, wie die Darsteller auf den Witz reagieren. Auch in einer Zweier-Einstellung: Wie reagieren die beiden?

Eine Reihe Ihrer Arbeiten sind noch nicht auf Video herausgekommen. Sprechen Sie mit Studios oder Archivaren darüber, Ihre Filme aufzupolieren, damit sie von künftigen Generationen gesehen werden können?

Nein. Man hat ja Remakes gemacht, und die Leute sollen's nicht wissen [wo die Filme herkommen]. [*Er lacht.*] Von *Frau ohne Gewissen* zum Beispiel gibt es fünf oder sechs Remakes, alle mit anderen Titeln. Aber nie besser. Ich glaube auch, wenn ein Film fünfzig Jahre alt ist, dass die Hauptdarsteller – wie Stanwyck, Robinson, MacMurray – dem jungen Publikum nicht viel bedeuten, auch nicht den Zuschauern mittleren Alters. Sie bedeuten ihnen weniger als ein [heutiger] Schauspieler, der in einem meiner Filme höchstens eine Nebenrolle hätte spielen können.

Aber fünfzig Jahre sind eine lange Zeit. Andererseits gibt es Leute, die vor fünfzig, vierzig, dreißig, zwanzig Jahren geboren wurden, die sich darüber freuen würden, diesen Film noch einmal zu sehen oder ihn zum ersten Mal zu sehen. Doch die alten Filme neu herausbringen? Die Agenten sind dagegen, weil sie damit kein Vermögen verdienen würden.

»Mit hundert werde ich den großen Traum träumen.«

Aber da gibt es ja noch das Fernsehen. Beim letzten Mal, als wir uns trafen, haben Sie Fotos für Leute signiert, die Ihnen geschrieben haben, und die haben Ihre Filme alle im Fernsehen gesehen.

Sie kennen einen Film von mir, den sie sehr mögen oder den sie jede Woche einmal sehen ... Es wird aller mögliche Unsinn mit diesen Filmen getrieben. Was soll ich machen? Nichts. Ich sitze hier einfach und warte. Ich bin neugierig darauf, wie es enden wird.

Ist Ihnen jemals eine Idee für einen Film in einem Traum gekommen?

Noch nicht. Mit hundert werde ich den großen Traum träumen.

Viele Regisseure verlieren ihren Biss. Sie verfilmen ihr Traumprojekt, und es wird ein Reinfall. Dann beginnen sie langsam, Kompromisse zu machen, einem Hit nachzujagen ... Es gibt so viele Möglichkeiten, wie ein Regisseur weich werden kann, besonders wenn er es innerhalb des Hollywood-Systems zu schaffen versucht. Oder er

gibt auf – »Diesen Kampf kämpfe ich nicht« – und sucht nach unabhängiger Finanzierung.

Ja. Aber diese Finanzierungen hören auf.

Wie haben Sie es geschafft, hart zu bleiben?

Für einen Einundneunzigjährigen bin ich ganz gut beieinander. Als Neunzehnjähriger mache ich mich nicht so gut. [*Er lacht.*] Ja, mir ist immer bewusst, welche Arbeit man als Regisseur leistet. Mein Gott, da ist der erste Drehtag, und dann liegen noch sieben Wochen vor einem! [*Er macht eine Pause.*] Aber es ist niemand zu mir gekommen und hat mich gefragt, ob ich einen neuen Film inszenieren will.

In der Achtzigern bekam ich einen Job bei United Artists. Mr. [Jerry] Weintraub engagierte mich, um Stoffe zu beurteilen. Was ich mir aber nicht richtig überlegt hatte – was mache ich, wenn er einen Haufen Stoffe hat, die alle nichts taugen? Er hatte bereits Geld in sie investiert, eine Viertelmillion oder eine halbe Million [Dollar]. Was konnte ich anderes tun als zu sagen: »Es tut mir leid, ich kann da nichts machen«? Wenn er zuerst zu mir gekommen wäre, bevor er die Stoffe kaufte, hätte ich gesagt: »Lassen Sie sie mich lesen.« Ich mag mich irren, aber alles in allem habe ich recht. Ich kann definitiv sagen: »Daraus wird kein Film, das funktioniert nicht.« Doch hier war es zu spät. Nicht bei einem einzigen der Stoffe, die er hier gekauft hatte, hätte ich sagen können: »Das ist ein Film.« Es war einfach schrecklich.

Eines Tages fuhr ich mit [United-Artists-Chef Kirk] Kerkorian im Aufzug nach unten, und er sagte: »Es ist so wundervoll, dass Sie in unserer Organisation arbeiten, *bla-bla-bla* … und alles Gute.« Und ich sagte: »Es ist mein letzter Tag – ich gehe. Ich bin zwei Monate hier gewesen, und es bringt nichts.« Das einzig Gute war, dass Streisand *Herr der Gezeiten* [1991] inszenierte. Ich hatte nichts damit zu tun, und doch hätte es ein besserer Film werden können. Ich war nur als *kibitzer* da, als jemand, der von einem Projekt begeistert ist oder der sagt: »Kaufen Sie das nicht.« Er kaufte alles.

Warum haben Sie den Job angenommen? Weil Sie nicht Regie führen konnten?

Ich hatte mir gesagt, vielleicht findest du da etwas, vielleicht ist ein Film unter den zwanzig Projekten, die er gekauft hat, *etwas wenigstens*. Und vielleicht kann ich dem Autor helfen, mich auf ein Projekt konzentrieren. Doch es war eine sehr, sehr lausige Zeit für mich. Aber ich kam da zunächst nicht mehr raus. Allerdings bekam ich gutes Geld, fünftausend Dollar die Woche, um zu sagen: »Das taugt nichts«, »Das ist schlecht«, »Mit dem hier würde ich weitermachen«. Sie mussten mir ja nicht glauben. Aber es war gar nichts da. Nicht ein guter Film ist dabei herausgekommen.

Was die Zukunft der Komödie anbetrifft, so glaube ich, dass die menschliche Natur, die menschliche Persönlichkeit immer noch so mysteriös, seltsam, peinlich und witzig ist, dass man immer noch Komödien schreiben kann, wenn man nur hart genug daran arbeitet.

Natürlich, natürlich. Und wenn man keinen Oscar will.

Finden Sie mit einundneunzig auch, dass die menschliche Natur mysteriös, seltsam, peinlich und witzig ist?

Die neuen Erfindungen sind sehr merkwürdig. Wir entdecken immer mehr und wissen immer weniger.

[*Ich frage ihn nach den heutigen Schlagzeilen.*] Fanden Sie die Pathfinder-Fotos vom Mars aufregend?

Ja, aber nicht, wenn ich sie jede Nacht sehe! [*Gelächter*] Man sieht die Steine, und jeder Brocken sieht wie der andere Brocken aus, und alle applaudieren. Aber es ist eine sehr schöne Sache, dass man eine Kamera da hinauf geschossen hat – für wie viel tausend Jahre? Ich glaube aber, wir gehen immer tiefer und finden nur heraus, dass wir immer weniger wissen. Wir wissen absolut gar nichts. Nichts Neues seit Galileo und Kopernikus: »Die Erde ist rund.«

»Das Einzige, was mich am Leben hält: Neugier.«

Ich wollte auf das Thema Zeitkapseln kommen. Wissen Sie, dass man Zeitkapseln für spätere Generationen vergräbt? Ich glaube, TriStar hat neulich eine Kapsel mit dem Drehbuch von *Last Action Hero* ins All geschossen –

– um zu zeigen, was für einen lausigen Film das ergeben würde?

[*Ich lache.*] Jetzt kommt eine schwierige Frage. Es würde mir gefallen, wenn Sie, als Teil unserer Gespräche, etwas für die künftigen Generationen von Filmemachern sagen würden. Eine Botschaft, die wir den Menschen schicken können, die dieses Interview lesen werden, nachdem wir schon lange tot sind. Ich weiß, das ist eine harte Sache.

Ja, das ist eine harte Sache. Vielleicht muss ich Ihnen ein Telegramm mit der Antwort schicken. [*Er lacht.*] Ich arbeite nicht in irgendeinem Observatorium, verstehen Sie? Ich glaube, wir leben in einer sehr, sehr wichtigen und interessanten Zeit. Ich glaube, wir werden uns an die neuen Erfindungen gewöhnen, aber sie werden sich nicht als so interessant erweisen wie es aussieht. Wenn wir uns auf die Vereinten Nationen konzentrieren würden und daran arbeiteten, dass es keine Kriege mehr gibt, keine Atomkriege, keine Giftgase – das wäre viel wichtiger als das Ding auf dem Mars. Aber wir sind noch nicht mal halbwegs so weit, einen gesicherten Frieden in dieser Welt zu haben. Und normalerweise hat man nicht mehr als siebzig Jahre Zeit, sich damit zu beschäftigen. Dann kommt die nächste Generation.

Aber ich weiß es nicht. Ich bin nur sehr neugierig. Das ist das Einzige, was mich am Leben hält: Neugier.

TEIL 7

Was sollte die Musik für einen Film leisten?

Sie sollte vor allem unsichtbar sein. Aber nicht immer. Die Richard-Strauss-Musik zum Beispiel am Anfang von *2001: Odyssee im Weltraum* [1968] zu der Szene mit den Affen und den Knochen war absolut sensationell. Das war wunderbar, einfach großartig. Musik kann Gefühle erwecken, jede Art von Gefühlen – mal Liebe, mal Hass, auf jeden Fall Erregung erzeugen. Und diese Erregung übertrifft manchmal das, was gedreht worden ist. Die Filmmusik ist sehr, sehr wichtig. Man braucht jede Hilfe, die man bekommen kann. Die von mir bevorzugten Komponisten waren [Franz] Waxman und [Miklós] Rózsa ... und manchmal hatte ich Mr. [André] Previn. Waxman und Rósza aber, zwei Europäer, lieferten mir die besten Musiken. Sie kannten meine Arbeit, verstanden sie intuitiv.

1993 nahm Fernando Trueba seinen Oscar für den Besten Ausländischen Film entgegen für *Belle Epoque* [1992] und erfreute alle Wilder-Fans, indem er sagte: »Ich würde gern Gott danken, aber da ich nicht an Gott glaube, möchte ich Billy Wilder danken.« Hatte er Sie vorher angerufen, um Sie zu warnen?

[*Immer noch davon berührt*] Nein, nein, absolut nicht. Ich sah es mir zu Hause [im Fernsehen] an, weil ich zu den Oscar-Verleihungen nur hingehe, wenn ich gewinne oder wenn ich einen überreiche. Entweder nehmen oder geben.

Damals war ich zu Hause, und natürlich habe ich mir es angeschaut. Und dann kommt dieser Typ da hoch und sagt: »Ich glaube nicht an Gott, ich glaube an Billy Wilder.« Ich machte mir gerade einen Martini, und mir ist das Glas aus der Hand gefallen. Ich dachte: »Habe ich richtig gehört? Ist der Typ verrückt, oder was?« Ich habe hinterher mit ihm gesprochen. Er kam mich besuchen. Ein netter Mann. Er hat mich überrascht.

»Ich gehe zu den Oscar-Verleihungen nur hin, wenn ich gewinne oder wenn ich einen überreiche. Entweder nehmen oder geben.«

19.50 Uhr, Restaurant Mr. Chow, Beverly Hills. Ich treffe mit meiner Frau zehn Minuten zu früh für das Abendessen mit den Wilders ein und habe dabei das Gefühl, damit ein wichtiges Statement abgegeben und die Stimmung positiv beeinflusst zu haben.

»Kann ich Ihnen helfen?«, fragt die Empfangsdame.

»Ja«, verkünde ich beschwingt. »Wir sind ein wenig zu früh für ein Dinner mit den Wilders.«

»Oh, gut«, sagt sie. »Sie sind schon da.« Audrey und Billy Wilder sitzen an der Bar; Billy trägt einen Anzug, Audrey trägt Chanel.

»Wir sind eine Viertelstunde früher gekommen«, erklärt Wilder, »und lassen es uns einfach gut gehen.«

Ich stelle meine Frau vor, und dann begeben wir uns an den Tisch.

Die Kellner schwärmen um die Wilders herum, platzie-

ren Billy an seinem Lieblingsplatz an seinem üblichen Tisch. Es wird ein munterer Abend mit munteren Gesprächen. Billy gibt sich gewinnend, beeindruckt unseren neuen Gast, meine Frau.

Wir sprechen über sein Archiv, das vor längerer Zeit ein Bürofeuer überstanden hat. Seine Papiere und Drehbücher sind unversehrt geblieben, einschließlich der berühmten Anmerkung auf der Beurteilungskarte einer Testvorführung von Ninotschka: *»Ich habe so sehr lachen müssen, dass ich in die Hand meiner Freundin gepinkelt habe.«*

»Das war, bevor ich dich getroffen habe«, sagt er zu Audrey.

»Ich war noch in der High School«, antwortet Audrey.

»Bitte!«, sagt Billy. »So genau wollen wir es nun auch nicht wissen.«

Wie immer in unseren Gesprächen erkundigt er sich, welche Erfahrungen Tom Cruise bei den Dreharbeiten zu Stanley Kubricks Eyes Wide Shut *in England macht. Er interessiert sich sehr für jedes Detail über Kubricks neuen Film. »Er hat noch nie einen schlechten Film gemacht«, sagt Wilder. »Mit jedem neuen Film übertrumpft er den vorangegangenen.«*

Ich erwähne Elvis' zwanzigsten Todestag und dass die Medien voll sind von Würdigungen. »Das ist mir entgangen.« Er sagt das Folgende mit Respekt, fast wissenschaftlich: »Aber er ist zur richtigen Zeit gestorben. Was hätte er noch machen können? Jetzt ist er eine Gottheit.« Wilder gibt zu, nach einigem Drängen, dass er die Beatles mag – ein wenig. »Sie hatten Persönlichkeit, als Gruppe. Die andere Musik … ist nicht der Erinnerung wert.« Er zieht die Augenbrauen hoch und zuckt leicht mit den Schultern. »Was ist Rockmusik?«, fragt er und starrt mich an.

Es ist keine rhetorische Frage; er erwartet eine Antwort.

Ich lächle und nicke. Das ist vielleicht das einzige Gebiet, auf dem ich mich besser auskenne als er. Als früherer Rockjournalist versuche ich, ihm die Geschichte der Rockmusik so kurz wie möglich zu vermitteln. Ich beginne mit Robert Johnson und dem Blues, fahre fort mit Elvis, der britischen Invasion, dem Aufstieg des englischen Hard Rock, der amerikanischen Popmusik, dem Erscheinen der Punkmusik, und es gelingt mir sogar, mit einem Verweis auf die unplugged-Version von Eric Claptons »Layla« zu enden, die gerade im Nebenraum zu hören ist. Womit ich den Kreis zurück zu Robert Johnson in weniger als zwei Minuten geschlossen habe.

Wilder denkt einige Augenblicke darüber nach, wägt die Konzepte ab. »Ich kann ohne das leben.« Er zuckt vergnügt mit den Schultern.

Derart sind die Neckereien während des Dinners. Ich erkundige mich, wie es Audreys Bruder geht. »Es geht ihm gut. Ich habe ihn heute Mittag zum Lunch getroffen«, sagt Audrey. »Ich bin mir nicht sicher, ob sie einen Bruder hat«, sagt Wilder beiläufig. Er nimmt einen Schluck Bier. Sein Pokerface ist unbezahlbar.

Ich frage ihn nach den Blicken in seinen Filmen. »Ginger Rogers war großartig.« Er liefert einen Ginger-Rogers-Blick. »Die großen Stars wussten, wie man es macht.« Er blickt jetzt überrascht drein. »Oder wie man neugierig aussieht.« Er bietet den Ich-bin-neugierig-Blick an. Und dann das pièce de résistance: der Blick eines schelmischen Scherzboldes. Alles filmreif, alles sehr komisch, und das von einem Mann, der behauptet, kein Schauspieler zu sein. Und dann bietet Wilder noch einen anderen Blick an, einen bezauberten Blick. Sabrina wäre stolz auf ihn. Er wendet sich wieder seinen Nudeln zu.

Audrey und Billy schauen gemeinsam auf ihre Teller. Sie zeigen ihre gegenseitige Zuneigung nicht allzu offen, aber die fast kollegiale Chemie zwischen ihnen ist unübersehbar. Audrey spricht über Billy, der still neben ihr sitzt, die

Überreste seines Essens betrachtet und so tut, als sei er kaum interessiert. Er habe nie seinen Namen unter seine Liebesbriefe oder Mitteilungen an sie gesetzt, sagt Audrey. »Er hat immer ein Pseudonym benutzt, so etwas wie ›Colonel Johnson‹. Nie seinen Namen!«

Wilder schaut plötzlich auf. »Ich wollte keine Spuren hinterlassen!«

»Ich habe ihn nur dazu gebracht, den Ehevertrag zu unterschreiben«, fügt Audrey trocken hinzu.

Und dann passiert etwas Überraschendes. Wilder reißt seine Augen auf; ihre Bemerkung gefällt ihm ausnehmend gut. Er strahlt förmlich, und mir fällt plötzlich auf, was das ist – Billy Wilder lacht.

Unsere Frauen begeben sich zum Plaudern an die Bar, lassen uns allein. Wilder erkundigt sich nach meinem nächsten Projekt, möchte gern über die anliegenden Probleme sprechen. »Steht Ihr dritter Akt?«, fragt er gezielt. Die Struktur hinzubekommen, sagt er, sei nie leicht. »Das braucht seine Zeit. Bei mir, ein Jahr pro Drehbuch.«

Unser Gespräch wendet sich den Interviews zu. »Machen Sie damit, was Sie wollen«, sagt er leidenschaftslos. Es scheint wichtig für ihn zu sein, mir klarzumachen, dass er die Kunst der Selbstpromotion für eher unelegant hält. »Was auch immer Sie daraus machen wollen … einen Magazinartikel oder ein Buch, tun Sie, was Sie wollen.« Ich habe den Verdacht, er macht mir ein Kompliment. »Tun Sie damit, was Sie wollen.« Er wendet sich ab. »Oder behalten Sie's einfach für sich.«

Wir setzen das Interview am nächsten Morgen in Wilders Büro fort. Die Tür steht offen. Er steht an seinem Schreibtisch und geht die Post durch. Die Fenster hinter ihm stehen offen; Lastwagen rumpeln die Straße hinunter.

»Haben Sie gut geschlafen?«, fragt er.

»Ja, habe ich. Und Sie?«

»Ja, ich habe geschlafen«, antwortet er. »Ich habe geschlafen. Ich wache hin und wieder auf und finde heraus, wo ich bin.« Wir machen weiter.

Ich habe eine Frage zum Hotel del Coronado in San Diego. Ich bin in San Diego aufgewachsen. Der Legende nach fanden die magischsten Momente der Dreharbeiten zu *Manche mögen's heiß* im Hotel del Coronado statt, weil Marilyn dort so entspannt war.

Ja, das hat Spaß gemacht. Wir hatten eine gute Zeit dort. Ich suchte nach etwas, das wie ein Hotel in Florida aussah. Man zeigte mir das Coronado, und das war's. Das war der Stil. Marilyn beherrschte ihre Dialoge, alles war in Ordnung. Es verlief alles nach Plan.

Also erinnern Sie sich daran gern?

Ja, sehr gern.

Und die Außenaufnahmen auf dem Wasser wurden auch dort gedreht, zum Beispiel die Szene, in der Joe E. Brown aus dem Boot steigt?

Ja. Wir haben etwa zwei Wochen lang dort gedreht.

Marilyn scheint ganz bei der Sache zu sein in diesen Szenen.

Ja. Sie hat diese Qualität. Sie kann das.

Man sagt, Marilyn sei zu einer Testvorführung von *Das Appartement* gekommen, und danach hätten Sie mit ihr

über die Titelrolle von *Das Mädchen Irma La Douce* gesprochen.

Ja. Es gab eine Preview und danach ein Essen, eine Party bei Romanoff's. Ich glaube, ich habe nur selten richtig zugehört, wenn sie etwas sagte. Es klang alles so gestelzt.

Warum haben Sie sie dann doch nicht für *Das Mädchen Irma La Douce* genommen?

Ich kann mich nicht erinnern. Wegen einer Verpflichtung, glaube ich ... oder vielleicht waren die Wunden zu frisch, verstehen Sie? Ich brauchte einen Verband. Also machte ich *Eins, Zwei, Drei,* den ich ganz in Berlin und München gedreht habe.

»›Zeig ihnen etwas mehr Busen‹ oder ›etwas weniger *Busen‹. Das war ein kleiner Gag zwischen uns, den ich immer mit Marilyn machte.«*

Ich möchte Ihnen kurz ein Foto zeigen, ein berühmtes Foto. Ich glaube, das ist am Set von *Manche mögen's heiß*, sie trägt das »I'm Through with Love«-Kleid. Das Foto zeigt Sie und Marilyn ...

Keine Ahnung. Vielleicht küsse ich ihr Ohr.

Was sagen Sie ihr da gerade?

»Zeig ihnen ein bisschen mehr. Zeig ihnen ein bisschen mehr von der Figur.« Oder »Zeig ihnen etwas mehr Busen« oder »etwas *weniger* Busen«. Das war ein kleiner Gag zwischen uns, den ich immer mit ihr machte. Oder vielleicht hatte sie irgendetwas gemacht, und es ging nur sie und mich etwas an.

Einer der Gründe dafür, dass Marilyn die Dreharbeiten im Hotel del Coronado so mochte, lag nach Ihren Worten darin, dass sie dort am Strand Publikum hatte, das ihr zuschaute. Ist das wahr? Hatten sich auch dort Leute eingefunden, um die Dreharbeiten zu beobachten?

Sie hatte ihr Publikum. In New York waren es immer tausende, und dort am Strand waren es hunderte. Ja, sie setzte sich gern ins Szene.

Die Leute applaudierten und riefen und schrien?

Rufen und Schreien. Aber wenn ich Ruhe brauchte, ließ ich sie »Schhhhh« sagen. Die Leute hörten auf sie.

Ich möchte ein wenig mehr über die Kostüme in Ihren Filmen sprechen. Wie wichtig es ist, durch die Kleidung die Charaktere zu komplettieren.

Ja. Das beste Beispiel dafür sind die Kostüme, die Sabrina trug, und die Kostüme, die man im Remake sah. Die taugten gar nichts. Es hängt auch von den Schauspielern ab. Ich hatte zum Beispiel eine spezielle kleine Nische für Givenchy eingerichtet. Er entwarf die Kleider für Audrey Hepburn. Er hatte Stil, wissen Sie. Natürlich trägt sie diese Kleider nicht, wenn sie mit ihrem Vater die Autos wäscht [am Anfang von *Sabrina*]. Da war sie barfuß. Damit ich etwas

Abstand hatte, verstehen Sie? Denn sie hat ja noch einen längeren Weg zurückzulegen. Wenn sie dann die Kleider trägt, die sie in Paris gekauft hat, kommt Givenchy groß heraus.

Wilder nimmt einen Anruf auf seinem Bürotelefon entgegen. Jemand erkundigt sich nach den Rechten an einem seiner älteren Filme. »Ja«, sagt er höflich, aber bestimmt. »Aber mir gehören die Rechte nicht.« Der Anrufer insistiert. Wilder schraubt seine Höflichkeit etwas herab. »Ja, aber Mr. Wilder gehören die Rechte nicht. Auf Wiederhören.«

Ja, Givenchy. Er war einer der Besten. Er hatte ein Gefühl für das Mädchen, das in dem Kleid steckte. Und das war Audrey Hepburn. Schlicht, aber überwältigend.

Also war das eine schwere Entscheidung, jemand anderen als Edith Head für den Look von Sabrina zu nehmen, nachdem sie in Paris war?

Givenchy? Nein, ich wusste, dass Audrey einen erstklassigen Geschmack hatte. Und ich wusste, dass sie die Figur verstand, also ließ ich sie machen, und sie hat mich nie enttäuscht. Sie war von Givenchy entzückt. Er war ein guter Freund von ihr. Es war wunderbar. Sie schwebten über den Wolken, wissen Sie, und ich bin sicher, wenn er stirbt, wird er sie besuchen. Das war Audrey Hepburn. Sie kam direkt aus dem Himmel. Das war von ihrem ersten Film an klar, *Ein Herz und eine Krone.*

Hat William Wyler, der *Ein Herz und eine Krone* inszenierte, Sie mit Audrey Hepburn bekannt gemacht?

Nein, das lief über einen Agenten. Wir sahen zuerst Probeaufnahmen, die mit ihr gemacht worden waren. Sie sah aus wie eine Prinzessin. Ich engagierte sie sofort [für *Sabrina*], und dann engagierte ich sie ein zweites Mal [für *Ariane – Liebe am Nachmittag*].

Wieder klingelt Wilders Telefon, und er geht dran. Angesichts seiner bemühten Freundlichkeit spüre ich sofort, dass irgendeine kleine Nummer im Showbusiness es geschafft hat, sich seine Nummer zu beschaffen, und sich jetzt fühlt, als habe er den Jackpot gewonnen. Obwohl Wilder kurz nach seinem »Hallo« das Gespräch zu beenden versucht, weigert sich der Anrufer, so schnell aufzugeben. Nur eineinhalb Meter entfernt, kann ich die Anmache mithören. Der große Autor und Regisseur sieht sich dem so windigen wie hartnäckigen Versuch des Anrufers ausgesetzt, die Remake-Rechte an Boulevard der Dämmerung *zu erwerben. Wilders Tonfall wird brüsker. Schließlich geht dem Anrufer die Puste aus. »Mir gehören die Rechte nicht!«, sagt Wilder scharf. »Rufen Sie Paramount an!« Er knallt den Hörer auf, dass es scheppert.*

»Wäre Elizabeth Taylor ein guter Ersatz für eine neue Version von *Boulevard der Dämmerung*, angesiedelt in den Fünfzigerjahren?« *Ich habe nicht den blassesten Schimmer!* Ich bin sicher, sie wäre nicht besser oder schlechter als die Schauspielerin, die Audrey Hepburn im Remake von *Sabrina* gespielt hat.

[*Ich lache.*] Also … es gibt in *Sabrina* eine wunderbare Sequenz, in der die Charaktere, die Kostüme, die Darstellung und die Story in zwei Einstellungen zu einer Einheit verschmelzen. Sabrinas Vater hat sie gerade eine Person genannt, die fehl am Platze sei. Dann schneiden Sie zu ihr, wie sie sich im Sessel am Kopfende des Tischs

in Linus Larrabees Konferenzzimmer dreht. Sie ist ganz sie selbst.

Ja.

Und Sie fahren mit der Kamera zurück, als sie auf diesem riesigen Tisch in ihrem großartigen schwarzen Kleid wie ein Schwan zusammensinkt. Und das … erscheint mir als eines der kleinen, wichtigen Geschenke, die einem das richtige Kostüm bringen kann. Es ist das wunderbare –

Ja.

– letzte Stück des Puzzles.

Kleider waren wichtig für sie, wissen Sie, und sie hatte eine Vorliebe für Givenchy. Der zum Beispiel an jenem Abend da war, als man sie im Lincoln Center ehrte. Wir waren alle da. Ich war da, Stanley Donen war da … Wyler konnte nicht da sein, weil er tot war, glaube ich. Jeder hielt eine kleine Rede. Gregory Peck war da, weil er ihr erster Partner war in *Ein Herz und eine Krone.* Ja, das war ein lustiger Abend, wissen Sie, es wurde kein einziges unfreundliches Wort gesprochen.

Nahmen Sie regen Anteil an dem, was die Kostümabteilung machte? Zeigte man Ihnen jedes Kostüm vorher?

Sicher, sie brachten mir die Kostüme. Ich mochte alles, was Givenchy entwarf, und ich war doch sehr überrascht, dass alles funktionierte. Den Titel aber bekam Edith Head, weil sie bei Paramount die Kostümchefin war.

Als man Ihnen die Kostüme für Marilyn Monroe in *Man-*

***che mögen's heiß* brachte, arbeiteten Sie da mit ihrem eigenen Designer?**

Wen meinen Sie? Das war Marilyn Monroe. Nein, sie war nicht an den Kostümen interessiert. Sie war kein Kleiderständer. Man konnte ihr anziehen, was man wollte. Wenn es etwas hermachte, akzeptierte sie es. Solange es etwas hermachte.

Diese durchsichtigen Kleider, die sie in *Manche mögen's heiß* trug …

Die wurden von Orry-Kelly entworfen. [Orry-Kelly gewann einen Oscar für seine Arbeit.]

Das fleischfarbene Kleid, das sie bei dem Song »I'm Through with Love« trägt, war überwältigend. Es ist beinahe gar nicht vorhanden. Das war genauso bei dem Kleid, das sie bei dem Song »I Wanna Be Loved by You« trägt, nur dass dieses schwarz war.

[*Er antwortet klinisch, fast prüde, mit massivem Understatement.*] Das war ein sehr gutes Kleid. Das stellte sie als Sängerin der Band heraus, und sie spielte auch die Ukulele, und das kam sehr gut an.

Was halten Sie von *Tootsie* [1982]?

In der *New York Times* stand ein Interview mit Mr. [Sydney] Pollack, in dem er sagte: »Ich habe da etwas ganz Neues entwickelt. Als Dustin Hoffman sich entschließt, als Frau aufzutreten, haben wir das nicht auf die langweilige Art gemacht, verstehen Sie, indem er sich hier ein Kleid ausborgt und dort eine Frisur ausprobiert und so langsam zu Tootsie wird.« Er sagt weiter: »Ich habe einfach geschnitten, und da war Tootsie.« [*Wilder, der sich sonst nicht um derartige Ehren schert, vertritt eine klare Meinung zu diesem Schnitt. Er fährt sehr ernsthaft fort. Er möchte, dass dies festgehalten wird.*] Ich habe das in *Manche mögen's heiß* gemacht. Ich habe das schon vor langer Zeit gemacht. Mit anderen Worten, wenn Tony Curtis am Telefon sagt, und das schon mit verstellter Stimme als Frau, dass er und seine »Freundin« Zeit hätten für die Tournee ... dann sehen wir die beiden nach dem Schnitt in Frauenkleidern. Die beiden Jungs beschließen, mit der Damen-Band auf Tournee zu gehen, weil das der einzige Job ist, den sie bekommen können. Sie werden als Ladys auftreten. Dann schneide ich und da sind sie. Woher auch immer sie die Kleider bekommen haben – von einer Freundin, die sie hat liegen lassen oder so –, das haben wir einfach *weggelassen.* Wir haben einen harten Schnitt gemacht und bekamen große Lacher, als man die beiden als Frauen verkleidet sieht, während sie den Bahnsteig entlanggehen. Wir bekamen so große Lacher, während sie da gehen ... Auf dem MGM-Gelände gab es zwei oder drei Eisenbahnwaggons – vielleicht sind sie heute noch da. Also schnitten wir, und dann sehen wir die beiden da entlanggehen, und die Lacher hörten nicht auf. Sie wurden lauter und lauter, also baute ich das aus und benutzte die Perlen und die Schuhe und solche Sachen, und ich musste alles türken, weil uns nur drei Waggons zur Verfügung standen.

Ein sehr moderner Schnitt.

Das war ein moderner Schnitt, weil es keine Überblendung gab, nichts, nur *rumms* – Schnitt. Von den zwei Köpfen in der Telefonzelle auf ihre Beine, die über den Bahnsteig staksen. Und nicht ein einziges Wort. Es hätte so langweilig werden können, wissen Sie: »Lass uns mal ausprobieren, ob wir eine Frisur hinbekommen.« Nichts. Wir haben gar nichts gemacht. Wir haben einfach geschnitten, als die Jungs am Telefon sind und Mr. Curtis dem Agenten sagt, dass er eine Frau ist, verstehen Sie? Jetzt ist das Problem gelöst. Und sie sind Frauen.

Tootsie war sehr gut, aber sie haben versucht, es ein bisschen zu ernsthaft zu machen, indem sie die Schauspieler einführten, die nach Rollen suchten und sie nicht bekamen, oder so.

Es gibt heutzutage so viele Filme, die als »wilderesk« bezeichnet werden. Man liest so viele Interviews, in denen Regisseure sagen: »Uns schwebte vor, den Wilder-Ton zu treffen.« Ich habe mich gefragt – und für Sie mag das eine schwer zu beantwortende Frage sein –, ob es einige neuere Filme gegeben hat, die Sie gesehen haben und bei denen Sie sich gesagt haben: »Dieser Typ hat's begriffen. Das ist ein Stoff, den ich gern mit Izzy Diamond bearbeitet hätte.«

[*Er denkt nach.*] Es gibt eine Menge Filme, die ich gern gemacht hätte – einige wunderbare Filme. Einige ernste Filme, einige lustige Filme. Ich hätte zum Beispiel gern *M*A*S*H* gemacht [1970, Regie Robert Altman]. Das war ein erstklassiger Film. Der heute vergessen ist. Das war unsere Art von Film. Die Geschichte, die Schauspieler – wunderbar.

Es ist eine Schande, dass die Studios es Ihnen und Diamond nicht ermöglicht haben, in den Achtzigerjahren weiter Filme zu machen. Es gab so viel, das man hätte verwerten können – den Aufstieg Reagans, die Ära der Gier –

– und wie unbedeutend Regisseure geworden sind. Regisseure sind kaum noch bekannt, allenfalls ein paar wenige. Sie sind in den Hintergrund getreten, weil die Stars viel mehr Einfluss bekommen haben, die jetzt zehn oder fünfzehn Millionen kassieren … was absolut krank ist. Und die Produzenten – sechs Produzenten für einen Film! Es ist nicht mehr das Medium des Regisseurs. Man braucht nicht einmal eine ganze Hand, um die Regisseure aufzuzählen, die bekannt sind. Die Regisseure haben ihre Macht verloren. Sie werden sie zurückgewinnen. Alles wiederholt sich. Erst gab es die Regisseure, dann gab es die Produzenten … Vielleicht werden sogar wieder die Autoren wichtig. Zumindest am Theater sind sie es.

»Ich war nicht der Typ, der tief
gehende Enthüllungen schrieb oder
Stücke wie Warten auf Godot*.*
Das hat mich nicht interessiert.
Ich wollte nur den Geschmack des
Durchschnittsbürgers ein wenig verbessern.«

Ebenso ist die Leichtigkeit verschwunden. So viele Filme heutzutage sind auf ein globales Publikum ausgerichtet, alles findet mit dem Holzhammer statt.

Das liegt daran, glaube ich, dass wir überfüttert werden durch das Fernsehen … Wir wollen das Dinner nicht mehr, denn wir haben das Dinner schon gehabt … von Montag bis Sonntag.

Da gibt es etwas, das mich neugierig macht. Lange Jahre hindurch gab es so viel populäre Kultur in Ihren Filmen. Sie standen viele Jahre lang in Einklang mit der populären Kultur.

Ja.

Da findet man Jazz, »hippe« Dialoge, alles sehr zeitgemäß ... Ich frage mich, wann Sie zum ersten Mal das Gefühl hatten, dass Sie und die populäre Kultur sich voneinander wegbewegten.

Als es mit dem Jazz zu Ende ging. Ich bin immer ein Typ gewesen, der zu so vielen Leuten wie nur möglich zu sprechen versucht hat. Ich war nicht der Typ, der tief gehende Enthüllungen schrieb oder Stücke wie *Warten auf Godot.* Das hat mich nicht interessiert. Ich wollte nur den Geschmack des Durchschnittsbürgers ein wenig verbessern, nur ein bisschen. Bei manchen Filmen gehen die Leute aus dem Kino und haben schon alles vergessen. Wenn die Leute einen Film von mir sehen und sich dann in einem Drugstore in der Nachbarschaft hinsetzen, einen Kaffee trinken und eine Viertelstunde lang über den Film reden, dann ist das eine sehr schöne Belohnung, glaube ich. Für mich ist das jedenfalls gut genug.

Fünfzehn Minuten sind gut genug?

[*Er macht eine Pause und denkt noch einmal darüber nach.*] Fünfzehn Minuten sind das *Minimum.*

[*Ich lache.*] Können Sie sich an einen Moment erinnern, an dem Sie sich zum ersten Mal als nicht mehr in Einklang mit der populären Kultur empfanden?

Ja. Das war in dem Moment, als ich erkannte, welche Filme auf uns zu kamen. Es war alles Action. Man musste Action haben, man musste Figuren haben, die sich bewegten, und so weiter. Das Meiste war Schrott. Aber es gibt auch gut gemachte Action-Filme. Ich mochte *Der weiße Hai* [1975] zum Beispiel sehr gern.

Wir sprechen über die Siebzigerjahre, nicht wahr? Der Start von *Der Pate* [1972] ... die Zunahme von Gewalt in den Filmen?

Nein, *Der Pate* war ein erstklassiger Film, einer der besten, die je gemacht wurden. Mir wurde nur an einem bestimmten Punkt klar, dass wir uns an die Jungs verkauft haben, die Spezialeffekte machen. Das ist geschehen, und das hält mich in neun von zehn Fällen davon ab, mir die Filme anzuschauen. Es begann langsam, aber nach ungefähr einer Spielzeit drehte sich alles nur noch um Spezialeffekte. Das Auto musste von einer höheren und noch höheren Position aus in den Fluss fallen oder aus dem fünfundzwanzigsten Stock. Dann aus dem fünfzigsten. Es war nur ... Ich sah kommen, was passieren würde, und es war einfach zu viel. Und dann kamen die Karikaturen – ohne dass sie es merkten, produzierten sie Karikaturen. Mit dieser überfluteten Stadt, wissen Sie? New York unter Wasser.

Sie haben freundlich über die Kennedys gesprochen. Wie sieht Ihre Theorie über die Ermordung [John F.] Kennedys aus?

Ich glaube, es geht um weniger, als die Leute draus machen. Da war nur dieser Typ. Ich bedauerte damals bitterlich, dass Oswald erschossen wurde, als er von der Polizei weggebracht wurde. Das war ... sehr schlimm. Ich hatte das

Gefühl, dass Kennedy damals dabei war, ein sehr wichtiger Präsident zu werden. Man hatte einen Platz für ihn am Mount Rushmore reserviert.

Erinnern Sie sich noch an Ihre Gespräche mit John Kennedy?

Nein, ich habe ihn auch nur zweimal getroffen. Einmal sah ich ihn im Haus seiner Schwester, die mit Peter Lawford verheiratet war. Er stieg gerade aus seiner Tenniskleidung und zog sich etwas anderes an. Und Aud war wunderbar, denn er war damals Präsident, es war Sonntag, es war am Strand, und die *New York Times* war gekommen, also machte sie sich über das Kreuzworträtsel her. [*Verzückt, er findet das absolut cool.*] Sie hatte ihm nichts zu sagen. Ich sprach mit ihm … aber nicht über Politik. Wir plauderten miteinander.

Kannte er Ihre Arbeit?

Er kannte meine Arbeit. [*Sachlich*] Ich hatte Filme mit Marilyn Monroe gedreht, also hatte er sie wohl gesehen. Ich stellte mir eine Filmszene vor, er wohnte im Hotel in Century City – er hatte eine Suite dort –, und dann kam ein Hubschrauber von der Air Force One, um ihn dort abzusetzen … und in dem Moment, wo die Mädchen sahen, dass er landen würde, verstehen Sie, setzten sie sich alle aufs Bidet und ließen das Wasser laufen, jede machte sich bereit, falls er sie auswählen würde.

[*Ich lache.*] **Sie können sich nicht daran erinnern, über welche Filme Sie mit ihm sprachen?**

Nein, wir redeten nicht über Filme. Wir sprachen über Malibu, über die Leute, die dort lebten, über Macht und ob ich Long Island lieber hätte als Malibu. Wir redeten nur Unsinn. Ich hatte ein interessanteres Gespräch über Politik mit Robert Kennedy. Das war im Haus von Ernie Kovacs. Er war zum Dinner da. Und er war sehr offenherzig, sehr intelligent. Er sprach *einfach so* über Politik.

Das Gespräch wendet sich meinem jüngsten Projekt zu. Ich erzähle Wilder, was er wohl schon vermutet hat, weil ich ihn so oft danach gefragt habe, wie persönlich seine Filme sind. Ich arbeite an einem etwas autobiographischen Drehbuch – vielleicht wird es mein nächster Film. Er nickt ermutigend und erkundigt sich dann sofort nach der Struktur. Das seien schwierige Filme, sagt er, und weist darauf hin, dass er selbst vor einem solchen Projekt zurückgeschreckt sei, weil »es nur für meine Mutter und meinen Vater interessant gewesen wäre«. Wir sprechen über die autobiographischen Werke anderer.

Neben Louis Malles *Herzflimmern* [1971] ist Truffauts *Sie küssten und sie schlugen ihn* [1959] einer der größten autobiographischen Filme. Beide sind charakteristisch für die Regisseure, die sie gemacht haben. Wenn Sie einen autobiographischen Film über Ihre Kindheit gemacht hätten, wie hätte er ausgesehen?

[*Als erfahrener Autor sortiert er im Geiste flott die Details seines Lebens.*] Es wäre in etwa die Geschichte eines verwirrten Jungen gewesen, der aufs Gymnasium geht und nicht weiß, was er einmal werden wird, was er tun soll.

Wieso »verwirrt«?

Ich war verwirrt, weil ich auf die falschen Dinge Wert legte.

Ich hatte, als ich auf dem Gymnasium war, keine Ahnung, was ich werden wollte. Ich habe mich nur dem Verlangen meines Vaters widersetzt, Rechtsanwalt zu werden. Das wollte ich nicht, und ich rettete mich damit, dass ich ein Zeitungsmann wurde, ein Reporter, sehr schlecht bezahlt. Als [der Bandleader] Paul Whiteman nach Berlin ging, um dort ein Konzert zu geben, hängte ich mich an ihn dran, um mit ihm zu gehen und über das Konzert zu schreiben. Zuerst arbeitete ich als Zeitungsmann in Wien. Und dann ging ich nach Berlin, um über dieses Konzert zu schreiben. Und blieb dort hängen. Ich mietete mir ein Zimmer; ich war ein Junggeselle, der sich ziemlich wichtig vorkam.

Mein Vater war keine Hilfe für mich, meine Mutter war keine Hilfe für mich. Mein zwei Jahre älterer Bruder war schon vor längerer Zeit erst nach London und dann nach Amerika gegangen. Ich wusste nicht, was ich tun würde – *irgendetwas* halt. Mein Vater wollte, dass ich Rechtsanwalt wurde. Aber da wurde nichts draus, weil ich dagegen war.

Ich habe mit Kreuzworträtseln angefangen, die ich signierte. Dann machte ich das Abitur. Ich hätte auf die Universität gehen können, aber das tat ich nicht.

»Ich war ein sehr fauler Zeitungsmann, denn ich war in drei oder vier Mädchen verliebt, und ich erschien manchmal nicht zur Arbeit.«

In verschiedenen längeren Texten über Sie steht, dass Sie die Universität verlassen haben, um Zeitungsmann zu werden.

Nein. Ich bin nie auf die Universität gegangen. Ich hätte es tun können, denn ich hatte das Abschlussexamen am Gymnasium gemacht – Matura nennt man das in Österreich – und es bestanden. Und dann kam die Auseinandersetzung mit meinem Vater, und ich sagte einfach Nein, ich würde nicht Rechtsanwalt werden. Ich sagte: »Ich werde ein Zeitungsmann.« Und das wurde ich, mithilfe glücklicher Umstände. Ich bin nie auf die Universität gegangen. Aber die Leute halten sich an die alten Interviews. Die sie erfunden haben. Ich bekam einen Fuß in die Tür bei einer Zeitung, die mittags herauskam, einer Mittagszeitung [*Die Stunde*]. Ich schrieb über Fußball und Filme. Kleine Artikel.

Dann kam Whiteman zu Besuch nach Wien. Er kannte Europa nicht und er wollte Wien sehen. Er gab in London, Paris, Berlin und Amsterdam Konzerte. Ich machte ein Interview mit ihm. In dem Wiener Hotel, in dem ich das Interview machte, war ein Farbiger bei ihm, der nur dafür zuständig war, das Victrola [ein Grammophon; Anm. d. Ü.] aufzuziehen. [*Er lächelt, als er sich an dieses Bild erinnert.*] In meinem gebrochenen Englisch teilte ich ihm mit, dass ich ihn gern bei einem Auftritt sehen würde. Und Whiteman sagte zu mir: »Wenn Sie mich und die Big Band so dringend hören möchten, können Sie mit mir nach Berlin kommen …« Er bezahlte die Reise und eine Woche Aufenthalt oder so. Und ich nahm das Angebot an. Ich packte meine Sachen und kehrte nicht mehr nach Wien zurück. Den Artikel über Whiteman schrieb ich noch für die Zeitung in Wien. Dann fand ich eine Zeitung in Berlin [die *Berliner Nachtausgabe*], für die ich arbeitete.

Ich war ein sehr fauler Zeitungsmann, denn ich war in drei oder vier Mädchen verliebt, und ich erschien manchmal nicht zur Arbeit. Ich wurde gefeuert, wieder engagiert, dann von einer anderen Zeitung engagiert. Aber dann bewegte ich mich in Richtung Drehbuchautor. Ich war Ghostwriter. Das war eine harte Zeit, denn so manche Nacht habe ich in Wartesälen in Bahnhöfen verbracht. Meine Sachen waren bei meiner Vermieterin. Die Miete betrug etwa fünfzig Mark im Monat. Keine Wäsche, nichts. Eine Zeit lang lebte ich bei einem Freund. Gelegentlich wollte ich einfach aufgeben. Ich schrieb »schwarz« – bekam keinen Titel. Das war zu den Zeiten, als die Drehbücher fünfundzwanzig Seiten lang waren. Es gab keine Dialoge, nichts. Ich versuchte glücklich zu bleiben, mich nicht deprimieren zu lassen. Dann bekam ich den Zeitungsjob zurück und konnte mir wieder ein eigenes Zimmer mieten. Heute würde ich es unter solchen Bedingungen nicht eine Woche aushalten.

Es gibt eine Theorie, die besagt, Ihr Sinn für Humor stamme daher, dass Sie versucht haben, Ihre Mutter zum Lachen zu bringen. Was war mit Ihrem Vater?

Mein Vater war sehr leicht zum Lachen zu bringen. Er hatte eine Art alltäglichen Humor. Er erfand zum Beispiel Witze. Er kam aus dem Badezimmer, und ich sagte zu ihm: »Papa, du hast vergessen, deine Hose zuzumachen« – damals hatten die Hosenschlitze Knöpfe – und er sah mich an und sagte: »Habe ich nicht. Es gibt ein Gesetz, das besagt: ›Wo sich ein Leichnam befindet, muss das Fenster offen stehen.‹«

Hatten Sie eine schwierige Kindheit?

Ich wurde gezüchtigt. Hin und wieder schlug mich meine Mutter ein wenig. Mein Bruder ging sofort nach dem Krieg weg. Er reiste zunächst zu Verwandten nach London und dann nach Amerika zu anderen Verwandten. Also habe ich nur wenig von ihm gesehen. Ich kam ganz gut klar; letztendlich war ich wie ein Einzelkind.

Wurden Sie grundlos geschlagen?

Es gab gute Gründe. Ich bin zum Beispiel eine Woche lang nicht zur Schule gegangen. Spielte stattdessen Fußball.

Waren Sie rebellisch?

Ja, und ich gab Widerworte, wenn ich für etwas beschuldigt wurde, was ich nicht getan hatte. Und wenn ich es getan hatte – das stritt ich auch ab. Aber das wurde mir heimgezahlt. Damals gab es das nicht: »Man darf keine Kinder schlagen!« Manchmal war es schmerzhaft, aber meistens war es erfreulich mit der Familie. Natürlich wünschte ich mir, mein Vater hätte meine Filmerfolge erleben können. Es gibt aber keinen Kulminationspunkt, auf den man [einen autobiographischen Film] hätte aufbauen können. Wir waren keine O.-Henry-Familie.

Welches Schlüsselbild steht Ihnen vor Augen, wenn Sie sich an Ihren Vater erinnern?

Mein Vater und ich hatten eine Art geheimes Bündnis. Aber darüber haben wir nie gesprochen. Ich kann mich zum Beispiel an einen Tag erinnern, als ich von der Schule kam und die Post im Flur lag. Ich entdeckte eine Postkarte, die für meinen Vater belastend aussah. Da stand: »Würdest du zum Schulwechsel deines Sohnes kommen, *bla-bla-bla,* der jetzt aufs Gymnasium kommt?« [das bezog sich nicht auf Willie oder mich], und ich hatte keinen zweiten Bruder. So erfuhr ich, dass er einen unehelichen Sohn hatte. Sein Name war Hubert. Ich griff mir die Karte, geistesgegenwärtig genug, und steckte sie in meine Tasche. Und als ich dann mit meinem Vater allein war, sagte ich: »Hier. Da muss jemand anderer gemeint sein.«

Nahm er die Postkarte?

Er nahm die Karte und steckte sie in seine Tasche.

Haben Sie Hubert jemals getroffen?

Nein. Ich hatte seine Adresse nicht, hatte gar nichts.

Aber ich wette, Sie erinnern sich an das Gesicht Ihres Vaters, als Sie ihm die Postkarte gaben.

Als ich ihm die Postkarte gab. Sicher.

Wie sah Ihre geheime Welt aus? Von welchen Dingen wusste niemand etwas – Ladendiebstähle, solche Sachen?

Keine Ladendiebstähle. Ich beklaute einen Freund von mir, der zu diesen Zeiten bei mir war. Er hatte einige Briefmarken, eine Briefmarkensammlung, und ich dachte mir: »Die nehm ich mir, warum nicht?« Und er erwischte mich, und das war das letzte Mal. Keine Polizei.

[*Nachdenklich*] Ich weiß nicht, warum ich mich so für Amerika interessierte. Ich besaß alle Bücher, die Mark Twain je geschrieben hat. Ich hatte außerdem Hemingway gelesen und Scott Fitzgerald, auf Deutsch. Ich las ihre Arbeiten auf Deutsch und ich lernte Englisch dabei. Ich lernte auch viel von einem Mann namens Karl May. Er war ein sehr bekannter Schriftsteller in Deutschland, um die Jahrhundertwende. Er war nie in Amerika, dieser Mann, aber er hatte Figuren erfunden wie diesen alten Cowboy, der nach Amerika gekommen war – ein Deutscher natürlich. Er war der Held der ganzen Serie, zwanzig Bücher, und May hatte ihn Old Shatterhand genannt. Er hatte einen Freund namens Winnetou. Winnetou war Indianer, ein amerikanischer Indianer. Sie erlebten Abenteuer im Westen. Jeder hatte eine Karl-May-Bibliothek. Und er ist nie in Amerika gewesen. Karl May. Von ihm habe ich eine Menge gelernt.

*»Ich wurde altmodisch aufgezogen.
Es gab Tage, da mochten sie mich ein
bisschen mehr, und es gab Tage,
da verprügelten sie mich ordentlich.«*

Hatten Sie das Gefühl, von Ihren Eltern geliebt zu werden?

Ich glaube, ich wurde von meinen Eltern geliebt. Aber damals war alles etwas anders. Das ist neunzig Jahre her. Die Kinder wuchsen auf der Straße auf. Als ich ein Fahrrad bekam, war ich ganz aus dem Häuschen. Aber ich glaube nicht, dass ich es von meinen Eltern bekommen habe. Ich habe es gebraucht einem Freund abgekauft. Ich nahm einige Flaschen Wein, goss den Wein aus und kassierte das Pfand für die Flaschen. Guter deutscher Wein! Mit diesem Geld und etwas mehr, das ich bekam – ich weiß nicht mehr, woher –, kaufte ich das Fahrrad. Von meiner Großmutter bekam ich einen Schlitten. Sie gab mir immer etwas. Aber sehen Sie, ich wurde altmodisch aufgezogen. Es gab Tage, da mochten sie mich ein bisschen mehr, und es gab Tage, da verprügelten sie mich ordentlich.

Sie verprügelten Sie?

Sicher. Wenn ich schlechte Noten nach Hause brachte,

schubsten sie mich ein bisschen herum. In jenen Zeiten war es hart für meinen Vater, denn die Schule kostete Geld. Aber ich war schlau. Ich ging zum Beispiel nach Hause, als ich in der ersten Klasse auf dem Gymnasium war. Ich trat einen Stein, er eckte auf dem Asphalt oder sonst wo an, sprang in die Höhe und zertrümmerte ein Fenster in einem Laden. Ich versuchte wegzurennen, aber sie erwischten mich. Dann sagte ich, ich würde den Schaden bezahlen. Aber ich bekam nur Taschengeld und hätte drei Jahre dazu gebraucht. Woher also sollte ich jetzt das Geld nehmen? Ich konnte meinen Eltern nichts von meinem Missgeschick sagen, denn dann bekäme ich Prügel. Oder sie hätten gesagt: »Sieh zu, wie du da rauskommst.«

Ich kam auf einen Trick. Ich erklärte meinem Vater, ich würde Stenographiestunden nehmen, damit ich in der Schule mitschreiben könnte, was die Lehrer sagten, um besser zu werden. Mit dem Geld, das ich für die Stunden bekam, bezahlte ich meine Schulden für das zerbrochene Fenster. Bis es dann eines Tages, an einem Sonntag, passierte. Ich las ein Buch, und mein Vater kommt und sagt: »Du hast doch Stenographie gelernt, oder? Komm und hilf mir, ich muss einen Brief diktieren.« So wurde ich erwischt. Er hat allerdings lachen müssen, das muss ich sagen.

Waren Sie sich der Liebe Ihrer Mutter sicherer als der Ihres Vaters?

Nun, ich stand meinem Vater näher als meiner Mutter. Wir waren keine eng zusammenhängende Familie. Ich liebte meine Mutter, aber sie war die Stärkere. Meinem Vater hatte ich in der Angelegenheit mit der Postkarte geholfen, also hatte ich etwas in der Hand. Bei meiner Mutter hatte ich nichts in der Hand.

Sie haben die Sache mit der Postkarte erst sehr spät in Ihrem Leben erwähnt.

Ja, ich habe das nicht erwähnt, weil ich wusste, es würde in falsche Hände fallen. Man würde sich drauf stürzen – man würde … falsche Schlüsse draus ziehen.

Aber für Sie hatte das eine große Bedeutung.

Damals, natürlich.

Da gab es also den geheimen Bund mit Ihrem Vater wegen der Postkarte, und Ihre Mutter schien etwas weiter weg zu sein von Ihnen.

Ja, meine Mutter führte den Haushalt und kochte. Sie hielt meinen Vater für reicher, als er war.

Wir kehren wieder zum Thema Filme zurück.

Über die Verstümmelung von *Das Privatleben des Sherlock Holmes* [1970] **ist wenig bekannt. Öffentlich ist darüber nicht gesprochen worden, doch offenbar gab es eine katastrophale Testvorführung –**

Ja, die Preview. Die lief gar nicht gut, und ich … gab den Film auf. Ich war nicht sonderlich interessiert an einer perfekten Übergabe des Films. Es waren unglückliche Umstände. Es war das einzige Mal, dass ich einen Film aufgegeben habe. Er war in London gedreht worden, und ich konnte nicht dorthin zurückgehen, um die Dinge in Ordnung zu bringen durch einen Nachdreh. Ich musste mich um einen neuen Film kümmern.

Wissen Sie noch, um welchen Film es sich handelte? Ich glaube, dieses Projekt haben Sie nie gemacht.

Ich ging, um *Avanti, avanti!* zu machen, glaube ich. Oder einen anderen Film in Europa, der nicht zustande kam. Ich ließ *Sherlock Holmes* in den guten Händen meines Cutters und meiner Freunde der Mirisch-Company, und sie schlachteten ihn. Der Schnitt wurde von einem Engländer besorgt [Ernest Walter] – ich musste einen Engländer nehmen.

Der Film ist makellos gefilmt. War er schwierig zu drehen?

Ja – ein schwieriger Film. Sehr hart. Und episodisch. Drehen Sie nie einen Episodenfilm, denn man kann Episoden beliebig herausschneiden. Episodisch ist nicht gut. Und der Cutter und der Produzent hatten ganz andere Vorstellungen als ich, in welchen Sektionen man kürzen konnte. Ich weiß nicht, es war eine harte Zeit. Harold [Mirisch] starb, bevor wir zu drehen begannen – das war schade. Ich liebte den Film. Er wurde vermurkst.

Ihre Zusammenarbeit mit Shirley MacLaine war immer sehr fruchtbar. Mich hat sie dazu inspiriert, Renée Zellweger in *Jerry Maguire* zu besetzen. Später kam Shirley MacLaine zu einer meiner ersten Previews, ich traf sie, und sie unterstützte den Film von Anfang an. Ich versuchte mit ihr über *Das Appartement* zu reden, und schließlich sagte sie: »Süßer, das ist mehr als eine Ewigkeit her. Lass uns über *deinen* Film sprechen.«

Sie ist eine gute Schauspielerin. Sie ist ein Profi. Sie kann komische Sachen spielen, sie kann ernste Sachen spielen.

[*Im Vertrauen*] Ich kann es mir immer noch nicht vorstellen – ich sehe Lemmon und Shirley MacLaine immer noch nicht als Paar. Für *mich,* wissen Sie, für mich kann das zwischen den beiden keine große Liebe sein. Aber wer weiß das schon? Sie ist hübsch, und das Publikum glaubt ihr. Und sie ist eine gute Schauspielerin.

»Lubitsch sagte: ›Ich kann Ihnen nur sagen, auch nach sechzig Filmen mache ich mir am ersten Tag noch immer in die Hose.‹«

War Shirley MacLaine Ihre erste Wahl für *Das Appartement*?

Ja. Sie hatte gerade einen Film mit [Vincente] Minnelli gemacht … *Verdammt sind sie alle* [1959]. Marilyn Monroe hätte nicht gepasst. Ich glaube, das wäre ein wenig zu viel gewesen, sie als das Mädchen einzusetzen, das den Aufzug bedient. Alle hätten sich auf sie stürzen wollen, inklusive der drei Männer, die Mr. Lemmons Apartment benutzten.

Ein paar Fragen zu *Der Major und das Mädchen* [1942]. Stimmt es, dass Sie nach einem guten Take gerufen haben: »Champagner für alle!«?

Ja. Nur beim ersten Film. In der Mitte des Films stand ich auf und rief: »Champagner für alle!«

Bevor Sie Ihren ersten Film inszenierten, machte Lubitsch Ihnen Mut –

Ja, sicher. Ich ging zu Lubitsch. Ich sagte: »Also, Sie haben mehr als fünfzig Filme gemacht. Ich habe keinen gemacht. Das wird mein erster Film. Was können Sie mir raten?« Und Lubitsch sagte: »Ich kann Ihnen nur sagen, auch nach sechzig Filmen mache ich mir am ersten Tag noch immer in die Hose.«

Also lassen Sie uns *Der Major und das Mädchen* Ihren ersten amerikanischen Film nennen. Ich möchte über Ihre erste Einstellung reden. Ihr erster Schuss in Ihrem ersten amerikanischen Film als Regisseur zeigt Ginger Rogers als Susan Applegate, die über die Straße in New York geht, Ecke East 47th Street und Park Avenue. Hatte dies eine Bedeutung für Sie, den ersten Studioschuss für Ihren ersten Studiofilm zu drehen?

Ja. Ich konnte es schon auf der Leinwand sehen, und das war sehr, sehr aufregend für mich. Ich hatte einfach so ein Gefühl … »Das ist wundervoll.« Und sie ging und ging und ging. Und wir benutzten diesen einen Teil. Das war sehr gut. Es war wunderbar für mich, denn sie hatte gerade den Oscar für *Fräulein Kitty* [1940] gewonnen. Direkt danach kam sie zu mir, zu *Der Major und das Mädchen.*

Hatten Sie für die Rolle des Major Kirby, die Ray Milland spielte, Cary Grant vorgesehen?

Alles war für ihn vorgesehen. Jede Rolle.

Sie haben schon beim Schreiben an ihn gedacht?

Sicher, aber Mr. Milland stand bei Paramount unter Vertrag und hat danach *Das verlorene Wochenende* [1945] gemacht. Er war sehr gut für *Das verlorene Wochenende.* Er war kein Komiker, und das war gut für die Rolle. Lachen war Milland fremd.

Ein Sommermorgen in Beverly Hills. Wilder öffnet die Tür zu seinem Büro, begrüßt mich und geht langsam wieder an seinen Schreibtisch zurück. Er trägt einen Fedora-Hut und Hosenträger über einem blauen Hemd.

Wie war Ihr Morgen?

Zum Verzweifeln. [*Er seufzt.*] Einem neuen Tag ins Gesicht blicken. Es ist heiß draußen, es ist furchtbar. Okay, setzen Sie sich. Wo wollen Sie anfangen?

Ich erinnere mich daran, dass ich *Avanti, avanti!* [1972] zusammen mit meinen Eltern gesehen habe, als er neu herauskam. Selbst damals, ich war gerade vierzehn, hat mich die Szene im Leichenschauhaus in Bann gezogen mit Ihrem großartigen Charakterdarsteller Pippo Franco, der den italienischen Bürokraten spielt, der die Dinge um den Tod von Lemmons Vater regelt.

[*Er blüht auf.*] Ja, der verrückte italienische Super-Bürokrat.

Er hat alle Stempel und seine halbe Büroausrüstung in seinen Taschen und er holt sie mit manischer Präzision nach und nach heraus. Ich habe mir den Film gestern Abend noch einmal angesehen. Er funktioniert heute sogar noch besser. Als ich Ihre Aufnahmen des landenden Flugzeugs sah, kamen sie mir plötzlich sehr bekannt vor.

Dann fiel mir auf – ich hatte diese Einstellungen in einem Filmhaus gekauft, und einer dieser Schüsse erscheint am Anfang von *Jerry Maguire.* Also, ob Sie's nun mögen oder nicht, jetzt sind Sie doch in meinem Film.

Ich habe einen Ihrer Filme verschönt.

Da wir nun Verschwörer in Sachen *Avanti, avanti!* sind, wollen Sie jetzt über den Film sprechen?

Nein. Ich mag diesen Film nicht besonders, aber ich werde über ihn sprechen. Was ich mit diesem Film wirklich machen wollte – ich habe immer eine Version, die weit besser ist [als der fertige Film] – Lemmons Vater stirbt in Italien, richtig?

Richtig.

Er starb neben der Mutter des Mädchens. Doch ich wollte den Vater eigentlich homosexuell sein lassen, und er war mit einem *Hotelpagen* zusammen. [*Wilder lächelt stolz.*] Das war's, was mir zuerst einfiel – wäre es nicht witzig gewesen, wenn ein älterer Mann, der jedes Jahr zu seiner Bäderkur fährt, in Wirklichkeit eine Affäre mit einem Hotelpagen gehabt hätte? Natürlich haben sie mir das ausgeredet.

Wer sind »sie«?

Die Leute bei Paramount, die Leute bei Mirisch. Sie haben's mir ausgeredet.

Aber Sie hatten doch sicher bei der Mirisch Company einen Stein im Brett. Ich meine, sie hätten Sie's machen lassen. Denn sie arbeiteten doch im Wesentlichen für *Sie.*

Ja, sicher, aber ich selbst war mir nicht so sicher. Es war gewagt, einen Mann zu zeigen, der einen erwachsenen Sohn hat, der auch verheiratet ist, der homosexuell ist, dies aber nur in Europa auslebt – nur in den vier Wochen, die er in Europa verbringt. [*Munter*] Aber das ist in Ordnung.

Sie haben bei diesem Film mit [Ferdinando] Scarfiotti gearbeitet, einem Weltklassedesigner.

Ja, Scarfiotti.

Hatten Sie eine gute Beziehung zu ihm?

Nein. Er war kein [wirklicher] Designer. Er ist jetzt tot, an Aids gestorben. Aber er war kein Designer. Er fand *locations* und dann [bot er sie an, wie sie waren] … Alles, was er hatte – in diesem Film und in anderen Filmen von ihm, die ich gesehen habe –, waren gefundene Sachen. Er konnte gar nicht bauen. Er hatte immer zwei kleine Assistenten. Kleine? Es waren ältere Männer. Wenn man ein Hotel brauchte, musste er erst eins finden. Aber wie findet man eins, wo stellt man die Scheinwerfer hin, und am dritten Tag wird man wahrscheinlich aus dem Hotel geschmissen, aber … das war Scarfiotti.

Das Leichenschauhaus war aber ein schöner Set.

Ja, den hat er auf der Insel Ischia gefunden.

Sie haben mit einem Kameramann gearbeitet, den Sie nur für diesen Film eingesetzt haben [Luigi Kuveiller]. Ich finde, dass er großartige Arbeit geleistet hat. Das Licht im Leichenschauhaus zum Beispiel hatte die Qualität eines Vermeer.

Gute Qualität, ja, weil das in der Luft lag, verstehen Sie? Er konnte gar nichts anderes machen, als es so zu filmen, als ob es echt wäre. Normalerweise versucht man, eine Dekoration echt aussehen zu lassen; aber das da hatte man schon seit drei- oder vierhundert Jahren echt aussehen lassen. Es war wunderbar.

Wie sehr haben Sie sich selbst um das Licht gekümmert?

Ja, ich schaue es mir immer an. Aber ich gebe den Kameraleuten nie das Gefühl, ich würde sie kontrollieren. Ich sag bloß etwas wie: »Das Licht sollte mehr nach spätem Nachmittag aussehen.« Dann gehe ich, und am nächsten Tag haben sie es so gemacht.

Der Film strahlt eine große romantische Melancholie aus. Und ich liebe die Darstellung, die Lemmon Ihnen geliefert hat.

Ja, Lemmon war gut. Aber er war nicht der richtige Mann [für die Rolle]. Er hätte in seinem eigenen Leben auch ein Liebesleben haben müssen. Er ist derjenige, wissen Sie, der versteht, dass sein Vater diese Affäre hatte. Jetzt kommt die Zeit, wo auch er eine Freundin haben wird. Ja, Lemmon war gut, aber es war keine ausgesprochene Lemmon-Rolle.

Sie haben gesagt, Lemmon sei Ihr Jedermann gewesen, aber er hätte keine Liebhaber spielen können.

Ja, ohne dass es komisch geworden wäre.

Aber Sie haben ihn in *Avanti, avanti!* als Liebhaber eingesetzt, und es hat funktioniert.

[*Er liebt es, den Titel zu sagen.*] *Avanti, avanti!* Ja. Es funktionierte. Doch als Ganzes funktionierte der Film nicht. Aber wir haben ihn so romantisch wie möglich gemacht. Es war keine Liebesgeschichte, aber nachher sah es wie eine aus. Das lag an unserer Vorgehensweise – ihn so romantisch wie möglich zu machen.

Dennoch sieht es so aus, als hätten Sie und Diamond die Rolle als einen späteren C. C. Baxter angelegt.

Ja, wir machten *dieses Ding,* wir machten es für Lemmon. Wir wussten, dass er die Rolle spielen würde. Dann suchten wir nach einer Frau, die sehr fett war – sehr, sehr fett –, aber wir konnten keine finden, die auch attraktiv war, bei der man hätte sagen können, dass es möglich war mit dieser Frau.

Warum musste sie fett sein?

Sie musste einen Defekt haben. Ich wollte nicht, dass sie kraftlos wirkte. Einfach eine Frau, die zwanzig Pfund abnehmen konnte, wenn sie wollte. Juliet Mills war etwas gedrungen, aber absolut glaubhaft in der Rolle. Sie aß und aß, konnte aber nicht zunehmen. Sie ist eine gute Schauspielerin, und das war die einzige Rolle, die sie in den letzten zwanzig Jahren oder so bekommen hatte. Ich wollte sie wirklich fett haben, damit er einem nicht leidtut, wenn er zu seiner Frau zurückkehrt.

Es gibt in *Avanti, avanti!* einen Anklang an *Ariane – Liebe am Nachmittag,* wenn Lemmon in ein Aufnahmegerät spricht. Er arbeitet an der Grabrede für seinen Vater – und er überarbeitet sie in seinem Hotelzimmer. Während ich das sah, dachte ich, dass dies ein weiteres

Mittel ist, das Sie gern eingesetzt haben – Diktiergeräte, Aufnahmegeräte, Memos –, um die Veränderung einer Figur zu zeigen. Es ist wundervoll.

Es ist wundervoll, dass Sie mehr in diesem Film sehen als *ich.* [*Er lacht.*] Ich habe ihn ziemlich schnell hinter mich gebracht. Ich habe nicht für ihn gekämpft, aber er besaß einige Qualitäten. Man konnte riechen, dass er in Italien gedreht worden war.

Sie haben sich einige Scherze über Psychiater geleistet, ganz besonders in *Avanti, avanti!*

[*Sofort*] Und Hunde.

Was hielten Sie von Psychiatern? Hatten Sie jemals einen Freund, der als *shrink* [Psychiater] arbeitete?

Nicht viele. Außer Mr. Freud, der mich rauswarf. Damals habe ich Richard Strauss interviewt und [Arthur] Schnitzler.

Fühlten Sie sich eingeschüchtert von den Persönlichkeiten, die Sie damals interviewten?

Nein, das konnte mir nicht passieren. Ich war gewappnet, verstehen Sie? Ich musste zum Beispiel alles mit dem Fahrrad erledigen. Oder mit der Straßenbahn. Die fuhren morgens um sieben Uhr los, also war ich schon früh unterwegs, und dann klingelte ich an einer Wohnung und sprach mit einer Frau, deren Sohn wegen Mordes verhaftet worden war, um sie um ein Foto zu bitten. Weil wir keine Fotografen hatten, musste ich sie um ein Foto ihres Sohnes bitten. Und sie sagte: »Verschwinden Sie, Sie Hurensohn!« In solche Situation geriet ich die ganze Zeit, wenn ich Fotos für die Zeitung besorgte.

Aber Paul Whiteman, Ihr letzter Interviewpartner in Wien, war freundlich zu Ihnen.

Ja, Paul Whiteman war sehr freundlich. Sein farbiger Diener war der erste oder zweite Farbige, den ich überhaupt gesehen hatte. Whiteman nahm mich mit nach Berlin, und ich sah und hörte das Konzert, ganz neue Sachen – *Rhapsody in Blue* von Gershwin zum Beispiel, das war ganz neu. Wo ich aufgewachsen bin, gab es keine Orchester. Das Konzert fand im Großen Spielhaus statt. Das war das Theater von [Max] Reinhardt – fünftausend Plätze. Ich verabschiedete mich von ihm in Berlin und blieb da.

Sind Sie selbst jemals zu einem *shrink* gegangen?

Nein, nie.

Mike Nichols *Die Kunst zu lieben* kam im selben Jahr heraus wie *Avanti, avanti!* Was hielten Sie von diesem Film?

Mike Nichols ist ein sehr guter Regisseur. Ich mag ihn sehr. Ich vermisse die Zeiten, in denen es mehr Regisseure vom Rang eines Nichols gab. Man *freute sich* auf ihren nächsten Film. *Die Kunst zu lieben* war ein guter Film, mit Jack Nicholson. Seltsamerweise spielte Nicholson einen Collegestudenten. Und dann spielte dieser verrückte Songschreiber [Art Garfunkel] mit. *Die Kunst zu lieben* musste ein Erfolg werden, weil es ein schmutziger Film war. Ich weiß nicht, wie er [Nichols] damit durchgekommen ist, er [Nicholson] geht zu einer Hure, die es ihm besorgt, dann zu einer

Tänzerin … Es ging irgendwie darum, mit sich selbst zu spielen. Und um alle möglichen schrägen Sachen – aber es war ein guter Film. Er hatte nur keinen Plot, keine Handlung. Na gut, also *hatte er keine Handlung*! Es war einfach eine Kombination von Dingen, die Leuten passieren.

»Ich brauche immer einen Plot. Ich brauche eine Handlung, weil ich keine Filme mag, aus denen man eine halbe Stunde herausnehmen kann.«

Nachdem Sie gesehen hatten, dass es funktionierte, gerieten Sie je in Versuchung, einen handlungslosen Film wie *Die Kunst zu lieben* zu machen … oder sogar wie *Das süße Leben*?

Ich brauche immer einen Plot. Ich brauche eine Handlung, weil ich keine Filme mag, aus denen man eine halbe Stunde herausnehmen kann, und dadurch werden sie nur besser. Aber ich spekuliere nicht wild herum, damit die Dinge ihre Ordnung haben, damit der Junge das Mädchen am Ende des zweiten Akts verliert, und dann der dritte Akt … Nein, darüber denke ich nie nach. Ich glaube, das ergibt sich automatisch.

Den meisten Filmen heute scheint eine Struktur zu fehlen. Es gibt jede Menge Schocks, aber so vieles bleibt an der Oberfläche, besonders im Fernsehen.

Ja. Ich sage mir immer, ich möchte einen Film machen, der

wegen seiner *Charaktere* interessant ist, nicht nur wegen seiner *Atmosphäre*. Die Atmosphäre filme ich. Ich bemühe mich, eine Originaldekoration zu finden, wenn es möglich ist, oder einen Nachbau, damit ich weiß, wo ich die Kamera hinstellen kann. Ich schreibe mit der Kamera im Kopf, aber nicht zu sehr. Der Film funktioniert wegen der Geschichte, der Charaktere und der Schauspieler. Ich suche nicht nach originellen Kamerabewegungen, die nicht zur Geschichte passen.

Andererseits wollte ich Holden filmen, nachdem er von Gloria Swanson erschossen worden war. Er trieb da im Swimmingpool. Ich wollte sein Gesicht im Wasser filmen. Es ist dunkel, aber man kann ihn noch erkennen, und seine Augen sind offen. Man konnte damals nicht im Wasser filmen. Man musste einen Spiegel auf dem Boden benutzen, man filmte das Spiegelbild. Man konnte nicht durch Wasser filmen, es sei denn, man befand sich *außerhalb* des Wassers. Also bauten wir einen Spiegel auf dem Boden ein, probierten es mit einer Gummiente aus, und dann filmten wir es.

Haben Sie ein Foto oder einen Dummy benutzt, oder trieb Holden selbst im Pool?

Kein Dummy, nein. Holden war sehr gut. Physisch war er in erstklassiger Verfassung. Er war ganz wunderbar zum Beispiel in *Sabrina*. Da spielte er die Szene, in der er Sabrina auf einer Treppe sieht, die zum Garten hinunterführt. Er weiß zu diesem Zeitpunkt, dass es Sabrina ist; er hatte sie im Auto mitgenommen. Jetzt sieht er sie da unten in diesem wundervollen weißen Kleid, das in der Dunkelheit zu leuchten schien. Er ruft »Sabrina!«, und dann springt er die fünf Stufen hinunter, über das Geländer.

Und dann sage ich, wie ein Idiot: »Das war sehr gut, Bill, aber könntest du vielleicht ein bisschen *langsamer* springen?« Er versuchte es, aber es ging nicht, weil er nichts gegen das Gewicht seines Körpers machen konnte. Von da an machte er immer diesen Scherz mit mir: »Ich weiß, ich weiß … Du willst es genau so, nur ein bisschen *langsamer.*«

»Ein Komiker kann manchmal ernsthaft sein, aber ein ernsthafter Schauspieler kann selten komisch sein.«

Wenn Sie wählen könnten zwischen Komik, Charisma oder dramatischer Ausdruckskraft, was schätzen Sie am meisten bei einem Schauspieler?

Den Komiker. Ein Komiker kann manchmal ernsthaft sein, aber ein ernsthafter Schauspieler kann selten komisch sein.

Lassen Sie uns über den Rhythmus von Komik sprechen. Sagen wir mal, Sie haben einen schönen Monolog geschrieben und er ist lustig. Jetzt wird er gedreht. Der Schauspieler spricht ihn – aber er findet den Rhythmus nicht, das Timing der Komik, das sie sich vorgestellt haben. Was taten Sie in solchen Situation am liebsten, worin bestand die Regieanweisung in letzter Sekunde, die immer funktionierte?

Ich suchte einen Herrn oder eine Dame aus, bei denen ich sicher sein konnte, dass sie lustig waren, dass sie diese Begabung besaßen. Ein- oder zweimal geriet ich an einen Schauspieler, der gar kein Schauspieler war. Einfach ein normaler lustiger Mann. Ich hatte so einen bei *Stalag 17*, und nach dem ersten halben Tag wusste ich, dass er es nicht schaffen würde. Also habe ich ihn gefeuert. Aus manchen Leuten kann man Komik herausholen. Andere Leute dagegen sind *anti-humorig*. Sie versuchen und versuchen es, auf diese Art und auf jene, und es funktioniert nicht. Dann ist es das Beste, sie einfach zu feuern. Ich fand einen anderen, der absolut großartig war. Sie tanzten zusammen in einer Szene, [Robert] Strauss, das »Tier«, und dieser kleine Typ mit den schwarzen Haaren, [Harvey] Lembeck. Er war absolut perfekt. Ich besetzte einige Darsteller aus der Bühnenversion und gab ihnen neue Dialoge. Andere waren Filmschauspieler. Es war ein sehr, sehr trockener Film. Er war gut. Es war eher ein spannender Ausbruchsthriller als eine Ausbruchskomödie. Es gab Elemente, die sehr stark waren – wie zum Beispiel der deutsche Spion draußen, der den Befehl gehört hat, den Mann zu erschießen. Sie denken, dass sie den Mann erschießen, der ausgebrochen ist.

Es gab einen anderen guten Gag in dem Film, einer meiner Lieblingsgags. Ich weiß nicht, ob ihn alle verstanden haben. Es wurde gelacht, aber nicht so heftig. Es gibt in *Stalag 17* einen Oberst, der zusammen mit seinem Adjutanten in seinem Büro ist. Er trägt keine Stiefel, läuft auf Socken herum. Dann sagt er zu seinem Adjutanten: »Geben Sie mir das Hauptquartier in Berlin, *bla-bla-bla.*« Er wird jetzt damit prahlen, dass er eigenhändig den deutschen Leutnant gefasst hat, den sie gebracht haben. Und dann macht er Folgendes. Er sagt: »Machen Sie mir eine Verbindung nach Berlin, es braucht immer fünf Minuten, bis man zum Hauptquartier durchkommt.« Dann sitzt er auf der Tischecke und lässt sich von seinem Adjutanten die Stiefel anziehen. Er zieht sie nur für das Telefongespräch an. Er schlägt nach jedem Satz die Hacken zusammen. Dann legt er auf. Jetzt kommt der Witz. Er setzt sich wieder auf die Tischecke und lässt sich von seinem Adjutanten die Stiefel ausziehen.

Lemmons Gefühle für seinen Vater ziehen sich durch längere Passagen von *Avanti, avanti!* Haben Sie beim Drehen des Films viel an Ihren eigenen Vater gedacht?

Nein. Vielleicht unbewusst. Ich hatte zu viele andere Dinge zu tun. Vielleicht hätte ich es gemacht, wenn der Vater im Film noch gelebt hätte. In *Ariane – Liebe am Nachmittag* gab es auch eine Vaterfigur, Mr. [Maurice] Chevalier. Ich habe einen netten Mann aus ihm gemacht. Er geht zu Mr. Cooper und sagt: »Sie ist so ein kleiner Fisch, werfen Sie sie wieder ins Wasser, es ist nicht korrekt.«

Das letzte Mal sprachen wir über Ihre Beziehung zu Ihrem Vater. Sie haben mir von der Postkarte erzählt, die Sie gefunden haben.

Ja.

Wie alt waren Sie, als das geschah?

Zehn. Ich war neun oder zehn Jahre alt.

Das musste eine große Sache in Ihrem Leben gewesen sein.

Einen Bruder zu haben, den ich nie getroffen habe?

Ja.

Und der jetzt ein alter Mann ist? Ich weiß nicht. Ich weiß nicht, ob er einen Sohn hatte, als ich –

Das Telefon klingelt. Eine höchst unerwünschte Unterbrechung. Wilder spricht kurz. Dann:

Hat Hubert jemals versucht, Sie zu finden?

Nein, nie. Ich kannte nie seinen vollen Namen, wusste nichts. Ich fand nur diese Postkarte, die bei der Post lag. Ich gab sie ihm einfach, wir schauten uns an, und wir verstanden uns danach besser.

Haben Sie jemals darüber gesprochen?

Nein, nie.

Aber Sie wussten, dass er es wusste.

Und er wusste, dass ich genug Taktgefühl besaß, nicht darüber zu sprechen. Was hätte ich ihn fragen sollen? So als ob ich ein Spion für meine Mutter gewesen wäre? Ich glaube, solche Dinge passieren. Es war aber gut, dass sie die Karte nicht gesehen hat, denn es wäre eine sehr unangenehme Situation entstanden, und vielleicht hätte sie ihn verlassen.

Hat Ihr Vater sich Sorgen darüber gemacht, dass Sie es Ihrer Mutter erzählen könnten?

Nein, nie. Weil ich gesagt hatte: »Ich glaube, das wird dich interessieren – steck es ein.« Ich war zehn Jahre alt und gerade aufs Gymnasium gekommen.

Wieder klingelt das Telefon. Nach einer herzlichen und längeren Unterhaltung auf Deutsch scheint Wilder richtig amüsiert zu sein.

Das war ein Freund von mir aus Berlin. Er ruft mich an und sagt mir, wie das Wetter ist.

Wir sprachen über den Vorfall mit Ihrem Vater, und ein Historiker würde vielleicht sagen, dass dies ein prägender Moment in Ihrem Leben war.

Ich versuche mich zu erinnern; das ist achtzig Jahre her. Ich spekulierte: »Hat er einen Sohn gezeugt? Ja, denn da stand: ›Dein Sohn hat den Abschluss gemacht.‹« Dann habe ich die Sache vergessen. Es war das Einzige, was ich tun konnte.

Hat Sie das damals verletzt?

Nein. Absolut nicht. [*Er macht eine nachdenkliche Pause.*] In Wirklichkeit war ich *neidisch* auf meinen Vater. [*Er lässt mich mit einem Scherz zurück.*]

Gestern Abend habe ich mir *Unkraut* [1934] zum ersten Mal angeschaut.

O, mein Gott – den habe ich seit sechzig oder siebzig Jahren nicht mehr gesehen. Den habe ich in Paris gedreht, ohne Rückprojektionen. Wir waren überall mit diesen Autos! Das war der erste Film, bei dem ich Regie geführt habe. Ich war aus Berlin geflohen, war aus Berlin verschwunden wie eine Menge anderer Leute. Paris wurde von Deutschen überflutet. Aber ich hatte diesen Plot, und dann kamen zwei Leute dazu, die mitgearbeitet haben an diesem Film, was mich glücklich machte, weil sie auch ein bisschen Geld bekamen. Und dann sagte ich: »Ich möchte Regie führen bei diesem Film.« Es war eine kleine Produktionsfirma, und fast der ganze Film wurde in einer Garage gedreht. Es war eine große Garage –

Der Film hat etwas Vitales, Frisches. Sie haben alles *on*

***location* gedreht, die Stadt ist der Hintergrund. Und man rast mit diesen Autos durch Paris.**

Ja. Die Place de la Concorde und die Boulevards. Über die Hauptdarstellerin [Danielle Darrieux] habe ich gehört, als ich später in Paris war, dass sie während des Kriegs sehr freundlich zu den Deutschen gewesen sein soll. Aber da war sie schon eine ältere Dame. Inzwischen müsste sie tot sein. Sie war sehr reizend, sehr jung in diesem Film. Sechzehn oder siebzehn Jahre alt.

Und einmal mehr arbeitet das Kostümdesign für Sie, denn sie trägt dieses aufregende Kleid.

Sie trägt ein aufregendes Kleid; das war ihr eigenes, denn wir konnten keinen Designer bezahlen. Es war, als ob man in Hollywood einen Film für fünftausend Dollar machen würde.

Aber für das Geld, das Sie hatten, gibt es gute Show-Werte. Und es gibt eine Reihe origineller Szenen. Es ist ein wilder, unbekümmerter erster Film. Und er ist auch zum Lachen, denn diese Garage ist so kalt, dass man den Atem der Schauspieler sehen kann.

Ja, das war mir klar. Aber es ist ein Tonfilm. Die Dialoge müssen furchtbar sein, oder? *Wie sind Sie an den Film gekommen?*

Wenn man etwas herumwühlt, kann man eine Raubkopie auf Video auftreiben.

Ja? Ich habe den Film nach Paris nicht mehr gesehen. Ich habe den Film seit 1934 nicht mehr gesehen.

Möchten Sie ihn sehen?

Nein.

Es gibt da auch eine großartige Sequenz, in der Ihr Hauptdarsteller eine Straße entlang geht, und hinter ihm lassen Sie dieses kleine Stück Film laufen, in dem ein Auto um eine Ecke fährt, wendet, und dann wieder um die Ecke fährt.

Das war alles, was wir hatten!

Es funktioniert aber. Es sah sehr modern aus. So etwas würde heute eine unabhängige Produktion machen.

Das war lange vor der französischen *Neuen Welle.* Ich kann Ihnen nur sagen, dass die meisten Regisseure der *nouvelle vague* noch gar nicht geboren waren, als ich diesen Film machte.

Haben sie jemals etwas zu diesem Film gesagt?

Nie. Ich kannte Truffaut; ich kannte ihn ganz gut. Nein, ich habe das Thema nicht angesprochen, weil ich den Film nicht gut fand, und er ist nicht gut.

Und doch hängt hier an der Wand in Ihrem Büro dasselbe Michelinmännchen, das an der Garagenwand in *Unkraut* hängt.

Nein, nein. Das ist nicht dasselbe Männchen. Das hier habe ich vor zwei oder drei Jahren auf dem Markt der Diebe in Paris gekauft.

TEIL 8

Zeitungsleute erscheinen oft als Figuren in Ihren Filmen, und ich möchte Sie ein wenig über Ihr Verhältnis zur Presse befragen. Einiges davon ist mir eingefallen, als ich mir *Extrablatt* erneut angesehen habe, und ich will Sie nicht mit Filmen quälen, die Sie nicht mögen –

[*Brüsk, grimmig*] Ja.

– aber *Extrablatt* vermittelt genau das Gefühl, was es heißt, ein Zeitungsmann zu sein. Ich selbst war ja auch einer.

Genau das habe ich versucht. Aber ich weiß es nicht. Es war das einzige Mal, dass ich ein Remake gemacht habe … Die Leute haben immer den [ursprünglichen] Film im Kopf, der so gelobt worden ist; sie glauben, er war ein Meisterwerk, sie halten ihn für besser, als er tatsächlich ist. Wenn man sich *The Front Page* anschaut, den ersten Film [1931], [hält er nicht, was man sich davon verspricht]. Dann hat man die Story mal mit einer Frau statt einem Mann gemacht [*Sein Mädchen für besondere Fälle,* 1940, Regie Howard Hawks], und dann habe ich dieses Ding gemacht. Ich wünschte, die Kritiker hätten den alten Film gesehen. Man sagt »*The Front Page*« und sie sagen »O Gott«. Man erinnert sich daran, dass man ihn als Wiederaufführung vor vierzig Jahren gesehen hat. Die Zeiten waren besser, oder wir waren etwas naiver – man lachte leichter. Es [das Remake] hat einfach nicht funktioniert.

Und Miss Pauline Kael hatte mit ihrer Kritik [im *New Yorker*] absolut Recht. Sie war so korrekt. Sie schrieb zum Beispiel, dass es [im Film] Dinge gab, die so nie passieren würden. Eine Figur wie Matthau, der Chefredakteur, besucht nicht das Mädchen, das Lemmon heiraten wird. Das würde er nie tun; er hat nicht die Zeit dazu. Wenn überhaupt, würde er sie anrufen. Er besucht sie, und dann spielt sie Klavier und singt? Das war einfach schlecht. In dieser Hinsicht war sie absolut korrekt, und auch in zehn anderen Sachen, die sie schrieb. Sie hatte recht. Sie war gut.

»Die Zeiten waren besser, oder wir waren etwas naiver – man lachte leichter.«

Also gaben Sie etwas darauf, was Pauline Kael schrieb.

O ja. Ich mag Pauline Kael. Sie hat nie ein gutes Wort über meine Filme geschrieben. Vielleicht mit Ausnahme von … *Boulevard der Dämmerung*. Sie lag aber öfter richtig als falsch, und sie behandelte das, was sie für schlecht hielt, immer sehr positiv. Und das schrieb sie auch. Ich habe sie nie getroffen. Sie war so verrückt nach *Der letzte Tango von Paris* [1971] – sie schrieb, wir anderen könnten ruhig aufhören, Filme zu machen! Und dies sei eine ganz neue Art von Film, den sie mit einem Klaviervirtuosen verglich, einem Komponisten, der atonale Musik schrieb auf einer ganz anderen Ebene der modernen Musik. Und dass dies der beste Film aller Zeiten sei. [*Verwundert*] Heute hat Bertolucci Probleme, seine Filme finanziert zu bekommen.

Es gab eine Zeit in den Sechzigerjahren, in der einige Kritiker Ihre Arbeit als »grob« etikettierten, so als ob Sie für die Party der eleganteren Regisseure nicht richtig angezogen seien. Heute haben viele von ihnen widerrufen oder sie haben ihre Meinung verbessert; es ist alles vergeben und vergessen. Aber Pauline Kael hat es Ihnen nie leicht gemacht. In ihrer Kritik zu *Eins, Zwei, Drei* steht: »Wilder bringt die Effekte klipp und klar hinüber; er ist ein cleverer, lebhafter Regisseur, dessen Arbeit es an Gefühl oder Leidenschaft oder Grazie oder Schönheit oder Eleganz mangelt. Er hat den Dollar im Auge oder eher noch den Erfolg, die Unterhaltungswerte, die den Dollar bringen …« Wie war das für Sie damals, solche Kritiken zu lesen?

Das weiß ich nicht mehr. Ich weiß nur, dass sie immer schlechte Kritiken [über meine Arbeit] schrieb. Eine oder zwei vielleicht enthielten ein leichtes Lob. Es hat keinen Spaß gemacht, mit ihr leben zu müssen, aber es hat Spaß gemacht, ihre Artikel zu lesen.

Da Sie sie respektierten, haben Sie sich ihre Worte je zu Herzen genommen? Spät am Abend, während Sie an die Decke starrten …

Ja – bei diesem einen Beispiel etwa [das ich Ihnen eben erzählt habe]. Sie hatte auch mit vielen anderen Sachen recht, das war korrekt, aber es gab auch Sachen, die nicht korrekt waren. Letztendlich aber wäre es für mich nicht besser gewesen, wenn sie nichts geschrieben hätte. Es war besser für mich, dass sie etwas geschrieben hat.

Stimmt das, dass es eine Zeit gab, wo Sie nach dem Geld geschielt haben?

Nein, nie. Geld hat mich nicht interessiert, aber ich wurde gut bezahlt. Ich habe einfach nie über Geld gesprochen. Das machte mein Agent.

*»Geld hat mich nicht interessiert,
aber ich wurde gut bezahlt.
Ich habe einfach nie über Geld gesprochen.
Das machte mein Agent.«*

***Extrablatt* entstand zu einer Zeit, als *Der Clou* [1973] sehr populär war. Haben Sie sich selbst jemals gesagt: »Ich habe lange genug mit Lemmon und Matthau gearbeitet. Sie sind großartig. Wir sind Freunde. Es ist wunderbar. Aber jetzt gebt mir Redford und Newman.« Haben Sie je daran gedacht, jüngere Hauptdarsteller auszuprobieren? Sie hätten sie bekommen.**

[*Leicht beleidigt*] Nein, ich war mit Matthau und Lemmon glücklich. Matthau hat nie was falsch gemacht; Lemmon hat nie was falsch gemacht. Ich habe ihnen manchmal falsche Regieanweisungen gegeben. Ich liebe die Jungs. Ich möchte mein ganzes Leben lang Filme mit ihnen machen. Es hat riesige, wirklich riesige Freude gemacht, mit ihnen zu arbeiten. Robert Redford und Paul Newman? Mit denen hätte ich die Lacher nicht bekommen.

Maurice Zolotows Buch Billy Wilder in Hollywood *ist eine weitgehend anekdotische Beschreibung von Wilders Leben, entstanden in der Mitte der Siebzigerjahre. Im Zentrum dieser Arbeit steht eine Rosebud-artige Suche nach einem*

Schlüssel für Wilders einzigartigen Witz und seiner Perspektive. Am Ende kommt Zolotow zu dem Schluss, dass Wilders Leben und Arbeit bestimmt wurden durch eine enttäuschende Liebesaffäre mit einem Mädchen, von der Wilder nicht wusste, dass sie eine Prostituierte war.

Was halten Sie von Maurice Zolotows Buch und der Theorie, die er präsentiert, warum Sie im Lauf der Jahren einige Prostituierten-Charaktere geschrieben haben?

Das ist dumm. Dass ich mich in eine Prostituierte verliebt hatte oder so? Schwachsinn. Das war ein Plot, den ich in *Das Privatleben des Sherlock Holmes* benutzt habe, dass er ein Mädchen liebt, aber nicht weiß, dass sie eine Hure ist. Also das war seine großartige Analyse. Dumm.

Das ist Ihnen also nie passiert?

[*Er kann die Frage kaum glauben.*] Nein! Dieses Buch war eine Mischung aus Wahrheit … und achtzig Prozent Erfindung. Die Lösung, die er vorträgt, ist einfach idiotisch, wissen Sie. [Die Behauptung,] ich sei in ein Mädchen verliebt gewesen, das eine Hure war, ist einfach dumm. Sie hätten ihn sehen sollen, er sah so abgehärmt aus, dass man hätte weinen können. Er war bei den Anonymen Alkoholikern. Er wollte aus mir einen Trinker machen. Aber ich kann nicht mehr als zwei Martinis trinken. Nach zwei Wochen warf ich ihn aus meinem Büro. Dann kam er wieder. Glücklicherweise haben nur wenige Leute das Buch gelesen, und wenn sie es gelesen haben, dann glaubten sie es nicht, denn ich bin nicht so.

Wer war Ilse, die Frau, über die er schreibt?

Das weiß ich nicht.

Wirklich?

Ich weiß es nicht. Ich habe keine Ahnung. Er schreibt, ich hätte sie geliebt und dann herausgefunden, dass sie eine Hure war. Aber da war nichts – keine Hure, niemand. Ja, es gab Mädchen – es gab Dutzende von Mädchen, bevor ich geheiratet habe. Er ist einfach in eine Falle getappt, verstehen Sie, er hat geglaubt, den Schlüssel zu meinem Charakter gefunden zu haben. Ich habe keinen Charakter! Doch, habe ich. Ich habe einen, ja – aber das war einfach *idiotisch*, wissen Sie. Und er hat so viele gute Lacher weggelassen. Ich hasse dieses Buch einfach.

Lassen Sie uns über ein paar Ihrer berühmten »verlorenen Sequenzen« sprechen. Warum haben Sie in *Frau ohne Gewissen* nicht das Ende in der Gaskammer benutzt, so wie Sie es geschrieben und mit Fred MacMurray und Edward G. Robinson gedreht hatten?

Ich brauchte es nicht. Ich wusste das, als ich die vorletzte Szene filmte. Es ging um die beiden Männer. Ich wusste es, obwohl ich die Gaskammerszene schon gedreht hatte. Hier ist die Szene, die ich nicht brauchte: Es war eine Großaufnahme von Robinson und eine Großaufnahme von MacMurray. Die Blicke. Es gab eine Verbindung zu seinem Herzen. Ein Arzt stand da und hörte auf seinen Herzschlag, der dann stoppte. Ich hatte alles, einen wunderbaren Blickwechsel zwischen den beiden, und dann atmete MacMurray das Gas ein. Robinson kommt heraus, und da sind die anderen Zeugen. Und er öffnete sein Zigarrenetui, holte eine Zigarre heraus, zündete ein Streichholz an. Es war bewegend – aber die andere Szene, die davor, war ebenfalls bewegend. Man brauchte nicht zu wissen, ob man da die Sirene eines Polizeiwagens hört oder ob das Krankenhaus einen Arzt schickt. Warum zum Teufel mussten wir ihn sterben sehen? Richtig? Also nahmen wir die Szene in der Gaskammer heraus – das kostete uns etwa fünftausend Dollar, weil wir das Ding hatten bauen müssen. Es war ein exaktes Duplikat mit zwei Stühlen – es gibt zwei Stühle für den Fall eines Doppelmordes, damit sie beide Mörder gleichzeitig hinrichten konnten. Also blieb ein Stuhl leer. Es war eine sehr gute Szene. Aber wir hatten schon alles gesagt. Einmal mehr hatten wir uns der Verdoppelung schuldig gemacht.

Es war ein mutiger Schritt, sich selbst eines schockierenden Endes zu berauben zugunsten einer ruhigeren Szene.

Aber das Wichtigste war, dass wir schon gesagt hatten, was zu sagen war.

Jetzt kommt etwas für Wilder-Fanatiker in aller Welt: Warum geben Sie den Film nicht auf Laserdisc oder auf DVD mit dem alternativen Ende heraus? Haben Sie daran schon einmal gedacht?

Ja, aber ich spreche nicht mit Paramount, und Paramount hat die Rechte nicht mehr. Weil die Rechte jetzt bei Universal liegen. Sie haben dieses Paket von Filmen gekauft, und ich weiß nicht, an wen ich mich wenden muss. Der Typ würde nicht einmal wissen, wovon ich rede. Ich spreche von einem Film, der vor fünfzig, dreißig, vierzig Jahren verloren gegangen ist, wie *Das verlorene Wochenende.* Bei dem weiß ich nicht einmal mehr, wem heute die Rechte gehören. Vielleicht gehören sie Universal, vielleicht RKO, die sie an Goldwyn verkauft haben, der sie an [*er macht eine*

Handbewegung] verkauft hat. Mir gehören die Filme nicht, ich kontrolliere sie nicht. Hin und wieder bekomme ich einen Scheck für *Das verflixte siebente Jahr*, weil es da eine Vereinbarung über die Rechte mit MGM gegeben hat.

Nun gut, aber wenn jemand das eines Tages klären könnte, würden Sie der Veröffentlichung dieses Materials zustimmen? Es gibt viele, die das gern sehen würden. Das gilt auch für die Szenen mit Sellers für *Küss mich, Dummkopf!*

Das war kein guter Film. Mit dem bin ich nicht gut zurechtgekommen. [*Er zuckt mit den Schultern.*] Mit Sellers funktionierte es nicht, aber dann habe ich noch eine schlechtere Wahl getroffen, um seine Rolle von einem anderen spielen zu lassen. Sellers passte nicht in diese kleine Stadt; er konnte seinen englischen Akzent nicht verbergen.

Wo ist das Material?

Ich habe keine Ahnung.

Es wurde doch nicht zerstört, oder?

[*Er schüttelt den Kopf*] Ich habe keine Ahnung, wo dreißig Prozent von *Sherlock Holmes* sind. Weil ich nach Paris musste, um einen Film zu machen, haben sie ihn selbst geschnitten. Sie versprachen mir, ihn zu schneiden. Ich hatte die Rechte zum Schnitt, aber ich wollte es nicht selbst machen. Es war zu spät.

Wenn das Material wieder auftaucht, wenn man es eines Tages in einem Lagerhaus findet –

Das *Sherlock-Holmes*-Material ist verloren gegangen. Sie haben jahrelang danach gesucht. Sie haben es nicht gefunden.

Wenn man es aber fände, würden Sie den Film dann gern restaurieren?

[*Mit verletzter Ambivalenz*] Nein, er ist vergessen. Ich will mich nicht zum Narren machen, und dann taugt es nichts. Es ist vergessen. Bring's nicht wieder aufs Tapet. Man macht sich wieder dran, man macht einen gründlichen Job, was in Ordnung ist, aber –

Sie wollen nicht jemand sein, der um die Restaurierung »meines Films, meines Films!« bettelt.

[*Er spielt den gequälten Künstler.*] »Es war gut, es war gut, es sollte wieder rein!«

Das Gesicht, das Sie gerade machen, ist zum Schreien. Eines Tages jedoch, so hoffe ich, werden wir in der Lage sein, das ursprüngliche Ende von *Frau ohne Gewissen* zu sehen.

Man kann das sehen. Ebenso das Ende von *Sherlock Holmes*, weil es getrennte Episoden waren. Oder den Anfang von *Boulevard der Dämmerung*. Wir haben ihn weggeschnitten, aber man kann ihn sehen. Ich weiß aber nicht, wer das jetzt hat.

Man kann das ganze Ding sehen. Ich bin sicher, dass sie es haben. Die erste Testvorführung des Films haben wir außerhalb von Hollywood gemacht, weil es ein Film über Hollywood war – wir wollten kein Publikum aus Hollywood. Also reisten wir für diese Preview den ganzen Weg nach Osten bis Poughkeepsie, wo die Leute solche Sachen nicht gewohnt sind. Der Film beginnt im Leichenschauhaus, und wir haben es ein wenig getürkt, es etwas gespenstisch gemacht, denn man konnte durch das Material hindurchsehen – durch diese Tücher, mit denen man die Leichen bedeckt, verstehen Sie? Sie liegen da, zugedeckt. Wir haben dann noch ein trübes Weiß drüberkopiert.

Die Leute erzählen einander die Ereignisse, die zu ihrem Tod geführt haben. Ein Mann sagt, er sei fünfundsechzig und sei in Pension gegangen, und er holt sein Geld, das er sich mit einer Avocadofarm angespart hat, und dann hat er einen Herzinfarkt und stirbt. Dann gibt es eine Episode mit einem zehnjährigen Jungen, der im Meer ertrinkt. Und der Dritte war, glaube ich, Holden. Er sagt: »Wisst ihr, ich war im Filmgeschäft. Ich war Autor, ich kam aus Des Moines und ich wollte immer unbedingt einen Swimmingpool haben. Ich bekam meinen Swimmingpool, und dann *starb* ich in dem Swimmingpool.« Die Leute lachten, sobald wir den Zettel an seinem Zeh festmachten. Sie waren sich nicht sicher, ob sie eine Komödie oder einen ernsten Film sahen. Ich war da im Kino, die Preview-Karten waren verteilt. Sie lachen und dann fängt der Film an. Es war sehr problematisch, den Film mit dem Monolog eines Toten beginnen zu lassen. Also dachte ich, es sei eine gute Idee [mit diesen Episoden anzufangen]. Aber dann standen die Leute auf und gingen hinaus. Ich ging auch hinaus. Ich ging einige Stufen zu den Toiletten hinunter, sah hoch, und da stand eine Lady so in den Sechzigern, mit einem Frühlingshut auf dem Kopf; sie wandte sich mir zu und sagte: »Haben Sie jemals in Ihrem Leben so eine Scheiße gesehen?« Und ich sagte: »Offen gesagt, nein.« [*Er lacht.*]

Das war das. Und bereits auf der Fahrt zwischen Poughkeepsie und Evanston, Illinois, wo wir weitere Testvorführungen machten, war ich davon überzeugt, dass der Anfang raus musste. Ich habe ihn einfach rausgenommen. Wir haben kein neues Material gedreht. Ich hab's einfach rausgeschnitten. Die ersten fünf Minuten sind sehr wichtig. Ich brauchte sie nicht. Wir machten noch eine Preview in Westwood. Aber darum kümmerte sich keiner mehr.

Es gibt eine berühmte Geschichte über die erste Vorführung von *Boulevard der Dämmerung* in Hollywood. Louis B. Mayer stand auf einer Treppe und polterte: »Wie kann dieser junge Mann, Wilder, die Hand beißen, die ihn füttert?« Was sagten Sie zu ihm, als Sie das hörten?

»Ich bin Mr. Wilder, und warum ficken Sie sich nicht selbst?!«

Was antwortete er darauf?

Er war erstaunt. Er stand da mit den großen MGM-Bossen, die seine Untergebenen im Studio waren, Mr. [Eddie] Mannix und Mr. [Joe] Cohen. Und das verblüffte sie, dass jemand den Mut hatte zu sagen »Warum ficken Sie sich nicht selbst«, denn ich wusste, dass ich da einen guten Film hatte.

Und Sie hatten gerade gesehen, wie Barbara Stanwyck den Saum von Gloria Swansons Kleid geküsst hatte wegen ihrer Darstellung, also mussten Sie sich doch sehr gut fühlen.

Und dann ging ich hinaus, und sie standen einige Stufen unter dem Vorführraum; um Mr. Mayer herum standen seine Adlaten und er dozierte: »Dieser Wilder! Er beißt die Hand, die ihn füttert, *bla-bla-bla.*« Ich sagte: »Mr. Mayer, ich bin Mr. Wilder. Warum ficken Sie sich nicht selbst?!«

Und Ihre Wege haben sich danach nie wieder gekreuzt?

Nein, denn nur wenig später war er nicht mehr bei MGM. Etwa ein Jahr später.

***Buddy Buddy* [1981] ist der erste Film eines Genres, das sich erst in letzter Zeit so richtig entwickelt hat – das der Killerkomödie.**

[*Ohne Begeisterung*] Ja, vielleicht.

Wilder wählt stattdessen Manche mögen's heiß *als Beispiel eines sogenannten Genrefilms und verweist auf die Nebenhandlung mit dem Sankt-Valentins-Tag-Massaker.*

Aber in *Buddy Buddy* ist Matthaus Killer der Protagonist. Lange vor *Pulp Fiction* [1994] sahen Sie und I. A. L. Diamond sich der Herausforderung gegenüber, den richtigen Ton zu treffen, um eine Komödie auf einem Auftragsmörder aufzubauen.

Ja. Es ist immer schwierig bei einem solchen Film, den richtigen Ton zu treffen.

Welchen Rat würden Sie einem Regisseur geben, der sich heutzutage an einer schwarzen Komödie versucht?

Man muss das Talent dazu haben. Sich eine gute Geschichte besorgen. *Buddy Buddy* war nicht meine Art von Experiment, nicht die Art von Komödie, die ich gern mag. Ich habe es nur einmal gemacht. Hier kommt das Problem: Die Leute lachen, aber dann lehnen sie's ab. Weil es negativ ist. Leichen und so. Wenn man dieser Art von Verhalten zu nah einen Spiegel vorhält, mögen sie das nicht. Sie wollen das nicht sehen. So geht es mir auch. Aber ich würde *Buddy Buddy* nicht gerade eine schwarze Komödie nennen, eher eine *klamaukige* Komödie.

Waren Sie je nahe daran, nach *Buddy Buddy* noch etwas zu inszenieren?

Gegen Ende des Films verlor ich die Lust. Dann kam nichts mehr. Diamond starb. Ich wollte aufhören, als ich achtzig wurde. Ich hörte auf, als ich zweiundachtzig war.

»Ich bin ein sehr großer Fan von Woody Allen, wenn er in Hochform ist.«

Was halten Sie von Woody Allens *Der Stadtneurotiker* [1976]? Für mich war das die richtungweisende romantische Komödie ihrer Zeit.

Ich liebte es. Sehr persönlich, sehr gut. Ich bin ein sehr großer Fan von Woody Allen, wenn er in Hochform ist.

Der Film hat sich gut gehalten – er ist wunderbar.

Ja, aber er macht keine Filme, er macht eher kleine Episoden. Irgendwie weiß er nicht einmal, wie er es schneiden soll. Er hat einen Dialog, während zwei Leute spazieren gehen, sie gehen, sie reden lustige Sachen. Aber es ist totes Material, wenn Sie wissen, was ich meine. Die Kamera folgt ihnen, so lange sie kann, bis die Schienen, auf denen sie fährt, zu Ende sind, und sie reden immer noch und gehen weiter. Ja, er ist ein sehr schlauer, verschlagener Typ; ich wünschte nur, er würde nicht spielen. Ein wundervoll witziger Mann im wirklichen Leben, aber er ist nicht so lustig in den Filmen. Das meine ich jedenfalls. Meinen Sie das auch?

Nein.

Dann ändere ich meine Meinung, denn er hat so viele nette Sachen über mich gesagt. Er sagte, *Frau ohne Gewissen* sei der beste Film, der je in Amerika, ja in der ganzen Welt gemacht worden sei. Der ganzen Welt! Dafür muss ich ihm danken, richtig? Also sage ich nichts mehr gegen ihn. Ich liebte *Der Stadtneurotiker*, und ich liebte fast jeden Film, den er gemacht hat.

[*Lachend*] Und jeden Film, den er noch machen wird.

Er macht drei Stück pro Jahr.

Erinnern Sie sich an das erste Mal, als Sie Audrey trafen, Ihre Gattin?

Sie stand bei Paramount unter Vertrag, und ich war Regisseur. Man schickte sie auf den Set, um [in *Das verlorene Wochenende*] die kleine Rolle eines Garderobenmädchens zu spielen. Ich sagte: »Stehen Sie hier, geben Sie ihm [Ray Milland] den Hut.« Ich inszenierte eine Szene, in der Ray Milland in einen Nachtklub geht und sich betrinkt. Und dann sieht er einen Geldbeutel neben sich liegen, der einer Lady gehört, die zu einem Mann gehört. Und er stiehlt Geld aus dem Beutel, denn er selbst hat keins, und man erwischt ihn, hält ihn fest. Der Rausschmeißer des Nachtklubs, verstehen Sie? Dann sah ich den Arm des Garderobenmädchens ins Bild kommen mit dem Hut von Ray Milland. Sie warfen ihn hinaus, dann nahmen sie den Hut und warfen ihn hinterher. Ich aber sah nur den Arm und ich verliebte mich in den Arm.

> *»Wenn man eine Frau nach fünf Jahren noch so sehr liebt wie in der Hochzeitsnacht, dann ist das wirkliche Liebe.«*

Dann begannen wir uns zu treffen. Ich steckte in den Anfängen meiner Scheidung und ich hatte eine Freundin. Und dann kam Audrey. Sie war Sängerin. Und wir begannen zusammen auszugehen, doch dann musste sie nach Mexico City, um in einem Nachtklub zu singen. Paramount hatte sie als Schauspielerin unter Vertrag, aber sie war Sängerin in Tommy Dorseys Orchester. Als sie in Mexico City war, rief sie mich in Beverly Hills an und sagte: »Ich hasse es hier, ich muss hier raus. Ich brauche etwas Geld.« Also schickte ich ihr etwas Geld. Ich erklärte meinem Manager, dass ich etwas Geld schicken müsste – zweihundert Dollar, das war der Betrag. Sie kam zurück. Und mein Manager sagte: »Mein Gott, man gibt einem Mädchen Geld, damit es die Stadt *verlässt*, nicht damit es *zurückkommt*. Tun Sie das nicht!« Und ich sagte: »Nun, ich muss es tun.« Ich tat es, und dann kam sie zurück, und einen Monat später oder eineinhalb Monate später haben wir geheiratet – so einfach war das.

Wie definieren Sie Liebe?

Oh, jetzt fahren Sie aber schweres Geschütz auf! … Liebe hat viele, viele Gesichter, viele Aspekte. Die Liebe zu einem Jungen, die Liebe zu einer Frau … Wenn man eine Frau nach fünf Jahren noch so sehr liebt wie in der Hochzeitsnacht, dann ist das wirkliche Liebe. Dann hat man das Schwierigste zustande gebracht, wissen Sie – sich zu verlieben und zu lieben. Sie ist ein sehr gutes Mädchen, Audrey. Sie ist ein lustiges Mädchen.

10 Uhr 59: eine Minute zu früh. Die Sitzung findet wieder im Büro am Brighton Way statt.

Ich weiß, dass Sie vor ein paar Jahren *Enthüllung um Mitternacht* noch einmal gesehen haben. Das Drehbuch ist sehr schön und sehr witzig. Von allen Drehbüchern, die Sie nicht inszeniert haben, fühlt sich der fertige Film am stärksten wie einer von Ihnen an.

Ja, vielleicht. Vielleicht. Ich weiß es nicht.

Dann können wir ja darüber diskutieren. Ich finde die Darstellung von Claudette Colbert phantastisch. In der Opernszene von *Enthüllung um Mitternacht* fällt sie gekonnter in einen Stuhl, als ich es je bei einer anderen Komödiantin gesehen habe. Sie holt aus diesem Stuhl mehr heraus als manch anderer Schauspieler aus einem ganzen Film. Unsere heutigen Schauspielerinnen sollten sich alle Claudette Colbert in dieser Rolle ansehen, nur um zu sehen, wie hoch die Messlatte für Schauspieler in romantischen Komödien tatsächlich liegt.

Es war ihr Lieblingsfilm. Sie ist sehr gut darin und sie war vor allen Dingen sehr gut in *Es geschah in einer Nacht.*

Aber den mochte sie nicht. Sie mochte *Enthüllung um Mitternacht* am liebsten. Was wusste sie schon!

Sie haben nie mit ihr als Regisseur gearbeitet.

Ich mochte sie. Ich habe nie mit ihr gearbeitet. Ich hatte nie die richtige Rolle.

Sie steht sehr in Einklang mit dem, was Sie in *Enthüllung um Mitternacht* geschrieben haben.

Was *wir* geschrieben haben.

Ja, genau. Sie und Brackett. Die Exposition dieses Drehbuchs ist so elegant. Sie ist ein großartiges Beispiel für das, worüber wir gesprochen haben. Wenn man die Handlungselemente geschickt verdeckt, merken die Zuschauer überhaupt nicht, dass sie sie geschluckt haben.

Ja, das ist richtig. Darin besteht die ganze Idee; es soll so sein, als ob man Medizin nimmt. Man sagt nur: »Streck die Zunge raus«, und dann schmuggelt man etwas auf sie drauf. Dann schluckt man es und merkt nicht einmal, dass man etwas geschluckt hat. Wenn man die Exposition, die Regeln des Spiels, klarmachen kann und doch für den Zuschauer verschwommen, merkt er gar nicht, was mit ihm geschieht. Er weiß nicht, dass sich hinter dem Lacher ein wichtiger Punkt der Story verbirgt.

Es gibt einen wunderbaren Moment mit Claudette Colbert, bei dem Sie diesen Hut einführen – diese nasse Zeitung, die sie statt eines Hutes trägt. Sie sagt: »Ich habe meinen Hut vergessen«, und dann nimmt sie sich die Zeitung. Darauf kommen Sie später zurück, mit Don

Ameche und so weiter. Und wegen des Huts verlieben sie sich ineinander. Hatte dieses »Wir müssen den Moment finden, in dem sie sich verlieben« immer Vorrang bei Ihrer Zusammenarbeit mit Brackett oder Diamond?

Je sanfter, je witziger die Handlungselemente sind ... Wenn man das unterhaltsam macht, schlucken sie es wie Medizin. Man muss ihnen erzählen, dass es wundervoll wird, dass es besser schmeckt als Pepsi-Cola. Nimm es, trink es! [*Wir lachen.*] Aber man sollte es nicht zwei- oder dreimal hintereinander machen. Das ist zu viel. Dann merken sie es. Sie sehen also, man kann es ihnen einhämmern, aber wenn sie es schlucken, dann ist alles okay. Aber man muss ihnen zwischendurch natürlich etwas Lustiges bieten.

Es gibt da noch eine gekonnte Exposition, als sie aus dem Zug steigt und nur einen einzigen Satz sagt. Dieser Satz ersetzt eine komplette Erklärung ihres Hintergrunds. Sie sagt nur: »Das also ist Paris. Von hier aus sieht's verdammt ähnlich aus wie ein verregneter Tag in Kokomo, Indiana.«

Ja, diese Medizin haben sie leicht geschluckt.

Also, durch einen einzigen Satz weiß man, wer sie ist, woher sie kommt und wohin sie geht. Besaß dieser Zug nach Paris in diesem Film für Sie so etwas wie Poesie? Sind Sie mit dem Nachtzug nach Paris geflohen?

Mit dem *Train Bleu*. Das war der einzige, den es gab. Damals flogen vielleicht auch einige Flugzeuge, aber es gab diesen Zug und den Shanghai Express – diesen großen Zug, der in die Mongolei fuhr. Das waren romantische Angelegenheiten. Ich glaube, in *Shanghai Express* mit Marlene

Dietrich – das war der einzige Zug, in dem sich die Reisenden zum Abendessen umzogen. Sie zogen sich zum Dinner um!

Das Jahr, in dem *Enthüllung um Mitternacht* herauskam, 1939, war ein gutes Filmjahr.

Und nur fünf Filme wurden [für den Oscar] nominiert. Mindestens zehn hätten es verdient gehabt.

Was hielten Sie von *Vom Winde verweht,* der auch in diesem Jahr in die Kinos kam?

Ich glaube, es ist viel zu spät, mir diese Frage zu stellen. Damals war es ein imponierender Film. Er war das genaue Gegenteil der Regel, die besagt, dass Filme ein Happy End haben müssen. Deswegen ist es vielleicht ein sehr wichtiger Film – er hatte kein Happy End. Wie lautet Gables letzter Satz?

»Offen gesagt, meine Liebe, schert mich das einen Dreck.« [»Frankly, my dear, I don't give a damn.«]

Diesen Film haben mehr Menschen gesehen als irgendeinen anderen. Egal, wie groß *Titanic* ist. Ich finde, es ist ein sehr guter Film. Er hat sich gut gehalten, auch wenn sie nie eine Lösung für die Figur der Scarlett gefunden haben. Gibt es eine Lösung für Scarlett? Nein. Sie ist verrückt. Einfach gaga. Der Film hatte einige wunderbare Momente.

Ist Mitchell Leisen, der Regisseur von *Enthüllung um Mitternacht,* Ihrer so müde geworden wie Sie seiner, im Lauf der Zeit?

Sicher wurde er meiner müde, weil ich mich ihm so oft widersetzt habe und etwas ganz anderes schrieb. Und er hat sich das einfach nicht angeschaut. [Arthur] Hornblow, der Produzent, war eine Art Mittelsmann. Doch der Regisseur war der Kapitän, verstehen Sie? Er hatte das Kommando auf dem Boot, und er drehte es oder er drehte es nicht. Sehr oft drehte er es nicht. Oder er drehte etwas ganz anderes.

Aber die Verfilmung von *Enthüllung um Mitternacht* hält sich sehr eng an Ihr Drehbuch.

Ja.

Und Sie haben bei den Dreharbeiten des Öfteren zugeschaut?

Ja, ich war da. Ebenso, als ich einen anderen Film mit Brackett schrieb, *Arise, My Love* [1940], und auch bei *Das goldene Tor* [1941]. Als ich selbst Regisseur geworden war, sprach Leisen ganz anders mit mir. Er konnte mich nie gut leiden. Er sagte, ich hätte ihm nachspioniert, nur weil ich am Drehort war und zugeschaut habe, wie er die Szenen entwickelt.

Ich finde, dass Ihre Stimme als Autor sehr stark in diesem Film zu hören ist.

Heute könnte man solche Sachen so nicht mehr schreiben. Die Handlung wäre nicht mehr triftig – die Idee, die Barrymore im Film schockierte, dass er eine Freundin hatte, mit der er vor seiner Frau angeben konnte. Und *bla-bla-bla*. Es war amüsant, es amüsierte die Leute, wenn sie es sahen. Und sie sahen es oft, denn diesen alten Film bringen sie die ganze Zeit [im Fernsehen].

Es ist deutlich zu sehen, dass Leisen Setdekorateur war. Plötzlich sieht man in einer Einstellung eine Statue oder eine Treppe im Vordergrund und die Schauspieler sind im Hintergrund gerade noch zu erkennen. Da denkt man sich, wenn man selbst Regisseur ist, dass er Setdekorateur geblieben ist.

[*Korrigiert*] Schaufensterdekorateur.

Glauben Sie, es ist unvermeidbar, dass ein Film die Persönlichkeit des Regisseurs widerspiegelt?

Sicher. Ein Musiker spielt mit einem inneren Echo der Stücke, die er zuvor gespielt hat. Ein Arzt arbeitet so, wie er ausgebildet worden ist. Natürlich spiegelt sich die Persönlichkeit wider. Egal, ob das nun Leisen ist oder ich, man bringt seine Sensibilität ein und hofft, dass die Leute ins Kino gehen.

Das Telefon klingelt und Wilder plaudert einige Momente mit dem Anrufer.

Fühlen Sie sich dem Sunset Strip, der Straße, verbunden? Sie haben sie berühmt gemacht; wenn Sie über den Sunset Boulevard [so der Originaltitel von *Boulevard der Dämmerung*] fahren, wie fühlt sich das für Sie an?

Mir fallen alle möglichen Dinge auf, denn es gibt verschiedene Abschnitte des Sunset Boulevard, die alle einen unterschiedlichen Charakter haben. Er beginnt *downtown* am Bahnhof, wo man hauptsächlich Mexikanern begegnet; der Bahnhof wird nicht mehr oft benutzt, denn es fahren nicht mehr so viele Züge ... Dann führt er durch eine Gegend mit Farbigen und Latinos ... Dann wird er eleganter, führt an Ranch-artigen Häusern vorbei, und dann kommt Pacific Palisades. Alles sehr unterschiedlich. Aber der Sunset Boulevard, der nach dem Krieg aufgebaut wurde … wo jetzt Hochhäuser stehen, waren früher Wiesen. Die ganze Zeit fangen neue Sachen an. Man kann am Sunset Boulevard ein Grundstück für ein paar hundert Dollar kaufen, aber auch für eine Million. Aber ich denke nicht an den Film.

Und Sie haben im Chateau Marmont gewohnt [einem legendären Hotel am Sunset Boulevard, das von Filmleuten lange Jahre bevorzugt wurde; Anm. d. Ü.]?

Ich habe im Chateau Marmont gewohnt. Das gibt's seit etwa 1915.

»Wir wohnten eine kurze Zeit im Chateau Marmont zusammen, aßen Campbell's-Dosensuppen zum Dinner.«

Erzählen Sie mir von Peter Lorre, einem anderen Flüchtling aus Europa, mit dem Sie in den frühen Dreißigerjahren zusammengewohnt haben.

Wir waren Freunde. Ich habe später herausgefunden, dass er rauschgiftsüchtig war. 1935 reiste ich nach Europa und entdeckte, dass Lorre und seine Frau mit demselben Schiff nach Europa fuhren. Also nahmen wir auch denselben Zug [nach New York] … Wir aßen zusammen, amüsierten uns … »Wir treffen uns morgen um neun hier zum Frühstück.« Seine Frau kam um halb zehn an den Tisch und sagte, Lorre sei sehr krank. Die Flasche mit der Medizin, die er nahm, war zerbrochen. Ich schickte ein Telegramm in eine Stadt in Arizona und schrieb das Medikament auf, damit ein Arzt es dort an den Zug bringen konnte. Inzwischen drehte Lorre völlig durch … Man kann in amerikanischen Zügen die Fenster nicht aufmachen. Er wurde vollends verrückt. Der Arzt kam in Tucson an den Zug, die typische Tasche in der Hand. Ich sagte: »Herr Doktor, kommen Sie hierhin.« Der Arzt sagte: »Ich kann das Rezept nicht ausstellen. Was Sie mir da aufgeschrieben haben, ist reines Morphium.« Der Zug fuhr weiter, es war eine verrückte Szene. Ich schickte ein zweites Telegramm, damit ein Krankenwagen zum Zug kam, und Lorre wurde in Albuquerque ins Krankenhaus gebracht. Vier Tage später fuhr das Schiff in New York ab, und Lorre und seine Frau waren da. Er war jetzt wieder guter Dinge, er hatte eine große Flasche mit dem Zeug. Er starb jung. Das ist die Geschichte, wie ich herausgefunden habe, dass er rauschgiftsüchtig war. Wir wohnten eine kurze Zeit im Chateau Marmont zusammen, aßen Campbell's-Dosensuppen zum Dinner. Wir waren befreundet, aber nicht mehr so eng nach dieser Episode.

Man sagt, der Film *Boulevard der Dämmerung* habe der Straße eine Größe verliehen, die sie vorher nicht hatte. Stimmen Sie dem zu?

Ja, denn ich benutzte ja nur einen gewissen Abschnitt. Als ich hierher kam, lag der Sunset Boulevard noch auf dem Land. Er war noch nicht einmal asphaltiert, als ich 1934 hierher kam. Die Leute machten Wochenendausflüge ins Beverly Hills Hotel. Fairbanks und Pickford bauten sich ein Haus oberhalb des Sunset Boulevard, nördlich, in den Bergen, und betrachteten es als ihr Wochenendhaus. Die Leute lebten in der Gegend von Vine Street, Santa Monica Boulevard und Hollywood Boulevard.

Was empfanden Sie, als Sie Andrew Lloyd Webbers Bühnenmusical *Sunset Boulevard* das erste Mal sahen?

Ich war beeindruckt. Und ich war sehr glücklich, dass ein Musical draus geworden war. Aber wenn man aus einem Film ein Stück macht, dann – es war das schlechteste Beispiel dafür, dass Material leicht auf die Bühne transportiert werden kann. Es gab zu viele Schnitte. Schon der Film, der mit der Erzählerstimme des Toten überall hinspringen konnte – der Stoff war sehr, sehr stark auf die Leinwand zugeschnitten. Aber er hat getan, was er konnte, und es war nicht schlecht. Es war gut für die, die den Film nicht gesehen hatten.

Was hielten Sie von einigen anderen Filmen über das Showbusiness wie Joseph Mankiewiczs *Alles über Eva* [1950], Alexander Mackendricks *Dein Schicksal in meiner Hand* [1957] oder sogar George Cukors *Ein neuer Stern am Himmel* [1954]?

Großartig. Wundervoll. Mankiewicz hat einen guten Stil. Absolut wundervoll. Dann verkaufte er seine eigene Firma, Figaro Productions, die auch für Fox arbeitete, und dann verkaufte er seine Seele. Mankiewicz war zuerst ein Schreiber, ein Zeitungsmann in Berlin, ungefähr zu meiner Zeit. Sigrid Schultz, Chefkorrespondentin der *Chicago Tribune* für Mitteleuropa, war seine Chefin. Er begann dort und kam dann nach Hollywood. Sein Bruder Herman war schon hier, und er fing als Autor an. Ein frühes Drehbuch, das ich in Europa sah, handelte von den Olympischen Spielen. Das war etwa 1932. Dann schrieb er andere Filme, dann wurde er Produzent. Schließlich sagte er: »Ich werde jetzt Regie führen.« Er hatte einen sehr guten Ruf. *Alles über Eva* war ein Meisterwerk. Kam eher heraus als *Boulevard der Dämmerung.*

Paul Schrader, der begabte Autor und Regisseur, hat eine Theorie. Er sagt, man sollte in einem Drehbuch nicht mehr als fünf großartige Sätze haben, denn sonst nähmen sie sich gegenseitig die Kraft weg.

Es ist eine Theorie.

Mankiewicz ignoriert diese Theorie. Seine Drehbücher steckten voller geschliffen formulierter Glanzstücke –

Ja.

– sodass man im dritten Akt ganz wirr im Kopf war angesichts dieser Übermenge großartiger Dialoge.

Ja, man denkt, »Mein Gott«, weil alles andere verblasst. Man etabliert einen Schreibstil, der sehr schwer durchzuhalten ist.

Weil man nicht möchte, dass etwas zu »geschrieben« klingt.

Das ist richtig. Es soll natürlich klingen, als ob es aus dem Mund der Figuren stammt. Ja. Man muss das Niveau so hoch halten, wie man nur kann. Es muss Stil haben. Es muss wie eine Stimme klingen.

Struktur ist das Schwierigste. Sie scheinen ein intuitives Wissen um Strukturen gehabt zu haben, als ob Sie damit aufgewachsen wären.

Man muss es einfach lernen. Das hat eine lange Zeit gebraucht. Dinge nicht dreimal zu sagen. Die Zuschauer nicht zu langweilen, das steht an erster Stelle. Dann, ökonomisch zu sein. Man muss sehr ökonomisch sein. Wissen Sie, heute sind die Filme länger als damals. Einst waren sie eine Stunde lang. Jetzt sind sie zwei Stunden lang, zweieinhalb. Die Leute sagen gewisse Dinge – dass meine Drehbücher einhundertfünfundzwanzig Seiten lang sind. Das sind sie, und die Filme werden dann zwei Stunden und drei Minuten lang oder eine Stunde und siebenundfünfzig Minuten. Mit Ausnahme von großen, langen Sachen, die nicht funktionieren – wie *Sherlock Holmes*. In diesem Fall fühlte sich der Film länger an, nachdem sie ihn *gekürzt* hatten. Er hätte drei Stunden lang sein müssen ... oder ins Fernsehen verbannt werden sollen als Sechsteiler zu je einer halben Stunde.

Was halten Sie von *Triumph des Willens* [1935], diesem berühmten Nazi-Propagandafilm?

Leni Riefenstahl. Ich habe von diesem Ding nur Ausschnitte gesehen. Gute Drehtechnik. Verdammt viele Statisten, richtig? [*Wir lachen.*] Noch mehr Fahnen, mein Gott ... noch mehr Statisten. Da waren mehr Leute zu sehen als in *Cleopatra* [1963]. Alle waren in diesem Film. Nachdem sie aus Ägypten zurückgekommen waren, führten sie *Cleopatra* zum ersten Mal Jack Warner vor. Er schaute ihn sich an und sagte dann: »Wenn jeder, der im Film ist, ins Kino kommt, kriegen wir die Herstellungskosten wieder rein.«

Lassen Sie uns über *Fünf Gräber bis Kairo* [1943] reden. Über diesen Film haben wir noch nicht viel gesprochen. Es ist ein dichter, selbstsicherer Film. Das Verblüffende daran ist, dass er dem, was Spielberg und George Lucas später mit *Indiana Jones* gemacht haben, sehr ähnelt.

Das ist mir nicht aufgefallen. Nein.

Sie haben so gute Arbeit in diesem Action-Abenteuer-Genre geleistet, es aber nie wieder getan. Mochten Sie es, diese Art von Film zu machen?

Sehr. Wir haben ihn als einen der kleineren Filme bei Paramount gedreht. Er wurde während des Krieges gemacht. Ich war hoch erfreut, Erich von Stroheim bekommen zu können, den ich seit meiner Gymnasialzeit bewunderte. Und, wissen Sie, da gibt es diesen Witz. Ich drehe Außenaufnahmen in der Wüste, und als ich zurückkomme, sagt man mir, Mr. Stroheim sei gerade angekommen und er sei oben in der Kostümabteilung. Ich renne also hinauf und sage: »Großer Gott, das ist phantastisch, wissen Sie – dass ein Niemand wie ich … dass ich jetzt Ihr Regisseur bin, der Regisseur *des großen Stroheim*! Sie waren uns allen *zehn* Jahre voraus – *zehn* Jahre der Filmindustrie voraus!« Und er schaute mich an und sagte: »Zwanzig.«

[*Ich lache.*] Mochten Sie die *Indiana Jones*-Filme?

Ich mochte sie. Sie hatten diese *Rumms-Bumms*-Methode. Sehr gut, sehr gut.

***Fünf Gräber bis Kairo* hat einen großartigen Anfang: den Phantom-Panzer, der mit der toten Besatzung durch die Wüste rollt.**

Wo der Typ herausfällt? Ja, die Anfänge der Filme machten uns Spaß. Ja, das macht Spaß. Ich muss einen Stil finden, und dann schreibe ich den Anfang oder schreibe ihn um. Und manchmal haben wir ihn gar nicht gedreht oder nicht gezeigt – wie zum Beispiel bei *Boulevard der Dämmerung*.

»Die ersten fünf Minuten sind sehr wichtig.«

Sind Sie der Ansicht, die Zuschauer akzeptieren alles am Anfang eines Films?

Nein, ich finde, dass wir um sie kämpfen müssen. Weil sie nicht wissen, was sie sehen werden. Das ist nicht wie bei einem berühmten Theaterstück, das sie kennen. Oft gehen sie ins Kino, ohne zu wissen, ob sie in der Stimmung für eine Komödie oder einen ernsten Film sind. Manche Leute stehen in den ersten fünf Minuten auf und gehen. Also muss man ihnen etwas Fesselndes zeigen und ihnen erklären, was sie zu sehen bekommen werden. Die ersten fünf Minuten sind sehr wichtig.

Brackett hat vor einigen Jahren gesagt, er habe das Gefühl, *Fünf Gräber bis Kairo* sei nicht gut gealtert. Aber wenn man den Film heute sieht, das versichere ich Ihnen, sieht er aus wie ein Action-Abenteuer auf dem Niveau von *Indiana Jones*.

Es ist wunderbar, das zu hören, aber die Filme wurden für

eine Woche Laufzeit gemacht, wenn wir Glück hatten … zwei oder drei Tage, wenn wir kein Glück hatten. Dann war es vorbei. Keine Wiederaufführung, nichts. Ich weiß nicht, wie Sie an all diese Filme gekommen sind. Sie müssen hart daran gearbeitet haben.

Hoffentlich werden mehr und mehr zur Verfügung stehen.

Das ist gut. Ich hoffe, Sie haben recht.

Fühlen Sie sich immer noch so, als ob die Filme Ihnen gehören, obwohl die Studios die Kontrolle haben?

Ja. Ich fühle mich so, als ob sie in etwa mir gehören, wenn Sie so wollen. Aber die schlechten Filme gehören mir nicht.

Die Titel von *Fünf Gräber bis Kairo* waren ebenfalls großartig. Haben Sie auch an den Titeln der Filme mitgearbeitet? Sie waren immer sehr stilvoll.

O sicher. Ein Regisseur muss sich um all das kümmern, um das Gesamtbild – auch dass die Werbung ordentlich gemacht wird. An die Titel von *Fünf Gräber bis Kairo* kann ich mich nicht mehr erinnern. Wir haben an allen Titeln hart gearbeitet.

Die Testvorführung Ihres vierten Films, *Das verlorene Wochenende*, lief nicht gut. Und dieses Mal wussten Sie nicht, wie man den Film verbessern konnte.

Ja, das wussten wir nicht. Die erste Preview fand in Santa Barbara statt – sie begann mit eintausendzweihundertundfünfzig Zuschauern und endete mit fünfzig. Sie kannten den Roman nicht. Sie wussten nicht, dass es ein Film über das Trinken war und dass es ein ernster Film war. Ich saß da im Auto mit Brackett und Henry Ginsburg, dem Chef des Studios. Und ich sagte: »Wir können nicht viel tun, und ich gehe morgen nach Washington.« Und er fragt: »Wozu?« Ich hatte ein Angebot bekommen, in die Armee einzutreten, denn auch was die Zukunft des deutschen Films anbetraf, war der Krieg noch nicht ganz vorbei. Wir wussten, dass wir Mr. Hitler besiegen würden und dass es Regeln geben müsste im Hinblick darauf, wem es erlaubt wurde, Filme zu machen, wer ein Nazi und wer okay war, wer sich in Amerika oder Frankreich oder sonst wo versteckt hatte. Um diese Leute zusammenzubringen und die Nazis rauszuschmeißen. Also verließ ich Amerika. Ich ließ Brackett mit dem Film allein. Ich sagte: »Du kannst mit dem Film nicht sehr viel machen. Und ich gehe.«

Sie gingen in den Krieg und dachten, Sie hätten versagt?

Ich dachte, ich hätte versagt. Und dann war ich in Frankfurt beziehungsweise Bad Homburg und entwarf die Regeln und Regulierungen in Deutschland. Ich legte fest, wie Filme in Deutschland herausgebracht wurden – wem es erlaubt war und wem nicht. Und ich bekam Briefe von Leuten, die *Das verlorene Wochenende* gesehen hatten und den Film mochten. Damals gingen die Leute in einen Film, der nach einem Bestseller gemacht worden war. Als wir den Film machten, war der Roman gerade erst veröffentlicht worden.

Bis dahin war ein Trunkenbold im Film immer eine komische Figur: Er betrank sich in einer Bar, schwankte herum, setzte den falschen Hut falsch herum auf, kam nach Hause und fragte seine Frau: »Wo ist meine Tasche? Ich habe heute Morgen eine Gehirnoperation.« Ich bekam diese Briefe, arbeitete weiter in Deutschland. Als ich 1946 zurückkam und aus der Armee austrat, gewann der Film einen Oscar. Die Leute hatten gehört, es sei ein guter Film, und sie kamen. Ja, sie kamen. Ich dachte, ich hätte versagt. Aber dann lief der Film gut.

Was halten Sie von Mike Figgis' *Leaving Las Vegas*, der auch ein ernster Film über das Trinken ist und auch einen Oscar gewann für Hauptdarsteller Nicolas Cage?

Ja, ich liebe ihn. Er war wunderbar, der Stil einfach unsichtbar, man merkte gar nicht, dass sie dort einen Film gedreht hatten. Sie haben diesen Film aus Geldmangel sehr billig gemacht, und er war absolut wundervoll. Ein großer Film.

Eine letzte Frage zu *Enthüllung um Mitternacht*: Barrymore ist gut in Form dort, ein elegantes Desaster –

Ja, sehr gut.

Und falls er getrunken hat, beeinträchtigte das nicht seinen Rhythmus und seine Komik. Er sagt Sätze wie: »Jacks Familie macht ein ganz hervorragendes Vermögen mit einem ganz minderwertigen Champagner.«

[*Er nickt angesichts dieser angenehmen Erinnerung.*] Ja.

Er brachte das sehr gut.

Ich kann mich an den Satz erinnern.

Trank er die ganze Zeit?

Sicher, die ganze Zeit.

Wurde bei den Dreharbeiten nachmittags viel getrunken?

Einiges, und es gab eine Menge romantischer Drinks: Sweet Sue, und dann die ganzen mexikanischen Namen. Wenn man in eine Bar ging, sagen wir mal im [Hotel] St. Regis, konnte man einhundert verschiedene Drinks bestellen. Heute trinkt keiner mehr. Man trinkt Wodka, man trinkt Gin, man trinkt Scotch und hin und wieder trinkt man Tequila. Aber damals, da gab es ... Sidecars zum Beispiel, so hieß ein Drink.

Es war also nicht verpönt, zum Lunch einen Drink zu nehmen? Während der Dreharbeiten?

Wir haben keine große Sache draus gemacht. Ich war nicht betrunken, aber ich trank einen Martini.

Das Telefon klingelt. Wilder erledigt den Anruf schnell.

Wie sehen Ihre Erinnerungen an Ihre erste Ehe aus?

Die erste Ehe war eine Ehe, in der alles schief lief. Sie war eine verheiratete Frau, die sich von ihrem ersten Mann hatte scheiden lassen. Sie hatte eine Tochter mit ihm, und dann bekamen wir Zwillinge, und der Junge starb. Er war acht Wochen alt. Ich weiß nicht, ich dachte damals, ich sei für die Ehe einfach nicht geschaffen. Aber dann wurde ich Lügen gestraft durch meine zweite Ehe, die jetzt fast fünfzig Jahre dauert. Sie war eine feine Dame, überhaupt kein Hollywood-Typ. Audrey dagegen ist ein Hollywood-Typ, aber ein *guter* Hollywood-Typ.

Sie war interessant, aber ich weiß nicht ... Es ging irgendwie schief. Das war mit einer der Gründe dafür, dass ich in die Armee und nach Europa ging, denn das war ein klarer

Schnitt, verstehen Sie? Als ich zurückkam, bin ich nicht wieder in unser Haus gezogen. Nach der Scheidung bekam ich das Haus, und sie zog in ein anderes Haus. Es lief alles ganz sauber ab, es gab keine Bitterkeit, keine Kämpfe um Geld oder so etwas. Es war eine siebenjährige Erfahrung. Das verflixte siebente Jahr.

Lebt Sie noch?

Ja, sie lebt noch. Sie ist achtzig-und-etwas, und sie hatte wieder geheiratet. Ihr Ehemann ist an Krebs gestorben, und sie lebt mit unserer Tochter im oberen Stock des Hauses, das sie in San Francisco haben. Sie bekommt jedes Jahr zu Weihnachten und an ihrem Geburtstag eine ordentliche Summe. Ich mag sie sehr; sie ist ein guter Mensch. Aber wir passten nicht zusammen.

Wie Sie wissen, neigen manche Leute dazu, sich genau den Menschen auszusuchen, der ihr Leben ruiniert –

Ja.

»Die Filme bleiben länger bestehen als die Kritiken.«

Manche lieben es, sich genau die Person herauszupicken, die ihre gesamte Existenz zerstört. Sie waren nie dieser Typ, vermute ich mal?

Nein, überhaupt nicht.

Einige der Kritiken aus den späten Sechzigerjahren fallen wegen Ihrer Frauenfiguren über Sie her. Es ist lustig, das heute zu lesen. Sie haben Frauen immer mit einem klaren Blick geschrieben. Manchmal haben sie Schwächen, manchmal manipulieren sie, manchmal sind sie Prostituierte … aber alle sind moderne Frauen. Das war in den meisten anderen Filmen damals nicht der Fall. In der Regel gab es eine Heldin, die ganz süß und leicht und uninteressant war.

Sie hatten alle Charakter. Wir haben versucht, die Frauenfiguren real zu machen. Wie ist eine moderne Frau? Wie benimmt sie sich, was zieht sie an, wie ist sie wirklich? Shirley MacLaine war den Figuren, die sie spielte, sehr ähnlich. Modern, man mochte sie. Sie [die Kritiker] können schreiben, was sie wollen – weil die Leute es vergessen. Ich hänge jetzt schon ziemlich lange herum, zu lange, und je älter ich werde, desto weniger kümmert es mich. Die Filme bleiben länger bestehen als die Kritiken.

Haben Sie das Gefühl, das Etikett »misogyn« verdient zu haben?

[*Etwas oberlehrerhaft*] Ich habe keine Ahnung, ob ich das bin oder nicht.

AUDREY WILDER [*Aus dem Zimmer nebenan*] Ja!

Bin ich nicht! Ich glaube nicht!

AUDREY WILDER Ist er doch!

Okay, gut, ich bin's.

Die Abwesenheit von Selbstmitleid ist der schönste Zug am Charakter von Fran Kubelik in *Das Appartement*. Ich habe mir den Film noch einmal angesehen und gedacht, wie falsch es wäre, wenn die Figur sich selbst leidtun würde: »Oh, ich armes Ding!« Selbst als sie die Überdosis nimmt, weint sie nicht um sich.

Ja, ich wollte kein deprimiertes Mädchen haben, das in Tränen aufgelöst ist, weil der Mann sie nicht heiratet. Ich weiß nicht, was zur Hölle es war, aber sie war einfach ein Mädchen von heute. Ich dachte, so würde sich ein Mädchen verhalten – im Unterschied zu einem Mädchen aus einem englischen Roman. [*Er lacht.*]

Ich sehe darin einen der Gründe, warum Ihre Filme sich so gut gehalten haben. Ihre Frauenfiguren sind nicht aus Papier. Sie leben und atmen.

Tun sie das? [*Er lächelt.*] Nun ja, das ist die Beschreibung eines hellen Autors. Aber Sie haben einen großen Vorteil, weil Sie selbst Drehbuchautor sind. Und Sie schlüpfen in die Rolle dessen, der das Leben eines anderen schreibt, richtig? Und jetzt sind Sie in erster Linie ein Filmschreiber, und ich denke, das hilft sehr. Sie kennen die Mühen und Leiden eines Filmmannes.

Wenn man es schafft, ein lebendiges menschliches Wesen auf die Leinwand zu bringen, reagieren die Leute darauf. Das denken Sie doch auch?

Absolut. Selbst wenn aus einer Person erst etwas werden *wird*, denn das Werden ist das Wichtige.

Jetzt kommt eine Frage, die ich schon einmal gestellt habe.

Aber ein großer Vorteil unserer Interviews besteht darin, dass wir in der Lage waren, einige der Mythen über Bord zu werfen, an denen andere jahrelang geknackt haben. Aber hier habe ich etwas, nach dem ich Sie noch einmal fragen möchte. Große Autoren, so sagt man, neigen dazu, einen bestimmten Ort oder eine bestimmte Zeit in ihrem Leben wieder zu besuchen. Sie schreiben ständig darüber, untersuchen es von verschiedenen Seiten. Ich frage mich, ob das auch für Sie gilt.

Meinen Sie das geographisch?

»Ich wünsche nicht, ich hätte etwas anderes aus mir gemacht. Alles wurde, ganz natürlich, gut oder schlecht.«

Geographisch, Philosophisch, kreativ.

Ja, ich war sehr neugierig darauf, herauszufinden, wie ich mich fühlen würde, als ich nach Wien zurückging. Es war alles eher friedlich, es entstand nicht der große Aufruhr, den ich erwartet hatte. Ich wollte meine Schule wieder besuchen, aber alle, die mit mir zur Schule gegangen waren, waren tot, alle. Es war alles abgeflacht, verstehen Sie? Die großen Ereignisse. Alles abgeflacht. Ich war sehr, sehr daran interessiert, die Kärntner Straße zu sehen, die eine zentrale Rolle gespielt hatte im November 1918, als Österreich ein Staat wurde. Ein Staat von sechsundfünfzig Millionen wurde über Nacht ein Staat von sieben Millionen. Es fiel alles weg, die Tschechoslowakei, Ungarn, Polen.

Ich begreife, dass die Welt weitergehen wird. Mit all den Fehlern, die wir machen. Vielleicht gibt es einen neuen Krieg, was ich aber nicht hoffe, denn der würde nur eine Woche dauern. Ich wünsche nicht einmal, ich wäre jünger, und ich wünsche auch nicht, ich hätte etwas anderes aus mir gemacht. Alles wurde, ganz natürlich, gut oder schlecht, verstehen Sie?

Es musste sein, es musste sein.

Ich hatte ein großes Verlangen danach, Berlin wiederzusehen. Und ich sah es unmittelbar nach dem Krieg, denn ich bin von Frankfurt aus für eine Woche nach Berlin gefahren, und es gab kein Berlin mehr. Aber alles in allem ist es gut geworden. Ich meine, ich habe meine Eltern verloren, meine Freunde, meine kleine Familie, sie sind alle tot … Entweder war es Krebs oder Auschwitz. Aber ich habe es geschluckt, ich habe getrauert, ich habe ein wenig geweint, aber ich bin immer noch da.

Es gibt in Ihrem Werk das Thema der Maskerade, des Rollenspiels …

Das ist mir nicht aufgefallen. Ich habe keine Rollen gespielt. Das kam in meinem Leben nicht vor. Ich habe immer mit offenen Karten gespielt. [*Er macht eine Pause.*] Sehen Sie, die Tatsache, dass Sie hier sind und mir all diese Fragen stellen, macht mich sehr stolz. Ja, das ist ein Sieg, egal, was daraus wird, es ist ein Sieg, weil ich weiß, dass es [das Buch] ganz gut wird. Aber das Leben wird weitergehen … es geht weiter, und ich hoffe, ein bisschen besser.

Ich bin immer wieder überrascht, wie oft das Wort »Zynismus« auftaucht, wenn »der großartige Witz des Billy Wilder – der zynische, ätzende Verstand« beschrieben wird. Korrigieren Sie mich, wenn ich mich irre, aber

mir scheinen die Filme in ihrer Gesamtheit betrachtet – und ich habe sie mir sehr aufmerksam angeschaut, wie Sie bestätigen können –, mir scheinen diese Filme voller Freude am Leben zu stecken, so albern, komisch, romantisch und schmerzhaft es auch ist. Da findet sich viel Lebensfreude.

Die findet sich auch, so hoffe ich, in einem Film über einen Alkoholiker ... selbst in einem Kriegsfilm ... und sogar in *Boulevard der Dämmerung*. Diese Filme waren Tests und Präambeln zu größeren Dingen, die kommen werden, und ich hoffe, dazu taugen sie.

Ist Liebe beim Schreiben letztendlich das interessanteste Thema?

Eines der stärksten. Liebe zwischen Verheirateten oder zwischen Menschen, die heiraten werden, Liebe zwischen Vater und Sohn oder Mutter – das sind sehr starke Gefühle. Das spielt in vielen Geschichten eine Rolle. Aber hinzugehen und zu sagen, »Jetzt mache ich einen Film über die Liebe«, das wäre ein so großes Projekt, wie könnte man das dramatisieren? Ich habe Filme ohne Liebe gemacht – zum Beispiel *Stalag 17*. Es gibt andere Filme – Gott sei Dank nicht zu viele –, die nichts mit Liebe zu tun haben.

Ich könnte mit Ihnen darüber diskutieren, dass sogar *Stalag 17* von Liebe handelt. Zum Beispiel wenn Holden sagt: »Falls ich euch wiedersehe, lasst uns so tun –«

[*Er liebt den Satz.*] – »lasst uns so tun, als seien wir uns nie begegnet.«

Das ist ein großartiges »Ich liebe euch«.

Ja … Liebe zwischen Männern. Sicher. Freunde. Das ist sehr wichtig. Aber wenn es Gefühle gibt und gute Action, dann kommt man auch ohne eine Liebesgeschichte aus. Man atmet erleichtert auf und sagt sich: »Kriegsgefangene. Ich hab's hinbekommen.« [*Wir lachen.*] Aber andererseits hat er, der Typ in der Unterwäsche, mit Marilyn Monroe getanzt. Ein bisschen betrunken, weil sie den Alkohol da brauen, und er denkt, er sei … das ist auch ein bisschen Liebe. [*Wir lachen.*] Ohne Sex geht es auch, aber mit Sex ist es besser.

*»Ohne Sex geht es auch,
aber mit Sex ist es besser.«*

[*Ich lache.*] Man sagt, das Stück *The Guardsman* [1931] habe Sie frühzeitig dazu inspiriert, in Ihren Drehbüchern Verkleidungen und Rollenspiele zu benutzen. Stimmt das?

Das stimmt absolut. *The Guardsman* zog das bis zum Ende durch. Man findet nie heraus, ob es der Ehemann ist oder ein anderer. Das ist ein sehr guter Mann, [Ferenc] Molnár, ein Ungar und ein sehr guter Autor.

Waren Ihre Filme zu der jeweiligen Zeit wie eine Art emotionales Tagebuch für Sie? Mit anderen Worten, waren Sie in einer romantischen Stimmung, als Sie *Ariane – Liebe am Nachmittag* schrieben … und in einer bissigeren Stimmung, als Sie *Reporter des Satans* schrieben? Könnte man behaupten, die Filme seien in gewisser Weise autobiographisch gewesen?

Ja, sicher, und meistens habe ich mich in der *gegensätzlichen* Stimmung befunden. Wenn ich mit einem Film anfange, muss ich sehr humorvoll sein. Ich muss sehr stark den Clown spielen, wenn Sie so wollen, wenn ich *Zeugin der Anklage* mache. Auf der anderen Seite muss ich sehr verliebt sein, wenn ich *Boulevard der Dämmerung* mache. Das Gegenteil. Mit anderen Worten, ich bin am besten, wenn ich gegen meine Stimmung anschreibe, in der jeweiligen Situation.

Wie kommt das?

Ich weiß es nicht. Es ist einfach so. Ich denke an lustige Sachen, um davon wegzukommen, den Verlust einer Geliebten zu betrauern.

»Wir hatten eine Schublade voll mit Situationen, die so hätten passieren können und aus denen man gute Szenen machen konnte für jeden Film, den wir gerade schrieben.«

14 Uhr 30. Dreißig Sekunden zu spät. Natürlich bemerkt Wilder das. Er ist umgezogen, auf die andere Seite des Flurs in ein sonnenbeschienenes Büro. Das andere Büro hatte er nur für eine bestimmte Zeit gemietet. Vom neuen Büro auf der anderen Seite kann man auf den farbenprächtigen Brighton Way schauen. Obwohl Wilder heute unter körperlichen Problemen zu leiden hat, besteht er darauf, dass wir unsere Gespräche fortsetzen. Schon längst haben wir die Zeiten hinter uns, in denen er besorgte Blicke auf das Aufnahmegerät warf. Jetzt ermutigt er mich sogar. »Ist das okay? Funktioniert das? Was kann ich Ihnen erzählen?«

Wie begannen Sie und Izzy [Diamond] mit der Arbeit an einer neuen Idee? Griffen Sie Sachen aus der Zeitung auf und spielten damit herum?

Nun, wir hatten eine Schublade voll mit Situationen, wissen Sie, die so hätten passieren können und aus denen man gute Szenen machen konnte für jeden Film, den wir gerade schrieben. Wir nahmen die ganze Zeit Sachen aus dieser Schublade, aber nur dann, wenn sie passten. Wenn die Szene nicht passte, hatte es keinen Zweck. Dann warteten wir auf eine bessere Gelegenheit.

Was ist mit Ihrem Ideennotizbuch geschehen? Sie haben darüber in Interviews gesprochen, und dass Sie darin Ideen für künftige Projekte festhielten wie für *Das Appartement.*

Nun, das habe ich noch. Es ist beim Feuer in den Goldwyn-Studios nicht verbrannt. Ich arbeitete zu diesem Zeitpunkt mit Izzy. Wir waren fünfundzwanzig Jahre zusammen.

Ich muss Ihnen sagen, dass ich jetzt den Film von Ihnen gesehen habe, den ich bisher nicht gründlich studiert hatte – *Ich küsse Ihre Hand, Madame.*

Ooohhh! *Ach, ach.* [*Er spielt große Pein.*] Das war 1946, als ich meinen vierzigsten Geburtstag feierte. Das war das Ergebnis einer großen Geste, als ich mal im Chefbüro war. Sie hatten keinen guten Film für Bing Crosby. Und ich sagte einfach: »Warum machen wir nicht ein Musical?« Aber es war nicht wirklich ein Musical, denn in einem Musical singen die Leute statt zu reden. Die Songs sind Handlungselemente. Ich begann mit einer Handlung herumzufummeln, und dann kam ich auf diesen Hund, na ja –

Das war ein guter Witz, der RCA-Hund [der vor dem Grammophon sitzt und »His Master's Voice« zuhört; Anm. d. Ü.].

Der Hund, ja, alles, was ich dazu sagen kann, ist *ach*. Wir mussten nach Kanada gehen, um *dieses Ding* zu drehen, wegen der Alpen. Es sollte in den österreichischen Alpen spielen, nur gibt es da so viele Dörfer. In Kanada gab es nur Schnee. Und wir waren nicht sehr glücklich mit Joan Fontaine, sie hatte nichts … [*Er versucht etwas Positives zu sagen, gibt dann auf.*] Ich habe da ziemlich improvisiert. Je weniger Zeit man darauf verschwendet, *Ich küsse Ihre Hand, Madame* zu analysieren, desto besser. Es gibt nichts zu erklären, und es gibt nichts, was man in *dieses Ding* hineindeuten kann.

Dieser Film hat wahrscheinlich am wenigsten Biss von all Ihren Filmen, aber es gibt immer noch einige großartige Witze, die darum kämpfen, als solche erkannt zu werden. Zum Beispiel gibt es einen guten Witz über Freud, der den Hund analysiert.

Ja. Sig Ruman spielte ihn.

Crosbys Song »Plain as a Kiss in Your Eyes« funktionierte gut. Und seine Darstellung war eine seiner besten. Hatten Sie eine gute Arbeitsbeziehung zu ihm?

Ja, eine sehr gute. Aber dieser Film war … nichts. Wir arbeiteten mit kleinen Tricks, und ein guter Zauberer hätte wahrscheinlich mehr herausholen können, als ich es schaffte. Ich war gerade aus Deutschland zurückgekommen, aus dem Krieg, von dem Job, den ich da gemacht hatte. In war in der Stimmung, etwas Lustiges zu machen, und als sie auf Crosby zu sprechen kamen, stürzte ich mich auf diese Idee …

Seine körperliche Konstitution macht ihm zu schaffen. Widerstrebend beendet er unsere Sitzung und greift nach seinem Stock. Ich gehe mit ihm zur Tür. Er zieht sein Jackett an und schließt das Büro ab. Ich gehe neben ihm die Treppe hinunter. Seit Monaten habe ich seinen Wunsch bewundert, immer die Treppe zu benutzen, methodisch, Stufe für Stufe, und nie den Aufzug. Heute finde ich den wahren Grund dafür heraus. »Ich benutze den Aufzug nie, weil ich stecken bleiben könnte«, vertraut er mir an. »Und dann wäre ich das ganze Wochenende hier.«

Draußen im Tageslicht bewegt sich Wilder zielstrebig über den Bürgersteig. Auf der anderen Straßenseite steht sein Auto, und er möchte jetzt nach Hause. In diesem Moment wird Wilder von einem ungestümen italienischen, etwa fünfunddreißig Jahre alten Touristen erkannt.

»Mr. Billy Wilder!«, sagt er. »ich bin ein großer Fan. Mutter, das ist Billy Wilder!« Der Fan zieht seine nicht minder energische Mutter Wilder direkt in den Weg.

»Hallo, wie geht es Ihnen«, antwortet der Regisseur. Er nickt der Mutter und dem Sohn kurz zu und wartet auf eine Lücke im Verkehr.

Der junge Mann und seine Mutter reden jetzt auf Italienisch auf Wilder ein, eine Sprache, die er nicht versteht. Er starrt sie durch dicke Brillengläser an. Das Einzige, was ich aus ihrem beeindruckten und respektvollen Geplapper he-

raushören kann, ist »Manche mögen's heiß«. *Wilder nickt höflich. Die Fans, ganz aufgeregt aufgrund dieser echten Hollywood-Begegnung, gehen mit ihm weiter. »Danke, dass Sie mich erkannt haben«, sagt er. »Wollen Sie ein Autogramm, ist es das?« Sie reagieren begeistert. »Jetzt kann ich es nicht machen, aber Sie können morgen kommen.«*

»Vielen Dank, Mr. Wilder.«

»Wenn Sie mich im Fenster sehen«, sagt Billy Wilder, »bin ich da.«

Das helle neue Büro kündigte eine muntere Phase unserer abschließenden Gespräche an. Und in der Tat, an den meisten Vormittagen konnte man, wenn man auf die Gebäudefront über dem heftigen Verkehr schaute, Billy Wilder in diesem Fenster sehen – die Sportseiten überfliegend, Anrufe entgegennehmend, ganz damit beschäftigt, Billy Wilder zu sein.

Samstagvormittag, 11 Uhr 05. Ich komme fünf Minuten zu spät. Audrey Wilder begrüßt mich am Eingang zu ihrem Apartment und führt mich zum Tisch im Esszimmer, an dem Wilder bei einem Kaffee die New York Times *liest.*

»Hallo, Cameron«, sagt er munter. Er deutet auf den Stuhl zu seiner Linken. Die Überreste des Frühstücks, einige Papiere der Directors Guild of America [des Regieverbandes] und eine Kassette von In the Company of Men *[1997] liegen vor ihm. Ich habe sein gutes Ohr. An meiner anderen Seite sitzt Audrey Wilder. Wir sprechen zuerst über Billy Wilders Freund, den Regisseur William Wyler.*

Ja, seine Arbeiten sind gut – sehr genau, sehr detailliert. [*Wilder dreht sich zu mir hin, hier an seinem Esstisch ganz entspannt, legt die Zeitung beiseite und fährt mit einem Anflug großer Faszination in seiner Stimme fort.*]

Wissen Sie, er hat nie ein Theaterstück gelesen; er schaute

es sich auf der Bühne an, wenn er es adaptierte. Aber er war ein Typ, der sein Bestes geben wollte, und er war ein Regisseur, der viele Takes drehte. Es gab Momente zum Beispiel, da drehte er sechsundzwanzig Takes, um herauszufinden, was er mochte. Bei Laurence Olivier in *Stürmische Höhen* [1939] sagte er »Noch einmal« und »Noch einmal« und »Noch einmal«, und nach dem zwölften Take kam Olivier zu ihm und sagte: »Bitte sagen Sie mir doch, was Sie wollen. Was mache ich falsch?« Und Wyler sagt: »Ich *weiß nicht*, was ich will. Aber wenn ich es bekomme, weiß ich, dass es das ist und dass ich es kopieren werde.« Und er ließ es kopieren, und es war, versteht sich, erstklassig. Er war ein Regisseur mit einer *Trial and error*-Methode, er musste eine Menge ausprobieren, ehe er sagte: »Okay, das hier kopieren.« Er war ein sehr, sehr eigenartiger Mann, der Karten spielte, der alles, was er tat – Motorradfahren war eine seiner Leidenschaften … er war sehr offen und frei. Aber was die Regie anbetraf, das nahm er sehr, sehr ernst. Er spürte, wenn etwas im Drehbuch nicht stimmte, und dann sagte er: »Machen Sie es noch mal« … »Machen Sie es noch mal« … »Machen Sie es noch mal«. Und wenn es stimmte, dann sagte er »Okay, das ist es«, und das war es dann auch. Zum Beispiel sein wunderbarer Film *Die besten Jahre unseres Lebens* [1946]. Erstklassig. Aber er hatte zwei Jahre mit dem Autor gearbeitet, um seine Gedanken zu komprimieren, denn er dachte in großen Zusammenhängen, wissen Sie. Wenn er auf etwas Gutes gestoßen war, verweilte er dabei und besprach es immer wieder mit dem Autor. Und wenn er sagte »Das ist es«, dann stimmte das.

Hat das die Schauspieler sehr frustriert?

Natürlich. Sie wussten aber, dass Wyler ein sehr seltsamer Mann war, und wenn er einen Film machte, dann machte er ihn sehr schön. Er hatte keine originellen Ideen, aber was er machte, machte er perfekt. Sein Regiestil war einfach sehr bescheiden, er war sehr still am Set, sehr still, denn er hatte während des Krieges das Gehör auf einem Ohr verloren. Er filmte einen der Einsätze und –

Wilder beantwortet einen Anruf. Es ist sein Buchmacher. Wilder wählt peinlich genau die Spiele für den morgigen Tag aus. Dann legt er auf, und wir machen weiter. Er genießt diesen Samstagvormittag sehr.

Ich habe gelesen, dass es Leute gab, die die Namen Wilder und Wyler verwechselten. Und einer von Ihnen hat gesagt: »Manet, Monet, was macht das schon für einen Unterschied?«

Und sie waren beide sehr gut. Das ist richtig. Ich habe das gesagt. [*Er korrigiert die Reihenfolge.*] »Monet, Manet …« [*Er nickt.*]

Gestern Abend habe ich mir zwei Filme angeschaut. Einer war *Die besten Jahre unseres Lebens,* weil ich den noch einmal sehen wollte.

Sehr gut.

Ja, und er erinnerte mich an etwas, über das wir noch nicht gesprochen haben – Sentimentalität. Shirley MacLaine sagte in einem Interview, dass sie einen der besten Ratschläge von Ihnen bekommen hätte, nämlich wie man Sentimentalität vermeidet. Und selbst Wyler schlittert in seinem Film gerade so dran vorbei. Der Film hat eine ausgeprägte Sentimentalität, die ganz wunderbar ist. Zum Beispiel wenn der Schauspieler [Harold Russell]

den Haken an seiner Hand enthüllt. Und dann hält er das Papier fest und enthüllt den zweiten Haken.

Ja.

Das ist für mich eine schöne Sentimentalität.

Sentimentalität in einem *guten* Sinn. Ich erinnere mich daran, dass ich an dieser Stelle geweint habe. Gleich in der ersten Szene habe ich angefangen zu weinen. Das war die Szene, wo die drei Männer aus dem Krieg kommen. Der erste, der aussteigt, hat keine Hände mehr, und er steht da, und im Hintergrund sieht man die Eltern, die auf ihn warten. Sie laufen zu ihm hin, und er steht da mit dem Rücken zur Kamera, steht da mit seinen Haken, denn er hat keine Hände mehr … Das ist am Anfang des Films, richtig? Da habe ich zu weinen begonnen, und nichts konnte mich aufhalten. Der Film war sehr gut. Er war witzig an den richtigen Stellen. Zum Beispiel wenn Fredric March mit dem Kellner tanzt. Aber ist der Film nicht … hat er von seiner Kraft verloren?

Nein. Nicht im Geringsten. Aber woran liegt es, dass Sentimentalität meist nicht gut wirkt und einen Film altmodisch aussehen lässt?

Sentimentalität, oder »Sentimentalität« in Anführungszeichen, soll eine Gefühlsregung auslösen – dass man sich von einer Szene betroffen fühlt, sich zurücklehnt und nicht anders reagieren kann. Man kann nicht anders. Das kann eine ganz wundervolle Sache sein. Aber es gibt auch eine falsche Sentimentalität, eine zu offenkundige Sentimentalität, und die lehnt man ab, die hasst man. Es ist besser, wenn der Film einfach weitergeht, und man mag ihn oder man mag ihn nicht. Manche Regisseure sind sehr, sehr sentimental und sie kommen damit durch. Andere versuchen und versuchen es … Sie versuchen, ausgeglichen und unbefangen zu sein, und sie schaffen es nicht.

Gute Sentimentalität findet man zum Beispiel in dem Film *Sieg über das Dunkel* [1951]. Ein Film über einen Mann, der im Krieg war und der blind ist. Er liebt eine Frau, die nicht weiß, dass er blind ist. Das Publikum weiß es auch nicht. Deshalb, glaube ich, hat die Szene funktioniert. Er öffnet die Tür, er lässt sie sich hinsetzen. Er hat die Schritte bis zum Kamin gezählt … Er macht einen Drink, hat die Schritte bis zum Tisch gezählt. Und wir machen uns Sorgen darüber, ob er es schaffen wird. Das war eine sehr, sehr schöne Sache. Aber dann wurde dieses Ding kopiert, neu gedreht, mit Änderungen an der Story, und dem Publikum wurde von vornherein enthüllt, dass er blind war. Das Publikum wurde in die Story hineingeholt, und das war sehr sentimental, und man mochte es nicht, es war zu viel des Guten. Aber es war ein guter Trick am Anfang, eine sehr gute, sehr wirksame Szene. Das ist gute Sentimentalität.

»Man reißt die Leute mit, wenn man wahrhaft *sentimental ist. Nur ein bisschen bringt eine ganze Menge.«*

Was einen als Autor ärgert oder langweilt, wenn man falsche Sentimentalität sieht, ist die Tatsache, dass es so *einfach* ist. Der einfachste Weg, den ein Autor einschlagen kann, besteht darin, eine Idee in Sentimentalität zu

ertränken. Dann heißt es plötzlich: »Das Baby ist weg! Das Baby ist weg!«

Man reißt die Leute mit, wenn man *wahrhaft* sentimental ist. Nur ein bisschen bringt eine ganze Menge. Es dem Publikum zunächst nicht zu enthüllen, das ist wahre Sentimentalität. Der blinde Mann ist ein gutes Beispiel.

Ja, das stimmt. Das ist wie mit dem Weinen in Filmen. In so vielen Filmen weinen Schauspieler und versuchen damit, den Zuschauer zum Weinen zu bringen. Aber es wirkt immer viel stärker, wenn man eine Figur sieht, die versucht, *nicht* zu weinen.

Ja.

Man weiß, dass sie innerlich umkommt.

Das ist richtig. Das hat alles mit dem Stil des Regisseurs zu tun, wissen Sie. Wyler war sehr gut in Sachen Komik. Er hat Komödien mit Margaret Sullavan gemacht, mit der er verheiratet war. Und dann heiratete sie den Agenten Leland Hayward. Aber diese Komödien – sehr, sehr gut.

Es gibt einige großartige Aspekte an den Charakteren in *Das goldene Tor*. Paulette Goddard kommt mit den Dialogen bestens zurecht. Und ich liebe ihren Satz »Eine Frau braucht einen *Mann*, keine Kühlerhaube.«

Ja.

Und wie Boyer in der berühmten, nicht gefilmten Kakerlakenszene befanden Sie sich in der gleichen Situation, als Sie 1934 in Mexiko auf Ihr Visum warteten.

Ja, ich befand mich in dieser Situation. Aber ich hatte es leicht. Ich hatte keine Papiere. Ich ging über die Grenze nach Mexiko, um das Land mit einem Einwanderervisum zu betreten. Also ging ich dorthin und suchte den Konsul auf, um die Einwanderungspapiere zu bekommen. Aber ich besaß nicht die nötigen Papiere, die bewiesen, dass ich kein Krimineller war. Ich kam nach Amerika und hatte nur ein einziges Dokument, meine Geburtsurkunde. Und ich sagte: »Es tut mir leid, aber ich kann nicht nach Berlin zurückgehen und meine Papiere holen, die ich brauche, das polizeiliche Führungszeugnis und so, weil sie das einem Juden nicht geben.« Das war 1934, 1935. »Sie würden ihn dabehalten, wenn er dumm genug ist, seine Papiere holen zu kommen. Sie werden ihn einfach einsperren.« Ich bin also nicht im Besitz der benötigten Papiere, die meine saubere Weste beweisen und dass ich keine sexuelle Störung habe oder so. Der Mann sah sich die ärmlichen Papiere an, ich hatte nur zwei oder drei. Und er ging hinter dem Schreibtisch auf und ab und musterte mich. Und dann sagte er: »Was machen Sie? Womit wollen Sie Ihren Lebensunterhalt verdienen?« Und ich sagte: »Ich bin Autor. Ich schreibe Drehbücher.« Als er das hörte, lächelte er, legte die Papiere hin und stempelte sie, *zack zack zack*. Und er sagte: »Schreiben Sie ein paar gute.« Und ich war drin. [*Er macht eine nachdenkliche Pause.*] Er hätte mich nicht hereinlassen müssen. Er hätte meine ursprünglichen Papiere behalten können, und ich hätte nicht mehr zurück in dieses Land kommen können.

Es ist interessant, die Titel von *Das goldene Tor*, den Mitchell Leisen inszeniert hat, zu studieren. Man findet Edith Head, man findet Doane Harrison –

Ja.

Man findet all die Leute, die später mit Ihnen gearbeitet haben an *Der Major und das Mädchen,* dem ersten Film, bei dem Sie Regie geführt haben.

Das stimmt.

Wie haben Sie sie alle auf Ihre Seite bekommen?

Edith Head war die Chefin der Kostümabteilung, also war sie automatisch bei jedem Film dabei. Bei einigen mehr, bei anderen weniger – dann beauftragte sie eine Assistentin. Doane Harrison war bereits der Cutter von Mitchell Leisen. Und wer war noch da? Der Kameramann? Leo Tover? Ja, ich bekam die besten Leute, weil sie erwarteten, dass *Das goldene Tor* ein Hit wurde, und sie wollten den Film machen, also investierten sie ein bisschen mehr Geld. Mehr Geld! Ich spreche von eineinhalb Millionen. Das ist so viel Geld, wie man heute an einem Wochenende für die Werbung für einen Film in Los Angeles ausgibt. Aber sie feuerten mich alle an, ja. Außer vielleicht Mitchell Leisen – der war nicht so eifrig. Als Regisseur war er in Ordnung. Man hätte alt werden können als Autor von Mitchell-Leisen-Filmen. Sicher, seinen Stolz, dass sie da *deine Sachen* verfilmen, hätte man fahren lassen müssen. Man hatte kein Recht, Nein zu sagen. Am Broadway, ja. Da ist der Autor König. Beim Film immer noch nicht.

Ginger Rogers hat in ihren späteren Jahren einem Interviewer einmal gesagt – und sagen Sie mir, ob Sie denken, dass es wahr ist: »Nun, ich habe Billy Wilders Karriere sehr geholfen und nie Anerkennung dafür bekommen.«

Sie hat genug Anerkennung bekommen. Ich weiß nicht, was sie damit sagen wollte. Sie hatte den Haupttitel bei diesem Ding [*Der Major und das Mädchen*] mit Ray Milland … Ich habe immer nur gut von ihr gesprochen. Diese Bemerkung habe ich nicht gelesen. Als ich sie traf [bei einer Wilder-Retrospektive in New York], war das eine sehr warmherzige Begegnung. Ja, sehr warmherzig. Ich war für sie immer »MFD« – My Favorite Director [Mein liebster Regisseur]. So nannte sie mich. Ich habe sie ein- oder zweimal zwischen irgendwelchen Dreharbeiten gesehen, mit denen ich gerade beschäftigt war, und sie war sehr, sehr süß damals. Sie hatte nämlich exakt zu dem Zeitpunkt zugestimmt, den Film zu machen, als sie den Oscar für *Kitty Foyle* gewann. Und das [*Der Major und das Mädchen*] war der erste Film, den sie danach machte, und noch dazu mit einem ganz neuen Regisseur. Sie stimmte zu, weil sie das Drehbuch gelesen hatte und es mochte. Kann auch sein, dass sie zustimmte, weil sie es mit ihrem Agenten Leland Hayward trieb. Er sagte ihr, sie sollte diesen Film machen, weil er sehr gut würde – er war auch mein Agent.

Man sagt, die Bibel sei die größte Geschichte aller Zeiten. Was halten Sie, rein aus der Sicht eines Geschichtenerzählers, von der Bibel?

Die Bibel. Das sind *tausend* Geschichten. Sicher – man hat's versucht, seit die Bibel mit den Aposteln und allem Drum und Dran konstruiert wurde. Man hat sie die ganze Zeit umgeschrieben, wissen Sie. Zehn Mal in einem Jahrhundert. Ich glaube nicht, dass die Bibel tadelnswert ist. Einige der Geschichten sind es, aber sie ist eine wunderbare Sache. Die Bibel. Sie oder ich, wir können sagen: »Ich glaube nicht an den Sohn Gottes, ich glaube die ganze Theorie nicht«, aber wenn man sie als Fiktion betrachtet, ist sie eine wunderbare Sache.

Gerieten Sie je in Versuchung, einen Film mit John Wayne zu machen?

Nein. Habe keine Filme mit Pferden gemacht. Ich habe Angst vor Pferden.

»Ich bin weder ein Genie noch weiß ich,
wie man ein Genie definiert.
Ich weiß nur, dass man es nicht lernen kann.
Aber man kann es türken.«

Eine grundsätzliche Frage zum Thema Genie. Meinen Sie, Genie ist etwas, das man lernen kann, oder wird man damit geboren?

Oh, man wird damit geboren ... Man wird damit geboren. Aber ich weiß es nicht. Ich bin weder ein Genie noch weiß ich, wie man ein Genie definiert. Ich weiß nur, dass man es nicht lernen kann. Aber man kann eine Menge lernen und man kann es türken. Das gibt es nicht, dass jemand nur gute oder nur geniale Produkte macht. Es gibt kein konstantes Ergebnis. George Bernard Shaw zum Beispiel hat über fünfzig Stücke geschrieben, von denen sieben oder acht heute sehr bekannt sind und immer noch gespielt werden. Die anderen sind nur Stücke. Und er war ein Genie.

Wann hat ein Publikum zum ersten Mal über etwas gelacht, das Sie geschrieben haben? Können Sie sich daran erinnern?

Winzige kleine Stummfilme mit Orchesterbegleitung. Es gab nicht einmal eine Bandaufnahme von der Musik. Nein, da war ein Orchester, und sie spielten die Sachen, die das Publikum wollte – zu allem, etwas Komischem oder etwas Tragischem, dieselbe Musik! Aber ich erinnere mich nur noch vage an diese Filme.

War das *Menschen am Sonntag*?

Nein. Aber bei *Menschen am Sonntag* wurde auch gelacht. Da hatte ich das Drehbuch geschrieben, und mein Name stand auf der Leinwand. Bei den anderen Filmen war ich der Ghostwriter für zwei andere. Da gab es einige Lacher – sicher gab es Lacher –, aber nicht *genug*, denn der Regisseur hatte sich eingemischt.

Es gab ein paar Momente in Ihrer Karriere, in denen Sie sich erlaubten, deprimiert zu sein aufgrund der öffentlichen Reaktionen auf Ihre Filme. Wir werden nicht zu viel Zeit damit verbringen. *Sherlock Holmes* war einer.

Ja, weil er zerhackt wurde.

Der andere war, glaube ich, *Reporter des Satans*.

Ja, das war der andere. Ich hatte gehofft, dafür ein Publikum zu finden. Weil es sich von selbst erklärt, warum sich Leute so benehmen, wie sie es tun. Und viele haben das nicht verstanden. Einige aufmerksame Kritiker haben den Film gelobt und ihn zu ihrem Lieblingsfilm von mir erklärt. Aber viele wollten damals der Tatsache nicht ins Auge sehen, dass die Menschen nach Sensationen gieren. Jedes Mal, wenn ein Unfall passiert, wissen Sie, sieht man Leute herankommen und starren. Sie lieben es hinzusehen … Sie können selbstgefällig über Lady Di und die Paparazzi herziehen, aber dann sitzen sie im Kino und sagen: »Also los, unterhaltet mich!« Aber das war nicht ganz die Art von Unterhaltung, die sie sehen wollten.

Neulich erwähnten Sie *Shall We Dance?* [1996], diesen sehr eleganten, sehr gefühlvollen japanischen Film.

Oh, den liebe ich. [*Verzückt*] Schöner Film. So elegant. Ich liebte ihn einfach. Er ist das genaue Gegenteil aller anderen Filme, wissen Sie. Die eifersüchtige Ehefrau. Sie engagiert einen Detektiv und folgt dem Mann; sie entdeckt, dass er Tangounterricht nimmt. Tangounterricht! Er ist wie ein italienischer Film. Er war zum Schreien, und ich mochte die Art und Weise, wie der Mann immer schöner wird, denn er tanzt so gut, richtig? Der Film ist absolut sauber, wissen Sie, gut und sauber. Ein kleiner Film mit einer schönen Idee im Zentrum.

TEIL 9

Wissen Sie, es ist großartig, dass Sie die Filme des sogenannten »Neuen Hollywood« in den späten Sechzigerjahren begrüßt haben – unter anderem die Filme von Hal Ashby und Jack Nicholson. Ich frage mich, wie das für Sie war, als Sie diese Filme in den späten Sechzigern zu sehen begannen.

Ich hatte ja einige ziemlich signifikante Filme gemacht, wie – sagen wir mal – *Das verlorene Wochenende* oder *Frau ohne Gewissen* … Ich war auf Hal Ashbys Seite. Er ist dann gestorben. Er war ein Schnupfer. Kokain, glaube ich, oder sonst etwas hat ihn umgebracht. Aber er war ein sehr guter Regisseur.

»Es ist wichtig, nicht auf die Stimme zu hören, die immer da ist – die des grauhaarigen Studiomanagers, der uns warnt, nicht zu weit zu gehen.«

Heutzutage wird er unterschätzt; man muss ihn neu entdecken.

Es ist wichtig, nicht auf die Stimme zu hören, die immer da ist – die des grauhaarigen Studiomanagers, der uns warnt, nicht zu weit zu gehen. Ein guter Film entsteht immer dann, wenn man einen Regisseur oder einen kreativen Produzenten mit einer Vision hat. Man gibt ihm das Geld und lässt ihn machen. Aber das war in den wirklich *goldenen* Zeiten des Filmemachens.

Man hat so viel über die Sechziger geschrieben und darüber, was diese Dekade bedeutete. Sie haben die ganzen Sechzigerjahre ziemlich konsistent gearbeitet. Was haben die Sechziger für Sie bedeutet?

Ich habe nicht einmal bemerkt, dass es die Sechzigerjahre waren. [*Nebenan krümmt sich Audrey vor Lachen.*] Ich weiß nicht, es hätten die Vierziger- oder Fünfzigerjahre sein können. Ich dachte nur, wir hätten die Dimension dessen, was Filme sein konnten, erweitert. Aber wir fallen immer wieder in etwas Triviales zurück oder etwas, das sich gut filmen lässt. Es ist wichtig, nicht alles Geld auszugeben für Filme wie *Air Force One* [1997] oder *Waterworld* [1995], nur weil sie Action haben. Irgendwie haben wir die kleineren Filme dem Fernsehen überlassen.

Ja, das ist wahr. Aber hin und wieder gehen die Leute auch in einen Film über menschliche Beziehungen. James L. Brooks' *Zeit der Zärtlichkeit* [1983] ist, so glaube ich, dafür ein gutes Beispiel. Ein großartiger kleiner Film, und die Leute sind hineingeströmt.

Ein sehr guter Film. Ein Teil der Öffentlichkeit schaut sich manchmal solche Filme an. Sie entdecken, dass es keine große Schlacht gibt, nicht einhundert Autos, die ineinander rasen und explodieren, und sie sehen sich diesen Film an.

Aber ich messe dem keine große Bedeutung zu, ob es 1950, 1960 oder 1940 ist. Ich mache einfach einen Film, der ganz anders ist als alles, was ich bisher gemacht habe, und ich hoffe bei Gott, dass er funktioniert. Aber dann bekomme ich Angst und sage mir: »Gut, ich habe jetzt das Geld, aber ich sollte es etwas größer machen und etwas besser …« Also sitze ich seit zehn Jahren auf meinem dicken Hintern, und ich beneide die jungen Regisseure wegen ihrer Energie, selbst wenn die Filme schlecht sind.

Was ist die beste nicht produzierte Idee, die Sie als Regisseur nicht realisieren konnten? Etwas, das Sie bedauern, nicht gemacht zu haben?

Es gab einige Ideen, die ich durchgesetzt und dann geschrieben habe, zusammen mit Izzy, aber es wurde nichts draus. Sie waren nicht interessant oder fesselnd genug. Also machte ich mich an die nächste Idee.

»Meine besten Ideen hatte ich,
wenn ich auf der Toilette saß, manchmal,
wenn ich unter der Dusche stand,
manchmal beim Essen. Wenn ich gewusst hätte,
was ich tat, wenn mir Ideen kamen,
hätte ich mich immer
in diese Situation begeben.«

Es liegen also Drehbücher in Ihrer Schublade?

Nein. Keine Drehbücher. Ich habe nie etwas geschrieben, für das ich nicht bezahlt wurde.

Sie haben nie etwas geschrieben und dann mit Izzy oder Brackett entschieden, es sei nicht gut genug, und es dann auf die Seite gelegt?

Vielleicht die eine oder andere Idee, aber wir redeten, redeten, redeten wochenlang, und entschieden dann, es nicht zu machen. Also blieb nichts übrig.

Wann hatten Sie Ihre besten Ideen?

Das kam drauf an. Manchmal, wenn ich auf der Toilette saß, manchmal, wenn ich unter der Dusche stand, manchmal beim Essen. An verschiedenen Orten eben. Wenn ich gewusst hätte, was ich tat, wenn mir Ideen kamen, hätte ich mich immer in diese Situation begeben.

[*Ich lache.*] **Fahren ist immer gut. Aber es ist sehr gefährlich, gleichzeitig zu fahren und zu schreiben.**

Ich muss einfach diszipliniert sein. Ich muss früh am Morgen aufstehen und wissen, dass ich etwas tun werde. Manchmal fällt einem etwas ein, manchmal nicht. Manchmal passiert es, wenn man einen anderen Film sieht. So wie *Begegnung* [1945] eine Inspiration war für *Das Appartement.*

Bekommen Sie immer noch Ideen, wenn Sie Filme sehen?

Sicher. Ich denke mir die drei Akte aus, ich schreibe es auf, und dann mache ich es nicht. Ich habe seit fünfzehn Jahren keinen [Film] mehr gemacht, aber wer weiß.

Erzählen Sie mir eine Ihrer Ideen?

Nein.

Sie sind in keinem Ihrer Filme zu sehen, oder? Sie treten nirgendwo auf.

Nein.

Sind Sie je in Versuchung geraten?

Nein. Mr. Hitchcock wurde bemerkt, selbst wenn er eine Perücke trug. Er ist in allen seiner Filme zu sehen. Ich bin in keinem meiner Filme zu sehen.

Wilder bringt mich zur Tür seines Büros, seine Schuhe klicken auf dem Boden. »Noch niemand hat so lange mit mir geredet«, platzt er an der Tür heraus. Ich sage ihm, es liefe gut, und er scheint selbst darüber erstaunt zu sein, dass er zustimmt. Seine Interviews kommentiert er selbst so: »Meist bin ich am Anfang stark und kollabiere dann in der zweiten Hälfte. Aber diesmal halte ich ziemlich gut durch.« Er schließt die Tür.

Dinner mit Billy und Audrey Wilder im Restaurant Mr. Chow. Ein legerer Abend. Das Gespräch kommt auf Oliver Stone, einem gelegentlichen Dinnergast der Wilders. Ich frage ihn, was er von Stones Filmen hält. Er hat sie studiert. »Sie sind verblüffend einfach«, sagt er fasziniert. »Er macht zu viele.« Wilder denkt über seine Worte nach. »Vielleicht habe ich zu viele gemacht. Ich habe zwei Filme alle drei Jahre gemacht.«

Ich habe gehört, dass ein Film herauskommen soll, der von *Reporter des Satans* inspiriert ist. Er heißt *Mad City*.

Davon weiß ich nichts.

Was ist der Unterschied zwischen »inspiriert von« und einem Remake?

»Inspiriert von« heißt, es gibt keinen *credit* [Titel].

Wilder spricht über Paul Diamond, den Sohn von I. A. L. Diamond, der auch Drehbücher schreibt. »Ich habe ihn mit dem spanischen Regisseur zusammengebracht, der Belle Epoque *gemacht hat. Der den Oscar für den Besten Fremdsprachigen Film gewonnen hat … und der mich bei seiner Dankesrede erwähnte.«*

»Und dann war da Satyajit Ray …«, souffliert Audrey, indem sie den großen indischen Regisseur erwähnt.

»Ja«, sagt Wilder.

»Wir sehen der Oscar-Verleihung zu und sie zeigen ein Interview mit Satyajit Ray. Er liegt in Indien im Krankenhaus, und er sagt: ›Ich habe Billy Wilder geschrieben, aber er hat mir nie geantwortet.‹ Ich sage: ›Billy, antworte ihm.‹«

»Das habe ich gemacht«, sagt Wilder schlicht. »Ich habe es losgeschickt. Es hat ihn nicht mehr rechtzeitig erreicht.« Er zuckt mit den Schultern. »Die Adresse war so lang …«

Wilder erkundigt sich nach Tom Cruise, der immer noch in England mit Kubrick dreht. Ich erzähle Wilder, dass Cruise oft nach ihm fragt.

»Ja«, sagt Wilder, »er schmeichelt mir, aber wenn ich ihn für meinen nächsten Film haben will, dann sagt er, ja, aber für drei oder vier Millionen*!«*

Ich erkläre Wilder vorsichtig, dass Cruise das möglicherweise tun würde, aber er würde darin einen großen Gefallen sehen. »Weil er inzwischen zwanzig Millionen *pro Film bekommt.«*

Wilder lächelt sein Essen an. »Oh. Ich verstehe.«

Audrey spricht mit Billy darüber, ihn am nächsten Tag im Büro abzuholen. »Du musst das Rollo hochziehen«, sagt sie, »damit ich weiß, dass du da bist.«

»Es war heruntergelassen«, sagt er und meint den gestrigen Tag. »Ich war nicht da.«

»Also ziehst du es hoch, wenn du da bist?«

»Ja.«

»Gut. Wir haben einen Plan.«

11 Uhr 15, Wilders Büro. Ich komme fünfzehn Minuten zu spät. Er ist freundlich, hat aber wenig Zeit. Er gewährt mir zehn Minuten. Er trägt eine weiße Mütze und ist munter. Der Sportteil ist aufgeschlagen, seine Brille liegt auf der Zeitung. Seine beiden Fenster zur Welt stehen offen, und es ist hell im Zimmer.

Also, was wollen Sie mich fragen?

Hatten Sie etwas übrig für Las Vegas und das *Rat Pack*, für einen von ihnen?

Nein. Ich war kein Mitglied des *Rat Pack*, sie waren intellektuell weit unter meinem Niveau. [*Wir lachen.*] Ich will damit nicht sagen, dass ich ein Intellektueller bin und über ihnen stehe. Aber ich glaube nicht, dass sie jemals ein Buch gelesen haben.

Wilder bleibt hinter seinem von der Sonne beschienenen neuen Schreibtisch, die weiße Mütze auf dem Kopf. Als ich mich zum Gehen wende, spricht er über Geld. »Geld ist langweilig. Wenn man mein Alter erreicht, weiß man nicht mehr, wofür man es ausgeben soll. Als ich in Ihrem Alter war, sagte ich mir: ›Geld, Geld, Geld … sparen, sparen.‹

Und jetzt, was spielt es für eine Rolle? Sie wird alles bekommen. Sie ist ein gutes Mädchen.«

»Bis bald.«

Einige Wochen später rufe ich Wilder um 10 Uhr 45 in seinem Büro an. Seine Stimme klingt belegt, er spricht leise.

»Hallo«, sagt er. Ich antworte. »Hallo, wie geht es Ihnen?«

»Gut.« Ich stelle die Frage, die ich nicht zu oft stellen will. »Und wie geht es Ihnen?«

»Oh«, sagt er, »ich fühle mich nicht gut … Aber, wissen Sie … Ich werd's überleben!«

Ich wünsche ihm viel Spaß bei den World Series.

»WIE KÖNNEN MIR DIE SERIES SPASS MACHEN?«, bellt er. »WIR SIND NIEDERGEMACHT WORDEN!« [Wilder meint die Mannschaft der Dodgers.]

Wir einigen uns auf ein baldiges Treffen.

Es ist Audrey Wilders fünfundsiebzigster Geburtstag, und man hat sich in einem Restaurant namens Jimmy's in Century City versammelt. Ich sitze zwischen Audrey und Billy, und die anderen am Tisch sind alte Freunde. Da sind Leonard Gershe, Audreys Bruder Stratton Young und Karen Lerner. Wilder bestellt sich Nieren als Vorspeise.

Leonard Gershe erzählt eine gute Anekdote von einer Oscar-Party vor einigen Jahren. »Es war nach Mitternacht, und Billy verkündete, die Party sei vorbei. ›Es ist Schluss!‹ Jimmy Stewart war da, die Lemmons, eine ganze Reihe Leute. Erstaunt vom plötzlichen Ende des Abends gingen sie hinaus. Am nächsten Tag sprach ich mit Billy: ›Das nächste Mal könntest du einfach Gute Nacht sagen und ins Bett gehen, das würde jeder verstehen.‹ Wilder schaute mich an. ›Was?‹, sagte er. ›Und unhöflich *erscheinen?‹«*

»Wie ist Ihr Steak?«, fragt Wilder mich.

»Großartig.« Unwissend liefere ich ihm den Ansatz für seinen nächsten Witz. »Und wie sind Ihre Nieren?«

»Nicht gut!«, antwortet er.

Ich kenne nur eine einzige Person, die noch pünktlicher ist als Billy Wilder, und das ist meine eigene Mutter. Ich hatte ein schlechtes Gewissen, ich hatte Begegnungen mit Wilder verpasst, aber jetzt war ich auf dem Weg nach San Diego zu einem verlängerten Thanksgiving-Besuch. Eines hatte meine Mutter mir gesagt, bevor ich die Stadt verließ:

»Komm nicht *zu spät!«*

Ich versprach, um drei Uhr nachmittags in San Diego zu sein. Von früheren Erfahrungen her wusste ich, dass eine mehr als zwanzigminütige Verspätung eine enttäuschte Stimmung verursachte, die den ganzen Besuch über anhalten konnte.

Andererseits war da Wilder. Er hatte mich gebeten, ihn um zehn Uhr vormittags zu treffen. Die Fahrt nach San Diego dauerte zweieinhalb Stunden – wenn kein Feiertag war. Ich konnte also mit Wilder zwei Stunden verbringen, und nicht mehr. Es war ein Kampf zwischen zwei sehr kraftvollen, pünktlichen Mächten in meinem Leben.

Punkt zehn Uhr klopfe ich an die Tür des Apartments der Wilders. Mein Erscheinen löst bei Billy und Audrey eine kleine Panik aus. Wilder hat noch eine andere Verabredung – mit seinem Physiotherapeuten; er hat sich unsere Verabredung nicht notiert. »Es ist immer besser, die Vereinbarungen mit mir zu treffen«, instruiert mich Audrey, als sie mich in das hintere Fernsehzimmer führt.

Wilders Zeit mit seinem Physiotherapeuten ist ihm, wie ich jetzt bemerke, ziemlich heilig. Er schlägt vor, wir sollten uns unterhalten, bis der Therapeut kommt, und dann – er ist ganz der Problemlöser – weitermachen, während er seine Übungen mache. Wilder entschuldigt sich ernsthaft, aber für mich ist es ganz in Ordnung. Ich schalte das Aufnahmegerät an, während wir ins Hinterzimmer gehen.

Wollen Sie sich hinsetzen?

Ja, aber ich werde bald wieder aufstehen, wenn er kommt. Wir machen die Übungen immer im Schlafzimmer.

Wie ist das neue Büro?

Das neue Büro ist halb fertig, aber die andere Hälfte kann ich nicht fertig machen, weil ich einen Lastwagen brauche zum Umzug … Es wird ein Wettrennen zwischen meinem Tod und der Fertigstellung des Büros.

Die sachliche Erwähnung seines Todes ist neu in unseren Gesprächen. Ich lache leise, was – so vermute ich – die angemessene Antwort ist, aber ich bin nicht sicher, ob er seine Sterblichkeit als Komikfaktor anbietet. Er lässt sich auf der Ecke seines Sofas nieder; das ist seine power position *beim Lesen und wenn er sich* Jeopardy! *anschaut.*

Wir sprechen über die Arbeitsmethoden von Diamond und Wilder während der Dreharbeiten. Wie Diamonds Frau sagt, hatte ihre Arbeitsmethode etwas von einer langjährigen Ehe. Während Wilder im Zimmer auf und ab ging, Dialoge sprach und Szenen formte, oft mit einer Reitgerte in der Hand, konsultierte Diamond immer den Notizblock. Diamond diente als Bewahrer des Dokuments, das sie in endlosen Stunden im Büro erarbeitet hatten, und er setzte seine Rolle am Drehort fort, wo er jeden Satz überwachte.

Alles in allem, hat Izzy Diamond genug Anerkennung bekommen?

Er hat alle Anerkennung bekommen, die ein Mitarbeiter bekommen kann. Ich war der Leithammel, weil ich auch Regie führte. Aber Diamond verdient alle Anerkennung, die er bekommen kann. Ich liebte es auch, wenn er am Drehort war. Er passte immer auf, wenn ein Satz nicht korrekt oder unverständlich war.

War es Izzy gestattet, während der Dreharbeiten mit den Schauspielern zu sprechen?

Nein. Das würde er nicht tun. Wir haben nie darüber gesprochen, aber er hätte es nicht getan. Er pflegte mich zur Seite zu nehmen, mir zuzuflüstern, aber er hätte nie mit den Schauspielern gesprochen, denn dann hätte man eine Co-Regie gehabt. Wenn etwas nicht gut war, ein Satz verpatzt oder undeutlich gesprochen – wenn er irgendetwas zu sagen hatte, wenn etwas nicht stimmte –, dann kam er zu mir und flüsterte es mir zu. Wenn ich glaubte, einen Take kopieren zu können, blickte ich zu ihm hinüber. Und er machte so [*ein fast unmerkliches Nicken*], und das bedeutete, dass keine Worte ausgelassen worden waren und es Sinn hatte. Das war gut, ja. Wenn ihm etwas gar nicht gefiel, dann machte er kleine Bewegungen mit der Hand oder mit den Augen. Ich sah, dass er über irgendetwas unglücklich war, und besprach es mit ihm. Und dann machten wir es richtig oder ließen es, wie es war. Er wurde nie laut. Ich habe ihn nie laut erlebt. Es ging immer darum: Je sanfter ein Witz ist, desto besser ist er. Das war gegenseitiges Verstehen, wirkliche Zusammenarbeit.

*»Je sanfter ein Witz ist,
desto besser ist er.«*

Können Sie sich an Ihren letzten Besuch bei Izzy erinnern?

Ja, ich besuchte ihn einen Tag vor seinem Tod. Er sagte ein schmutziges Wort. Es war das einzige schmutzige Wort, das er jemals gesagt hat. Er sah mich da, er schaute zu mir auf und sagte: »O Scheiße.« Weil er wusste, dass er sterben würde.

Mit seiner Krankheit ging es in ... München los, glaube ich. Wir drehten dort *Fedora* [1979]. Er hing die ganze Zeit am Telefon, sprach mit seinem Arzt. Und er sagte: »Nun, ich habe Gürtelrose«, sehr verstohlen, »Gürtelrose«. Dann kamen wir zurück, er ging sofort zum Arzt, und der sagte ihm, er habe Krebs und er würde sterben. Es war nicht heilbar. Bis sechs Wochen vor seinem Tod hat er mir nichts davon gesagt. [*Das Telefon klingelt. Es ist der Portier.*] Das ist mein Arzt.

Dr. Marks betritt das Apartment und kommt ins Hinterzimmer.

AUDREY WILDER Jeff ist hier, Billy. Cameron Crowe, Jeff Marks.

Dr. Marks und ich schütteln uns die Hand. Marks ist offensichtlich nicht davon begeistert, seine Zeit mit Wilder mit einem Dritten zu teilen. Die Physiotherapiestunden sind weder für den Arzt noch für den Patienten eine Plackerei, und ich stelle bald den Grund dafür fest. Während Marks mit Billy im Schlafzimmer arbeitet, nutzen sie die Zeit dazu, ihre wöchentlichen Footballwetten zu vergleichen. Meine Anwesenheit bringt alles durcheinander. Marks und ich mustern einander. Wortlos entschließen wir uns zur Zusammenarbeit.

[*Er führt Regie.*] Wir werden reden, während wir bis zehn, zwanzig und dreißig zählen.

AUDREY WILDER Du meinst, du machst deine Übungen und redest dabei?

Ich gehe jetzt ins Schlafzimmer.

AUDREY WILDER Alle ins Schlafzimmer!

Ich folge ihnen durch das angrenzende große Badezimmer, das geschmückt ist mit vielen gerahmten Fotos. Die Fotos spiegeln eine kosmopolitische Ehe wider. Mit dem Aufnahmegerät in der Hand betrete ich das Schlafzimmer. Wilder bittet mich, auf einem Stuhl neben der Tür Platz zu nehmen, dem Bett gegenüber. Seine Frau nimmt eine ähnliche Position ein wie Wilder, legt sich auf die andere Seite des Betts. Nachdem er sich vergewissert hat, dass wir alle in Position sind, legt Wilder sich auf dem Bett hin. Wilder lacht viel mit dem Therapeuten; die Übungen hellen seine Stimmung auf.

[*Zu Dr. Marks*] Wie dumm wir waren, über diesen halben Punkt im Footballspiel am Montag zu diskutieren.

JEFF MARKS Ja, ich habe Denver genommen.

Ich habe Oakland genommen.

Im Schlafzimmer der Wilders findet sich eine heimelige Ansammlung von Kunst, Schnickschnack und Fotografien. Wilder macht auf dem Bett gymnastische Übungen; auf der anderen Seite des Betts macht Audrey dieselben Übungen. Das beherrschende Gemälde im Raum stammt von

Raphael Soyer, der dem städtischen Sozialrealismus zuzurechnen ist.

JEFF MARKS Okay. Ein Knie hoch zur Brust. Mit beiden Händen greifen und hochführen.

Sie können mir Fragen stellen, Cameron. Legen Sie nur los.

Haben Sie jemals *Der Fänger im Roggen* gelesen?

JEFF MARKS Jetzt beide Knie.

Beide Knie? [*Wilder liegt auf dem Rücken, der Arzt hilft ihm, drückt die Beinen in Position und streckt sie wieder.*]

JEFF MARKS Das ist schon eine Szene, ich weiß nur nicht, was für eine. [*Er lacht.*]

Natürlich habe ich *Der Fänger im Roggen* gelesen.

Wilder macht jetzt Armbeugen. Das Blut fließt durch die Adern, das Herz pumpt, er fühlt sich wohl mit seinem Publikum. Das ist eines der angeregtesten Gespräche mit ihm. Er ist das Energiezentrum des Raums, flach auf dem Rücken liegend.

Ein wunderbares Buch. Ich liebte es. Ich habe mich drum gekümmert. Ich wollte einen Film draus machen. Und dann kam eines Tages ein junger Mann in das New Yorker Büro von Leland Hayward, meinem Agenten, und sagte: »Bitte teilen Sie Mr. Wilder mit, die Sache nicht weiter zu verfolgen. Er ist sehr, sehr unsensibel.« Das war die ganze Rede. Ich habe ihn nie gesehen. Das war J. D. Salinger, und das war *Der Fänger im Roggen.*

JEFF MARKS Ausruhen, ausruhen, ausruhen.

Gut, dass Sie mir das sagen, sonst wäre ich hier tot umgefallen.

JEFF MARKS Arme über den Kopf.

Ja, Leland Hayward war damals mein Agent, und ich sagte ihm: »Das ist ein verteufelt gutes Buch.« Natürlich wussten wir alle, wer Mr. Salinger war. Wir kannten Mr. Salinger aber nicht persönlich. Vielleicht kannten ihn die Leute vom *New Yorker*. Es gab keine Möglichkeit, mit ihm ins Gespräch zu kommen, ihm gegenüberzutreten.

Wie hätten Sie das Buch adaptiert?

Ich hätte mich an seine Worte gehalten. Aber es hat sich nie so weit entwickelt. Ich hätte seine Sichtweise beschützt. Er war vollkommen einzigartig. Die Art und Weise, wie er die Geschichten aus dem Leben der Familie [Glass] präsentierte – wunderbar. Das Buch hat mich sehr beeindruckt. Mit einem Buch wie diesem, das sozusagen die Welt umfasst, muss man sehr vorsichtig umgehen. Denn man würde diese Briefe bekommen mit den Fragen: »Warum haben Sie *diese* Szene weggelassen, und *warum jene*?« [*Er macht eine Pause.*] Was ist aus Salinger geworden? Wo ist er?

JEFF MARKS Den Hintern hoch.

Ich wollte Sie nach einem Buch fragen, in dem Sie und Ihre Arbeit erwähnt werden, Frederick Exleys *A Fan's Notes*. Er schreibt über eine Bar namens P. J. Clarke's in New York –

Ja. Fünfundfünfzigste Straße.

In diesem Buch beschreibt er sie als die *Lost-Weekend*-Bar. Haben Sie dort gedreht?

Ich habe einige Szenen dort gedreht, und danach einige Szenen … Damals gab es auf der Third Avenue diese Hochbahn. Die brauchte ich für die Szenen, in denen er versucht, seine Schreibmaschine zu versetzen. Aber weil Jom Kippur ist, sind alle Läden geschlossen.

JEFF MARKS Heb deinen Fuß hoch, Billy!

Ja, ich habe in dieser Gegend gedreht. Natürlich gab es auch Innenaufnahmen, und die habe ich vor dem echten Hintergrund gedreht. Im Fenster kann man den Verkehr sehen. Man kann Leute sehen, die vorbeigehen. Ein guter Originaldrehort hängt von dem Milieu ab, in dem man sich befindet, und der Action. Das perfekte Bild einer New Yorker Bar – aber wenn sich nichts tut, wird es nach einer halben Stunde sehr langweilig.

Als Lubitsch *Ninotschka* inszenierte, wie ging er da mit dem Drehbuch um?

Nichts, absolut gar nichts wurde geändert. Das Drehbuch war fertig. Keine Erfindungen, nichts. Nur ganz, ganz selten fand er etwas Neues, aber –

JEFF MARKS Ausruhen.

Wilder dreht sich herum, schaut an die Decke. Glücklich über die Adrenalinstöße fährt er fort. Die Therapie gibt ihm Energie.

Er probierte alles aus. Er las die Szene. Er spielte die Szene mit uns durch. Er spielte sie mit der Sekretärin durch. Dann passierte etwas sehr Lustiges, denn er diktierte es von den gelben Notizzetteln, die er benutzte, der Sekretärin. Er diktierte ihr acht oder zehn Seiten, eine Szene aus *Ninotschka*. Dann kommt er zu uns ins Zimmer und sagt: »Wir haben versagt! Es gibt keinen einzigen Lacher im Film. Die Sekretärin hat nicht einmal gelächelt!« Sehr deprimiert. Dann kommt er am nächsten Tag zu uns und sagt: »Wisst ihr, warum sie nicht gelacht hat? Weil sie eine Zahnspange hat!« [*Er lacht.*] Lubitsch protestierte: »Ich wusste, es war sehr komisch! Ich wusste es!«

JEFF MARKS [*Trocken*] Ich möchte nicht, dass das Hausmädchen dieses von so vielen Leuten zerwühlte Bett sieht.

Billy, wer waren Ihre Rivalen damals in den Vierziger-, Fünfzigerjahren?

Preston Sturges, er war der erste Autor, der sich einfach selbst befreite und Regisseur wurde. Joe Mankiewicz. Dann Norman Krasna – er machte Komödien. Dann Claude Binyon. Es gab andere [Autoren-]Teams, aber keines, bei denen einer Regisseur war. Einige haben es versucht. Aber dann sagten sie: »Scheiße, das ist zu hart und es taugt nichts.« Einige haben's geschafft, andere haben's nicht geschafft.

JEFF MARKS Rauf und runter mit den Zehen.

Empfanden Sie sie als Konkurrenz?

Nein. Wir waren ganz offen, wir sprachen darüber. Es gab nur wenige. Manche kamen nur schwer mit Dialogen zurecht, aber es war in Ordnung. Es gab einhundertundvier Autoren zur gleichen Zeit bei Paramount. Es gab ein Autorengebäude. Es gab einen Annex zum Autorengebäude. Und es gab einen Annex zum Annex. Viele Drehbücher wurden nicht verfilmt, wissen Sie. Wir drehten damals fünfzig Filme im Jahr. Wir schrieben aber einhundertundfünfzig.

Wir wechseln jetzt in den äußeren Bereich des Badezimmers für einige Übungen im Stehen. Die Therapie geht weiter, während wir uns an einer sonnigen Fensterbank befinden, auf der vier Vasen mit Kleingeld unterschiedlicher Währungen stehen. Wilder setzt das Gespräch fort, wobei er ständig den Kopf drehen muss, sodass er manchmal meine Fragen beantwortet, während er den Arzt anschaut, oder mich, während er dem Arzt antwortet.

»Es gab einhundertundvier Autoren
zur gleichen Zeit bei Paramount.
Es gab ein Autorengebäude.
Es gab einen Annex zum Autorengebäude.
Und es gab einen Annex zum Annex.«

Eine kurze Frage zu *Sherlock Holmes*. Wie war Ihre Beziehung zu Ihrem Hauptdarsteller Robert Stephens?

Stephens. Er war ein wunderbarer, ganz wunderbarer Mann. Er kam vom Theater. Und er war mit Maggie Smith verheiratet. Ich war mir nie sicher, ob er homosexuell war oder nicht. Und dann unternahm er während der Dreharbeiten einen Selbstmordversuch. Wir mussten warten, bis er sich wieder erholt hatte. Er ist vor einigen Jahren gestorben [1994]. Er war ein sehr guter Schauspieler. Er sah für mich genau so aus, wie ich mir Sherlock Holmes vorstellte. Er war ein sehr, sehr freundlicher, netter Mann, der Regieanweisungen annahm wie ein Fisch im Wasser schwimmt. Er war sehr, sehr gut, außer in jenen Wochen, als der Film halb fertig war und wir uns Sorgen darüber machten, ob das Drehbuch jemals fertig wird. Wir machten uns Sorgen, dass der Film nie fertig werden würde.

JEFF MARKS Beide Arme nach vorn.

Wilder macht eine Pause, um die lebendige Atmosphäre um ihn herum zu betrachten. Der Doktor arbeitet mit ihm, Audrey macht mit, ich halte ein Mikrofon. Es wird deutlich, dass er das herrliche Chaos eines Filmsets vermisst hat. Mit kaum verhüllter Freude ermutigt Wilder uns, dirigiert uns zu bestimmten Plätzen im Raum. Wir fühlen uns alle wie Charaktere in einem Wilder-Film. Und er weiß das. Er beobachtet die funktionierende Szene, die er gerade eingerichtet hat. In seinem Gesicht zeigt sich der seltene Ausdruck vollkommener kreativer Befriedigung. Es ist nur ein kleines Lächeln, ein einfacher Ausdruck großen Amüsements, aber es ist eine große Enthüllung für seinen Biographen. Das ist er. Das ist sein Glück.

[*Ganz der Regisseur*] Das ist eine nette Szene, mit dem Dialog und mit Ihnen, und Sie fragen sich, ob ich mit dem Doktor rede oder mit Ihnen ... Hier könnten eine Menge lustiger Sachen passieren. Stellen Sie mir die nächste Frage!

JEFF MARKS Arme zur Seite, als ob Sie fliegen wollen. Und jetzt ... auf die Zehen stellen.

Stephens hat ein Buch geschrieben, in dem er anmerkt, dass die Erfahrung der Dreharbeiten zu *Sherlock Holmes* sehr nervend war.

Ja, weil er den Motor jeden Morgen anwerfen musste, richtig? Statt jeden Nachmittag zu starten und das ganze Stück zu absolvieren. Ich habe sein Buch nie gelesen. War er sehr unglücklich mit mir?

Ich habe das Gefühl, dass er die Erfahrung zu einer Zeit in seinem Leben machte, die für ihn sehr schwierig war. Wie sah die Beziehung aus Ihrer Perspektive aus?

Stephens? Ich liebte es, mit ihm zu arbeiten. Es gefiel mir sehr gut. Weil er ein gut ausgebildeter, professioneller Schauspieler war. Er konnte mit den Dialogen endlos weitermachen. Ich war fertig, und er machte weiter, die nächsten vier Seiten.

JEFF MARKS Hinsetzen und ausruhen.

Wilder setzt sich in der Nähe der Badezimmertür hin, ein Krieger voll Adrenalin. Ein paar Minuten lang wendet sich das Gespräch den Footballwetten für das Wochenende zu. Dann setzen Wilder und Jeff Marks die Therapie fort, gehen durch das Apartment, den Flur hinunter und wieder zurück. Audrey bleibt im äußeren Bereich des Badezimmers, wo sie mir eine eingerahmte Notiz von Billy zeigt. Da steht in kleiner Schrift: »To My Love« [»Für meine Liebe«].

Keine Unterschrift.

»Das war das einzige Mal, dass Billy mir etwas geschrieben hat.« Sie lacht herzlich. »Das war für meinen letzten Geburtstag – aber wie Sie sehen, hat er seinen Namen nicht daruntergesetzt.« Sie lacht wieder. »Oft hat er Telegramme

geschickt, aber niemals etwas in Handschrift. Und er unterzeichnete sie mit ›Prinz von Liechtenstein‹ oder ›Baron Münchhausen‹ oder so. Aber niemals mit seinem Namen, und niemals handgeschrieben.«

»Haben Sie ihn nicht gebeten, das zu signieren?«

»Nein! Ich bin froh, dass ich es überhaupt habe!« Sie lacht wieder. Sie gleicht jetzt sehr stark einer Figur aus Wilders Feder: die Frau, die es einem sehr verheirateten Mann erlaubt, sich immer noch geheimnisvoll und frei zu fühlen. Sie lacht immer noch. »Nicht einmal hat er mit seinem Namen unterzeichnet.«

[*Zurückkommend*] Also, ich bin jetzt mit der Therapie fertig. Weitere Fragen? [*Wir gehen wieder ins Fernsehzimmer, und Wilder keucht ein wenig wie ein Boxer nach einem Kampf.*] Zeigen Sie mir die Fotos! [*Audrey kommt herein und erinnert ihn daran, dass er eine Verabredung zum Lunch mit einem Freund hat. Mir bleiben für heute nur noch ein paar Fragen.*] Sie haben gesagt, es würde zwanzig Minuten dauern.

Ich weiß, ich –

Ihre zwanzig Minuten dauern immer eine Stunde!

Hier ist ein großartiges Foto von Gloria Swanson als Norma Desmond. Es inspirierte mich zu einer Frage. Diese Charaktere, die Sie geschrieben haben, in diesem Fall mit Brackett, sind so überlebensgroß … Norma Desmond ist berühmter als die berühmtesten Schauspieler.

Ja.

Nachdem Sie Norma Desmond geschaffen hatten, wie fühlte sich das an, den Film zu machen? War sie für Sie eine lebende, atmende Person?

Ja, das war sie. Ja, absolut. Plötzlich ist eine Persönlichkeit da, nicht nur auf dem Papier. Sie war eine reale Figur, die am Boulevard der Dämmerung hätte leben können. Nicht in dieser Dekoration – die war enorm. Und sie hatte eine Affäre mit dem Affen. Ich sagte ihr [Swanson] immer: »Denken Sie dran, dass Ihr Liebhaber im Garten ist.«

Hat sie darüber gelacht?

Anfangs lachte sie. Aber dann … [*Er offeriert einen schockierten, erschrockenen Blick.*]

Hier kommt wieder eine seltsame Frage – aber mit welchen der von Ihnen geschaffenen Figuren haben Sie gern Zeit verbracht? Und sie vermisst, wenn der Film zu Ende war?

Sie meinen faszinierende Charaktere? Man hätte sich gern mit DeMille hingesetzt, man hätte sich gern mit Stroheim hingesetzt, man hätte sich gern mit Holden hingesetzt. Oder sogar mit der kleinen blassen Vorleserin aus *Boulevard der Dämmerung*. [Nancy] Olson hat sie gespielt, glaube ich. Ich kannte jede Figur, ich wusste, dass alles funktionierte. Mit Ausnahme einer Sache, denn Stroheim konnte nicht Auto fahren. Wir mussten ihn ziehen, wir mussten eine Kette irgendwo festmachen und ihn außerhalb des Kamerabereichs ziehen. Und selbst dann noch ist er gegen das Tor gefahren, und wir mussten es reparieren lassen.

In Bezug auf all Ihre Filme, gab es da andere Figuren, die

Sie nur höchst ungern aus Ihrem Leben entließen, wenn der Film zu Ende war?

Sicher, da gibt es Figuren – nicht unbedingt passende Figuren. Ich mochte den Anwalt, Walter Matthau in *Der Glückspilz*. Ich mochte C.C. Baxter [Lemmon in *Das Appartement*]. Ich mochte fast jede Figur. Ich liebte Holden in *Stalag 17*. Ich liebte [Otto] Preminger in dieser einen kleinen Szene, eine sehr gute Szene [in *Stalag 17*]. Kam gut rüber. Alle Charaktere in *Stalag 17* waren gut, weil sie mit dem Stück gelebt hatten. Ich hatte nicht mit dem Stück gelebt, aber ich hatte ein *Gefühl* für das Stück. Meine Liebe wird immer Mr. Holden gehören.

Das bringt mich zu einem anderen dieser Fotos. Ich liebe dieses Foto, auf dem Sie mit Audrey Hepburn tanzen. Ich vermute, Sie zeigen ihr, wie die Szene letztlich aussehen soll.

Ja.

War sie eine gute Tänzerin?

Großartig. Sie war ja beinahe eine Tänzerin, sie war ja beinahe eine Ballerina. Sie machte *alles* gut. Und alles flog ihr zu, wissen Sie. Es war ihr zweiter oder dritter amerikanischer Film.

Was geht Ihnen durch den Kopf, wenn Sie dieses Foto betrachten?

Wilder untersucht das Foto, hält es vorsichtig, saugt das Bild in sich auf, studiert es aber offenbar mehr wegen seiner Komposition als aus Nostalgie.

Nun, ich vergaß, dass ich ihr zeigte, wie sie es machen sollte, weil sie das sehr gut selbst konnte. Sie führte *mich*, ich führte sie nicht. Ich dachte, ich sei auf einem Ball, ich tanzte in einem Restaurant mit ihr … Ich vergaß die Welt um mich herum völlig, und dann dachte ich: »O mein Gott, die Kamera? Wo ist die Kamera jetzt?«

Also ist es ein wenig so, wie wir das in früheren Interviews besprochen haben. Sie haben diese Filme geschrieben, um all diese unterschiedlichen Leben zu leben, um Dinge zu erfahren, die Sie im wirklichen Leben nicht erfahren konnten. Und da sind Sie und tanzen mit Ihrer eigenen Figur, gespielt von Audrey Hepburn. [*Wilder betrachtet das Foto noch immer.*] Selbstverständlich nur, bis Bogart kommt und die Szene spielt.

Er spielte die Szene … und ich sagte: »Oh, das war nicht so gut wie meine.«

Ich zeige ihm ein altes Klassenfoto aus Wien.

Und das hier?

Das bin ich hier. [*Er deutet auf sich, als wäre nicht offensichtlich, dass er links von der Mitte sitzt, mit einer Zehnjährigen-Version des schrägen Grinsens, das er jetzt neben mir zeigt.*]

Löst das bestimmte Erinnerungen aus?

Nein. Mit einer Ausnahme: dass alle – hier sind die meisten aus meiner Klasse zu sehen – dass alle, außer mir, tot sind.
Gehen wir jetzt?

Er meint mich. Als ich das Aufnahmegerät einpacke, gibt er mir noch ein Juwel mit auf den Weg.

Okay, als Letztes ein Zitat aus Ihrem Interview für das American Film Institute, das herausragt: »Ich mache kein Kino, ich mache Filme.«

»Ich mache kein Kino, ich mache Filme.« Ja, das stimmt. Ich mache Filme zur Unterhaltung. Das ist der Unterschied zwischen einem gebundenen Buch und einer Fortsetzungsgeschichte in der *Saturday Evening Post*. Mit anderen Worten: Man macht es für den Moment. Es soll nicht gebunden werden. Es gibt nur wenige Filme [die mehr wert sind] – die von Eisenstein oder David Lean. Ich mag es einfach nicht, in dieser aufgeblasenen Sprache zu denken, dass wir keine Filme machen, sondern [*mit großer Geste*] KINO!

»›Ich mache kein Kino, ich mache Filme.‹ Ja, das stimmt. Ich mache Filme zur Unterhaltung. Das ist der Unterschied zwischen einem gebundenen Buch und einer Fortsetzungsgeschichte in der Saturday Evening Post.«

Und doch überdauern Ihre Filme die Zeit, und niemand scheint in der Lage zu sein, Remakes davon zu machen. Nehmen Sie zum Beispiel Costa-Gavras' neuen Film *Mad City*. In fast jeder Kritik stand: »Man kann kein Remake von Wilders großartigem *Reporter des Satans* machen.«

Wo stand das? In welcher Zeitung?

In der *New York Times*, der *L. A. Times* …

Ist der Film wirklich so ähnlich?

Ähnlich genug. Und vielen Kritikern ist das aufgefallen, und sie sagten bloß: »Also, netter Versuch, aber es ist nicht *Reporter des Satans*.« Ich glaube, es war die *L. A. Times*, die schrieb: »Dem Film fehlt der ätzende Witz Wilders.« Und daher sind Ihre Filme immer noch gültig. [*Überzeugt davon, dass dieses Kompliment ernst gemeint ist, dreht Wilder den Kopf ein wenig nach hinten und blinzelt mich durch seine Brille an. Er grinst fröhlich.*]

O verdammt, das ist wunderbar!

Ich mache mich auf dem Weg nach San Diego, zu meiner nächsten Verabredung – zu der ich zu spät kommen werde.

Die Footballsaison ist eine angenehme Zeit für Billy Wilder. Montagabend-Football ist ein Ritual in seinem Heim. Ich bin von ihm eingeladen worden, das heutige Spiel zusammen mit ihm anzuschauen, und ich komme früh, noch vor Spielbeginn. Wilder sitzt in seinem Arbeitszimmer. Vor ihm steht ein Martini in einem kleinen Glas, ohne Olive. Er hat auf San Francisco gewettet und auf die Rückkehr eines rehabilitierten Jerry Rice, der dreieinhalb Punkte verloren hat.

Das Zimmer steckt voller Bücher über Kunst, Geschichte und Film. Auf einem Stapel neben ihm liegen Eric Lax' Buch über Woody Allen und Neil Simons Autobiographie Rewrites *mit einer herzlichen Widmung. »Sein Buch ist erstklassig«, kommentiert Wilder. In der Nähe steht ein Foto von Groucho Marx, das auch signiert ist: »Billy – hier ist ein Foto, das deine Sammlung auch nicht bereichert. Groucho.«*

Während einer Werbeunterbrechung frage ich Wilder nach dem berühmten New Yorker Arzt Max Jacobson, auch bekannt als »Dr. Feelgood«. »Er war mein Arzt in Berlin«, erinnert sich Wilder. »Dr. Feelgood, ja. Max Jacobson. Er war ein guter Arzt, sehr mutig. Ich drehte Sabrina *und ich war krank. Ich rief ihn an. Sam Spiegel war bei mir. Er kam und gab mir eine Spritze mit einer Riesennadel. Sam Spiegel wurde ohnmächtig. Er gab einem auch Kokain. Auf einer langen Nadel, die er einem in die Nase steckte, und es lag vorn auf der Spitze. Kennedy war einer seiner Patienten. Sie zitierten ihn vor einen Untersuchungsausschuss. Jetzt ist er ein alter Mann. Er ist 110. Allerdings ist er tot.«*

Das Spiel geht weiter. Er mag die impressionistischen schwarz-weißen Commercials für Miller Genuine Draft [Bier]. Er tut die vielen anderen, mehr hochoktanigen Werbespots ab: »Zu viele Schnitte, zu viele Set-ups … Es hat mehr Kraft mit weniger Einstellungen.«

Audrey huscht von Zeit zu Zeit ins Zimmer, raucht Zigaretten der Marke Eve und schaut nach den Drinks. Ihr Martini ist klassisch und definitiv. Wir trinken jeder zwei.

In der Halbzeit steht Billy auf zum Abendessen, wie es an diesen Montagabenden die Sitte ist. Wir gehen ins Esszimmer hinüber, nehmen Audreys Greta-Garbo-Martinis mit und gruppieren uns um den Tisch. In einer Ecke läuft das Footballspiel auf einem kleinen Fernseher. Während des Essens spricht Wilder lebhaft über amerikanische Kunst. Über Edward Hopper sagt er: »Sehr originell, sehr amerikanisch. Mein Freund Richard Cohen hat sein bestes Werk, Man Awakening at Early Morning … *Ein Mann mit einer nackten Frau hinter ihm. Er hat mit ihr auf einem Sofa geschlafen. Warum hat er mit ihr geschlafen? Warum dort, auf einem Sofa, und nicht in einem Bett? Wird seine Ehe in die*

Brüche gehen? Er war vielleicht der größte amerikanische Maler. Ich habe ihn nie getroffen. Er war ein aufrichtiger Mann, er malte, was er fühlte.«

Audrey verschwindet in der Küche. Nach dem Essen, im dritten Viertel des Spiels, steht Wilder vom Esstisch auf, um wieder in sein Zimmer zu gehen. Er hält einen Moment inne, seine Balance verlagert sich gefährlich. Und dann, Zentimeter für Zentimeter, fällt er nach vorn. Ich sehe das von der anderen Seite des Tisches aus, der zwischen uns steht, wie in Zeitlupe. Er landet mit einem sanften Bumms auf dem Boden, schafft es gerade noch, fast wie ein Sportler über die Schulter abzurollen. Seine Brille schlittert über den Boden. Er liegt da, still und überrascht.

»Aud!«, ruft er laut.

Ich erreiche ihn, als das Hausmädchen als Erste aus der Küche gestürzt kommt, traumatisiert, dann Audrey. Sie hilft ihm auf die Beine. »Ich bin in Ordnung«, sagt Wilder. Das Hausmädchen ist immer noch fassungslos. Audrey und ich halten ihn fest. »Ich bin in Ordnung!« Ich mache ihm ein Kompliment, weil er den Fall besser hinbekommen hat als Jerry Rice, der schon wieder verletzt ist und aus dem Spiel ausgeschieden ist. Wilder schätzt diesen Vergleich, als er seine heile Brille wieder aufsetzt. »Ja«, sagt er, »ich habe mich sanft abrollen lassen.«

Mehr wird über dieses Missgeschick nach dem Dinner nicht gesprochen.

Mein eigener Urgroßvater praktizierte als Anwalt, bis er Anfang neunzig war. Ich war mit diesem Erbe aufgewachsen und dachte, genauso wie meine Schwester, in unserem Stammbaum müsse sich eine Art menschlicher Dinosaurier befinden. Wie war mein Urgroßvater wohl gewesen, als er in diesem hohen Alter immer noch auf der Erde wandelte? Nachdem ich jetzt als Erwachsener Wilder kannte, den ich als Mann in den Neunzigern kennengelernt hatte, empfinde ich die Wahrheit als viel einfacher. Wie Captain Pringle in Eine auswärtige Affäre *vielleicht gesagt hätte: Es ist eine kurze Strecke, Baby, und wir alle fahren mit derselben ratternden Straßenbahn. Ich sitze bei Wilder und schaue die Übertragung an, diskutiere mit ihm die Wetten. Das Spiel erweist sich als vernichtende Niederlage für San Francisco. Die mehr als fünfzig Jahre, die zwischen uns liegen, fühlen sich gar nicht so lang an.*

Bevor ich gehe, erkundigt sich Wilder nach meinem nächsten Drehbuch, und wie immer fragt er: »Wie sieht es mit dem dritten Akt aus?« Ich erkläre ihm, dass ich ein paar Probleme zu lösen versuche. »Wenn Sie ein Problem im dritten Akt haben«, berät er mich wie einen Kollegen, »liegt das Problem im ersten Akt.«

»Tschüss, Kumpel«, sagt Audrey.

Wilder steht mit ihr in der Tür zu seinem Zimmer, schüttelt meine Hand und winkt Auf Wiedersehen. Das erinnert mich an Karen Lerners frühe Beschreibung des Privatmanns Wilder – rechtschaffen und galant, nicht bloß tough.

»Kommen Sie wieder«, sagt er mit einer leichten Verbeugung. »Ich werde vor Ihnen zerbröckeln.«

Die Arbeit mit Wilder hat mir Lust zum Filmemachen gemacht. Die nächsten Monate arbeite ich abwechselnd an meinem Drehbuch und an diesen Transkripten. Beide profitierten voneinander. Es gibt nur wenige Filmemacher, die aus ständigen Begegnungen mit Wilder keinen Nutzen ziehen würden, und so ist es auch. Ich spreche mit Karen Lerner, die mit Wilder gesprochen hat.

»Wo ist mein Mitarbeiter?«, hat er sie gefragt. »Was ist los mit ihm?«

Drei Minuten zu spät. Die Tür steht offen. Audrey ist im Büro, Wilder zieht die Rollos hoch. Er trägt eine Mütze und einen braunen Sweater über seiner maßgeschneiderten

Hose. Das Büro ist voll eingerichtet und dekoriert mit langen, rechteckigen, von Henri Matisse und Miró signierten Lithographien ... und mit einem gerahmten Poster, einem Rückenakt von Naomi Campbell, das an der Wand rechts neben seinem Schreibtisch hängt. Links neben dem Schreibtisch liegt ein großes Wörterbuch aufgeschlagen auf einem hölzernen Pult. Das auffallendste Wort auf den sichtbaren Seiten lautet, ganz angemessen, »Logik«. In der Mitte zwischen diesen beiden Welten, der körperlichen und der geistigen, sitzt der Mann selbst. Er und Audrey sprechen über die Blumen im Topf vor seinem Doppelfenster über dem Brighton Way. Es hat den ganzen Morgen heftig geregnet, doch Wilder ist ganz munter, als er zum Fenster geht, um einen Blick hinauszuwerfen.

»Wir werden nicht mehr als zwei Stunden brauchen«, sagt er und verabredet sich mit Audrey zur Mittagszeit.

Audrey schlägt vor, wir sollten diese Woche zusammen ausgehen. Sie zieht einen eleganten italienischen Blazer an. »Wir werden uns ein schickes Restaurant aussuchen«, sagt sie. Als sie geht, wirft sie noch einen Blick über das jetzt fertige Büro. »Billy – an deinen Wänden hängen immer nacktarschige Frauen ...«

Er kichert, und wir machen uns an die Arbeit. Ich hole mein großes, mit Notizen versehenes Manuskript heraus. Wilder beäugt es. Die heutige Sitzung soll Klar- und Richtigstellungen dienen.

»Es liegt Arbeit vor uns«, sagt er mit der kühlen Professionalität eines Mannes, der viele umfangreiche Manuskripte gesehen hat, die gekürzt werden mussten. Wir sprechen zunächst über Ernst Lubitsch. Ich versuche immer noch den frühen schwedischen Stummfilm von Mauritz Stiller zu identifizieren, der Wilders Mentor dazu inspiriert hat, jene eleganten Komödien zu machen, die Wilders eigenen filmischen Stil beeinflusst haben. Ich nenne die Titel einiger frü-

her Stiller-Filme. Wilder findet, der richtige sei nicht dabei. Ich bitte ihn, die Suche nicht aufzugeben. Das Gespräch geht weiter, während wir einige Namen und Daten korrigieren.

James Lipton fragt in seiner Talkshow *Ungeschminkt* seine Gäste immer: »Was werden Sie Gott sagen, wenn Sie an der Himmelspforte ankommen?«

Werde ich wissen, dass es Gott ist?

Ja.

Ich werde es wissen … definitiv? Ich weiß nicht. Ich würde mich wie in einem Hotelzimmer umschauen, und der Manager zeigt mir alles. Aber ich würde mich dort wohlfühlen.

*»Kann ich hundert Jahre alt werden?
Das würde ich gern. Ich bin der älteste lebende Regisseur, glaube ich. Vielleicht gibt es noch einen älteren, der sich in einem Vorort von Hollywood versteckt.«*

Welche Dinge sehen Sie jetzt ganz klar, nachdem Sie so ein langes Leben leben?

Jetzt? Es ist eine Frage der Langlebigkeit. Wie alt kann ich werden? Werde ich das Jahr 2000 erleben? Kann ich hundert Jahre alt werden? Das würde ich gern. Ich bin der älteste lebende Regisseur, glaube ich. Vielleicht gibt es noch einen älteren, der sich in einem Vorort von Hollywood versteckt. Was sehe ich klar in meinem Alter? Ich habe eine gute Frau.

In der Sendung über Sie aus der Reihe *American Masters* merkt Diamond an, dass Sie, selbst Jahre nach dem Start von *Das Appartement,* immer noch darüber nachgedacht haben, ob Sie Jack Lemmon nicht besser ein körperliches Handicap in Form eines Klumpfußes hätten geben sollen. Können Sie sich daran erinnern?

Vage. Aber das war vergessen. Der Film war ein großer Erfolg, er hat Preise gewonnen, alles gewonnen. Ich habe das vergessen. Ich schwelge nicht in alten Filmen. Ich inszeniere sie nicht neu, ich schreibe sie nicht neu, ich mache gar nichts neu … besonders jetzt, da ich über neunzig bin, verstehen Sie?

Warum haben Sie sich Sorgen darüber gemacht, dass Lemmon noch etwas brauchte?

Ich weiß nicht, warum. Ich dachte es eben. Leute haben mir das Happy End *dieses Dings* vorgeworfen. Oder dass der Film »schmutzig« sei. Aber diese Art von Geschichte geschieht in jeder Firma und sie endet immer tragisch. Der Boss oder die Bosse, die sich ihre nachmittäglichen Extravaganzen erlauben. Einige Leute fanden den Film nur deswegen schmutzig, weil sie nicht hingehört hatten, weil sie bei einem wichtigen Satz nicht hingehört hatten, der erklärt, warum Lemmon in der Firma aufsteigt. Einer seiner Vorgesetzten kam mit einem Koffer und sagte, er würde abends in die Oper gehen, und ob er sich nicht in Lemmons Apartment umziehen könnte. Und Lemmon sagte: »Natürlich können Sie das.« Und dann steckte er in der Falle. Plötzlich nutzen ihn drei Typen aus, und er musste anfangen herumzumanövrieren ... Ich machte mir Sorgen darüber, wie ich ihn in diesem Dilemma belassen sollte. Ich glaube, das war das Problem – ich kann mich nicht genau daran erinnern, und das ist gut so. Die anderen werden sich auch nicht daran erinnern, und sie werden denken, alles sei spontan entstanden.

So, jetzt haben Sie alles ... Das ist gut.

»Auf Wiedersehen, mein Freund«, sagt er schlicht, als ich gehe. Ich habe genug seiner Telefonate mit angehört, um zu wissen, wie rar diese Verabschiedung ist.

Dinner im Restaurant Mimosa auf dem Beverly Boulevard. Die Wilders sitzen an den entgegengesetzten Enden des Tisches; zwischen ihnen sitzen ihre Freunde Richard und Barbara Cohen und Jerry und Ann Moss. Das ist die reguläre Dinner-und-Filme-Runde der Wilders. Das Restaurant serviert nur Wein und Bier. Ich sitze Audrey gegenüber, die in ihrer schwarzen Chaneltasche einige Miniflaschen Wodka hereingeschmuggelt hat. Heimlich bereitet sie für einige der Gäste Wodka-und-Wasser-Drinks zu. Am anderen Ende des Tisches sitzt Wilder mit einem flotten Hut und einem silbernen Schnurrbart. Es ist eine laute Dinner-Gesellschaft, und Wilder kann uns, die wir am anderen Ende des Tisches sitzen, nicht hören; dennoch genießen wir alle einen Abend am Rand seines Glanzes.

Audrey sitzt fröhlich ebenfalls am Rand seines Glanzes und sie ist sichtlich stolz auf ihn. Wie ich erfahren habe, lieben alle, die Billy lieben, Audrey genauso. Sie fängt die Kellner ein, hält die Gespräche in Gang, spricht laut *mit Billy, wenn es um die Wahl seiner Vorspeise geht. Audrey genießt den Abend.*

Außerhalb seines Hörbereichs, ihn aber am anderen Tischende immer im Auge behaltend, erzählt Audrey, wie sie

Wilder zum ersten Mal begegnet ist. Sie hatte ein Auge auf ihn geworfen und war drei- oder viermal mit ihm ausgegangen, bevor sie auf eine Tournee ging. Sie kannte ihn nicht näher, trotzdem rief sie Wilder von unterwegs an. Sie rief ihn zu Hause an, als er im ersten Stadium seiner Scheidung steckte und noch mit seiner Ehefrau zusammen in ihrem Haus wohnte. Wilder nahm das R-Gespräch an. Freundinnen hatten ihr geraten, die schwer zu Erobernde zu spielen. Sie ignorierte sie. Sie bat Wilder, ihr Geld für ein Flugticket zurück nach Los Angeles zu schicken. Sie wollte ihn sehen. Er schickte das Geld; danach trafen sie sich regelmäßig. Audrey erinnert sich daran, dass sie ihm einen Heiratsantrag machte; Wilder hat die Geschichte anders erzählt, schrieb sich das selbst zugute. »Seine erste Frau mochte die Angelegenheit gar nicht«, sagt sie sachlich. »Sie wollte, dass er mit ihr nach Modesto umzog. Ich habe sie einmal getroffen. Man muss sich klarmachen« – sie schaut zu ihrem Mann am anderen Tischende hinüber, denkt an sein großes Talent –, »dass man immer die Nummer zwei ist. So ist es nun mal.« Sie sagt das stolz. »Und wenn man sich das einmal klargemacht hat«, vertraut sie mir an, »dann ist man immer die Nummer eins.«

Am Anfang ihrer Beziehung hatte Wilder gesagt: »Keine Kinder mehr – und versuche nicht, mich auszutricksen.« Audrey stimmte zu, und obwohl sie »natürlich« gern ein Kind gehabt hätte, »habe ich nicht versucht, ihn auszutricksen.« Sie zuckt mit den Schultern und glättet ihre Bluse. »Aber deswegen waren wir uns näher.« Sie blickt über den Tisch zu Wilder, der etwas gebeugt dasitzt, mit seinem weißen Schnurrbart aber dennoch irgendwie draufgängerisch aussieht, und sagt ein wenig sehnsüchtig: »Wir waren uns näher, als wenn wir Kinder gehabt hätten. Jedenfalls sagen das die Leute.«

Ich frage, ob es stimmt, dass Audrey den herrlichen Karrieremädchen-Mantel zur Verfügung gestellt hat, den Fran

Kubelik in Das Appartement *trägt. Es ist ein zottiger Mantel, der einem alles erzählt über diese berühmte Figur, über ihre Hoffnungen und Träume – ein großartiger Kostümeinfall, unvergesslich, selbst wenn seine genaue Farbe auf ewig nur als unklarer Schwarz-Weiß-Ton zu sehen ist. »Ja, das war mein Mantel«, sagt Audrey. »Er war limonengrün.«*

Sie erzählt mir eine Geschichte von der Oscar-Nacht 1960. Wilder war nominiert für Manche mögen's heiß. *Er und Audrey gingen aber nicht zur Preisverleihung. Sie sahen es auf einer Party im Fernsehen. »Er wollte nicht hingehen, da er erwartete zu verlieren«, erinnert sie sich. »Er wusste, der Film würde nicht gewinnen. Es war das Jahr von* Ben Hur. *Billy trank dreizehn oder vierzehn Martinis, es war das meiste, was ich ihn jemals habe trinken sehen. Es war ihm so peinlich; er schloss sich im Bad ein und wollte nicht mehr herauskommen. ›Warum willst du nicht mehr herauskommen?‹, fragte ich. Jetzt macht sie Billy nach, der mit leiser und gequälter Stimme sagt: ›Ich bin* betrunken.*‹ Und er kam nicht heraus. ›Ich kann nicht‹, sagte er.«*

»Tony Curtis und Kirk Douglas hämmerten gegen die Tür. Schließlich machte er auf, und sie trugen ihn hinaus, trugen ihn zum Auto. Er stöhnte, es war ihm so peinlich. Zu Hause bei uns musste er vom Portier hochgetragen und ins Bett gelegt werden. ›Ich habe dich nie betrogen‹, sagte er. Das war überhaupt nicht seine Art, aber das sagte er mir damals.«

Im nächsten Jahr hatte Wilder ein besseres Gefühl, was seine Chancen bei den Oscars betraf. Er ging zur Preisverleihung und bekam die dreifache Krone für Das Appartement*: Bester Regisseur, Bestes Drehbuch, Bester Film.*

Audrey schaut über den Tisch. »Ich hätte nie mit einem anderen Mann zusammen sein können. Er war einfach anders. *Er ist es immer noch. Er ist immer noch derselbe.«*

Am anderen Ende des Tischs beendet Wilder sein Mahl.

Der Kellner erkundigt sich mit respektvoller Stimme, ob die Pilzsuppe in Ordnung sei. Wilder wirft ihm einen Blick zu, der besagt, sie sei perfekt.

Als wir am Straßenrand auf unsere Autos warten, beuge ich mich zu Billy hinüber. Ich flüstere ihm zu, dass ich jetzt den Titel des Films von Mauritz Stiller gefunden hätte, der Lubitsch anfangs beeinflusst hat. Der Titel sei Erotikon.

*Wilder strahlt, als ob ich die obskure erste Single seiner Lieblingsband gefunden hätte. »*Erotikon*! Ja! Das ist er! Das ist der Titel! Da wurde Lubitsch zu Lubitsch. Ein Stummfilm.« Er bleibt an der Autotür stehen. »Nichts für die Leute von heute.« Dann zuckt er fröhlich mit den Schultern und fügt den Schlussgag hinzu: »Aber wer weiß, vielleicht kommt er eines Tages zurück! Ich sehe Sie bald.«*

Zwei Wochen später rufe ich in Wilders Büro an, um den Termin für unsere letzte große Klärungs-Sitzung festzulegen. Es ist Freitagvormittag, gegen 11 Uhr 20. Ich hoffe, ihn am Wochenende zu Hause treffen zu können, wo ich ihm ein Video mit einer Zusammenstellung einzelner Szenen zeigen und so vielleicht Erinnerungen hervorrufen könnte. Wie üblich hebt er nach eineinhalb Klingelzeichen ab.

»Hallo«, sagt er mit seiner singenden Stimme.

»Hallo Billy, hier ist Cameron Crowe.«

»Hallo, wie geht es Ihnen?«

»Ziemlich gut. Wie geht es Ihnen?«

»Mir geht es nicht so gut«, sagt er mit klarer, aber enttäuschter Stimme.

Ich versuche ihn aufzuheitern; meine Begeisterung für das Buch geht heute mit mir durch.

»Das ist wunderbar«, sagt er.

Ich bitte ihn um einen Termin. Er sagt, er nehme sich das Wochenende frei, ich solle doch in ein paar Tagen noch mal anrufen. »Ich bin sehr schwach«, sagt er. Und dann fügt er ein sachliches Statement hinzu. »Es geht zu Ende mit mir«, sagt er.

Ich danke ihm für seine Zeit und für die Möglichkeit, mit seinen Worten zu arbeiten. »Ich mache weiterhin Stimmung, so wie Sie«, sagt er. »Auf Wiedersehen.«

Der traurige, fragile Ton seiner Stimme verfolgt mich tagelang.

18 Uhr 28. Sonntagabend, das Telefon klingelt. Meine Frau und ich machen Hausputz, wir haben die Hände voll. Der Anrufbeantworter läuft an; die seltsame, dissonante Ansage läuft ab für den Anrufer. Piep.

Seine Stimme klingt kraftvoll, geschäftig:

»Cameron! Hier ist Billy Wilder. Wir sind für morgen Vormittag verabredet, aber kommen Sie bitte um elf statt um neun oder zehn Uhr. Ich muss zum Doktor. Ich treffe also meinen Doktor und dann treffe ich Sie. Gegen elf, elf Uhr fünfzehn. Danke.«

Ich rufe zurück und erkläre, nur die Tatsache, dass ich mit meiner Frau zum Arzt müsse, könne unser Treffen verzögern.

»Ich muss auch zum Arzt!« Er macht eine Pause. »Gut! Wir könnten zum selben Doktor gehen und dann können wir alle zusammen sein!«

Er ist wieder da.

Wir planen, uns am nächsten Tag mittags zu treffen.

Unser Arzttermin ist frühzeitig zu Ende, also fahre ich schnell zu Wilders Büro und bin schon um elf Uhr da, nur um einmal viel zu früh anzukommen. Niemand öffnet die Bürotür. Ich schaue durch den Briefschlitz. Das Büro ist dunkel. Ich gehe nach unten, um auf ihn zu warten, und schon bald kommen er und Audrey die Straße hinunter auf mich zu. Beide tragen weiße Mäntel und sie gehen unter einem Schirm. Sie schlendern zusammen einher und sehen sehr gestylt, sehr schneidig, sehr europäisch aus an diesem regnerischen Vormittag.

»Hey! Ich bin zu früh!«

Niemand feiert das. Stattdessen gehen wir in den Shop im Erdgeschoss und bestellen Kaffee. Die Latinas hinter der Theke lächeln ihn freundlich an; der elegante Griesgram ist einer ihrer Lieblingskunden. Der Kaffee kommt, und wir setzen uns an einen kleinen weißen Tisch. Ich schiebe Billy den Stuhl hin, als er seinen Abstieg in Angriff nimmt. Plop.

»Haben Sie Titanic *gesehen?«, fragt er. Er lehnt sich näher herüber. »Haben Sie schon mal solchen Pferdemist gesehen?« Wilder schaut über den Rand seiner Brille schelmisch zu mir herüber. Er schüttelt den Kopf. Dieses Spiel macht ihm richtig Spaß – über einen der erfolgreichsten Filme aller Zeiten herzuziehen. »Ich kann es immer noch nicht glauben. Das Geld, das da ausgegeben wurde. Ein Studio geht zu einem anderen Studio und sagt: ›Helft ihr uns, diesen Film fertig zu machen?‹« Seine Augen blitzen; er findet es sehr ironisch, dass ein einziger Film zwei Studios die Taschen leert. Ich merke an, dass ich die Chemie zwischen den Hauptdarstellern genossen habe und das Drehbuch dadurch für mich funktionierte. »Welches Drehbuch?«, fragt er trocken und nippt an seinem Kaffee. »Ich sage Ihnen, wenn das einen Oscar gewinnt, schreie ich.«*

Audrey lacht und wechselt das Thema. Wilder trinkt seinen Kaffee aus und nimmt seinen Stock. Es wird Zeit, an die Arbeit zu gehen. »Ich sehe dich später«, sagt er zu Audrey. »Auf Wiedersehen.«

»Bis später, honey.*«*

Er schlüpft in seinen Mantel und geht nach oben, Stufe um Stufe, keinen Gedanken an den Aufzug verschwendend. Wir steigen schweigend hoch.

Er fragt mich, ob ich schon ein Ende für das Buch habe. Noch nicht.

Umsichtig öffnet er die Bürotür. Er geht zu seinem Platz hinter dem Schreibtisch; die Rollos öffnet er nicht, weil es ein regnerischer Tag ist. Er schaut mich an, die Nase eingeklemmt zwischen den großen Brillengläsern. Er trägt einen karierten Hut, ein gelbes Hemd mit blauen Karos und eine leichte olivfarbene Weste.

»Wir haben Arbeit zu erledigen«, sagt er, stellt seinen Stock weg und lässt sich vorsichtig auf seinem Stuhl nieder. Ich stelle das Mikrofon hin, und er rückt eine Packung Kleenex vor sich zurecht.

Ich zeige ihm das berühmte Monroe-Foto mit dem hochwirbelnden Kleid aus Das verflixte siebente Jahr.

Ja, das war auf der Straße. Wir mussten aber ins Studio gehen, um die Nahaufnahmen zu machen, weil wir mit den Leuten auf der Straße nicht fertig wurden. Wir waren damals aber auch zu blöd. Wir haben alle über ein Logo für diesen Film nachgedacht, und keiner von uns kam auf die Idee, dass es dieses berühmte Foto sein könnte. Niemand dachte an das hochwirbelnde Kleid. Uns fiel nichts ein für die Werbung. Wir nahmen schließlich etwas, wo sie im Fenster liegt und ihr Busen heraushängt …

Wenn Sie den Hollywood Boulevard entlang fahren oder ein Hollywood-Magazin durchblättern, fühlen Sie sich dann ein wenig als der Urheber?

Ich ärgere mich nur über mich selbst, dass ich nicht an dieses Bild für die Werbung gedacht habe … Und dann wurde es eins der berühmtesten amerikanischen Fotos. [*Er zuckt mit den Schultern. Es macht ihm immer noch zu schaffen.*]

Ich habe hier zum Beispiel eine Werbung mit Gloria

Swanson für *Boulevard der Dämmerung* … [*Wilder springt auf, ohne Stock, und führt mich zu einem gerahmten Plakat an der äußeren Bürowand. Es ist aus Polen, und es zeigt Swanson als Norma Desmond, mit geschwungenen Augenbrauen, mit Filmstreifen als Haaren – eine verblüffende Erscheinung des frühen Kinos. Es ist eines der wenigen Poster von seinen Filmen, die an der Wand hängen. Er ist sichtlich stolz darauf; es ist das Erste, was ein Besucher sieht, wenn er das Büro betritt.*] Hier hätte man es nicht einsetzen können, denn man hätte [aufgrund vertraglicher Verpflichtungen] Holden in gleicher Größe zeigen müssen. Schauen Sie sie an – da ist sie, Medusa, mit Zelluloid als Haaren! Wundervoll!

Es ist interessant, sich Arbeitsfotos von Ihren Filmen anzuschauen. Manchmal zeigen Sie, wie sich jemand verhalten soll, manchmal demonstrieren Sie eine Szene; Sie zeigen zum Beispiel Jack Lemmon, wie er eine Rasierklinge in seine Tasche fallen lassen soll. Und manchmal scheinen Sie nur zu kiebitzen, wenn die Darsteller proben.

Ja, ich habe keine durchgängige Haltung in Sachen *Regie*. Manchmal drehte ich eine Szene, in der etwas fehlte. Manchmal kam etwas nicht rüber, wurde etwas nicht klar, weil ich hauptsächlich Autor bin. Diamond war die meiste Zeit am Drehort. Ich sagte schon mal: »Das ist nicht gut – wir brauchen hier einen zusätzlichen Satz, um ihn oder sie aus dem Zimmer zu bekommen!« Ich war also ganz der Autor-Regisseur, natürlich zusammen mit Diamond, weil ich sein Ohr brauchte. Jede gute Idee nahm ich dankbar an. ›Nein‹ gab es nur für das Chefbüro. Immer nein. Sie kamen mit lausigen Ideen an, die wir realisieren sollten … was wir nicht taten. Aber es hat … Spaß gemacht, muss ich sagen.

Ich mag die Vorstellung, dass man als Regisseur manchmal streng sein muss und manchmal einen Scherz mit den Schauspielern machen sollte.

Ja, manchmal, bei einer ernsten Szene. Ich erinnere mich zum Beispiel daran, dass Holden in *Boulevard der Dämmerung* aus dem Fenster über der Garage schaut, da wo er eingezogen ist, und unten im Garten begraben sie den Affen. Ich sagte zu Swanson: »Da geht Ihr letzter Liebhaber dahin.« [*Er lächelt zufrieden. Er erzählt dies nicht zum ersten Mal, es ist einer seiner Lieblingswitze.*]

Schauen Sie sich dieses Foto an. Es zeigt Sie beim Inszenieren von *Das Appartement*. Es erinnerte mich daran, wie wichtig Rhythmus ist, denn Sie scheinen zu sagen: »Jetzt folge ihr aber!« Um den physischen Rhythmus hinzubekommen –

Ja, das war eine Probe ohne Kostüm. Weil er eine schlimme Erkältung hatte, trug er einen Mantel, und ich probte das im Gebäude. Das war in der Wall Street. Er musste immer schniefen, das war gut. Man mochte ihn deswegen.

Es sieht so aus, als ob Sie am Timing arbeiten. Meine Frage lautet: Liegt es in der Verantwortung des Regisseurs oder der Darsteller, das Timing hinzubekommen?

Ich mache es mir leicht, wissen Sie. Wenn ich Mr. Lemmon hatte und nicht Mr. Sowieso, dann half das enorm. Diese Szene bestand aus zwei Einstellungen, und sie wussten, wo sie stoppen mussten, sie wussten, wo der Lacher einsetzte – und ja, das war eine glückliche Fügung, dass ich mit Profis arbeitete.

Aber auch die Besetzung ist interessant, sie ist so wichtig. Nehmen wir zum Beispiel Kirk Douglas. Wenn Sie Jack Lemmon in *Reporter des Satans* besetzt hätten, wäre es ein ganz anderer Film geworden: die Geschichte eines armen Trottels, der zu tief in eine Sache hineingerät.

Natürlich.

Und wenn Sie Kirk Douglas in *Das Appartement* besetzt hätten, wäre es nicht lustig gewesen.

Nicht lustig, weil es nicht seine Art von Rolle war. Er hätte sich unwohl gefühlt, er hätte selbst an einigen Stellen gelacht. Das hat keinen Zweck, wissen Sie. Man kann eine Rolle nicht gegen ihren Charakter besetzen. Ich war mir auch wegen Shirley MacLaine sicher – lass sie nur machen. Und sie war sehr gut.

Ihre Filme zeigen eine Entschiedenheit, die manche Leute mit Zynismus verwechseln. Darüber haben wir gesprochen. Ich frage mich aber, wie Sie der Versuchung widerstanden haben, schmalzig zu sein.

Was zu sein?

Schmalzig. Während Ihrer ganzen Karriere.

[*Wilder lächelt, was er selten tut, als ob ich einen dreckigen Witz gemacht hätte. Habe ich das falsche Wort benutzt?*] Wir sind nie den sentimentalen Weg gegangen. In den Anfängen – beim Stummfilm –, als ich nur geschrieben habe, machten wir alles, was filmbar war, wissen Sie. Aber dann wurde man ein bisschen wählerischer. Als ich anfing, Regie zu führen, sagte ich mir nur: »Ich werde jetzt einen Film machen, der sehr populär ist, damit ich nicht wieder an die Schreibmaschine zurückmuss.« Ich hob den Inhalt meiner Filme über das Niveau von »Das wird ein lustiger Film, aber nicht auf billige Art« hinaus. So war noch der erste Film angelegt, den ich inszenierte, *Der Major und das Mädchen*. Ich zwang mich dazu, keinen zu tiefsinnigen Film zu machen, eher an der Oberfläche zu bleiben, verstehen Sie? Darauf baute ich auf. Ich habe dann sehr ernsthaft versucht, wissen Sie, originelle Filme zu machen, neuartige Filme zu machen, sie so zu machen, dass die Leute lachten und dass die, die nicht lachten, zumindest von ihnen beeindruckt waren.

»Ich habe sehr ernsthaft versucht, originelle Filme zu machen, neuartige Filme zu machen, sie so zu machen, dass die Leute lachten und dass die, die nicht lachten, zumindest von ihnen beeindruckt waren.«

Mit *Boulevard der Dämmerung* habe ich mir es noch etwas schwerer gemacht. Es war sehr schwierig, einen Film über Hollywood zu machen, über einen alternden Star, der sich in einen jungen Autor verliebt und dann einen Selbstmordversuch unternimmt. Das war hart, und dann stellte sich die Frage, wie lassen wir es enden? Also ließen wir ihn erschießen. Das war eine harte Entscheidung.

Wieso?

Er hätte nach Cleveland oder wo auch immer er als Reporter gearbeitet hatte, zurückgehen können. Aber das war keine Lösung. Wir kamen zurück auf diesen Satz, über den wir lange diskutiert hatten. Er hatte immer einen Swimmingpool haben wollen. Er bekam den Pool. Er starb in dem Pool. Daran hielten wir fest. Und sie haben es geschluckt. Und sie wird verrückt, die Polizei ist da, sie denkt, es sei DeMille, alle sind freundlich zu ihr, und es war Stroheim. Sie wird einfach verrückt.

Sagte denn niemand: »Lasst Gillis leben! Lasst ihn nach Cleveland zurückgehen!« Fragte das Studio, warum Sie ihn erschießen ließen?

Nein. Alle waren dafür.

Sie haben über den Produzenten Arthur Hornblow gesprochen. Er hat sich ein Bein ausgerissen, um Sie bei Ihrem ersten Film als Regisseur zu unterstützen, nicht wahr?

Er war der Produzent meines ersten Films und auch des zweiten. Er war sehr gut, wirklich sehr, sehr gut. Er war sehr gebildet – gebildet im filmischen Sinn. Kein großer Philosoph, aber er hatte einen guten Geschmack, und zu keiner Zeit wollte ich ihm widersprechen. Ich folgte ein wenig seinen Gedankengängen. Dafür muss ich ihm danken. Ihm und Joe Simpson, einem Manager, der mir die Story von *Frau ohne Gewissen* brachte. Er fungierte bei dem Film als Produzent, bekam aber keinen Titel.

Es gibt eine Theorie, die besagt, dass Mitchell Leisen eine Schlüsselrolle beim Aufstieg der Autoren-Regisseure in Hollywood gespielt hat. Preston Sturges hat in Inter-

views gesagt, nachdem er gesehen hätte, was Leisen bei *Die unvergessliche Nacht* [1940] als Regie-Job abgeliefert hatte, wäre ihm klar geworden, dass er seine Drehbücher selbst inszenieren müsste. Was dann den Weg für Sie ebnete.

Ja. Und ich ebnete den Weg für Mankiewicz. Danach folgten noch einige mehr.

Also hat Leisen, auf seine Art, einige sehr wichtige Regisseure in diesen Beruf gedrängt.

Er starb in einem Krankenhaus für Filmleute. Er mochte mich überhaupt nicht – wegen dieser Sache mit der Kakerlake [in *Das goldene Tor*]. Er war ein Schauspieler-Regisseur. Er hielt alles, was ihm die Schauspieler sagten, für eine gute Idee.

Hier habe ich ein großartiges Foto von den Dreharbeiten zu *Der Major und das Mädchen* – es ist der erste Tag, glaube ich – und da ist Preston Sturges.

Ja, wir waren Freunde. Er starb in Paris, nachdem er dort einen Film gemacht hatte.

Also waren Sie und Sturges keine Konkurrenten.

Doch, wir waren Konkurrenten. Wenn er arbeitete, war er besser als ich. Seine Sachen waren sehr populär, aber auch auf einem hohen Niveau. [*Wilder studiert ein Foto seines Bruders.*]

Erinnern Sie sich, wer das ist?

Das ist mein Bruder.

Wollen Sie etwas über Ihren Bruder sagen?

Nein, er war ein Trottel. [*Wilder dreht sich mit seinem Stuhl langsam hin und her, wendet sich dem Wörterbuch auf dem Pult zu, als er über seinen Bruder spricht. Irgendwie schafft er es, gleichzeitig wehmütig und unbeteiligt zu erscheinen.*] Er lebte schon lange in Amerika, bevor ich hierher kam. Wegen Hitler. Er war im Lederwarengeschäft – er stellte Handtaschen her. Und eines Tages sagte er sich: »Was mein Bruder kann, kann ich schon lange.« Er verkaufte seine Firma, kaufte sich hier [in Hollywood] ein Haus und begann Filme zu produzieren, einer schlechter als der andere. Und dann starb er.

Wer war der Verwandte, bei dem er anfangs wohnte, als er nach Amerika kam? Hatten Sie einen Onkel?

Ja, wir hatten einen Verwandten in England; das war direkt nach dem Ersten Weltkrieg. Dorthin wurde er gebracht, dort lernte er Englisch, und dann ging er nach Amerika, wo ein weiterer Onkel lebte – Reich war sein Name. Er war Juwelier. Und dann kam ich rüber; mein Bruder holte mich vom Schiff ab, der »Aquitania«, und ich blieb drei oder vier Tage dort bei ihm und seiner Frau. Dann brauchte ich weitere drei oder vier Tage, um mit dem Zug – natürlich mit dem Zug – hierher zu kommen. Das war 1934. Aber dann machte er sich Gedanken, wissen Sie, die Dinge liefen gut für mich, *Das verlorene Wochenende* hatte einen Oscar bekommen. Er sagte sich: »Ich bin blöd, was mache ich hier? Was zum Teufel soll das mit der Fabrik?« Er verkaufte alles, kam hierher und fiel platt auf den Arsch.

Was waren Ihre ersten Eindrücke von Amerika?

Ich sah Amerika zuerst von der *Aquitania* aus. Es gab einen halben Tag Verzögerung, wir lagen im Hafen. Es war eine verschneite Winternacht. Ich blieb bei meinem Bruder in seinem kleinen Haus auf Long Island. Als ich am Morgen aufstand, schaute ich aus dem Fenster. Es schneite immer noch. Und dann fuhr da ein großer, schwarzer Stretch-Cadillac vor. Ein Junge mit einem Stapel Zeitungen sprang heraus und legte eine davon vor unsere Tür. Das Wetter war schlecht, und die Familie des Zeitungsjungen fuhr ihn mit diesem großen Wagen herum. Ich aber dachte: »Was für ein Land ist das? Zeitungen werden mit dem Cadillac ausgeliefert!« Es war verblüffend. Ich mochte es. Ich *liebte* es. [*Das Telefon klingelt, und Wilder spricht mit dem Anrufer auf Französisch.*]

Ich habe Sie ein paar Mal nach Ihrer Meinung über moderne Komödien gefragt. Welche fanden Sie herausragend?

Ja, vor allem Mankiewicz – *Alles über Eva*. Sehr, sehr clever. Neuartig, verstehen Sie? Er erkundete die Dinge hinter den Kulissen und stellte sie glänzend dar. Sturges – die Filme, die er anfangs machte, waren wirklich etwas. Und dann war er irgendwie ausgelaugt. Ich weiß nicht, es gibt Filme zum Beispiel, die ich nie hätte machen können. *Du sollst mein Glücksstern sein* [1952] war ein erstklassiger Film. Aber wenn man weder Mr. Kelly noch Mr. Astaire hatte, konnte man einen solchen Film nicht machen. Jetzt sind beide tot, und man kann kein Musical mehr machen. Nein, es gibt auch einige gute neuere Filme – einige sehr, sehr gute Filme. Sehr einfach, sehr direkt ... und sie haben keine zweihundert Millionen Dollar gekostet. Ich liebe *Forrest Gump*

[1994]. *Besser geht's nicht* [1997] ist auch ein guter Film, für den man sich nicht zu schämen braucht.

***Forrest Gump* haben Sie mehrmals erwähnt.**

Diesen Film liebe ich.

Sagen Sie mir, warum.

[*Seine Miene hellt sich auf.*] Er ist sehr originell. Er ist sehr unterhaltsam. Ich dachte so bei mir, da lebt unter uns ein normales menschliches Wesen, das ein wenig auf der Schattenseite steht. Forrest war nicht zurückgeblieben. Er war ehrlich und gut und wahrhaft ... und ein bisschen langsam. Die Welt wäre besser, wenn es mehr Forrest Gumps gäbe. Diese Figur ist ... sehr originell. Er ist nicht blöd. Er ist nicht geistig behindert. Er ist *naiv*. Ein naiver Mann, der dreißig oder fünfunddreißig Jahre alt ist. Ein Mann, der geradeheraus ist. Und wie die Welt durch seine Augen gesehen aussieht, das finde ich wundervoll. Es ist ein Film über Amerika, der nur in Amerika gemacht werden konnte. Ich liebe ihn. Ich liebe auch *Ganz oder gar nicht* [1997]. [*Er lächelt.*] Ein wunderbarer Film über das Leben und die Träume einfacher Leute, wirklicher Leute, die sich einen Dreck scheren um reiche Leute wie mich. Ich liebe den Film.

Ich habe alle Bücher über Sie gelesen und viele Artikel. Ihre Biographen versuchen immer zu analysieren, warum Sie Verkleidungen benutzen.

Ja.

»Ich habe keinen eigenen Stil entwickelt – mit einer Ausnahme vielleicht: Ich habe es immer ernst genommen, ob es sich nun um eine Komödie handelte oder nicht.«

Und sie versuchen alle, herauszufinden, woher das kommt. Wenn Sie ein Historiker wären, der darüber schreibt, wie würden Sie an dieses Thema herangehen?

Ich weiß es nicht. Aber was die Oberklasse der Regisseure meiner Ära anbetrifft – ich habe immer die Schauplätze gewechselt, ich änderte den Tenor der Filme. Ich habe Komödien gemacht, ich habe ernste Filme gemacht. Ich habe keinen eigenen Stil entwickelt – mit einer Ausnahme vielleicht: Ich habe es immer ernst genommen, ob es sich nun um eine Komödie handelte oder nicht. Und meistens ist es mir geglückt

Aber Ihre Faszination an Charakteren, die vorgeben, etwas zu sein, was sie nicht sind –

Nein, das war nötig für bestimmte Szenen, dahinter steckte kein »Muss« für mich, das zu schreiben. Ein »Muss« lag eher darin, dass es einen nicht langweilen durfte. Das war immer Nummer eins. Aber wenn eine Verkleidung oder etwas in der Art für die Entwicklung des Films hilfreich ist, dann benutze ich es. Ich beuge mich nur dem, was exzellent ist.

Und woher kommt Ihre Vorliebe für die romantischen Neckereien, die guten romantischen Dialoge, die so selten sind?

[*Er macht ein Pokerface.*] Damit muss man geboren worden sein.

Wir reden noch eine weitere halbe Stunde miteinander, gehen Fotos durch wegen der Bildunterschriften, bis Wilder erklärt, meine Zeit sei um, sein Lunchgast würde auf ihn warten. Ich habe ihn länger aufgehalten, als er wollte, aber er ist gnädig. Doch als ich das Aufnahmegerät abschalte, ist er glücklich. Er zieht seinen Mantel an, und wir sprechen kurz über mein aktuelles Drehbuch.

An die Inszenierung einer Komödie müssen Sie ernsthaft herangehen.

Glauben Sie, dass in guten Komödien viel Schmerz vorkommen muss?

Sicher. Schmerz, und dann ein ungewöhnlicher Sieg für Ihren Hauptdarsteller, einen Sieg, den man nicht erwartet. Man trifft nicht immer ins Schwarze, aber nahe dran zu sein – das ist gut genug.

Wilder geht zur Tür. Wir verlassen das Büro, er schließt die Tür ab. Wir gehen die Treppe hinunter. Es regnet jetzt stark, und Wilder ist etwas spät dran. Er reicht mir seinen schwarzen Stock. Ich halte ihn, während er den Mantelkragen hochschlägt. Ich gebe ihm den Stock zurück.

»Rufen Sie mich an, und wir arbeiten noch etwas«, sagt er. Er eilt die Straße hinunter.

Ich rufe Wilder zu Hause an. Bei einem früheren Gespräch hatte ich erwähnt, dass ich schließlich eine Videokassette des schwedischen Films gefunden hatte, über den wir in unseren Gesprächen des Öfteren geredet hatten. Wir sprechen noch einmal über den Stummfilm Erotikon von Mauritz Stiller, der Lubitsch inspirierte, der wiederum Wilder inspirierte. Wilder, der oft gesagt hatte, er würde nicht gern »in altem Zelluloid herumwühlen«, überraschte mich: Er ergriff die Gelegenheit, sich die Videokassette des Films anzusehen, den er als Schuljunge im Kino verpasst hatte. Ich gab das Band Wilders Portier.

Einige Tage später rufe ich wieder an. Audrey ist am Telefon, und nach einigen Momenten ist Wilder am zweiten Apparat.

»Ich habe mir den Film angesehen«, sagt er und klingt wie ein junger Wissenschaftler. »Also, Lubitsch muss irgendetwas an dem Film gefunden haben – das hat er mir gesagt. Er hat mir selbst gesagt, er habe von diesem Film alles gelernt. Danach hat er zwanzig Filme gemacht, die alle ganz Lubitsch waren.« Wilder detailliert jetzt sehr ernsthaft die Analyse. »Ich habe ihn mir angeschaut und nach Anhaltspunkten gesucht. Ich habe keine kleinen Scherze entdeckt, keine Inserts … nur Großaufnahmen und Zweier-Schüsse. Es war einfach nichts da.« Er macht verwundert eine Pause. »Also. Ich habe mir diesen Film angeschaut, und nachdem ich ihn nach Anhaltspunkten für den Lubitsch-Touch untersucht habe, muss ich sagen …« – er verkündet das Urteil mit leisem Triumph in seiner Stimme – »Lubitsch hat es besser gemacht!« Und obwohl er damit sagt, dass unsere Suche nach dem Heiligen Gral der eleganten, modernen, romantischen Komödie nur Tinnef zutage gefördert hat, ist alles, was an diesem einundneunzigjährigen Protegé von Lubitsch so sehr lustig und so sehr inspirierend ist, vorhanden in der Art und Weise, wie er die schlechte Nachricht mitteilt: »Ich habe nach etwas gesucht«, sagt er, »und da war nichts!«

Knietief sitze ich in Transkripten und rufe Wilder an einem Sonntagnachmittag an. Man hatte mir den Tipp gegeben, *das wäre ein guter Tag, um ihn anzurufen. Er liegt zwischen der Football- und der Baseballsaison. Er langweilt sich an Sonntagen, sehnt sich nach Abwechslung. Dementsprechend klingt er am Telefon fröhlich erwartungsvoll. Ich präsentiere ihm ein Bündel kniffliger Detailfragen. Er macht sich munter über sie her, und ich greife tiefer mit jeder Frage, während er in siebzig Jahren Gedächtnis herumwühlt und ich nach Dingen frage, die er schon vor langer Zeit in seinen Hinterkopf verbannt hat. Erst als ich das hinter mir habe und ihm sage, wir seien nahe daran, das Projekt fertigzustellen, lacht er über meinen ernsten Ton.*

»Lassen Sie's los«, sagt er, freundlich und direkt. »Lassen Sie's … einfach los.«

Ich stehe in der Küche, nicke stumm mit dem Kopf, schaue auf die vielen gelben Notizzettel mit detaillierten Fragen über Details, die verstreut herumliegen. Ich habe tief gegraben bei meinen Recherchen. Und dann noch tiefer.

»Machen Sie Schluss«, fügt er hinzu. Ich lache, ein wenig nervös, und frage mich, ob er einen Röntgenblick hat. Dann stellt er noch mal die Frage, die er bei einem früheren Treffen gestellt hatte. »Haben Sie ein Ende für das Ding?« Bevor ich antworten kann, fügt er mit leicht verwunderter Stimme etwas Neues hinzu. »Das perfekte Ende wäre, wenn ich sterben würde.«

Dazu fällt mir keine Antwort ein.

Nichts an seiner Bemerkung deutet auf schwarzen Humor hin oder auf Selbstmitleid. Sofort wird mir klar, dass dies die Stimme eines erfahrenen und gefeierten Geschichtenerzählers ist, eines Fans von Logik und Kürze, der sich um den Schluss unseres Projekts Sorgen macht. Auf eine sehr sachliche Art hat Billy Wilder gerade seinen eigenen Tod als Lösung für ein Story-Problem vorgeschlagen.

Wir schweigen, um über die letzte Szene nachzudenken. Die zweieinhalb Sekunden dauern sehr lange.

»Es gibt ein Ende, das ich sehr mag«, erkläre ich ihm. Er ist ein zu guter Autor, um meinen Subtext nicht zu verstehen – ich möchte, dass er das fertige Buch sieht. »Ich möchte mit unserer letzten Sitzung aufhören. Der Regen. Die letzten Fragen. Sie gehen weg. Das war's.«

»Sehr gut«, sagt er schnell. »Das ist wunderbar. Das ist gut.« Er macht eine Pause. »Sie haben Ihren nächsten Film jetzt lange genug vernachlässigt. Lassen Sie los. Gott segne Sie, und ich hoffe, Sie bald wiederzusehen. Goodbye.*«*

Oscar-Nacht. Wilder sitzt an einem der vorderen Tische bei der Vanity Fair*-Fernsehparty; neben ihm sitzt Audrey Wilder. Er schaut auf die große Bildwand und lächelt leicht, als Ausschnitte aus* Das Appartement *und* Boulevard der Dämmerung *Applaus bekommen. Später am Abend, als* Titanic *den Oscar für den Besten Film bekommt, schreit er nicht. Stattdessen schaut er weiter hin, ganz still, fasziniert, gebannt, mit leicht offenem Mund.*

Ein Partygast im Smoking stellt sich direkt vor Wilder hin. »SIE STEHEN VOR DER LEINWAND!«, poltert Wilder.

Aller Augen richten sich auf ihn, der den ganzen Abend über seinen inneren Dialog genossen hat. Der Gentleman, der im Weg steht, schaut den alten Regisseur hinter großen dunklen Brillengläsern an und beeilt sich, aus dem Weg zu gehen. Wilder schaut sich weiter zufrieden James Camerons Dankesrede an. Als die Übertragung vorbei ist, greift Wilder nach seinem Stock. Die Wilders verlassen die jetzt lebhafte Party, Arm in Arm, vorbei an den neuen Gesichtern des jungen Hollywood.

Es ist Sonntag, einen Monat später. Die Baseballsaison hat wieder begonnen. Ich rufe Wilder zu Hause an. Er meldet sich; im Hintergrund läuft laut die Radioübertragung eines Spiels. »Wer ist da?«, fragt er.

Ich sage es ihm.

»Wer?«

Ich sage meinen Namen etwas lauter.

»Wer ist da?«

Ich belle meinen Namen.

»Bleiben Sie dran«, sagt er fröhlich. Er geht zum Radio, stellt es leiser. Einige Momente höre ich nur das Klicken seines Stocks auf dem Boden. Er nimmt den Hörer in die Hand. »Tut mir leid, dass Sie warten mussten. Also, wer ist da?«

Ich sage es ihm. Er freut sich, etwas von mir zu hören, sagt er, und mit den Dodgers sei er auch zufrieden. Das Buch ist jetzt fast fertig, und nach all den vielen Fragen ist jetzt nur noch eine einzige übrig. Das macht ihn noch fröhlicher. Während eines unserer ersten Gespräche hatte Wilder gefragt, ob er seine eigenen Worte später gegenlesen könnte. Weil ich nicht weiß, ob diese Anfrage noch gültig ist, biete ich dem älteren Mitglied unserer Arbeitsgemeinschaft an, das ganze Manuskript durchzusehen. Billy Wilder lehnt sofort ab. Nach all unseren Gesprächen über so viele Filme und genau ausgearbeitete Handlungen, über Charaktere, Schauspieler, nach Erklärungen der kleinen und der großen Angelegenheiten, nach Einzelheiten aus einem guten Leben und seiner deutlich geäußerten Verneinung der großen Bedeutung des Ganzen, bietet er auch mir, was er der Welt geboten hat: einen süßsauren und sehr wahrhaftigen Sinn für Humor. Der Wilder-Touch.

»Nein«, sagt er. »Ich will es nicht lesen.« Er macht eine Pause. »So kann ich immer sagen: Nun – er hat's vermasselt.«

KOMMENTIERTE FILMOGRAFIE

MAUVAISE GRAINE / UNKRAUT

1934
Regie: Billy Wilder und Alexander Esway
Drehbuch: Alexander Esway, H. G. Lustig und Max Kolpe
Nach einer Story von Billy Wilder

Bereits von der cleveren Titelsequenz an ist klar, dass die Sensibilitäten des jungen Billy Wilder schon gut entwickelt waren, lange bevor er in Hollywood ankam. Wilders Debüt als Regisseur ist sowohl persönlich als auch komisch – es ist eine Liebeserklärung an Paris, Verbrechen und Autos. Wenn man den Film heute anschaut, besteht ein Teil des Spaßes darin, Hinweise auf spätere Wilder-Klassiker zu entdecken. Als Fünfundzwanzigjähriger hatte Wilder damals mit seiner Freundin Hella Berlin verlassen und sich in Paris niedergelassen; er wohnte mit anderen Flüchtlingen aus der deutschen Filmindustrie im Hotel Ansonia. Dort tat er sich mit zwei Mitbewohnern zusammen, Lustig und Kolpe, und zusammen heckten sie eine höchst muntere Geschichte über eine Bande von Autodieben und ihre Mata Hari aus, eine junge Pariserin namens Jeanette. Jeanette, die von der siebzehnjährigen Danielle Darrieux gespielt wurde, ist der Prototyp vieler künftiger Wilder-Heldinnen. Sie ist ein schlimmes Mädchen mit einem Glitzern in den Augen und einem unvergesslichen Mantel. Monroe, Stanwyck und MacLaine hatten später ihre größten Erfolge damit, Variationen dieses Themas zu spielen. *Unkraut* enthält auch ein Sammelsurium von Stilelementen – Lubitsch-ähnliche Dinge, clevere Schnitte, dreiste Kamerapositionen, flotte Fahraufnahmen, Figuren mit Namen wie »Der Mann mit den Erdnüssen« und wüste Überblendungen in einer Art, wie sie Wilder nie wieder verwendete.

Obwohl der Film gut ankam, war es kein einfacher Dreh für das redlich bemühte Filmemacherteam gewesen. Wilder fand mehr Befriedigung im Drehbuchschreiben als darin, Darsteller und Ausrüstung mit einem knappen Budget zu handhaben. Neun Jahre sollte es dauern, bis Wilder wieder Regie führte, und vor seinem weit eleganteren Hollywood-Regiedebüt lagen Jahre, in denen er seine Talente als Autor wetzte. *Unkraut* aber, dieser kecke und wenig bekannte Film, blieb seine einzige unabhängige Regiearbeit.

Man könnte ihn Wilders *Reservoir Dogs* nennen. Obwohl Wilder selbst den Film oft als verpfuscht abtut (»Er wurde in einer Garage gedreht«), lässt er die Theorie zu – das heißt, er begrüßt sie sogar –, dass diese lockere Art und Weise, einen Film zu machen, die Methoden der französischen *nouvelle vague* um Jahre vorwegnahm. Die subversive und jazzige Musik passt auch dazu. Sie stammt von Franz Waxman [Wachsman], der für Wilder später einige der erinnerungswürdigsten Filmmusiken schrieb, unter anderem für *Boulevard der Dämmerung* und *Lindbergh – Mein Flug über den Ozean.* Und achten Sie auf das erste Erscheinen der berühmten Taschenspiegel-Einstellung, die so wirkungsvoll in *Das Appartement* wiederholt wird.

MIDNIGHT / ENTHÜLLUNG UM MITTERNACHT

1939
Drehbuch: Charles Brackett und Billy Wilder
Nach einer Originalstory von Edwin Justus Mayer und Franz Schulz
Regie: Mitchell Leisen

Enthüllung um Mitternacht wirkt heute wie einer der besseren frühen Wilder-Filme. Es gibt nur ein Problem: Wilder hat nicht Regie geführt. Mitchell Leisen besorgte das, und er rühmte sich, das Drehbuch Wilder und Brackett (Letzteren konnte er besser leiden) abgerungen zu haben. Doch der Film bietet nicht mehr und nicht weniger als ein gut umgesetztes Wilder-Drehbuch mit einer sensationell komischen Darstellung. Claudette Colbert liefert diese Leistung, und die Art und Weise, wie sie Eve Peabody (netter Name) spielt, lässt den Funken überspringen, den jeder gute Film braucht.

Colberts sensationelle Leistung ist auch ein Beweis dafür, dass eine erstklassige Komödie sexyer sein kann als die heißesten Liebesszenen. Schauen Sie mal hin, wenn sie am Anfang des Films ihre proletarische Herkunft vor einem deutlich besäuselten John Barrymore zu verbergen versucht. Wenn sie auf ihrem Platz hin und her rutscht, erweist sich Colbert sofort und mühelos als die großartigste Komödiantin, die je mit Wilders Worten umgegangen ist. Es ist eine Schande, dass sie nie unter seiner Regie gearbeitet hat. Egal. Sie erfüllt die Leinwand mit Leben, vertieft mit ihrer Darstellung den Film und stiehlt sogar John Barrymore die Show, der in *Enthüllung um Mitternacht* selbst urkomisch ist. Und ja, man sieht den jungen Don Ameche in der Don-Ameche-Rolle. Jahre später, bei einer Gala-Veranstaltung zu Ehren von Billy Wilder im Lincoln Center, trafen Ameche und Wilder zusammen, und Ameche fragte sich, wieso er eingeladen worden sei. »Sie haben in *Enthüllung um Mitternacht* mitgespielt«, sagte Wilder. »Habe ich nicht«, entgegnete Ameche, »daran würde ich mich erinnern.«

HOLD BACK THE DAWN / DAS GOLDENE TOR

1941
Drehbuch: Charles Brackett und Billy Wilder
Nach einer Originalstory von Ketti Frings
Regie: Mitchell Leisen

Es lohnt sich, den Film anzuschauen, weil hier die geistige Geburt des Regisseurs Billy Wilder auf Zelluloid gebannt ist. Achten Sie genau auf die frühe Sequenz im Hotel Esperanza, in dem Charles Boyer feststeckt, während er auf sein Visum wartet. In Bracketts und Wilders ursprünglichem Drehbuch hält Boyer eine anrührende und komische Ansprache an eine Kakerlake. In dem Monolog tut er so, als sei er ein Grenzwächter. In dieser Szene ist die ganze Ironie und der tiefere Humor verankert, die der Geschichte Format verliehen hätte. Boyer beschwerte sich bei Leisen, die Szene sei unrealistisch. »Warum sollte ich mit einer Kakerlake reden«, fragte Boyer, »die mir doch nicht antworten kann?« Jeder Regisseur hat seine Methode, seinen Schauspielern die Darstellung zu entlocken, die er haben möchte. Leisen entschied sich dafür, auf Boyer zu hören und den Monolog zu streichen. Als Wilder davon gegen Mitte der Dreharbeiten erfuhr, schwor er sich, Boyer im dritten Akt, an dem er und Brackett noch arbeiteten, zu verlieren. Eine Lektion für Schauspieler: Vergrätzt den Autor nicht! Boyer verschwand auf magische Weise [aus dem dritten Akt], und Wilder übergab das Heft an Paulette Goddard, die sich ihre Sporen mit Sätzen wie »Eine Frau braucht einen *Mann,* keine Kühlerhaube« verdiente. Ein weiterer klassischer Wilder-Satz, der von einem Nebendarsteller gekonnt und gnadenlos präsentiert wird: »In Europa respektieren wir die Institution der Ehe!«

THE MAJOR AND THE MINOR / DER MAJOR UND DAS MÄDCHEN

1942
Drehbuch: Charles Brackett und Billy Wilder
Nach Motiven des Stücks *Connie Goes Home* von Edward Childs Carpenter
und der Story *Sunny Goes Home* von Fannie Kilbourne

Wilder hatte das Glück, für die Hauptrolle in dem ersten Film, bei dem er in Hollywood Regie führte, einen der größten Stars der damaligen Zeit, Ginger Rogers, an Land zu ziehen. Hinter der Kamera arbeiteten hervorragende Paramount-Talente wie Kostümdesignerin Edith Head und Cutter

Doane Harrison, die dem gar nicht so neuen Neuling bei seinem ersten Film halfen.

Der Film ist kein Pfusch. Er ist bloß *verkleidet* als Pfusch. *Der Major und das Mädchen* funktioniert auf verschiedenen Ebenen; am effektivsten davon ist der komische Dreh in Sachen Pädophilie. Zehn Jahre vor der Veröffentlichung von [Vladimir Nabokovs Roman] *Lolita* war Wilders Regiedebüt ein Hit bei den Zuschauern, die gemerkt haben oder auch nicht, wie subversiv der Film in Wirklichkeit war.

Rogers spielt ein modernes Mädchen aus Manhattan, das der Stadt müde ist und sich entschließt, nach Iowa zurückzukehren. Da sie nicht genug Geld hat, um sich eine Bahnfahrkarte nach Hause zu kaufen, gibt sie sich als Zwölfjährige aus, um zum halben Preis fahren zu können. Sie lässt sich in einem Abteil mit Ray Milland nieder, der später die Hauptrolle in *Das verlorene Wochenende* spielte, und verliebt sich in ihn. Die mögliche Enthüllung ihrer wahren Identität ist ein roter Faden, den Wilder bis zum Ende gespannt hält. Achten Sie auf die erstaunliche Szene voller Subtext, in der Milland im Zug Rogers eine Kindergeschichte vorliest. Vielleicht haben Nabokov – und Stanley Kubrick – da genau hingeschaut.

FIVE GRAVES TO CAIRO / FÜNF GRÄBER BIS KAIRO

1943
Drehbuch: Charles Brackett und Billy Wilder
Nach einem Stück von Lajos Biró

Wilder verschwendete keine Zeit, um ein neues Genre auszuprobieren, das Action-Abenteuer. Die gekonnte Story über einen britischen Korporal (Franchot Tone), der gegen die Nazis kämpft und dabei die Frau verliert, die er liebt, ist als B-Picture verkleidet. Verkleidungen und Rollenspiele spielen eine große Rolle, und die solide Professionalität des Films zeugt von Wilders wachsender Beherztheit als Regisseur. Achten Sie auf die gespenstische Eingangssequenz, in der ein Geisterpanzer durch die nordafrikanische Wüste rollt, und die Franchot Tone auf eine Weise einführt, die Indiana Jones vor Neid erblassen lassen muss. Mit einer brillanten Titelsequenz und einem Auftritt von Erich von Stroheim als Rommel.

DOUBLE INDEMNITY / FRAU OHNE GEWISSEN

1944
Drehbuch: Raymond Chandler und Billy Wilder
Nach einer Novelle von James M. Cain

Billy Wilders erster klassischer *film noir* entstand, bevor der Begriff *film noir* überhaupt existierte. Fünfundfünfzig Jahre später wirkt er noch besser. Es ist in stilistischer, struktureller und inszenatorischer Hinsicht ein makelloser Film. Suchen Sie weder hier noch sonst wo nach einer Inhaltsangabe – schauen Sie sich den Film einfach an. Und vergessen Sie nicht, sich einen der großartigsten Momente im gesamten Werk Wilders einzuprägen, wenn Fred MacMurray seinen schmutzigen Mord außerhalb des Bildes begeht und man einfach die Augen von Barbara Stanwyck sieht, die zur Witwe wird. Mit den Worten Woody Allens, der hier nicht sehr übertreibt: »Der größte Film, der je gemacht wurde.«

THE LOST WEEKEND / DAS VERLORENE WOCHENENDE

1945
Drehbuch: Charles Brackett und Billy Wilder
Nach dem Roman von Charles R. Jackson

Als Billy Wilder in Chicago einmal umstieg, kaufte er sich auf dem Bahnhof dieses Paperback als Reiselektüre und entschied sich dann, daraus seinen nächsten Film zu machen. Wilder war sich nicht sicher, was der Film für ein Schicksal erleiden würde, nachdem das Publikum bei mehreren Testvorführungen verstört reagiert hatte. (»In Santa Barbara wurden aus dreihundert Zuschauern fünfzig.«) Diese ernsthafte Charakterstudie eines Alkoholikers, gut gespielt von einem bemitleidenswerten Ray Milland, war einzigartig für die damalige Zeit. Sie bot keine billigen Lacher auf Kosten der süchtigen Hauptfigur. An Originalschauplätzen in der Umgebung von New York gedreht, besitzt der Film eine Entschlossenheit und Realitätsnähe, die Wilders Fähigkeit beweisen, aus einem Durchschnittsroman einen erstklassigen Film zu machen. Wilder erfuhr von der Kraft des Films erst später. Er verließ Hollywood, um seinen Wehrdienst zu leisten, den er damit verbrachte, Dokumentarmaterial der Kriegsberichterstatter zu schneiden. Als er zurückkehrte, war der Film für mehrere Oscars nominiert worden, unter anderem für den Besten Regisseur, das Beste Drehbuch und den Besten Film. *Das verlorene Wochenende* gewann den Oscar für den Besten Film und Milland den Oscar als Bester Hauptdarsteller. Der Film ist auch bemerkenswert, weil sich Wilder und seine künftige Frau, Audrey Young, hier zum ersten Mal begegneten. Sie spielt ein Garderobenfräulein in einer Bar, aus der Milland rausgeworfen wird. »Ich habe mich zuerst in ihren Arm verliebt«, erinnert sich Wilder mit leicht hochgezogener Augenbraue. Aber suchen Sie nicht nach ihr: Nicht einmal die Hand ist auf dem kleinen Videoschirm sichtbar. Eine Notiz am Rande: Die Spirituosenindustrie bot dem Studio fünf Millionen Dollar an, wenn man den Film »begraben« würde, sagt Wilder. »Wenn sie *mir* die fünf Millionen angeboten hätten, hätte ich's gemacht.« Er ist jedoch entschieden stolz darauf, den ersten ernsthaften Film über einen Alkoholiker gedreht zu haben.

THE EMPEROR WALTZ / ICH KÜSSE IHRE HAND, MADAME

1948

Drehbuch: Charles Brackett und Billy Wilder

»Je weniger man darüber sagt, desto besser«, bemerkt Wilder zu diesem *Feel-good*-Nachkriegs-Musical. Der Film deprimiere ihn bis zum heutigen Tag. Er zeigt Bing Crosby und eine Anzahl von Hunden. Er war kommerziell ein Misserfolg. Der Regisseur ist unversöhnlich und nennt ihn eine Gefälligkeit für Paramount. (»Keine gute Tat bleibt unbestraft.«) Der Film ist heute deswegen so faszinierend, ja beinahe fesselnd, weil er so aggressiv un-Wilder-artig ist. Aus diesem Grund ragt er aus dem gesamten Werk heraus. Und doch findet sich auch hier ein Juwel: Crosbys Musiknummer »A Kiss in Your Eyes«.

A FOREIGN AFFAIR / EINE AUSWÄRTIGE ANGELEGENHEIT

1948

Drehbuch: Charles Brackett, Billy Wilder und Richard Breen

Nach einer Originalstory von David Shaw

Der unentdeckte Klassiker. *Eine auswärtige Affäre* zeigt alle starken Seiten des selbstsicheren jungen Regisseurs. Wilder hält die Regiezügel jetzt fest in der Hand. Die Bilder sind ein Fest aus Licht und Schatten. Seine Charakterzeichnungen waren nie schärfer und die Untertöne nie dunkler. John Lund ist eine Entdeckung, und er wechselt mit Marlene Dietrich eine ganze Reihe mehrdeutiger romantischer Dialoge. »Berlin und Dietrich sind eins«, hat Wilder einmal gesagt. Dieses Werk, in dem sie »Black Market« singt, ist der filmische Beweis. Achten Sie auf die brillante Szene, in der Jean Arthur als Kongressabgeordnete im Jeep eine Tour durch das vom Krieg zerstörte Deutschland macht und ihr auffällt, wie viel an Fraternisierung zwischen Amerikanern und Deutschen vor sich geht. Es macht viel Spaß, das Knistern zwischen den drei Hauptdarstellern zu beobachten, die weder vor noch hinter der Kamera besonders gut miteinander auskamen. Wilder und Brackett haben diesen Film mit spitzer Feder geschrieben. Lund hat einige der besten Dialoge in Szenen mit Dietrich bekommen: »Ich würde gern ein Feuer um dich herum anzünden, du Hexe!« Und da gibt es diesen spritzigen Dialog zwischen Arthur und Lund: »Wieso verstehen Sie so viel von weiblicher Kleidung?«, fragt Arthur, als Lund ihr Kleid zurechtrückt. »Meine Mutter trug weibliche Kleidung«, gibt er schnippisch zurück. Der ganze Film strotzt von sexuellem Subtext. Schauen Sie nur mal hin, wie Lund pfeifend aus Dietrichs Haus kommt.

SUNSET BOULEVARD / BOULEVARD DER DÄMMERUNG

1950

Drehbuch: Charles Brackett, Billy Wilder und D. M. Marshman jr.

Die Geschichte des Films begann harmlos genug. Wilder wollte einen Film über Hollywood machen. Es brauchte einen früheren Autor des *Life*-Magazins, um die Nuss zu knacken; D. M. Marshman jr. schlug vor, dass der Held, ein junger Autor, sich mit einem Stummfilmstar einlässt. Dann kamen Wilders und Bracketts sensationelle Ideen dazu. Der Film riecht nach muffigen roten Samtvorhängen, und Gloria Swansons Spitzenleistung als Norma Desmond ist ein einziges Wunder puren und delikaten künstlerischen Könnens. Mit der Hilfe von William Holden, der die Geschichte aus dem Grab erzählt, überragt Swanson den Film mit derart verruchter Grazie und Humor, dass sogar ihr *Rollenname* jedermann ein Begriff wurde. Fast fünfzig Jahre später findet man kaum jemand, der so berühmt ist wie Wilders fiktiver Star.

Die Besetzung ist die reine Freude. Erich von Stroheim spielt ihren geplagten früheren Ehemann und jetzigen Diener. Mae West ließ Wilder abblitzen, Pola Negri hätte die Rolle beinahe genommen, aber Swanson war die vom Schicksal bestimmte Norma Desmond. Wie es möglicherweise George Cukor vorgeschlagen hatte, benutzte man Szenen aus Swansons Stummfilm *Queen Kelly,* einem unveröffentlichten Film, der von Swansons Liebhaber Joseph Kennedy sr. produziert worden war. Kennedy hatte Stroheim als Regisseur entlassen, da er ihn als nicht zeitgemäß für die Tonfilmära betrachtete. Wilder genoss diese köstlichen Ironien – jetzt *lebte* sein Film. Selbst Wilders alter Zimmergenosse Peter Lorre absolvierte einen Gastauftritt, und Cecil B. DeMille trat als er selbst auf. Als der Film in Hollywood zum ersten Mal vorgeführt wurde, empfand man ihn als schockierend, frech, witzig und düster – als alles das, was der Autor-Regisseur beabsichtigt hatte. Bei der ersten Testvorführung küsste Barbara Stanwyck den Saum von Gloria Swansons Kleid. Draußen in der Lobby stand der legendäre Studio-Boss Louis B. Mayer und tobte: »Diesen Billy Wilder sollte man nach Deutschland zurückschicken! Er beißt die Hand, die ihn füttert!« Wilder hörte das. »Ich bin Mr. Wilder«, sagte er, »und warum ficken Sie sich nicht selbst?!«

ACE IN THE HOLE / REPORTER DES SATANS

1951

Drehbuch: Billy Wilder, Walter Newman und Lesser Samuels

Einer der umstrittensten Filme von Billy Wilder. Es brauchte eine neue Generation, die *Reporter des Satans* richtig zu würdigen wusste. Nichts an dem Film war leicht. Wilder hatte sich von seinem langjährigen Mitarbeiter Charles Brackett getrennt (»Die Reibfläche der Streichholzschachtel war einmal zu oft benutzt worden«) und sich für seinen nächsten Film mit einem neuen Partner zusammengetan, Walter Newman. Sie wandten sich einer Idee Newmans zu, die auf einer wahren Begebenheit basierte: Es ging um die Geschichte eines Zeitungsreporters, der Kapital aus der Tragödie eines jungen Mannes zu schlagen versucht, der in eine Höhle gefallen war.

Der ursprüngliche Titel des Projekts lautete *The Human Interest Story*. Mit der Hilfe des früheren Journalisten Lesser Samuels entwickelte sich das Drehbuch zu etwas Außergewöhnlichem. Kirk Douglas spielt Jack Tatum, einen hartherzigen Reporter, der nach einer heißen Story giert und sie auch findet. Douglas' Darstellung ist so unerbittlich wie der fertige Film. Das gilt auch für das Weibsbild von Ehefrau des Verschütteten, gespielt von Jan Sterling. Als Douglas ihr sagt, sie solle zur Kirche gehen, um zu zeigen, dass sie sich Sorgen um ihren Mann macht, antwortet sie mit einem knallharten Satz, der Audrey Wilder zugeschrieben wird: »Knien beult meine Nylons aus.«

Für derartig böse Scherze musste ein Preis gezahlt werden. Der Film wurde im Sommer 1951 gestartet und war Wilders zweiter Misserfolg [nach *Ich küsse Ihre Hand, Madame*]. Während Wilder bereits in Paris einen neuen Film inszenierte, versuchte Paramount ihn netter zu verpacken und titelte ihn flugs in *The Big Carnival* um. Das half auch nicht.

Als die Jahre ins Land gingen und das »Reality«-Fernsehen hunderte von Jack Tatums schuf, gewann der Film an Statur. Spike Lee wollte ein Remake machen. Costa-Gavras drehte seine eigene Hommage; doch während *Mad City* [1997] keinen Hinweis auf Wilder enthielt, lobten die Kritiken fast einstimmig Wilders ursprünglichen Film. Erst sechsundvierzig Jahre später wurde *Reporter des Satans* damit die Anerkennung zuteil, die man dem Film damals verwehrt hatte. Achten Sie auf die Schlusseinstellung, einen ungewöhnlich gewagten Schuss von jenem Regisseur, der angesichts komplizierter Schüsse mancher Kollegen immer noch gern mit dem Finger droht: »Erzählt nur die Geschichte!«

STALAG 17

1953
Drehbuch: Billy Wilder und Edwin Blum
Nach dem Stück von Donald Bevan und Edmund Trzcinski

Wilder kam in relativ kurzer Zeit wieder auf die Beine, indem er ein erfolgreiches Theaterstück fand – das in einem deutschen Kriegsgefangenenlager spielt – und es für einen seiner bevorzugten Hauptdarsteller adaptierte. William Holden glänzt als der zynische Einzelgänger Sefton. Mit ihm an Bord verliefen die Dreharbeiten glatt und flott. Selbst heute noch erinnert sich Wilder gern an den Film. Man spürt, dass Wilder mit Holden in der Rolle des Seftons eine Art Alter Ego auf Zelluloid gebannt hat. Und Holdens letzter Satz im Film ist typisch Wilder: »Falls ich euch wiedersehe, lasst uns so tun, als seien wir uns nie begegnet.« Wenn Sie beim Betrachten des Films heute eine Art *déjà vu*-Gefühl haben, dann liegt das daran, dass das Fernsehen einen Abklatsch des Films hervorgebracht hat mit dem Titel *Ein Käfig voller Helden.*

SABRINA

1954
Drehbuch: Billy Wilder, Samuel Taylor und Ernest Lehman
Nach dem Stück *Sabrina Fair* von Samuel Taylor

»Es war einmal ein kleines Mädchen, das auf einem großen Besitz lebte an der Nordküste von Long Island, etwa fünfzig Kilometer von New York entfernt ...« So beginnt Wilders romantischster und reizendster Film, die Geschichte einer Chauffeurstochter, die verliebt ist in den schurkischen Sohn der reichen Familie, der ihre Eltern dienen. Sabrina reist nach Paris, kehrt aufgeblüht zurück und ändert das Leben aller in ihrer Umgebung. Auch heute schlägt der Film den Betrachter vollkommen in Bann. Sehr schön komponiert und großartig gespielt von Audrey Hepburn, ist der Film auch ein Meilenstein wegen seines modernen Stils. In fast jeder Ausgabe von *Vogue* findet sich ein Foto von [Audrey Hepburn als] Sabrina, und das zu Recht. Der Film ist auch der definitive Beweis für Audrey Hepburns berückende Präsenz. Betrachten Sie nur die erste Einstellung des Films, in der sie in einem Baum sitzt und auf den Ball der Larrabees schaut. Mit ihrem zweiten amerikanischen Film schrieb Hepburn mit dieser stummen Darstellung von Sehnsucht Hollywood-Geschichte. Wenn heute eines von vielen neuen Sternchen als die »neue Audrey Hepburn« angekündigt wird, dann sehnt Hollywood sich danach, diesen Moment neu einzufangen ... und schafft es nie ganz. Edith Head gewann den Oscar für die Besten Kostüme, obwohl Givenchy, Audrey Hepburns zu dieser Zeit bevorzugter Designer, die meiste Arbeit leistete. Später kam heraus, dass Hepburn die Handlung des Films im wirklichen Leben nachahmte und während der Dreharbeiten heimlich eine Affäre mit Co-Star William Holden hatte. *Sabrina* ist charmant und elegant, und auch Humphrey Bogarts sauertöpfische Einstellung konnte den Klassiker nicht vom Kurs abbringen. Bogart mochte den Film und seinen Regisseur nicht, vielleicht weil er wusste, dass er Wilders zweite Wahl für die Rolle war. Die Figur war ursprünglich für Cary Grant geschrieben worden, der aber bedauerlicherweise im letzten Moment absagte. Die Rolle wurde Bogart angepasst, aber das half auch nicht viel, seinen Minderwertigkeitskomplex zu verringern. Es gab Reibereien bei den Dreharbeiten. Bogart versöhnte sich mit Wilder ein paar Jahre später, kurz vor seinem Tod. Wilder dazu: »Er hat immer den Helden gespielt, und am Ende war er wirklich einer.«

THE SEVEN YEAR ITCH / DAS VERFLIXTE SIEBENTE JAHR

1955
Drehbuch: George Axelrod und Billy Wilder
Nach dem Stück von George Axelrod

Billy Wilder hält nicht viel von diesem Film (»Ich mochte ihn nie«), aber es liegt ein großer Reiz darin, die Wagenladung von Sex zu betrachten, die Marilyn Monroe unter der Oberfläche des von ihr dargestellten »unschuldigen Mädchens« verbirgt. Sie bereichert zweifellos die etwas altmodische Adaption von Axelrods zweitklassigem Stück, das ein Schlaglicht wirft auf das lüsterne Amerika nach Aufhebung der Zensur. *Das verflixte siebente Jahr* schneidet im Vergleich zur Kraft und Eleganz von Wilders vorhergehendem Film *Sabrina* schlecht ab. Dennoch blitzt Wilders Genie gelegentlich auf, auch trotz der problematischen Besetzung mit Tom Ewell, der es nicht schafft, zu den tieferen Schichten des Wilderschen Drehbuchs vorzudringen. Seine Leistung erfreut Wilder auch heute noch nicht, nicht zuletzt deswegen, weil das Studio seiner ersten Wahl, einem jungen und unbekannten Theaterschauspieler aus New York namens Walter Matthau, nicht zustimmte. Eine Notiz am Rande: Bei den Probeaufnahmen mit Matthau wurde Marilyn Monroes Rolle von Gena Rowlands gespielt. Stellen Sie sich Matthau und Monroe vor, und schon haben Sie einen ganz anderen Film. Und dann gibt es natürlich diese kleine, unbedeutende Szene, die legendär wurde. Als Marilyn Monroe mit Tom Ewell über die Straßen von New York schlendert, kühlt sie sich über dem Gitterrost einer U-Bahn ab. Ihr weißes Kleid wird hochgeweht, sie streicht es nach unten und das berühmteste sinnbildliche Foto Hollywoods war geboren. Außerhalb des Kamerabereichs sahen tausende New Yorker Gaffer zu, einschließlich Monroes damaliger Ehemann Joe DiMaggio. Er flüsterte seiner Frau etwas ins Ohr und ging beleidigt nach Hause. Änderte DiMaggios Abgang etwas an Monroes Stimmung? »Nein«, sagt Wilder, »sie liebte die Menge. Sie legte einen Finger auf die Lippen, es wurde ruhig und wir drehten weiter.«

THE SPIRIT OF ST. LOUIS / LINDBERGH – MEIN FLUG ÜBER DEN OZEAN

1957
Drehbuch: Billy Wilder, Wendell Mayes und Charles Lederer
Nach dem Buch von Charles A. Lindbergh

Wilders weitgehend unterschätztes Farbporträt des berühmten Lindbergh-Flugs ist eine prächtige Filmbiographie. James Stewarts Charme und sein Humor geben seiner Darstellung Kontur, die von einem bewegenden Soundtrack von Franz Waxman begleitet wird. Wilder war ein wenig eingeschüchtert durch die Legende, die Lindbergh schützend um sich selbst gewoben hatte. Wilder sah sich nicht in der Lage, ihm eine Nebenhandlung vorzuschlagen, die offenbar dem wirklichen Leben entsprach: Lindbergh soll in der Nacht vor dem Flug zum ersten Mal mit einer Frau, einer hübschen Serviererin, geschlafen haben. Die beiden waren Freunde, aber sehr unterschiedliche Männer. Zu der Zeit, als der Film entstand, war Lindbergh einer der berühmtesten Männer der Welt, aber er nahm immer noch den Bus, wenn er Wilder in Beverly Hills besuchte. Die Entführung des Lindbergh-Kindes kam im Film nicht vor, und von Wilders subversivem Witz floss nur wenig in den Film ein. Eine Ausnahme ist jene Sequenz, in der eine Fliege im Cockpit gefangen ist, die es Stewart erlaubt, ein längeres

Gespräch mit dem Insekt zu führen. Viele Jahre nachdem Charles Boyer sich geweigert hatte, einen ähnlichen Monolog angesichts einer Kakerlake zu halten, konnte Wilder die Szene endlich auf Film bannen. Gerade noch. Man sagt, Stewart habe die Idee nicht gefallen, und so wird die Fliege bald wieder befreit. Dennoch zeigt sich hier Wilders Magie, die einen daran erinnert, wer da Regie führt.

LOVE IN THE AFTERNOON / ARIANE – LIEBE AM NACHMITTAG

1957
Drehbuch: I. A. L. Diamond und Billy Wilder
Nach dem Roman *Ariane* von Claude Anet

Dieses Juwel, das in Paris spielt, ist Wilders zweites Meisterwerk mit Audrey Hepburn, und es markiert den Anfang seiner fruchtbaren Zusammenarbeit mit I. A. L. Diamond. Hepburn spielt die liebeskranke, Cello spielende Tochter des Privatdetektivs Claude Chevasse (Maurice Chevalier). Weil sie in den Angelegenheiten ihres Vaters herumschnüffelt, verstrickt sie sich im wahren Sinne des Wortes in den Affären eines berühmten Playboys, der von Gary Cooper gespielt wird. Mit seiner visuellen und musikalischen Poesie ist dies einer von Wilders großartigsten Filmen. Der Einfluss von Lubitsch ist deutlich zu spüren in diesem Film, ebenso wie Wilders romantischer Biss in seiner ganzen Kraft. Coopers Rolle war ursprünglich für Cary Grant geschrieben worden, und es bleibt ein großer Verlust für das Kino, dass Grant die Rolle nicht annahm. Im Grunde zu alt für die Figur und oft im Schatten platziert, liefert Cooper bereitwillig die benötigte Romantik und sogar mehr. Seine unterschätzte Darstellung ist selbstlos, da sie in allen Szenen Audrey Hepburn dient, die von Anfang bis Ende blendend ist. Wilders Genie zeigt sich zum Beispiel in dem ungarischen Streichquartett, das Cooper überallhin folgt und ihn bei seinen Eroberungen stets mit romantischer Hintergrundmusik versorgt. Die Sequenz, in der Cooper einer von Hepburn zurückgelassenen Bandaufnahme lauscht, einer Aufzählung ihrer nicht existierenden Liebhaber, ist zeitlos klassisch. Cooper und die Musiker schieben eine fahrbare Bar zwischen den Zimmern hin und her, als Cooper sich seiner wachsenden Zuneigung zu dem Mädchen bewusst wird. Während die meisten Regisseure ihren Hauptdarsteller einfach in eine Bar geschickt hätten, macht Wilder daraus für alle Zeiten ein Fest. Ein Hinweis am Rande: Achten Sie auf die Szene, in der Audrey Hepburn und Gary Cooper sich in der Oper treffen!

WITNESS FOR THE PROSECUTION / ZEUGIN DER ANKLAGE

1957
Drehbuch: Billy Wilder und Harry Kurnitz
Nach dem Roman und dem Stück von Agatha Christie

Mit einer weiteren gelungenen Komödie, derer Wilder sich rühmen kann, wendet er sich jetzt einem neuen Genre zu – dem Gerichtssaaldrama. Seine ursprüngliche Absicht bestand darin, einen »Hitchcock-Film« zu machen. *Zeugin der Anklage* ist genau das – aber auch viel mehr. Hitchcock jedoch hätte sich wohl nicht getraut, seinen Hauptdarsteller eine solche gewagte Darstellung liefern zu lassen. Laughtons Leistung in der Rolle des großen Sir Wilfrid Robarts, einem der angesehensten Anwälte Londons, erhob ihn in den Rang eines von Wilder höchst geschätzten Schauspielers. Tyrone Power lieferte eine wunderbar lockere Leistung, und mit Freuden schaut man in diesem Billy-Wilder-Film einer vollkommen verruchten Marlene Dietrich zu. Beide Seiten der Wahrheit werden präsentiert, und Laughton bringt hier eine der gekonntesten und saftigsten Darstellungen seiner Karriere. Und ja, das ist der Film, in dem er »LÜGNER!« schreit.

SOME LIKE IT HOT / MANCHE MÖGEN'S HEISS

1959
Drehbuch: I. A. L. Diamond und Billy Wilder
Nach Motiven einer unveröffentlichten Story von Robert Thoeren und Michael Logan

»Das wird eine Katastrophe«, sagte [der Filmproduzent] Selznick zu Billy Wilder. »Sie können Komik nicht mit Morden mischen!« Wilder tat nicht nur genau das und baute seine berühmteste Komödie auf dem Massaker am Sankt-Valentins-Tag auf, sondern er fügte der Mixtur auch Marilyn Monroe und Männer im Fummel hinzu. Um sich vor Gangstern zu verstecken, denen sie zufällig bei der Arbeit zugesehen haben, setzen sich die mittellosen Musiker Jack Lemmon und Tony Curtis Perücken auf und ziehen sich Kleider an, um einer tourenden Damenband beitreten zu können. Mitzi Gaynor sollte ursprünglich die Rolle der Sugar Kane Kowalczyk übernehmen, doch als Monroe Interesse zeigte, kam Wilder zu dem Schluss: »Wir müssen sie einfach haben!« Er gewann sie für die Rolle, und dieses eine Mal kam wirklich eine Traumbesetzung zustande: Jeder feuert in diesem Film aus allen Rohren. Seltsamerweise ist Monroes traurig-komische Darstellung die sexyste und unvergesslichste ihrer Laufbahn. Sie war bei ihren Co-Stars nicht sonderlich beliebt, da diese auf ihren hochhackigen Schuhen oft viele Takes durchstehen mussten, ehe Wilder mit ihrer Darstellung zufrieden war. Aber sie bekommt die Lacher. Fast vierzig Jahre später vergeht kaum ein Tag, an dem ihre Co-Stars nicht nach Monroes locker-brillanter Leistung in diesem Film befragt werden. Achten Sie auf den Satz, der fünfzigmal gedreht werden musste: »Wo ist dieser Bourbon?« Der letzte Satz dieses Films brachte den besten Witz. Diamonds hingeworfene Bemerkung wurde das »Offen gesagt, Scarlett, schert mich das einen Dreck« im Genre der Komödie: »Niemand ist vollkommen.« Wilder erinnert sich: »Die erste Testvorführung fand im Bay Theater in Pacific Palisades statt. Es war lahm. Vor uns war ein ernster Film gelaufen. Am nächsten Abend machten wir eine Preview in Westwood. Die Leute lachten sich tot.« Eine Notiz am Rande: Der ursprünglich vorgesehene Titel lautete: *Not Tonight, Josephine* [wörtlich: *Nicht heute Nacht, Josephine*]. Noch eine Notiz am Rande: Wilder zog kurzzeitig in Betracht, Frank Sinatra für eine der männlichen Hauptrollen zu engagieren.

THE APARTMENT / DAS APPARTEMENT

1960

Drehbuch: I. A. L. Diamond und Billy Wilder

Lange Jahre ruhte die Idee in Wilders schwarzem Notizbuch. Inspiriert von David Leans Film *Begegnung*, stand da zu lesen: »Film über Mann, der in das warme Bett zweier Liebender klettert.« Als die Zensur lockerer wurde, war die Zeit reif dafür, *Das Appartement* zu machen. Könnte man sich eine bessere süßsaure Komödie über das Leben im damaligen Amerika vorstellen? Selbst in vielen Jahren wird die Antwort wahrscheinlich immer noch Nein lauten. Durch und durch modern, ist dieses »schmutzige Märchen« über einen kleinen Mann in einer großen Firma in sozialer und romantischer Hinsicht ein Meisterwerk. Dessen Apartment wird zum Liebesnest fremdgehender Firmenbosse, und Lemmon, einzigartig als C. C. »Bud« Baxter, klettert die Karriereleiter hoch – ein warmherziger, naiver Zuhälter mit einer laufenden Nase. Er verliebt sich in das Mädchen, das den Aufzug bedient, Fran Kubelik (Shirley MacLaine), die sich wiederum in seinem Apartment heimlich mit Fred MacMurray trifft, der den *Über*-Schuft und Versicherungsboss J. D. Sheldrake spielt. 1961 wurde Wilder gleich dreimal mit dem Oscar gekrönt: für das Beste Drehbuch (zusammen mit Diamond), für den Besten Film und als Bester Regisseur. Als Autor Moss Hart den zweiten der drei Preise überreichte, lehnte er sich zu Wilder hinüber und flüsterte ihm ins Ohr: »Es ist Zeit, aufzuhören, Billy.« Diese Worte verfolgten Wilder, der schon damals wusste, dass *Das Appartement* schwer zu überbieten war. Eine Notiz am Rande: Die Oscars, für die Lemmon und MacLaine nominiert waren, gingen an Burt Lancaster für *Elmer Gantry* und Elizabeth Taylor für *Telefon Butterfield 8*. In der Geschichte des Oscars hat es kaum eine ungerechtere Entscheidung gegeben als diese.

ONE, TWO, THREE / EINS, ZWEI, DREI

1961
Drehbuch: I. A. L. Diamond und Billy Wilder
Nach dem Einakter von Ferenc Molnár

Während die meisten Wilder-Komödien elegant modelliert waren und so geschnitten, dass Platz für die Lacher vorhanden war, rollt dieser Film wie eine Dampfwalze daher. Die Witze kommen frech und furios, Schlag auf Schlag. In seiner letzten Hauptrolle ist James Cagney hier als C. R. MacNamara zu sehen, Verkaufsleiter von Coca-Cola. In seiner Darstellung gibt es keine Boxenstopps, er fährt den ganzen Film am Limit. Seiner Zeit weit voraus, wurde der Film wiederaufgeführt, als die Mauer in Berlin fiel. Gegen Ende der Achtzigerjahre war er in Deutschland erneut ein Hit. Wilders Abneigung gegen Rock 'n' Roll blüht hier voll auf, gipfelt in einer Folterszene mit dem Song »Itsy Bitsy Teenie Weenie Yellow Polka Dot Bikini« und der einzigen Popstarfigur in seinen Filmen, dem jämmerlichen Choo Choo.

IRMA LA DOUCE / DAS MÄDCHEN IRMA LA DOUCE

1963
Drehbuch: I. A. L. Diamond und Billy Wilder
Nach dem Musical von Alexandre Breffort und Marguerite Monnot

Wilder nennt den Film einen Fehlschlag, das Publikum machte ihn zu einem seiner größten Hits. Shirley MacLaine glänzt in der Titelrolle, der sprichwörtlichen Nutte mit dem (humorvollen) großen Herzen. Lemmon meistert brav die Doppelrolle des Flics Nestor, der im Rotlichtbezirk arbeitet und sich gleichzeitig als Irmas Freier »Lord X« verkleidet. Der Film ist frivol und bunt, schnell und locker, und er ist charmanter und sexyer, als der Regisseur selbst eingestehen möchte. Seine Enttäuschung könnte daher kommen, dass er hier seinen persönlichen Code missachtet hat: Lasse Fremde in einem fremden Land nie mit amerikanischem Akzent sprechen! Eine Notiz am Rande: Brigitte Bardot bewarb sich um die Titelrolle. Wilder hielt an MacLaine fest, die selten bezaubernder war. »Es hätte ein Theaterstück bleiben sollen«, tut Wilder den Film ab. Und er will darüber nicht diskutieren.

KISS ME, STUPID / KÜSS MICH, DUMMKOPF!

1964

Drehbuch: I. A. L. Diamond und Billy Wilder

Nach Motiven des Stücks *L'Ora della Fantasia* von Anna Bonacci

Ein Misserfolg bei den Kritikern und an den Kinokassen, lehnte man den Film damals als grobe und kontroverse Sexfarce ab, verglich ihn mit einer alten *Playboy*-Ausgabe, die in den Friseurladen gehörte und nicht ins Wohnzimmer anständiger Leute. Irgendwann im Laufe seiner Entstehung hatte sich ein unflätiger Ton in den Film geschlichen, der für die so elegant schreibenden Autoren Wilder und Diamond nicht charakteristisch war. Außerdem war der Film vom Pech verfolgt. Terminprobleme veranlassten die Produktion, es mit Peter Sellers statt mit Jack Lemmon in der Rolle des sich abmühenden, nicht so talentierten Songschreibers Orville J. Spooner zu versuchen. Wilder verlangt von seinen Darstellern, sich eng an die sorgfältig ausgefeilten Drehbücher zu halten; Sellers gehört zu den Schauspielern, die zu Improvisationen neigen. Ihre problematische Zusammenarbeit endete, als Sellers nach vier Drehwochen einen Herzanfall erlitt. In der Überzeugung, das Drehbuch sei stark genug, eine ungewöhnliche Besetzung zu verkraften, ersetzte Wilder ihn durch Ray Walston, der damals wegen *Mein Onkel vom Mars* berühmt war. Walston hatte in *Das Appartement* für Wilder gute Arbeit geleistet. In diesen Film passte er nicht so gut. Und Walstons Beziehung zu seiner Filmehefrau [gespielt von Felicia Farr, Jack Lemmons Ehefrau] grenzt in manchen Szenen ans Sadistische. Es gab Kämpfe mit der Zensur wegen Kim Novaks Dekolleté und eine Liebesszene zwischen Felicia Farr und Dean Martin musste auf Verlangen der katholischen Kirche beschnitten werden. Als der Film herauskam, griff die Kirche ihn dennoch an. Dies ist der Film, in dem Wilder und Diamond das Äußerste wagten, und das Wagnis rächte sich. Es wurde ihr erster richtiger Reinfall.

Trotz alledem finden sich auch in *Küss mich, Dummkopf!* einige Juwelen. Dean Martin ist höchst überzeugend als der Dean-Martin-ähnliche Entertainer »Dino«, der in Climax, Nevada, strandet. »Rasieren und

Haare schneiden, die ganze Show, Baby«, sagt er, als er in die Stadt kommt. Der Film hat einen glatten, entspannten Rhythmus. Die Titelsequenz besitzt mittlerweile historischen Wert, da sie das Las Vegas der *Rat-Pack*-Ära zeigt, und das in poetischen Schwarz-Weiß-Aufnahmen des großen Kameramannes Joseph LaShelle. Alexander Trauner, Wilders großartigster Produktionsdesigner, wirkt Wunder mit den Details, mit denen er das Leben am Rand der Wüste von Nevada charakterisiert. Die verlorenen Szenen mit Sellers liegen »irgendwo, ich bin mir aber nicht sicher, wo«, wie Wilder sagt. Er hätte nichts dagegen, wenn man sie sich anschauen würde; er hat nur keine Lust, selber danach zu suchen. »Es war einfach keine gute Zeit für mich«, merkt er an. »Wie lautet Ihre nächste Frage?« Notiz am Rande: Einer von Wilders Lieblingsnamen, Sheldrake, taucht hier als Dr. Sheldrake wieder auf.

THE FORTUNE COOKIE / DER GLÜCKSPILZ

1966

Drehbuch: I. A. L. Diamond und Billy Wilder

In seinen Beschreibungen der Zusammenarbeit mit Diamond erinnert sich Wilder klar an die Zeit nach *Küss mich, Dummkopf!* »Wir waren wie die Eltern eines geistig behinderten Kindes«, sagt er dazu. »Man findet langsam wieder zueinander, aber man fragt sich: Sollen wir wirklich wieder miteinander ins Bett gehen?« Die hervorragende Zusammenarbeit zwischen Wilder und Diamond ging natürlich weiter und das Ergebnis war eines ihrer witzigsten Drehbücher. In *Der Glückspilz* treten Walter Matthau und Jack Lemmon zum ersten Mal zusammen auf; das Komikerduo setzte die Zusammenarbeit bis in die Neunzigerjahre fort, und immer war bei ihnen etwas von der Wilderschen Magie zu spüren. Matthau ist vortrefflich in seiner mit einem Oscar belohnten Darstellung des »Whiplash« Willie Gingrich, des windigen Anwalts und Schwagers von Fernsehkameramann Lemmon, der verletzt wird, während er ein Footballspiel der Cleveland Browns filmt. Lemmon trägt keine ernsthafte Verletzung davon, doch Matthau überredet ihn, eine Halskrause zu tragen, im Rollstuhl zu sitzen und aus den Beteiligten eine Viertelmillion Dollar Schmerzensgeld herauszupressen. Ron Rich erscheint als Boom Boom Jackson, der gutmütige Footballspieler, der Lemmon umrennt und sich ganz schuldig fühlt. Das war die erste größere Rolle eines Farbigen in einem Mainstream-Hollywood-Film, in dem es nicht um Rassendiskriminierung ging. In *Der Glückspilz* benutzt Wilder auch die damals moderne Methode, zwischen Fernseh- und Filmaufnahmen hin und her zu schneiden. Sehr schön gefilmt und komponiert, mit visuellen Anklängen an *Das Appartement,* lohnt es sich, zur Vorführung des Films eine gute Kopie aufzutreiben. Lemmon, der hier zum vierten Mal mit Wilder arbeitet, ist eindeutig und stolz die bevorzugte filmische Stimme des Regisseurs. Man fühlte sich grausam an *Küss mich, Dummkopf!* erinnert, als Matthau einen Herzanfall erlitt und die Dreharbeiten für mehrere Wochen unterbrochen werden mussten. Wenn man genau hinschaut, sieht man, dass Matthau in manchen Szenen viel dünner ist.

THE PRIVATE LIFE OF SHERLOCK HOLMES / DAS PRIVATE LEBEN DES SHERLOCK HOLMES

1970
Drehbuch: I. A. L. Diamond und Billy Wilder
Nach Charakteren von Sir Arthur Conan Doyle

Wilders bis dahin ambitionierteste Arbeit begann als langer Film voller detaillierter Episoden aus dem Leben des großen Schnüfflers. Wilder und Diamond hatten das Drehbuch bis ins Letzte ausgefeilt, als die Dreharbeiten am Ende der Sechzigerjahre begannen. Achten Sie auf die grandiose Kamera von Christopher Callis und die makellose Darstellung des von Wilder und Diamond geschaffenen Holmes von Sir Robert Stephens. Lassen Sie sich durch das Milieu nicht täuschen, denn der Film ist durchsetzt mit Wilders unverwechselbarem Humor. Ein immer wieder auftauchendes Motiv zum Beispiel ist die Frage, ob Holmes möglicherweise homosexuell war. Wenn nur alles noch an seinem Platz wäre! Es ist schwer, den Film gerecht zu beurteilen – lange Passagen wurden über Bord geworfen, nachdem bei einer katastrophalen Testvorführung ein unerbittliches Publikum den Film als »episodisch« einstufte. Ganz gegen seine Art überließ Wilder den Film seinem Cutter Ernest Walter und reiste nach Paris, um ein neues Projekt vorzubereiten. Zwei wichtige Fragen bleiben offen. Wo ist das herausgeschnittene Material? An welchem neuen Projekt arbeitete Wilder? Er sagt, es sei *Avanti, avanti!* gewesen, aber der Film erschien erst ganze zwei Jahre später. Die verstümmelte Kinofassung, die Walter zusammenstellte, ist weit besser, als der Regisseur heute meint. Verständlicherweise ist Wilder verärgert wegen der verschwundenen Szenen, die anscheinend für alle Zeiten verloren sind. Hoffentlich wird das Drehbuch von Wilder und Diamond bald zugänglich gemacht, damit man sich eines seiner wichtigeren Werke in seiner ursprünglichen Form zumindest vorstellen kann. Bis dahin muss man sich an die derzeit verfügbare Version halten, die ein inspiriertes Rätsel ist.

AVANTI! /
AVANTI, AVANTI!

1972
Drehbuch: I. A. L. Diamond und Billy Wilder
Nach dem Stück von Samuel Taylor

Das Juwel unter den Spätwerken Wilders ist *Avanti, avanti!*, ein melancholischer Klassiker über einen Mann, der weit weg von zu Hause ist und jetzt in den dritten Akt seines Lebens eintritt. Jack Lemmons fundierte Darstellung des von Magengeschwüren geplagten Managers Wendell Armbruster ist die erste einer Reihe von berühmten Rollen, in denen er von der *midlife crisis* gebeutelte Männer spielt. Es ist nicht übertrieben, wenn man von einer Art Fortsetzung von *Das Appartement* spricht – es gibt eindeutige Ähnlichkeiten. Der Film markiert einen neuen Höhepunkt in Wilders Zusammenarbeit mit jenem Schauspieler, der alle intendierten Nuancen am besten verkörperte. *Avanti, avanti!* scheint mit zunehmendem Alter besser geworden zu sein, und alle Nebenfiguren – mit Ausnahme eines struppigen schnauzbärtigen Zimmermädchens – verdienen einen Platz im Pantheon glorioser wilderesker Charaktere. Lemmon spielt einen Manager, der vom Golfplatz gerufen wird, nachdem sein Vater beim Urlaub in Italien plötzlich gestorben ist. Er muss nach Europa reisen, um die Überführung des Leichnams zu überwachen. Eine der meisterlichsten Sequenzen findet sich im ersten Teil des Films, als Lemmon es mit einem italienischen Bürokraten zu tun bekommt, der für alle Angelegenheiten in Sachen Leichnam zuständig ist. Armbruster trifft bald die Tochter (Juliet Mills) der Geliebten seines Vaters, in deren Armen er gestorben ist. Die Liebe schlägt zu, und der verheiratete Sohn ahmt die Eskapaden seines Vaters nach. Mills hält sich tapfer in der Rolle der mit dem unglückseligen Namen Pamela Piggott Bestraften, die für eine weit weniger attraktive Frau geschrieben worden war. »Ich habe versucht, eine übergewichtige Darstellerin zu finden, weil wir es so geschrieben hatten«, sagt Wilder, »aber wir fanden keine. Wir engagierten Juliet Mills, und obwohl sie an Gewicht zuzulegen versuchte und aß und aß, nahm sie mysteriöserweise nicht ein Pfund zu.« Da fragt man sich, ob die glänzende Mills ihre Autoren vielleicht ein wenig sabotiert hat. Doch mit jedem Gewicht ist sie eine perfekte Partnerin für Lemmon. Außerdem glänzt Clive Revill in der Rolle des italienischen Hotelmanagers [der wahrhaft ubiquitär ist und auf Lemmons Frage, wann er eigentlich einmal schlafe, trocken antwortet: »Im Winter.« Anm. d. Ü.]. Das Endresultat ist absolut lyrisch. Notiz am Rande: Nachdem Wilder jahrelang die Zensur mit doppel- und dreideutigen Szenen und Dialogen umschiffen musste, ist dies sein erster Film, in dem profane Wörter und sogar etwas nacktes Fleisch vorkommen. Das wird alles delikat gehandhabt und hat immer seinen Zweck, aber es ist doch ein wenig so, als höre man seinen Vater zum ersten Mal fluchen. Ein in vieler Hinsicht essenzieller Film.

THE FRONT PAGE / EXTRABLATT

1973
Drehbuch: I. A. L. Diamond und Billy Wilder
Nach dem Stück von Ben Hecht und Charles MacArthur

Eine authentische und markante historische Komödie, die im Zeitungsgeschäft angesiedelt ist, fühlt sich *Extrablatt* an wie Wilders gelungener Versuch, im Hollywood der Siebzigerjahre weiter beschäftigt und auf der Höhe der Zeit zu bleiben. Er war der Einzige seiner Ära, der überhaupt *versuchte,* etwas von Bedeutung zu machen. Von Jordan Cronenwerth mit elegant gesetztem Licht wunderschön gefilmt, besitzt der Film Tiefe und Überzeugungskraft. Heute fragt Wilder sich, warum er dieses Remake überhaupt angegangen ist, selbst wenn es darum ging, ein ohnehin schon überschätztes Theaterstück und seine Verfilmung zu überarbeiten. Matthau spielt den mürrischen Chefredakteur, Lemmon seinen Starreporter und eine überkandidelte Carol Burnett Mollie Malloy, die Dirne. Der Film macht dennoch Spaß, auch wenn er es darauf abgesehen hatte, aus der Nostalgiewelle ein wenig Kapital zu schlagen, die ein Jahr zuvor mit *Der Clou* begonnen hatte. In mancher Hinsicht ist Wilders Film viel ehrlicher.

FEDORA

1978
Drehbuch: I. A. L. Diamond und Billy Wilder
Nach der Novelle von Thomas Tryon

Wilders und Diamonds letztes großartiges Drehbuch unternimmt einen faszinierenden Ausflug in die Gegend von *Boulevard der Dämmerung,* diesmal allerdings in Farbe. Fedora ist ein Garbo-ähnlicher Star, der zurückgezogen auf einer griechischen Insel lebt. William Holden spielt einen früheren Regieassistenten, der sich auf die Suche nach ihr macht. Eine einfallsreiche Handlung wird gekonnt gehandhabt; allerdings weist Wilder darauf hin, dass seine ursprüngliche Besetzungsidee [Mutter und Tochter von der gleichen Schauspielerin darstellen zu lassen] dem Film besser bekommen wäre. Damit hat er recht, doch besitzt der Film dennoch den Stil und die Größe eines Diamond / Wilder-Klassikers. Es ist ihr letzter ernster Film, meisterhaft strukturiert und von einer modrigen Stimmung durchsetzt, die zur Geschichte passt. Achten Sie darauf, wie berührend und persönlich Wilder seine Stimme erhebt, wenn er den Zustand des neuen Hollywood beschreibt: »Sie tragen alle Bärte!« Wenn dieser Film die Messlatte von Wilders großartigsten Werken verfehlt, dann nur um ein paar Zentimeter. Notiz am Rande: Henry Fonda erscheint kurz als er selbst.

BUDDY BUDDY

1981
Drehbuch: I. A. L. Diamond und Billy Wilder
Nach dem Film *Die Filzlaus*
von Edouard Molinaro und Francis Veber

Buddy Buddy ist der Pate eines Genres, das erst Jahre später den Durchbruch erlebte – das der Killerkomödie. Walter Matthau tritt wieder mit Jack Lemmon als Partner auf in dieser so düsteren wie ausgelassenen Story eines der Welt überdrüssigen Profikillers (Matthau), der auf einen Manager mit Selbstmordabsichten (Lemmon) trifft, der seinen Job verkompliziert. »Ich nehme nicht für mich in Anspruch, dieses Genre erfunden zu haben«, sagt Wilder heute. »Ich halte nichts von Genres.« Die Showwerte in diesem Film sind minimal. *Buddy Buddy* ist nicht gerade der visuell attraktivste Wilder-Film – die Rückprojektionen bei manchen Szenen nehmen ihm viel von seiner lyrischen Qualität –, aber er ist flott und zeitgemäß. Man merkt jedoch, dass seit *Ninotschka* ein langer Weg zurückgelegt worden ist, wenn man Matthau, der seine Rolle als Killer mit stoischer Energie verkörpert, erstaunliche Sätze sagen hört wie »Hast du jetzt völlig deinen verfickten Kopf verloren?« Klaus Kinski erscheint als Dr. Zuckerbrot, ein bizarrer Sextherapeut, der Paula Prentiss, die Lemmons Ex-Frau spielt, in seinen Bann gezogen hat. Man kann sich nur vorstellen, welche Gespräche im Arbeitszimmer von Wilder und Diamond zu ihrer ersten Szene führten, in der sie einen Witz über Marihuana machen. Das Stück, auf dem der Film basiert, ist 1974 schon einmal in Frankreich verfilmt worden: *Die Filzlaus* [*L'Emmerdeur*] erschien in Amerika mit dem Titel *A Pain in the A* –. Dennoch vergisst man nicht, dass man sich in Wilders und Diamonds Händen befindet. So sagt Kinski in einem denkwürdigen Monolog: »Vorzeitige Ejakulation bedeutet immer, dass man sagen muss, es tue einem leid.« Der Film endet mit einem Stehkader, der Walter Matthau auf einem paradiesischen Atoll voller attraktiver Frauen mit einer Zigarre im Mund zeigt … und Jack Lemmon ist auch da. Wilders letzter Film ist auch eine Liebeserklärung an sein liebstes Komikerduo, das seine Rollen mit Gusto angeht.

Nach den Filmen, die Wilder in den folgenden Jahren nicht machen konnte, kann man sich nur sehnen. Nachdem Martin Scorsese die Rechte an *Schindlers Liste* weitergab, stürzte Wilder sich auf das Projekt, das sein letzter Film werden sollte. Er verpasste die Möglichkeit, sein letztes und persönlichstes Statement abzugeben, nur um ein paar Tage. Steven Spielberg erwarb die Rechte, und als er hörte, dass Wilder Interesse gezeigt hatte, rief er den Meister an und erklärte ihm, warum er selbst so brennend daran interessiert sei, den Film zu machen. Wilder verstand dies und wünschte ihm großzügig alles Gute. Als der Film einige Jahre später in Los Angeles startete, besuchte Wilder gleich die erste Vorstellung. Er staunte darüber, dass sowohl jüngere als auch ältere Kinozuschauer am Ende des Films Tränen in den Augen hatten. »Ich hätte den Film anders gemacht«, sagt er, »aber ich kann Ihnen nicht sagen, ob er besser geworden wäre. Es ist ein verteufelt guter Film.«

VERMISCHTES

WILDERS TIPPS FÜR AUTOREN

1. Das Publikum ist launisch.
2. Pack es an der Kehle und lass nie wieder los.
3. Entwickle eine klare Handlungslinie für deine Hauptfigur.
4. Sei dir im Klaren darüber, wohin du gehst.
5. Je subtiler und eleganter du die Wendepunkte der Story versteckst, desto besser bist du als Autor.
6. Falls du ein Problem mit dem dritten Akt hast, liegt das wirkliche Problem im ersten Akt.
7. Ein Tipp von Lubitsch: Lass die Zuschauer zwei und zwei zusammenzählen. Sie werden dich ewig lieben.
8. Achte bei Erzählerstimmen darauf, nichts zu beschreiben, was das Publikum bereits sieht. Füge etwas hinzu zu dem, was sie sehen.
9. Das, was passiert, wenn der Vorhang des zweiten Akts fällt, leitet das Ende des Films ein.
10. Der dritte Akt muss schneller, schneller, schneller werden und Action bis zum Schluss bieten, und dann –
11. – war's das. Häng nichts mehr dran.

WILDER UND DIE WELT DER KUNST

Billys Freund, der Geschäftsmann Richard Cohen, beschreibt Wilders Kunstgeschmack als brillant eklektizistisch. Wie bei seinen Filmen umfasst er Klassisches ebenso wie das Schön-Profane und das Mysteriös-Faszinierende. Viele seltsame und schwer zu klassifizierende Stücke haben im Lauf der Zeit Wilders Interesse hervorgerufen. Nichts wurde als Investition gekauft, alles wurde nur nach Wilders Geschmack erworben. Auf eine Weise, die er nicht hätte vorhersagen können, und ohne dass eine Absicht dahintergestanden hätte, denn dann hätte er sich nicht daran erfreuen können, nahm die Sammlung im Lauf der Jahre an Wert zu. Mit Cohens Hilfe wurde ein Teil von Wilders Sammlung 1989 versteigert und brachte ihm stolze 32,6 Millionen [Dollar] ein. »Er spricht selten über seine Filme mit mir«, sagt Cohen. »Unsere Beziehung lief über die Kunst. Seine Kenntnis ist bemerkenswert und breit gefächert. Und ich habe oft mit Ehrfurcht betrachtet, wie er mit Künstlern und Menschen in der Kunstwelt umgeht. Sein Vater hat das ganze Geld der Familie verloren … und er stellt sich als der Intellektuelle heraus, der große Risiken eingeht, sich in der Musik, der Kunst und der Literatur auskennt, und der wusste, wie man mit Menschen redet.« Cohen schüttelt bewundernd den Kopf. »Er wusste einfach, wie man's macht, verstehen Sie?«

LUBITSCH

Im Sommer 1975 schaut Billy Wilder wehmütig aus dem Fenster. »Wissen Sie«, sagt er, »wenn man das schreiben könnte, was man den Lubitsch-Touch nennt, dann gäbe es das ja noch, aber er hat das Geheimnis mit ins Grab genommen. Das ist wie chinesische Glasblaserei; die gibt es auch nicht mehr. Manchmal suche ich nach einer eleganten Wendung, und dann frage ich mich: ›Wie hätte Lubitsch es gemacht?‹ Dann fällt mir etwas ein, und das ist *wie* Lubitsch, aber es ist *nie* Lubitsch. Es ist einfach nicht mehr da.«

Zitiert nach: *Ernst Lubitsch: Laughter in Paradise* von Scott Eyman

WILDERS WITZ

Bis in seine Neunziger hinein blüht Wilders berühmt-berüchtigter Witz. Ob an seinem geliebten Tisch im vorderen Bereich des Restaurants Mr. Chow oder bei Spago oder im Fünfzigerjahre-Stil-Diner Johnny Rocket's in Beverly Hills – in den Genuss vieler der großartigen Wilder-Witze und -Bonmots kam in den Achtziger- und Neunzigerjahren nur ein sehr kleines Publikum: seine Lunch- und Dinnergäste. Hier folgt ein Beispiel für seinen vielschichtigen Humor, den er in nicht mehr als vier Worte packen konnte.

Bei einer Vorführung im Haus von Richard und Barbara Cohen saß Wilder auf einer großen Couch und sah den Werbevorspann, der vor dem Spielfilm lief. Es war ein Trailer für eine grelle und gar nicht witzige Komödie, und nachdem die Ankündigung dieser kommenden Attraktion vorbei war, lehnte sich Wilder zu Barbara Cohen hinüber und sagte leise:

»Danke für die Warnung.«

AUDREY WILDERS REZEPT FÜR DEN PERFEKTEN MARTINI

»Ich benutze eine Bitters-Flasche … und ich mache es nach Augenmaß. Ich nehme genug Wodka für ein oder zwei Martinis und füge dann den Vermouth hinzu. Zur Zeit mag Billy *Ketel-One*-Wodka.

Noilly-Prat-Vermouth ist der Schlüssel. Ich nehme sieben oder acht Tropfen, rühre um und serviere ihn.

Ursprünglich haben wir Gin-Martinis getrunken. Die Martinis, die Garbo trank, waren mit Gin. Nach dem Krieg tauchte Wodka auf, und wir begannen, Wodka zu nehmen.«

WILDER UND DAS AMERICAN FILM INSTITUTE

Als Wilder bei der Ehrung durch das American Film Institute 1989 sprach, beendete er seine Rede mit dem folgenden Statement, das aufstrebenden Autoren und Regisseuren gewidmet war im Hinblick auf den konstanten Kampf mit Finanzierungen und den Studios: »Vergessen Sie das nicht«, sagte er. »Die haben die Macht, aber wir haben die Ehre.«

GARY COOPERS REDE, DIE WILDER IHM GESCHRIEBEN HAT

(Bei einem Galadinner des Friar's Club im Januar 1961)

Meine Damen und Herren!
Ich hörte, in Las Vegas habe man Zehn zu Eins gewettet, ich würde mich erheben und dann bloß »Yup« sagen. Ich weiß nicht, woher ich diesen Ruf habe – eine Art Johnny Belinda im Sattel zu sein. Es ist nicht so, dass ich nicht gerne reden würde, es ist nur so, dass ich bisher nichts zu sagen hatte. Aber nach dem heutigen Abend werde ich bekannt sein als der silberzüngige Große Redner des Goldenen Westens.

Zunächst möchte ich jedem Einzelnen von Ihnen danken für diese Ehrerweisung – selten haben so viele ein solches Aufhebens über so wenig gemacht. Offen gesagt, bin ich ein bisschen verwirrt, weil Sie mich ausgewählt haben – aber vielleicht wissen Sie ja etwas, was ich nicht weiß. Es ist jetzt fünfunddreißig Jahre her, seit ich nach Hollywood kam. Eine Menge Zelluloid ist seitdem den Bach runter gegangen – und man hat alles herausgefischt für die *Late Late Show*. Man hat mich mit Ehrungen überhäuft in diesen Jahren – meine Fußabdrücke sind vor dem Grauman's Chinese

[Kino] zu finden, mein Name steht auf dem Bürgersteig [des Hollywood Boulevard] vor dem [Lokal] Pig'n'Whistle – und David Susskind hat mich eine *Persönlichkeit* genannt.

Aber ernsthaft – wie die Komödianten sagen –, die einzige Errungenschaft, auf die ich stolz bin, sind meine Freunde, die ich hier gefunden habe. Wenn ich mich in diesem Raum umsehe, dann habe ich das Gefühl, mein Leben nicht vergeudet zu haben. Und falls mich jemand fragen sollte, ob ich der glücklichste Typ auf der Welt bin, dann lautet meine Antwort: »Yup!«

PERSONEN- UND FILMREGISTER

DANKSAGUNG

Für zusätzliche Recherchen und Redaktion danke ich Scott M. Martin.

Mein spezieller Dank geht an: Audrey Wilder, Karen Lerner, Nancy Wilson, Alice Crowe, James A. Crowe, Robert Bookman, Kathy Robbins, Gary Salt, Leonard Gershe, Tom Cruise, Bonnie Hunt, Shannon Maguire, Kathy Rivkin, David Halpern, Graydon Carter, Ann Schneider, Howard Kaminsky, Chip Kidd, Kapo Ng, Melissa Goldstein, Donald Kraus, Stratton Young, Klaus Whitley, Michael Chow, Art und Rex Cavrera, Richard und Barbara Cohen, Jerry und Ann Moss, Shelley Wanger und den Mann, der uns alle zusammenbrachte: Mr. Billy Wilder.